FIDES

FIDES Treuhandgesellschaft KG
Wirtschaftsprüfungsgesellschaft
Steuerberatungsgesellschaft

SCHÄFFER
POESCHEL

Theo Weber / Benedikt Hohaus

Buy-outs

Funktionsweise, Strukturierung, Bewertung
und Umsetzung von Unternehmenstransaktionen

2010
Schäffer-Poeschel Verlag Stuttgart

Verfasser:

Dr. Theo Weber, GE CAPITAL, Frankfurt a. M.

Dr. Benedikt Hohaus, Rechtsanwalt/Partner bei P + P Pöllath + Partners, München

Bibliografische Information der Deutschen Nationalbibliothek
Die Deutsche Nationalbibliothek verzeichnet diese Publikation in der Deutschen
Nationalbibliografie; detaillierte bibliografische Daten sind im Internet
über < http://dnb.d-nb.de > abrufbar.

Gedruckt auf chlorfrei gebleichtem, säurefreiem und alterungsbeständigem Papier

ISBN 978-3-7910-2594-0

© 2010 Schäffer-Poeschel Verlag für Wirtschaft · Steuern · Recht GmbH
www.schaeffer-poeschel.de
info@schaeffer-poeschel.de
Einbandgestaltung: Willy Löffelhardt/Melanie Frasch
Satz: Johanna Boy, Brennberg
Druck und Bindung: Kösel, Krugzell · www.koeselbuch.de
Printed in Germany
Januar 2010

Schäffer-Poeschel Verlag Stuttgart
Ein Tochterunternehmen der Verlagsgruppe Handelsblatt

Inhaltsverzeichnis

Abbildungsverzeichnis

Abkürzungs- und Symbolverzeichnis

ABS	Asset Backed Securities
APB	Accounting Principles Board
APV	Adjusted Present Value
BaFin	Bundesanstalt für Finanzdienstleistungsaufsicht
BFH	Bundesfinanzhof
BGB	Bürgerliches Gesetzbuch
BGH	Bundesgerichtshof
BIMBO	Buy-in Management Buy-out
BMF	Bundesministerium der Finanzen
BVCA	British Venture Capital Association
BVK	Bundesverband Deutscher Kapitalbeteiligungsgesellschaften
BWIC	Bid Wanted in Competition
CAPM	Capital Asset Pricing Model
CBO	Collateralized Bond Obligation
CDO	Collateralized Debt Obligation
CDS	Credit Default Swap
CEFS	Center for Entrepreneurial and Financial Studies, Technische Universität München
CEO	Chief Executive Officer
CFO	Chief Financial Officer
CMBOR	Centre for Management Buy-out and Private Equity Research
CPEC	Convertible Preferred Equity Certificate
CRS	Credit Recovery Swap
DBAG	Deutsche Beteiligungs AG
DCF	Discounted Cash Flow
EVCA	European Private Equity and Venture Capital Association
FCF	Free Cash Flow
GuV	Gewinn- und Verlustrechnung
HGB	Handelsgesetzbuch
HYB	High Yield Bond
IAS	International Accounting Standards
IBO	Institutional Buy-out
IFRS	International Financial Reporting Standards
IPO	Initial Public Offering
IRR	Internal Rate of Return
KWG	Kreditwesengesetz
LMA	Loan Market Association
M&A	Mergers & Acquisitions
MAC	Material Adverse Change
MBI	Management Buy-in
MBO	Management Buy-out
MLA	Mandated Lead Arranger

NewCo	New Company
OID	Original Investors Discounts
OpCo	Operating Company
PEC	Preferred Equity Certificate
PIK	Payment in Kind
PIYC	Pay If You Can
PropCo	Property Company
RPEC	Redeemable Preferred Equity Certificate
S.A.	Société Anonyme
S.à.r.l.	Société à responsabilité limitée
SFAS	Statements of Financial Accounting Standards
SGB	Sozialgesetzbuch
US-GAAP	United States Generally Accepted Accounting Principles
VAG	Versicherungsaufsichtsgesetz
WACC	Weighted Average Cost of Capital
WpÜG	Wertpapiererwerbs- und Übernahmegesetz
YFPEC	Yield Free Preferred Equity Certificate

D_t *Nettofinanzverbindlichkeiten zum Zeitpunkt t*

EBITDA   *Ergebnis vor Zinsen, Steuern und Abschreibungen (inkl. Firmenwertabschreibungen)*

EK_t *bilanzielles Eigenkapital zum Zeitpunkt t*

EK Quote   *Mindesteigenkapitalquote zum Zeitpunkt t gemessen am Verhältnis EK_t zu V t*

FCF_t *Free Cash Flow zum Zeitpunkt t*

g *Wachstumsrate in der ewigen Rente*

i_t *Fremdkapitalkosten zum Zeitpunkt t*

irr   *geforderte Rendite des Investors nach Verschuldung*

L_t *Verschuldungsgrad zum Zeitpunkt t gemessen am Verhältnis D zu EBITDA*

m_t *Unternehmenswertmultiplikator, dargestellt als Verhältnis Gesamtunternehmenswert zu EBITDA*

p *geforderte Rendite des Eigenkapitalinvestors vor Verschuldung*

R	Zeitpunkt der ewigen Rate
T	Haltedauer
tax	Durchschnittsteuersatz
V_t	Unternehmensgesamtwert zum Zeitpunkt t
$WACC$	Gewichtete Kapitalkosten
x	Steigerungsfaktor für das operative Ergebnis während der Haltedauer T
y	Faktor, um den sich die Fremdfinanzierung reduziert während der Haltedauer T
z_T^{min}	geforderte Rendite des Investors $= (1 + irr)^T$

Einleitung

Dieses Buch will eine Brücke schlagen – eine Brücke zwischen zwei Kulturen, die derzeit unvermittelt aufeinandertreffen. Auf der einen Seite steht die deutsche Unternehmenslandschaft, die nach wie vor zwei Unternehmenstypen prägen: das mittelständische Familienunternehmen und der börsennotierte Konzern. Die andere Seite repräsentiert die neue Kultur der auf Leveraged Buy-outs (LBO) spezialisierten angelsächsischen Private-Equity-Fonds mit ihrer klaren Exit- und Cash-Flow-Orientierung. Dass beide Kulturen nur schwer zueinanderfinden, zeigen die von deutlichem Unverständnis geprägten Gespräche ihrer Vertreter vor Ort in den Unternehmen. In dieser Situation möchte dieses Buch dem mit der Kultur der angelsächsischen Buy-out-Fonds konfrontierten Leser eine Orientierungshilfe bieten und als kleines Nachschlagewerk dazu beitragen, sich in der teils babylonischen Sprachverwirrung des Buy-out-spezifischen Fachjargons zurechtzufinden.

Bevor die internationalen Fonds auf dem deutschen Markt aktiv wurden, finanzierten Förderinstitutionen, lokale Banken und kleinere deutsche Buy-out-Fonds Management Buy-outs (MBOs), meist jedoch im Rahmen sehr individueller Arrangements. Die benötigte Bankfinanzierung konnte auf wenigen Seiten dokumentiert werden – nach aktuellem Stand erfordert eine syndizierungsfähige Bankfinanzierung, die dem Londoner Bankenstandard genügt, eine über 200 Seiten starke Dokumentation.

Die Durchdringung der Unternehmenslandschaft mit dem angelsächsischen LBO-Modell, das in dieser Form erst seit einigen Jahren in Deutschland präsent ist, hat eine neue Qualität.

Die faktische Bedeutung der Private-Equity-Investoren verdeutlicht ihr Anteil am Gesamtvolumen der deutschen M&A-Transaktionen – auch wenn, wie Abbildung 1 zeigt, der 2007/2008 erfolgte Einbruch zu einer deutlichen Konsolidierung des Wachstumspfads geführt hat.[1]

Es wurden in der Vergangenheit verschiedene Versuche unternommen, die Arbeit dieser Private-Equity-Fonds – deren Wirkungsweise sich in Grundzügen weltweit gleicht – zu systematisieren. Dieses Buch folgt in seiner Konzeption einer Systematik, die von Gompers und Lerner für Venture-Capital-finanzierte Unternehmen entwickelt wurde:[2]

---

1 Unter Private Equity wird im Allgemeinen eine Anlageform verstanden, die sowohl Spät- als auch Frühphasenfinanzierungen umfasst. Wir verwenden in der Folge den Begriff Private Equity ausschließlich als Oberbegriff für alle außerbörslichen Spätphasenfinanzierungen mit Eigenkapital.
2 Vgl. Gompers/Lerner (1999). Zur Unterscheidung von Venture Capital und Private Equity siehe u. a. Fußnote 1 und Abschnitt I.1.

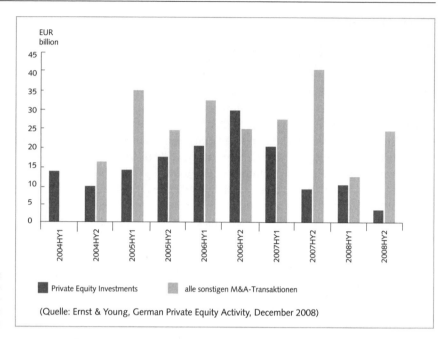

Abb. 1:
Anteil der Private-
Equity-Transaktio-
nen am deutschen
M&A-Volumen

Private Equity Investments   alle sonstigen M&A-Transaktionen

(Quelle: Ernst & Young, German Private Equity Activity, December 2008)

Abb. 2:
Der Buy-out-Zyklus

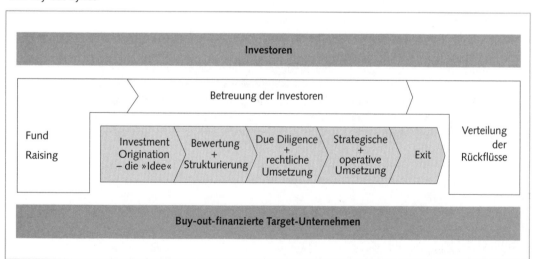

Im einführenden ersten Kapitel werden zunächst die Funktionsweise sowie die Formen und Strategien von Buy-outs vorgestellt und es wird eine Abgrenzung gegenüber verwandten Finanzierungsformen vorgenommen. Anschließend erfolgt eine Positionsbestimmung hinsichtlich der kontrovers diskutierten Frage, inwieweit Buy-outs zum volkswirtschaftlichen Wohl beitragen. Nach einer vertieften Darstellung der Investorenperspektive (vgl. Abb. 3) schließt das erste Kapitel mit einer Bewertung der Statistik zum Buy-out-Markt.

Die Darstellung des Buy-out-Prozesses auf Ebene des Einzelinvestments beginnt in Kapitel II mit dem »Startschuss« für jeden Buy-out: seiner Idee bzw. seinen Quellen. Eine Erörterung der Problematik möglicher Interessenkonflikte zwischen den beteiligten Parteien leitet auf die Beschreibung der diversen Finanzierungsquellen des Buy-outs über. Anschließend werden die einzelnen Phasen einer Buy-out-Transaktion, an deren Abfolge sich die Konzeption dieses Buches orientiert, eingehend vorgestellt. Die in diesem Zusammenhang wesentlichen Prozesse sind die beiden Varianten des klassischen Konzern-Spin-offs: das Auktionsverfahren – mittlerweile die gängigste Form der Transaktion – und der Exklusivprozess; eine spezifische Transaktionsform mit eigenen Gesetzmäßigkeiten stellt der abschließend beschriebene Public-to-Private-Prozess dar.

Die Kernelemente eines Buy-outs, seine Strukturierung und – damit zusammenhängend – die Bewertung des Zielunternehmens, stehen im Mittelpunkt der beiden folgenden Kapitel. Der entscheidende Ansatzpunkt für die Strukturierungs- und Bewertungsüberlegungen ist die Frage, wie viel Fremdkapital das Unternehmen verträgt. An erster Stelle steht damit die Erörterung der Strukturierung der Bankfinanzierung, deren verschiedene Komponenten im Detail dargestellt werden. Bei der folgenden Darstellung der Managementbeteiligung werden die verschiedenen Möglichkeiten für eine Incentivierung und Motivierung des Managements einander gegenübergestellt und einem Vergleich unterzogen. Es folgt, da das strategische Konzept wesentlich die Struktur der Transaktion bestimmt, ein Exkurs zu Möglichkeiten und Grenzen einer Partnerschaft zwischen Private-Equity-Haus und strategischem Investor. Neben der Bankfinanzierung und der Managementbeteiligung sind die rechtlichen und steuerlichen Rahmenbedingungen die wesentlichen Komponenten der Buy-out-Strukturierung, deren grundlegende Konzepte daher eingehend dargelegt werden. Abschließend wird auf den nicht unüblichen Fall eines Buy-outs im Rahmen einer Minderheitsbeteiligung eingegangen.

Bei der Betrachtung der Unternehmensbewertung (Kapitel IV) wird nach der Erörterung der klassischen Bewertungsansätze (DCF- und Multiplikator-Verfahren) das Buy-out-spezifische Vorgehen dargestellt, das durch die iterative Einbindung der Rahmenbedingungen der Unternehmensbewertung – Finanzierung, Managementbeteiligung, Annahmen über die Bewertung zum Exit-Zeitpunkt – gekennzeichnet ist. Die Resultate der Buy-out-spezifischen Bewertung, die Rendite des Investors bzw. die IRR, werden anschließend detailliert ausgeführt.

Ein weiteres wesentliches Thema der Buy-out-Transaktion ist die auf die Bewertungs- und Strukturierungsphase folgende Due Diligence (Kapitel V). Dabei führt der Private-Equity-Investor im Rahmen einer umfassenden Financial,

Legal und Commercial Due Diligence eine Überprüfung des Zahlenwerks, des rechtlichen Vertragswerks sowie der Wettbewerbssituation und der Marktstellung des Zielunternehmens durch. Weitere Elemente wie die Tax Due Diligence (Überprüfung der steuerlichen Situation), die Environmental Due Diligence (die Untersuchung hinsichtlich der Einhaltung umweltrechtlicher Normen) und die Risk Due Diligence (die Analyse der Versicherungssituation) werden ergänzend in die Prüfung einbezogen.

Hat der Investor die richtige Bewertung vorgenommen und sind in der Due Diligence keine negativen Tatbestände zum Vorschein getreten, so erfolgt mit der in Kapitel VI ausführlich dargestellten rechtlichen Umsetzung des Buy-outs der Abschluss der Transaktion, wobei die konfligierenden Interessen der beteiligten Parteien (Verkäufer, Private-Equity-Haus, finanzierende Banken und Managementteam) umfassende vertragliche Dokumentationen, beispielsweise Gesellschaftervereinbarungen oder Bankenverträge, erfordern.

»Nach der Transaktion ist vor der Transaktion«, d.h., nach dem Abschluss der Verträge und dem Closing der Transaktion sind, wie in Kapitel VII gezeigt, die Stabilisierung und die weitere Entwicklung des Unternehmens von vorrangiger Bedeutung – schließlich ist der Private-Equity-Partner nur ein Partner auf Zeit und das Unternehmen soll in bestmöglicher Verfassung einem neuen Eigentümer übergeben werden. Der Ausstieg des Investors aus dem Investment, der sog. Exit (Kapitel VIII), ist ein wesentlicher Bestandteil des Buy-out-Zyklus und stellt insbesondere für das Management und das Private-Equity-Haus den krönenden Abschluss des gesamten Buy-outs dar. Die verschiedenen Wege des Exits – Verkauf an einen strategischen Investor, Börsengang, Verkauf an einen weiteren Private-Equity-Investor und die Refinanzierung – werden im Detail erläutert und ihre Vor- und Nachteile gegeneinander abgewogen.

Das abschließende Kapitel gibt einen kurzen Ausblick auf die weitere Entwicklung und fasst die verschiedenen Faktoren für den Erfolg eines Buy-outs zusammen. Ohne dieser Darstellung vorgreifen zu wollen – der entscheidende Erfolgsgarant ist die Umsetzung des ausgearbeiteten Konzepts: »Make it work!«

I. Buy-outs in Deutschland

1. Definition und Funktionsweise des Buy-outs

Die Durchführung eines Buy-outs bedeutet zunächst nichts anderes, als ein Unternehmen oder einen Unternehmensteil aus einem größeren Gebilde herauszukaufen. Im engeren Sinne bezeichnet der Begriff einen Prozess, der drei Stufen umfasst:

- den Kauf eines durch stabil wachsende Cash Flows gekennzeichneten Unternehmens durch einen Private-Equity-Fonds,
- die Rückzahlung des zur Finanzierung des Kaufpreises benötigten Fremdkapitals und
- die Realisierung einer potenziellen Wertsteigerung durch den Ausstieg (Exit) aus der Unternehmensbeteiligung.

Ein besseres Verständnis des Begriffs erhält man durch eine genauere Analyse seiner Einzelaspekte. Von ausschlaggebender Bedeutung ist dabei das Attribut »stabil wachsende *Cash Flows*«, das im Zusammenhang mit der Fremdfinanzierung zu sehen ist. Nur durch den Cash Flow, der durch eine ausreichende, über der Verzinsung des Fremdkapitals liegende operative Rendite erwirtschaftet wird, kann der Leverage-Effekt erzeugt werden. Das bedeutet jedoch zugleich, dass der Investor bereit, ein höheres Risiko einzugehen, indem er den Unternehmenskauf zu einem großen Teil durch *Fremdfinanzierung* abdeckt. Dies ist ein erster Grund dafür, warum von diesen Investoren relativ hohe, zumindest zweistellige Renditen erwartet werden.

In der Konsequenz heißt dies, dass Unternehmen in frühen Entwicklungsphasen, die wesentlich von negativen Cash Flows gekennzeichnet sind, für einen Buy-out nicht in Frage kommen. Für diese Unternehmen haben sich eigene Finanzierungsformen, Venture Capital Funds, entwickelt. Der Vergleich mit diesen Fonds führt einen entscheidenden Unterschied zwischen der Buy-out-Transaktion und allen anderen Formen von Übernahmefinanzierungen (vgl. hierzu Abschnitt I.6) vor Augen: Bei einer Venture-Capital-Finanzierung wird ebenso wie bei einer Wachstumsfinanzierung dem Fonds lediglich ein gewisser Anteil am Unternehmen überschrieben, während bei LBO-Finanzierungen das Unternehmen als Ganzes übernommen wird; es handelt sich bei diesen also um eine *Komplett- bzw. Mehrheitsübernahme* und nicht nur um eine Finanzierungsform.

> Venture Capital Funds
> LBO-Finanzierung

In diesem Zusammenhang ist eine weitere Eigenschaft des Buy-outs von Bedeutung: Für die Rendite des Private-Equity-Fonds ist der Verkauf der Beteiligung (der *Exit*) entscheidend, nicht die Höhe der Dividenden.

Die Übernahme durch einen Private-Equity-Fonds bedeutet, dass der Investor die Investition mit nicht börsengehandeltem Beteiligungskapital vornimmt, die Finanzmittel für die Übernahme also nicht aus einem öffentlichen Börsenhandel stammen.[1] Der Begriff Private Equity wird überwiegend als Oberbegriff für sämt-

> Private Equity

---

1 Vgl. Pfaffenholz (2004), S. 9 sowie auch Rudolph/Fischer (2000), S. 49. In diesem Zusam-

liche Formen außerbörslichen Beteiligungskapitals, die sich im Markt herausgebildet haben, verwendet. Dieses *Private Equity im weiteren Sinne* umfasst auch das Venture Capital als technologiegetriebene Risikokapitalfinanzierung. *Private Equity im engeren Sinne* bezeichnet Beteiligungskapital, das für die Übernahme von Cash-Flow-stabilen, renditeträchtigen Unternehmen zur Verfügung gestellt wird; in diesem Sinne wird der Begriff im Folgenden verwendet.

Beteiligung des Managements

Ein Aspekt, der im Zusammenhang mit der Definition eines Buy-outs erwartet werden könnte – die Beteiligung des Managements –, ist differenziert zu betrachten. Das Management scheint bei vielen Transaktionen eine wichtige Rolle zu spielen. So kommt eine von der KfW und der TU München durchgeführte Studie bspw. zu dem Ergebnis, dass in der Spätphase einer Transaktion das Managementteam für die Investoren das wohl wichtigste Kriterium für das Eingehen eines Investments bildet.[2] Trotzdem sind insbesondere bei größeren Transaktionen durch amerikanische Fonds Komplettübernahmen ohne Beteiligung des Managements erfolgt. Der Buy-out muss demnach (zumindest in der Initiationsphase) nicht zwingend einen Management-Buy-out oder Management-Buy-in darstellen.

Arten des Buy-out

Unter dem Begriff Buy-out werden sowohl der *Institutional Buy-out (IBO)* als auch der *Management-Buy-out (MBO)* und der *Management Buy-in (MBI)* subsumiert. Beim IBO erfolgt die komplette Übernahme eines Unternehmens auf Initiative des Private-Equity-Hauses. Nur bei den beiden letztgenannten Varianten wird das bereits existierende (MBO) oder ein fremdes Management (MBI) an der Transaktion beteiligt. Bei der Kombination von MBO und MBI, dem sog. *BIMBO*, wird das Unternehmen von dem bestehenden und einem neuen Management gemeinsam weitergeführt.

Austausch des eigenen Managements

Die Gründe für den Austausch des eigenen Managements durch externe Manager sind:

- ausgeprägtes Traditionsbewusstsein in mittelständischen Unternehmen;
- fehlender Reformwille bei Konzernunternehmen;
- Hereinholen externen Wissens und dessen gleichzeitige Bindung an das Unternehmen.

Gerade bei kleineren Transaktionen wird jedoch meist der MBO favorisiert, da das bestehende Management über gute Kenntnisse der Unternehmensorganisation und der Marktverhältnisse verfügt; ein weiterer Grund ist in einer Zeit, die von häufigen Eigentümerwechseln geprägt ist, die Identifikation der Mitarbeiter mit dem Management. Insbesondere unter Risikoaspekten ist ein MBO für das Private-Equity-Haus oftmals von Vorteil, da das Management das Unternehmen sehr gut kennt.

---

menhang ist jedoch zu beachten, dass auch Private-Equity-Gesellschaften selbst börsennotiert sein können. Die in der Private-Equity-Branche gebräuchliche Terminologie ist relativ unübersichtlich. Die tägliche Geschäftspraxis ist im Wesentlichen durch die angelsächsische Fachterminologie gekennzeichnet und hat zu einem Wildwuchs an Begriffen geführt. Hiervon wird noch öfter die Rede sein.

2 Vgl. Achleitner/Ehrhart/Zimmermann (2007), S. 50.

Unter bestimmten Bedingungen kann das Management eine Konzerneinheit auch ohne den Einsatz von Fremdkapital erwerben. Dies gelingt in Konstellationen, in denen der verkaufende Konzern dem fraglichen Unternehmensteil ohne das bestehende Management nur einen sehr geringen oder gar negativen Wert beimisst. Diese Form des *MBO im weiteren Sinne* macht sich jedoch nicht die oben beschriebene Hebelwirkung zunutze und seine Umsetzung ist mit wesentlich anderen ökonomischen und rechtlichen Treibern (insbesondere hinsichtlich der Risikominimierung – Stichwort: finanzielle Zusagen, Garantien und Bürgschaften des Verkäufers) verbunden. Daher ist er für die weitere Darstellung nur von untergeordneter Bedeutung. Im Folgenden soll der LBO bzw. MBO weiter eingegrenzt werden.[3]

2. Unterscheidung des Private-Equity-Investors vom strategischen Investor

Um ein schärferes Profil des Private-Equity-Investors zu erhalten, soll dieser dem strategischen Investor gegenübergestellt werden.[4] Die Rahmenbedingungen für den Private-Equity-Investor stellen folgende harte Kriterien dar:

- die konkreten *Akquisitionskriterien,*
- die *Finanzierung,*
- der *Investitionshorizont* und
- die *Corporate Governance.*

In allen vier Punkten ist eine Differenzierung zwischen Private-Equity-Investor und strategischem Investor möglich.

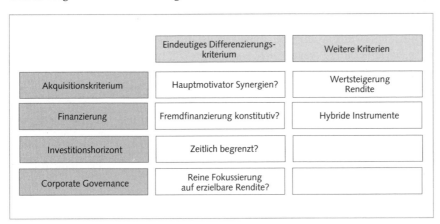

Abb. 3:
Differenzierung zwischen Private-Equity-Investor und strategischem Investor

---

3 Vgl. auch Achleitner (2002), S. 200.
4 Vgl. hierzu auch Brauner/Brauner (2005), S. 32 ff.

Akquisitionskriterien

Zu den *Akquisitionskriterien* gehört zunächst das *Wertsteigerungspotenzial des Unternehmens*, wobei die klassischen Buy-out-Investoren eine bereits vorhandene positive Tendenz in der Unternehmensentwicklung, d. h. wachsende Cash Flows, bevorzugen – ein Buy-out in einer Turnaround-Situation ist die Ausnahme. Der Mechanismus des Buy-outs setzt eine Wertsteigerung geradezu voraus, obwohl, wie noch zu zeigen sein wird, ebenso bei stabilen, relativ schwach wachsenden Unternehmen ein LBO möglich ist. Zwar wird auch der strategische Investor versuchen, den Wert des erworbenen Unternehmens maßgeblich positiv zu beeinflussen. Doch während er dabei eher einen multiplen Wertekatalog zugrunde legt, stellt für das seinen Investoren verpflichtete Private-Equity-Haus die unmittelbar in Geldform gegossene Wertsteigerung das oberste Ziel dar.

Realisierung von Synergien

Ein entscheidendes Akquisitionskriterium für den strategischen Investor – und ein eindeutiges Differenzierungsmerkmal gegenüber dem Private-Equity-Investor – ist die *Realisierung von Synergien*, welche sich etwas vereinfacht in umsatzseitige Synergien und Kostensynergien unterteilen lassen. Die Tatsache, dass der Private-Equity-Investor keine Synergien realisieren kann, schränkt seinen Spielraum bei der Bewertung des Kaufobjekts erheblich ein, da er sich ausschließlich auf die aus dem Zielobjekt generierten Cash Flows verlassen muss.

Einflussnahme auf das Management

Die *Einflussnahme auf das Management* stellt ein weiteres wichtiges Kriterium für die Akquisition dar. Buy-out-Investoren streben im Gegensatz zu einem strategischen industriellen Investor kaum nach direkter Einflussnahme auf die operative Unternehmenstätigkeit. Die Handlungsfreiheit der Geschäftsführung bleibt bis zu einem gewissen Grad erhalten. Nach dem Vorbild des englischen Chairman of the Board wird jedoch gern ein aktiver Beirat für das Unternehmen gebildet, der die Lenkungs- und Kontrollfunktionen wahrnimmt.

Renditeerwartung und -mechanismus

Die mit der Akquisition *angestrebte Rendite* allein ist demgegenüber kein Differenzierungsmerkmal, denn unabhängig von seiner Eigentümerstruktur (gemeinwirtschaftliche Unternehmen ausgenommen) muss auch ein strategischer Investor eine Rendite erzielen. Wesentlich für den Buy-out sind dagegen die hohe Renditeerwartung und der Renditemechanismus. Dabei vertraut der klassische Private-Equity-Investor nicht – wie bspw. der Investor in Public Equity – auf die Dividende, da diese die erwartete Rendite, die durchaus im Bereich zwischen 25 % und 30 % liegen kann, i. d. R. unterschreitet.[5] Von Sonderdividenden abgesehen, welche die Private-Equity-Häuser bei hohem Kassenstand des erworbenen Unternehmens an sich selbst ausschütten, wird die von ihnen erwartete Rendite – deren Höhe sich an dem mit dem Investment verbundenen Risiko und dem erforderlichen Aufwand orientiert – nur durch den Exit realisiert.

Finanzierung

Ein weiteres Differenzierungsmerkmal ist die *Finanzierung*, denn Private-Equity-Investoren sind bei der Durchführung eines LBO auf die Fremdfinanzierung angewiesen.[6] Während der Stratege auf die komplette Bandbreite der Fi-

---

5 Zur Diskussion der Renditeforderung siehe Kapitel IV zur Bewertung des Transaktionsobjekts.
6 Natürlich gibt es auch Investoren, die – sei es im eher technologieorientierten Bereich, sei es bei Turnaround-Finanzierungen – reine Eigenkapitaltransaktionen durchführen. Diese Beteiligungsvarianten bleiben hier jedoch außer Betracht.

nanzierungsalternativen (Außen- und Innenfinanzierung) zurückgreifen kann, muss der Private-Equity-Investor eine von den Gegebenheiten des Fremdkapitalmarkts abhängige Finanzierungsform in Anspruch nehmen. Hinsichtlich der Verwendung von hybriden Finanzierungsinstrumenten unterscheiden sich Strategen und Finanzinvestoren dagegen nicht, da diese auch strategischen Investoren zur Verfügung stehen.

Die zeitliche Begrenzung des Investments und die Realisierung der Rendite durch den *Exit* sind für den Private-Equity-Investor wesentlich. Dass der *Investitionshorizont* des Strategen durchaus begrenzt sein kann, zeigen an das Vorgehen von Hedge-Fonds erinnernde Aktionen großer börsennotierter Unternehmen wie das Gegenangebot der Merck KGaA für die Schering AG bei der Übernahme durch die Bayer AG 2006 sowie die Spekulationsgeschäfte der Porsche SE im Rahmen des versuchten Erwerbs der Mehrheit an der Volkswagen AG. Darüber hinaus weist die Akquisition neuer Geschäftsfelder immer öfter Testcharakter auf. Doch trotz der immer schnelleren Zyklen innerhalb seiner Geschäftsfelder sind die Aktivitäten des strategischen Investors wesentlich durch Kontinuität (insbesondere der Unternehmenskultur) gekennzeichnet.

Investitionshorizont

Das Denken von Private-Equity-Investoren ist dagegen grundsätzlich von Diskontinuität geprägt, wie die typische Haltedauer von drei bis sieben Jahren zeigt. Mögliche Exitstrategien für Private-Equity-Häuser sind

- der Börsengang *(Initial Public Offering – IPO)* oder
- der Verkauf an einen strategischen Käufer *(Trade Sale)*.

Sollte das veräußerte Unternehmen auch weiterhin einen stabil steigenden Cash Flow und damit fortgesetzt interessante Möglichkeiten für eine operative Wertsteigerung aufweisen, so ist nach dem ersten Buy-out ein weiterer – der sog. *Secondary Buy-out*[7] – denkbar.

Die *Corporate Governance* (hier als die Gesamtheit der Verhaltensregeln, welche die Zusammenarbeit des Managements mit dem Eigentümer regeln, definiert) ist wohl eines der entscheidenden Unterscheidungsmerkmale zwischen beiden Investorenarten. Dies betrifft sowohl die eigentliche Transaktion, auf die dieses Buch mit Themen wie Due Diligence, Harmonisierung der Interessenlagen durch rechtliche Regelungen, Fragen der Strukturierung (wie z.B. Ausübung der Kontrollrechte und Beherrschungsverträge aufseiten des Finanzinvestors versus Minderheitsbeteiligungen und Joint Ventures bei strategischen Investoren) etc. fokussiert, als auch die Betreuung der erworbenen Unternehmen durch entsprechende Aufsichtsgremien und das Reporting.

Corporate Governance

---

7 Als Secondary wird in der Private-Equity-Branche der Weiterverkauf eines bereits LBO-finanzierten Unternehmens an einen weiteren Private-Equity-Investor bezeichnet. Gleichzeitig wird der Begriff auf Ebene der Private-Equity-Fonds für den Kauf bzw. Verkauf von Limited-Partner-Anteilen verwendet. Beschließt z.B. eine Versicherung, ihr Engagement in der Asset-Klasse Private Equity zu beenden und sämtliche eingegangenen Fondsanteile zu verkaufen, und werden diese Anteile von einem anderen institutionellen Investor übernommen, dann handelt es sich um einen Secondary.

Diese Themen üben teilweise auf deutsche Manager eine beunruhigende Wirkung aus, ist die Einflussnahme der Private-Equity-Investoren doch wesentlich direkter, als es die häufig unübersichtliche Interessenlage einer Publikums-AG zulässt. Dies mag der Hauptgrund dafür sein, warum das deutsche Topmanagement den Private-Equity-Investoren, deren volkswirtschaftliche Bedeutung durchaus anerkannt wird, überaus skeptisch gegenübersteht.[8]

3.   Wertsteigerung durch Private-Equity-Investoren

Corporate-Governance-Struktur

Einer der wichtigsten Treiber für Wertsteigerungen in Buy-outs ist die im Vergleich zu am Kapitalmarkt notierten Unternehmen bessere *Corporate-Governance-Struktur* – sie trägt wesentlich zu einer erhöhten Wertsteigerung bei. Insbesondere dient sie einer Harmonisierung der Anreize für Management und Investor. Und die höhere Verschuldung kann, wie verschiedene Studien gezeigt haben, disziplinierend wirken.[9]

Interessenkonflikt zwischen Prinzipal und Agent

Zunächst soll auf das Kernthema des Werttreibers Corporate Governance, den Interessenkonflikt zwischen Prinzipal und Agent, näher eingegangen werden.[10] Jede Finanzierung ist dadurch gekennzeichnet, dass ein Prinzipal (der Eigenkapitalgeber) einem oder mehreren Agenten (dem Unternehmer und Manager) Finanzmittel zur Verfügung stellt. Für den Agenten besteht nun der Anreiz, die Erfolgschancen der Investition möglichst günstig darzustellen, um die Finanzierung zu besseren Konditionen zu erhalten (Hidden Information). Da ihm genauere Informationen fehlen, muss der Prinzipal annehmen, dass der Agent seinen Informationsvorsprung zum eigenen Vorteil ausnutzen wird. Der Prinzipal wird dieses Risiko daher bei den Finanzierungsverhandlungen berücksichtigen und die Eigenkapitalkosten um einen entsprechenden Risikozuschlag erhöhen. Im schlimmsten Fall kommt die Transaktion nicht zustande (Adverse-Selection-Problem).

Nach Abschluss der Transaktion besteht für den Prinzipal das Risiko, dass die Handlungen des Managementteams nur teilweise von außen beobachtet werden können und der Eigenkapitalgeber den Erfolg der Investition primär anhand der erzielten Ergebnisse beurteilen muss (Hidden Action). Diese können aber meist

---

8   Einer Erhebung des Handelsblatt Business-Monitors zufolge stehen nur zwei Prozent der befragten Manager einer Zusammenarbeit mit einem Private-Equity-Haus positiv gegenüber, vgl. Handelsblatt vom 8.5.2007, S. 25. Umso interessanter ist die Tatsache, dass mittlerweile eine sehr große Anzahl an ehemaligen Vorstandsmitgliedern deutscher Konzerne in die Private-Equity-Branche gewechselt ist – einer von ihnen, Jens Odewald, gründete sogar einen eigenen Private-Equity-Fonds, vgl. zu diesem Komplex auch die Financial Times Deutschland vom 25.6.2007, S. 2.

9   Als Erster hat M. C. Jensen in seinem Beitrag Eclipse of the Public Corporation diese Effizienzhypothese formuliert (s. Jensen (1989), S. 61-74). Zu einer vergleichenden Gegenüberstellung der verschiedenen Wertsteigerungshypothesen und -studien vgl. Wegner (2003), S. 60 ff.

10 Vgl. zum Folgenden auch Rudolph (2006), S. 134 ff.

nicht eindeutig auf die Anstrengungen des Agenten zurückgeführt werden, da beispielsweise Marktentwicklungen den Investitionserfolg mitbestimmen. Selbst im positiven Fall wäre denkbar, dass ein noch stärkeres Engagement des Managements einen noch größeren Erfolg ermöglicht hätte.

Ein weiteres Risiko für den Prinzipal liegt schließlich darin, dass die Manager versuchen könnten, persönliche Vorteile (z. B. durch überhöhte Ausgaben für einen Firmenwagen) zulasten der anderen Eigenkapitalgeber zu erzielen (Moral-Hazard-Risiko).

Der Private-Equity-Investor als Prinzipal wird zur Reduzierung dieser Agency-Risiken zunächst versuchen, vor dem Abschluss einer Transaktion das Managementteam im Rahmen einer Due Diligence gründlich zu analysieren – meist werden hierfür professionelle Personalberatungsfirmen eingeschaltet. Weiter werden die Finanzmittel dem Management nur bei gleichzeitiger Gewährung von Überwachungs- und Kontrollrechten zur Verfügung gestellt. Hierdurch soll sichergestellt werden, dass der Agent seinen Verhandlungsspielraum nicht einseitig zu seinen Gunsten ausnutzt. Im Rahmen dieser Vereinbarungen werden

Reduzierung der Agency-Risiken

- Ansprüche auf Cash Flows,
- Stimmrechte,
- Rechte im Aufsichtsgremium,
- Liquidationsrechte und
- Kontrollrechte

voneinander getrennt und den Vertragspartnern separat zugeteilt. Ihre genaue Ausgestaltung wird in den Kapiteln zur Strukturierung (III) und rechtlichen Umsetzung des Buy-outs (VI) erläutert.

Obwohl die Verteilung dieser Verfügungsrechte und Ansprüche letztlich von der konkreten Verhandlungssituation und der Machtverteilung zwischen dem Managementteam und dem Private-Equity-Haus abhängt, wird die Beteiligungsgesellschaft i. d. R. darauf achten, ihre Macht nicht einseitig zum eigenen Vorteil einzusetzen, da das Management anderenfalls nicht mehr hinreichend motiviert wäre, den bestmöglichen Arbeitseinsatz für das Unternehmen zu erbringen.

Jenseits dieser strukturellen Makrofaktoren kommen im Rahmen eines Buy-outs *finanzwirtschaftliche* und *operative Wertsteigerungspotenziale* in Frage. Zu den Ersteren zählen vor allem die Refinanzierung des Kaufpreises mit Fremdkapital und die damit verbundene Steigerung der Eigenkapitalrendite durch den *Leverage-Effekt*. Zusätzlich ist das Fremdkapital nach wie vor steuerbegünstigt und sorgt dadurch für weiteren Renditespielraum. Die Auswirkung der einzelnen Faktoren zeigt schematisch Abbildung 4.

finanzwirtschaftliche und operative Wertsteigerungspotenziale Leverage-Effekt

Eine weitere Möglichkeit zur Erzielung von finanzbezogenen Wertsteigerungen ergibt sich aus Kapitalmarktschwankungen und den damit implizierten Schwankungen bei den Unternehmensbewertungen (*Arbitrage-Strategie*). Der Private-Equity-Fonds versucht in diesem Fall, in bewertungstechnischen Schwächephasen (niedrige Unternehmenswert-Multiplikatoren) einzusteigen, um nach der Erholung des Börsenumfeldes (höhere Unternehmenswert-Multiplikatoren) aus dem Investment wieder auszusteigen. Interessante Möglichkeiten, diese Ar-

Arbitrage-Strategie

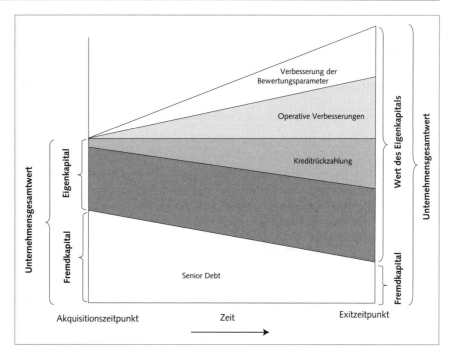

Abb. 4:
Schematische
Darstellung der
Wertsteigerungs-
potenziale
eines Buy-outs

bitrage zu nutzen, ergeben sich bspw. dann, wenn durch Zukäufe eine andere Größenklasse erreicht wird, die infolge des empirisch oft beobachteten Size-Effekts eine verbesserte Bewertung verspricht, oder wenn an anderen Börsenplätzen bessere Bewertungen vorherrschen (ein Beispiel hierfür ist das Delisting der Celanese AG durch Blackstone in Deutschland und das unmittelbar darauffolgende Listing der Gesellschaft in den USA). Die höhere Bewertung für größere Unternehmen kann dadurch gerechtfertigt werden, dass – bezogen auf den absoluten Wert – die Werte von Unternehmen mit einem größeren EBITDA-Volumen weniger auf konjunkturelle Schwankungen reagieren als die Werte kleinerer Unternehmen.

Waren in der Vergangenheit finanzwirtschaftliche Wertsteigerungspotenziale die wesentlichen Treiber, so stehen zunehmend die operativen Wertsteigerungspotenziale eines Unternehmens im Fokus der Investition. Vermehrt werden diese operativen Wertsteigerungen auch durch den Know-how-Transfer seitens des Investors initiiert, der im Zuge der Transaktion sein gesammeltes Beratungs-Knowhow zur Verfügung stellt.[11]

Realisierung von
Wertsteigerungen

Möglichkeiten zur Realisierung von Wertsteigerungen entlang der *Wertschöpfungskette* bieten sich u. a.

---

11 Nach einer Studie von McKinsey beruhen 63 % der Outperformance von Private-Equity-geführten Unternehmen auf operativer Exzellenz, vgl. Heel/Kehoe (2005).

- durch die Konzentration des Einkaufs,
- die Optimierung von Arbeitsabläufen,
- die Abspaltung von Aktivitäten außerhalb des Kerngeschäfts sowie
- durch strategische Zukäufe.

Die Bilanz des Unternehmens gibt Ansatzpunkte für eine mögliche Wertsteigerung in Form der Optimierung der Vermögensgegenstände, insbesondere des Working Capital, und einer effizienteren Kapitalallokation (insbesondere durch die disziplinierende Wirkung des Fremdkapitals)[12]. Weitere Liquidität kann durch Sale and Leaseback Agreements erreicht werden – dabei ist jedoch zu berücksichtigen, dass beim Weiterverkauf das Leasing als Financial Debt komplett vom Verkaufspreis abgezogen werden muss.

Strategische Zukäufe sind der Kern sog. *Buy-and-Build-Strategien*. Der Private-Equity-Fonds erwirbt hierbei zunächst ein Unternehmen, das mit einem geeigneten Management ausgestattet wird und die Plattform für weitere Zukäufe bildet. Ziel dieser Strategie ist mitunter die Marktführerschaft in dem jeweiligen Marktsegment. Es ist unschwer zu erkennen, dass sich die Werte der zusammengekauften Unternehmen allein durch die einfache Addition ihrer Ergebnisse vervielfachen können – durch die identifizierten Synergien wird dann die entsprechende Überrendite erzielt. Doch auch ohne eine derartige Strategie, die in Abschnitt VII.3 detailliert erläutert wird, kann die erwartete Rendite erwirtschaftet werden. Abbildung 5 fasst die Wertsteigerungsmöglichkeiten sowie die zugehörigen Kompetenzen, die durch das Private-Equity-Haus vorgehalten werden müssen, systematisch zusammen.[13]

Buy-and-Build-Strategien

Inwieweit diese Faktoren auch empirisch zum Tragen kommen, ist eine interessante Frage. Zur Wertgenerierung in Portfolio-Unternehmen gibt es nur wenige statistische Daten und Untersuchungen. Die Studie der Beratungsfirma Boston Consulting Group und der Business School IESE, Barcelona, kommt bei ihrer Untersuchung von 32 Unternehmen, die von sieben verschiedenen Private-Equity-Firmen gemanagt wurden, zu dem Ergebnis, dass bei einer Internal Rate of Return (IRR) von 48 % rund 22 % dem Umsatzwachstum zuzuschreiben sind, 5 % der Verbesserung der EBIT-Marge, 10 % der Verbesserung des EBIT-Multiples und nur 11 % dem Leverage-Effekt.[14] Unbestritten ist, dass in Zukunft nicht mehr nur der günstige Einkauf und die Rückzahlung des Fremdkapitals als Wertsteigerung ausreichen.

Betrachtet man die wissenschaftlichen Untersuchungen, so fokussieren die meisten Studien auf eher kurzfristige Kennzahlen wie die Umsatz- oder EBIT-Entwicklung. Eine Ausnahme stellt die Arbeit von Harris, Siegel und Wright dar. Ihre umfassende Analyse der operativen Verbesserungen nach Management Buyouts im Vereinigten Königreich (UK) zeigt eine eindeutig positive Tendenz in der

---

12 Zur disziplinierenden Wirkung des Fremdkapitals vgl. Maloney/McCormick/Mitchell (1993), S. 189 ff.

13 In Anlehnung an Berg/Gottschalg (2004), S. 17.

14 Vgl. BCG/IESE (2008), S. 10.

Ebene	Expertise/Know-how	Maßnahmen
Financial Engineering	Erfahrung im Financial Engineering und in der Optimierung von Finanzierungsstrukturen	– Optimierung der Kapitalstruktur – Reduzierung der Steuerlast
Verbesserung der operativen Performance	Erfahrung im Einsatz von Maßnahmen zur Verbesserung der operativen Marge und Verständnis für die Wertschöpfungsprozesse des Unternehmens	– Eliminierung von Ineffizienzen im Management – Reduzierung der Kapitalbindung (insbesondere im Working Capital) – Verbesserung der Kostenstruktur
Strategie	Kenntnisse des jeweiligen Marktes und der entscheidenden Markttreiber; strategisches Mindset	– Strategische Repositionierung – Ausrichtung auf neue Märkte – Verbesserungen im Vertrieb und im Marketing – Buy-and-Build-Strategien
Private-Equity-Arbitrage	Kenntnis der Kapitalmärkte, Gefühl für unterbewertete Situationen, Verhandlungsgeschick, Fähigkeiten und Kenntnisse bezüglich der Exekution von Unternehmenstransaktionen, Netzwerke	– Änderungen in der Marktbewertung (Cycle Timing) – Ausnutzen der vorhandenen Kenntnisse über das Portfolio-Unternehmen (Höherbewertung durch Außenstehende) – Repositionierung aus bewertungstechnischer Sicht (Erreichen einer neuen Größenklasse, Vermeiden eines Konglomerat-Abschlags durch Zerschlagung etc.)
Corporate Governance	Mentoring-Fähigkeiten, Erfahrung in der umfassenden Beratung von Unternehmen	– Wiederherstellung des Unternehmergeistes – Bereitstellen von Beratungskapazität – Reduzierung der Agency-Kosten durch die disziplinierende Wirkung des Fremdkapitals – Eindeutige Ausrichtung des Managementinteresses an der Wertsteigerung im Exit – Verbesserung des Controllings und des Monitorings im Sinne des Eigentümers

Abb. 5:
Wertsteigerungspotenziale, Kompetenzen und Maßnahmen

Effizienzentwicklung.[15] Ob es sich hierbei um einen langfristigen Effekt handelt, ist in der Literatur wiederum strittig – einer Studie von Amess zufolge sind Effizienzvorteile nur kurz- bis mittelfristig feststellbar.[16]

Ein wesentlicher Wertsteigerungsfaktor ist bisher nur bei der Diskussion der Corporate Governance kurz angeschnitten worden – die Freisetzung frischer unternehmerischer Energie, die meist in Konzern-Spin-off-Situationen zu beobachten ist. Man kann in diesem Zusammenhang sicherlich bereits von einer eigenen Buy-out-Kultur sprechen, die den Unternehmen diese Energie durch weniger Bürokratismus und eine Offenheit für bisher nicht genutzte Wachstumspfade erschließt.[17]

---

15 Vgl. Harris/Siegel/Wright (2005), S. 148 ff.
16 Vgl. Amess (2003), S. 35 ff.
17 Vgl. Loos (2006), S. 30 f.

4. Merkmale eines Buy-out-tauglichen Unternehmens

Wie sieht nun ein Unternehmen aus, das sich für einen Buy-out empfehlen will? Private-Equity-Häuser nennen meist drei zentrale Faktoren: an erster Stelle das *Managementteam*, dann die Möglichkeit, *Wertsteigerungspotenziale* zu heben, und zuletzt die Option, aus dem Investment auszusteigen (*Exit*).

Faktoren für eine Buy-out-Empfehlung

Detaillierter lässt sich das Buy-out-taugliche Unternehmen folgendermaßen charakterisieren:

* Es handelt sich um einen (Cash-Flow-)stabilen Industriesektor mit Wachstumskomponente – hochzyklische Unternehmen sind aufgrund schwankender Cash Flows weniger geeignet. Wichtig ist in diesem Zusammenhang eine klare Vorstellung davon, wie der Cash Flow optimiert werden kann (z. B. durch Kostensenkungsmaßnahmen oder durch zusätzliches Umsatzpotenzial).
* Das Unternehmen verfügt über ein margenstarkes Geschäft.
* Das Geschäftsmodell ist in gewisser Weise skalierbar, d. h., bei einem Umsatzanstieg erhöht sich die Marge überproportional.
* Das Unternehmen besitzt einen durch Markteintrittsbarrieren geschützten Marktanteil in einer wachsenden Branche bzw. Nische, verfügt über Innovationen, die ihm einen Wettbewerbsvorteil verschaffen, oder hat die Kostenführerschaft in seiner Branche inne.
* Es besteht keine zu hohe Konzentration bei Kunden und Lieferanten.
* Die Lieferantenverträge weisen eine möglichst große Visibilität auf, d. h., der Prozentsatz der für die nächsten Jahre gesicherten Umsätze ist relativ hoch.
* Die Marge (Gross- bzw. EBIT-Marge) unterliegt nicht allzu hohen Schwankungen.
* Das Anlagevermögen ist nicht überaltert – signifikante Investitionen in Forschung und Entwicklung wurden bereits vor Einstieg des Investors getätigt.
* Das Working Capital weist nur geringe saisonale Schwankungen auf.
* Es besteht kein signifikanter Investitionsstau.

Inwieweit diese Kriterien einem empirischen Test standhalten, ist strittig. So einleuchtend sie sind, so wenig ist ihre empirische Validierung bisher gelungen.[18] Viele Private-Equity-Häuser haben sich im Laufe der Zeit auf bestimmte Unternehmenstypen spezialisiert. So bevorzugen einige eher auf Anlagegüter (Assets) konzentrierte Unternehmen, während andere insbesondere auf Service-orientier-

empirische Validierung

---

18 Zieht man die sicherlich nur begrenzt aussagekräftige Studie von Loos (2006), S. 296 ff., heran, so scheinen zumindest das Kriterium Marktführerschaft und die Frage, ob man nur ein Produkt anbietet oder ein Mehrproduktunternehmen darstellt, für die Buy-out-Tauglichkeit eines Unternehmens unwesentlich zu sein. Auch bei Buy-outs mit nur einem Kunden sollen, der Studie zufolge, die IRR-Ergebnisse besser sein (der Stichprobe liegen jedoch nur sieben Transaktionen zugrunde). Dem wird man sich ebensowenig anschließen wollen wie der in der Studie geäußerten Behauptung, dass zyklische Unternehmen bessere Renditen abwerfen. Dass wiederum die Nischenstrategie die erfolgreichste Strategie darstellt, ist nicht verwunderlich – investieren die meisten Fonds doch in Unternehmen, die in ihrer Nische die Marktführerschaft innehaben.

te Geschäftsmodelle setzen. Zudem sind viele Häuser auf eine Buy-and-Build-Strategie fokussiert – d. h., es wird oftmals nur in Branchen investiert, bei denen die Realisierung dieser Strategie möglich ist. Während viele Investoren nach wie vor Unternehmen favorisieren, die eine Plattform für die weitere Konsolidierung einer Branche darstellen, favourisieren andere aufgrund eher negativer Erfahrungen mit Buy-and-Build-Strategien substantiellere Einzelinvestments.

Fähigkeiten des Managementteams

Auch das Managementteam sollte bestimmte Fähigkeiten aufweisen. An erster Stelle steht die Frage, ob das Managementteam wie ein *Unternehmer* denkt und eine klare Strategie für die Weiterführung des Unternehmens hat. Zudem muss es über entsprechende Erfahrungen in der jeweiligen *Branche* verfügen und bewiesen haben, dass es in dieser Branche bereits erfolgreich Unternehmen geführt hat. Auch dürfen, das versteht sich von selbst, aufseiten des Managementteams keine großen Vorbehalte gegenüber Private-Equity-Investoren und deren *Exitorientierung* bestehen. Dies ist leicht gesagt, in der Praxis zeigt sich jedoch gerade bei erstmaligen Buy-outs, dass viele Managementteams die Usancen ihrer Investoren erst kennenlernen müssen. Große Vorbehalte sind hier sicherlich kontraproduktiv für die Zusammenarbeit. Zu guter Letzt muss das Managementteam bereit sein, ein nicht unbeachtliches *finanzielles Commitment* einzugehen. Somit kommen risikoaverse Managementteams für einen Buy-out von vornherein nicht in Frage.

Der Buy-out-Prozess stellt für das Managementteam, das in eine Eigentümerstellung übergeht, meist eine einmalige Chance dar, die jedoch hochkomplex ist und oftmals eine emotionale Achterbahnfahrt mit sich bringt. Insofern ist ein geschlossenes und auch entschlossenes Managementteam oft die entscheidende Voraussetzung für den Erfolg eines Management-Buy-outs. Bei der Zusammensetzung des Managementteams ist deshalb insbesondere auch auf die *Teamgröße* zu achten. Spätestens bei der Allokation der Gesellschaftsanteile auf die Teammitglieder zeigt sich, wie wichtig es ist, die erfolgsentscheidenden Manager in das Team zu berufen und ihrer Bedeutung entsprechend am Buy-out zu partizipieren.

5. Formen und Strategien des Buy-outs

Obwohl der Mechanismus des Buy-outs – unter Anwendung verschiedener Techniken – immer der gleiche ist, lassen sich verschiedene Formen und Strategien des Buy-outs unterscheiden. Zunächst besteht die Möglichkeit, Buy-outs anhand der verschiedenen Größenklassen zu kategorisieren.

Cash-out- und Wachstumsstrategie

Weiter lassen sich zwei spezifische Strategien – die *Cash-out-Strategie* und die *Wachstumsstrategie* – formulieren. Im Rahmen der Cash-out-Strategie versucht der Investor, seine Rendite hauptsächlich durch die Rückzahlung der Fremdfinanzierung in Verbindung mit einer Verbesserung der operativen Prozesse des Unternehmens zu realisieren. Im Vordergrund steht also weniger ein stärkeres Umsatzwachstum, sondern es geht eher darum, eine gegebene Position in einer

Marktnische zu halten und mit dem Markt zu wachsen (meist ist in diesen Fällen die kritische Hürde das Wachstum des Bruttoinlandsprodukts). Wachstum wird lediglich auf der Ebene des operativen Ergebnisses dargestellt und insbesondere durch operative Verbesserungsmaßnahmen erzielt. Die Wachstumsstrategie dagegen setzt auf einen klaren Anstieg der Umsatzlinie und damit (durch die Fixkostendegression unterstützt) auf ein überproportionales Wachstum der Ergebnisse. Beide Strategien treten nie in Reinform auf, sind jedoch wichtige Orientierungspunkte für eine Investitionsentscheidung.

	Wachstumsstrategie	Cash-out Strategie
Kleinst-Buy-out		
Mittelständischer Buy-outs		
IBO		

Abb. 6:
Formen und Strategien des Buy-outs

Die Unterscheidung nach verschiedenen Größenklassen ist sowohl qualitativ als auch quantitativ von Bedeutung. Die qualitativen Aspekte lassen sich anhand der Vorgehensweise, teilweise auch anhand der Organisationsform der Fonds beschreiben. Die in Abschnitt I.3 diskutierten Werttreiber einer Buy-out-Transaktion unterscheiden sich ebenfalls nach Größenklassen.[19]

Unterscheidung nach Größenklassen

a)   Kleinst-Buy-out

Der Kleinst-Buy-out (Small Cap Buy-out) zeichnet sich dadurch aus, dass aufgrund der begrenzten Transaktionsgröße oft eine Mehrheitsübernahme durch das Management möglich ist. Ob diese Mehrheitsübernahme mit oder ohne Eigenkapitalgeber erfolgt, hängt davon ab, ob nach der Bereitstellung von Eigenkapital

Small Cap Buy-out

---

19 Vgl. Labbé (2003), S. 312. Labbé unterscheidet zwei verschiedene Investorentypen: den kontinentaleuropäischen, eher auf Kooperation, längere Haltedauern und weniger Einfluss fokussierten Investor mit niedrigeren Renditeforderungen, und den angloamerikanischen. Zur Aufteilung in Large-Cap-, Mid-Cap- und Small-Cap-Markt vgl. auch Mittendorfer (2007), S. 50 ff.

durch das Managementteam eine Finanzierungslücke bleibt, die nicht durch eine Bankfinanzierung oder bankfinanzierungsähnliche Produkte wie bspw. Mezzanine-Finanzierungen gedeckt werden kann. Bei vielen Transaktionen, die oftmals nur eine Ablösung des nominellen Eigenkapitals darstellen, wird zudem die Finanzierung durch ein Darlehen des Verkäufers strukturiert. Das Segment der Kleinst-Buy-outs ist durch spezialisierte Investoren geprägt, deren Know-how vorwiegend im gekonnten Umgang mit den verkaufenden Mittelständlern liegt.[20]

stille Gesellschaft

Eine besondere Form der Mezzanine-Finanzierung, die sich für Kleinst-Buy-outs im Bereich der Förderinstitute (mittelständische Beteiligungsgesellschaften der einzelnen Länder wie die bayerische Beteiligungsgesellschaft BayBG) durchgesetzt hat, ist die *stille Gesellschaft*. Bei dieser handelt es sich um eine reine Innengesellschaft, es erfolgt – ausgenommen die stille Beteiligung bei einer AG – keine Eintragung ins Handelsregister. Die Stimmrechtsverhältnisse bleiben unverändert, nur Mitwirkungs-, Informations- und Kontrollrechte müssen vertraglich fixiert werden. Auf die laufende Geschäftsführung wird i. d. R. kein wesentlicher Einfluss genommen, gegebenenfalls wird allein die Mitwirkung in Beirat oder Aufsichtsrat verlangt. Interessant an dieser Form der Beteiligung ist die vertraglich festgelegte Laufzeit (evtl. mit Prolongationsmöglichkeit); für den Investor stellt sich die Exitproblematik daher nur eingeschränkt.

atypisch stille
Gesellschaft

In der Ausgestaltung als *atypisch stille Gesellschaft* handelt es sich um durch Rangrücktritt haftendes Eigenkapital bis zur Höhe der Einlage. Die atypisch stille Gesellschaft ermöglicht es dem Investor, an der Unternehmenswertentwicklung teilzuhaben. Eine Verlustbeteiligung erfolgt demgegenüber maximal in Höhe der geleisteten Einlage. Im Beteiligungsvertrag, der einen schuldrechtlichen Vertrag darstellt, wird eine Grundvergütung festgelegt, die unabhängig vom Geschäftsverlauf anfällt. Zusätzlich wird eine gewinnabhängige Vergütung vereinbart. Steuerlich handelt es sich um eine Mitunternehmerschaft.

typisch stille
Gesellschaft

Bei der *typisch stillen Gesellschaft* dagegen handelt es sich zwar auch um durch Rangrücktritt bis zur Höhe der Einlage haftendes Eigenkapital. Es wird jedoch nur eine Nominaleinlage geleistet, so dass keine Beteiligung am Unternehmenswertzuwachs stattfindet (und dementsprechend auch beim Ein- und Ausstieg – anders als bei der atypisch stillen Beteiligung – keine gesonderte Bewertung vorgenommen werden muss). Die Rückzahlung erfolgt durch das Unternehmen zum Nominalwert.

deutsche Variante
des Private Equity

Ungeachtet der Strukturierungsmöglichkeiten des deutschen Gesellschaftsrechts – insbesondere in der Variante der stillen Gesellschaft – unterscheidet sich der Kleinst-Buy-out im Kern hauptsächlich durch die Herangehensweise und eine spezifische »Transaktionskultur« von anderen Formen des Buy-outs. Deutsche Private-Equity-Investoren setzen bei der Strukturierung ihrer Transaktionen überwiegend auf eine Lösung im Einvernehmen mit den Eigenkapitalnehmern – anders als ihre angelsächsischen Kollegen, die eine wesentlich stärker ausgeprägte Corporate Governance anstreben. Deshalb spricht der Vorsitzende des Vorstands der Hannover Finanz Gruppe, Albrecht Hertz-Eichenrode, nicht

---

20 Vgl. auch Mittendorfer (2007), S. 55 f.

ganz zu Unrecht von einer spezifisch deutschen Variante des Private Equity, der er sich verpflichtet sieht.[21]

b) Mittelständischer oder Mid Cap Buy-out

Während das Feld der Kleinst-Buy-out-Finanzierung klar von meist lokal, selten auch national orientierten Akteuren beherrscht wird, so ist im mittelständischen Umfeld bereits eine Dominanz der paneuropäischen Häuser zu verspüren. Gleichwohl betonen die europäischen Finanzierer mittelständischer Transaktionen ihren strikt nationalen Ansatz, weil der Erfolg im mittelständischen Umfeld die Anwesenheit eigener Investmentteams vor Ort voraussetzt.

Das gilt auch für die in Deutschland tätigen angelsächsischen Investoren. So beschreiben sich laut einer Studie von Fleischhauer, Hoyer & Partner, für die insgesamt 33 Fonds befragt wurden, 82 % der im Mid Market (in der Studie durch einen Firmenwert bis 250 Mio. EUR definiert) tätigen Fonds als »National Player«.[22] Die besondere Stärke der deutschen Häuser zeigt sich, wenn es um die Übernahme von familiengeführten Unternehmen geht. Dies kommt auch in der Statistik zum Ausdruck: Bei Übernahmen von familiengeführten Unternehmen mit einem Transaktionsvolumen unter 400 Mio. EUR sind lokale Private-Equity-Häuser stark überrepräsentiert.[23]

National Player

Doch nicht nur das Herkunftsland des Private-Equity-Investors ist für die Unterscheidung von Kleinst-Buy-out auf der einen und IBO auf der anderen Seite von Bedeutung. Auch die Finanzierungsstrukturen unterscheiden sich. Der mittelständische Buy-out (Mid Cap Buy-out) ist im Prinzip wie ein großer Buy-out strukturiert – wenn auch die Fremdfinanzierung seltener über ein Bond Placement am Kapitalmarkt erfolgt –, jedoch nicht so aggressiv finanziert. Der Eigenkapitalanteil ist im Vergleich zu den sog. Big-Ticket-Transaktionen höher. So liegt die durchschnittliche Eigenkapitalquote im Mid-Market-Segment bei 37 %.[24] Grund hierfür ist, dass sich hier Schwankungen im operativen Geschäft doch deutlicher auf das operative Ergebnis auswirken als bei sehr großen Unternehmen, die allein durch ihre Größe schon einen gewissen »Sockelbetrag« beim Betriebsergebnis ausweisen können.

Finanzierungsstrukturen

Zudem ist im Mid-Market-Bereich davon auszugehen, dass auch die Syndizierungen der Akquisitionsfinanzierung von den nationalen Banken hin und wieder arrangiert werden. Die Dokumentation der Finanzierung erfolgt dementsprechend in wenigen Fällen noch in deutscher Sprache.[25]

---

21 Vgl. GoingPublic Media AG (2006), S. 11.
22 Vgl. Fleischhauer/Hoyer (2006), S. 6.
23 Vgl. Incisive Media (2006), S. 4. Sowohl 2004 als auch 2005 überstiegen die Investments von lokalen Investoren in Familienunternehmen die der ausländischen Investoren; 2004 hat lediglich ein ausländischer Investor in ein Familienunternehmen investiert.
24 Vgl. Fleischhauer/Hoyer (2006), S. 7.
25 Vgl. Mittendorfer (2007), S. 52.

c) Institutional Buy-out (IBO)

Big-Ticket-
Transaktionen

Die Institutional Buy-outs stellen sicherlich die publizitätsträchtigste Klasse der Buy-outs dar. Wenn auch die Komplexität dieser Transaktionen – abgesehen von der allein durch die Unternehmensgröße implizierten Komplexität – mit derjenigen mittelständischer Buy-outs vergleichbar ist, so nehmen die öffentlichkeitswirksamen IBOs mittlerweile einen festen Platz in der Wirtschaftspresse – und nicht nur dort – ein. In der Größenklasse der Big-Ticket-Transaktionen ist der vorherrschende Transaktionsstil der des Investmentbankings, was auch in den Organisationsformen der Private-Equity-Häuser zum Ausdruck kommt: Megafonds wie bspw. Blackstone sind wie kleine Investmentbanken organisiert. Auch der Deal Flow erfolgt meist ausschließlich über Investmentbanken. Quantitativ besteht der Unterschied zu mittelständischen Buy-outs in höheren Leverage-Faktoren – was auch höhere Kaufpreise impliziert.[26]

Bezüglich der »Gretchenfrage«, welche Transaktionsgröße unter Renditegesichtspunkten für Private-Equity-Investoren am interessantesten ist, existieren nur wenige Studien – und deren Aussagefähigkeit wird gerade durch die Finanzkrise erheblich erschwert. Kreuter, Gottschalg und Schödel kommen bei einer Analyse von 2.469 Buy-outs in den USA und Europa zu dem Ergebnis, dass die kleineren Buy-outs und die Big-Ticket-Transaktionen interessanter als die Mid Cap Buyouts erscheinen. Ein Grund hierfür könnte sein, dass aufgrund der hohen Zahl der Akteure im Mittelfeld des Transaktionsmarktes sehr kompetitive Preise bezahlt werden müssen, während bei den Big Tickets die Konkurrenz deutlich geringer ist.

Die Small Cap Buy-outs profitieren wiederum von deutlich geringeren Bewertungsmultiplikatoren und der meist exklusiveren Dealbasis (vgl. Abb. 7).[27]

Wie sich diese Statistik nach der Finanzkrise entwickeln wird, lässt sich schwer abschätzen. Nachdem die Durchführbarkeit sehr großer Buy-outs fast unmöglich erscheint, ist ein deutliches Abschmelzen der Renditen aus diesem Größencluster zu erwarten. Immerhin sind in den USA bereits im Jahr 2009 wieder einige große Transaktionen getätigt worden.

6. Abgrenzung gegenüber anderen Finanzierungsformen

Der deutsche Markt für außerbörsliches Kapital hat in den letzten zehn Jahren einige Finanzierungsprodukte entwickelt, die sowohl in quantitativer als auch in

---

26 Vgl. Hommel/Schneider (2006), S. 523. Wie Hommel und Schneider in ihrer empirischen Untersuchung feststellten, liegt die Eigenkapitalanforderung der Banken im deutschen Markt bei der Größenklasse der Small Caps um durchschnittlich 10 % höher als bei Large Caps.

27 Die deutlich höheren IRR im Vergleich zu anderen Studien sind, wie bereits angemerkt, dem Umstand geschuldet, dass diese Studie nur erfolgreich veräußerte Transaktionen zugrunde legt. Auch die Datengrundlage der Datenbank der Autoren, sog. Placement Memos, die im Fundraising verwendet werden, lassen den Rückschluss auf einen Survivor Bias zu, vgl. hierzu auch Loos (2006), S. 67 f.

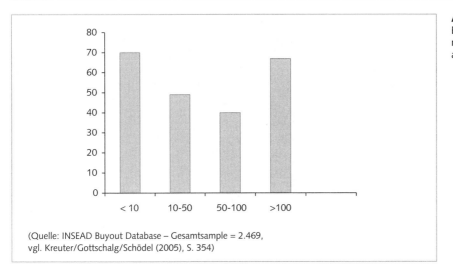

(Quelle: INSEAD Buyout Database – Gesamtsample = 2.469,
vgl. Kreuter/Gottschalg/Schödel (2005), S. 354)

qualitativer Hinsicht besonders für mittelständisch geprägte Unternehmen von zunehmendem Interesse sind. Qualitativ gesehen sind in diesem Zusammenhang zwei Trends maßgeblich.

Zum einen wird – u.a. aufgrund des stetig steigenden Wettbewerbsdrucks auf die einzelnen Beteiligungsgesellschaften – ein immer individuellerer Zuschnitt der Finanzierungsformen möglich. Durch diesen immer individuelleren Zuschnitt sind zunehmend auch bei den Buy-out-Fonds Ausnahmen von üblichen Mehrheitsbeteiligungen möglich. Es gibt einige Beispiele für Buy-out-Fonds – etwa die Beteiligung von CVC an der Evonik AG –, die auch Minderheitsbeteiligungen eingegangen sind, allerdings immer unter der Bedingung, ab einem gewissen Zeitpunkt auf die restlichen Gesellschaftsanteile zugreifen zu können.

individuellerer
Zuschnitt der
Finanzierungs-
formen

Zum anderen wird zunehmend deutlich, dass das Verhältnis zwischen Kapitalgeber und -nehmer durch Informationsasymmetrien gekennzeichnet ist (der Manager bzw. Unternehmer ist näher am Unternehmen, er hat Kenntnis von Ereignissen, die vom Private-Equity-Fonds nicht sofort realisiert werden können, so dass dieser auf ihn angewiesen ist) und die Strukturierung der Beteiligungsformen sich an diesen Informationsasymmetrien orientieren muss (siehe hierzu auch Kapitel III.).

Informations-
asymmetrien

Das klassische »*Soft Equity*« – d.h. die Bereitstellung von Eigenkapital mit einer relativ geringen Renditeforderung ohne Mitsprache- und Mitveräußerungsrechte – ist weitgehend verschwunden. Allen Formen des außerbörslichen Beteiligungskapitals ist heutzutage gemein, dass neben der Finanzierungsunterstützung durch *Eigenkapital* auch mehr oder weniger umfassende *Beratungsleistungen* mit zur Verfügung gestellt werden; im Gegenzug werden den Kapitalgebern umfangreiche *Einwirkungs-, Kontroll- und Informationsrechte* eingeräumt, und der *Investitionshorizont* ist befristet.[28]

---

28 Vgl. Pfaffenholz (2004), S. 10 sowie Rudolph/Fischer (2000), S. 50.

Cash Flow

Die einzelnen Formen des Beteiligungskapitals unterscheiden sich im Wesentlichen darin, an welchem Punkt der Unternehmensentwicklung sie eingesetzt werden. Die unterschiedlichen Arten von Buy-outs, von denen bisher die Rede war, setzen voraus, dass es sich um bereits etablierte Unternehmen handelt. Viele von Venture-Capital-Fonds finanzierte Unternehmen befinden sich jedoch erst in der Aufbauphase, d. h., es ist entweder die Technologie, das Produkt oder sogar der Markt noch nicht entwickelt genug, um von einem etablierten Unternehmen sprechen zu können. Als Kriterium für den Entwicklungsgrad des Unternehmens kann der Cash Flow dienen, der bei jüngeren Unternehmen durch die hohen Entwicklungsaufwendungen, aber auch durch den beim Aufbau einer Vertriebsmannschaft entstehenden Aufwand, negativ ist. In Abbildung 8 ist dieser Zusammenhang typisiert dargestellt.[29]

Abb. 8:
Finanzierung und Unternehmenslebenszyklus

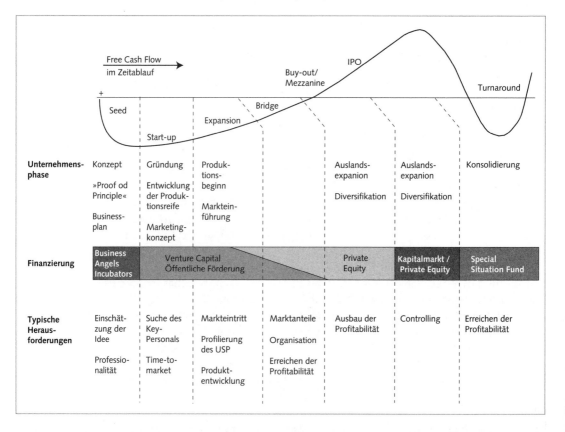

Risikoeinschätzung

Mit all diesen Formen von Beteiligungskapital verbinden sich jeweils unterschiedliche Anforderungen hinsichtlich der Risikoeinschätzung. Jeder Investor muss für sich entscheiden, welches Risiko dem einzelnen Investment unterliegt und welche Rendite er demzufolge für dieses Engagement ansetzen muss.

---

29 In Anlehnung an Schefczyk (2006).

Da die Venture-Capital-Branche mittlerweile ebenfalls auf längere Zeitreihen zurückgreifen kann, agieren auch die Investoren in diesem Bereich wesentlich rationaler. Für die oben genannten Finanzierungsformen lässt sich entsprechend der Risikoeinschätzung eine typisierte Darstellung des Rendite/Risiko-Zusammenhangs erstellen, wie Abbildung 9, in der ein LIBOR von 4 % zugrunde gelegt wird, veranschaulicht.

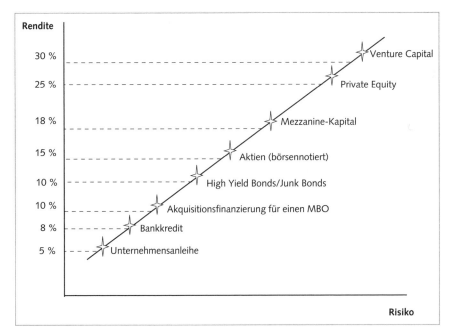

Abb. 9:
Rendite-Risiko-Matrix

Wie die dargestellte Matrix zeigt, sind sehr vielfältige Ausgestaltungsformen möglich. Entscheidend für die Realisierung der jeweiligen Renditen ist, in welcher Form sie von den Private-Equity-Fonds erwirtschaftet werden. Im Folgenden werden einige dieser Formen typisiert dargestellt; daneben existieren über die üblichen *Leasing-* und *Factoring*-Modelle weitere Finanzierungsalternativen für den Mittelstand. Verschiedene Arten der *Projektfinanzierung* können dank vielfältiger Vorteile ebenfalls eine interessante Alternative zur klassischen Bankfinanzierung darstellen – auch wenn es sich bei der Projektfinanzierung sicherlich nicht um eine klassische Eigenkapitalfinanzierung handelt. So haben Automobilzulieferer bspw. die Möglichkeit, teure Entwicklungsprojekte in eine fremdfinanzierte, von der Bank gegründete Projektgesellschaft auszulagern, um auf diese Weise die Bilanz zu entlasten und Kreditlinien zu schonen.[30]

Für jeden Finanzierungsanlass eignen sich andere Finanzierungsformen, wobei bei der Hinzuziehung von Eigenkapitalinvestoren meist entscheidend ist, ob die Mehrheit und damit die Unternehmenskontrolle auf den neuen Investor

Renditeformen
Projektfinanzierung

---

30 Vgl. Handelsblatt vom 22.1.2003, S. R 3.

übergeht. Einige der nachfolgend betrachteten Finanzierungsformen setzen, um funktionieren zu können, die Kapitalmehrheit voraus.

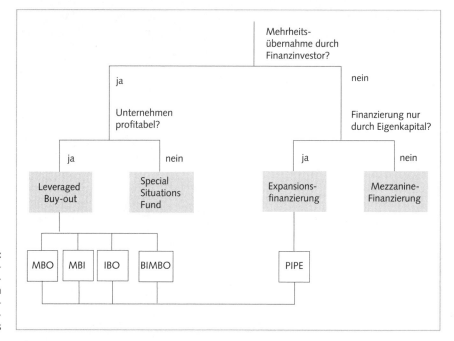

Abb. 10:
Finanzierungsalternativen für etablierte Unternehmen abseits des organisierten Kapitalmarkts

Expansionskapital

Expansionskapital wird von Private-Equity-Häusern vor allem dann zur Verfügung gestellt, wenn Unternehmen, die bereits ihre Profitabilität unter Beweis gestellt haben, für spezifische Anlässe eine weitere Finanzierung benötigen. Sollte Fremdkapital nicht zur Verfügung stehen, so eignet sich hier auch Eigenkapital. Kennzeichen der Expansionsfinanzierung sind:

- Abgabe von Minderheitsanteilen im Rahmen einer Kapitalerhöhung,
- eingeschränkte Mitspracherechte, die i. d. R. über das gesetzlich Vorgeschriebene hinaus vertraglich angepasst werden, insbesondere über die Definition zustimmungspflichtiger Geschäfte,
- Mitverkaufsrechte und -pflichten (sog. Tag-along- bzw. Drag-along-Rechte) und weitere Exit-Klauseln.

Mezzanine-Finanzierung

Mezzanine-Finanzierungen stellen Zwischenformen zwischen Eigenkapital- und Fremdkapital dar. Der Begriff ist nicht eindeutig definiert. Im engsten Sinne handelt es sich um nachrangiges Fremdkapital, das gegenüber dem Eigenkapital jedoch vorrangig ist und dessen Vergütung üblicherweise aus einer Zinskomponente und einer Option auf Geschäftsanteile (sog. Equity Kicker) bzw. deren Cash-Äquivalent (sog. Back End Fee) besteht. Diese Form der Mezzanine-Finanzierung hat in Gestalt der stillen Gesellschaft (vgl. hierzu Abschnitt I.5.a) für die Beteiligungsfinanzierung in Deutschland eine nicht unbeachtliche Bedeutung.

Des Weiteren haben sich im Markt folgende *ertragsorientierte* (und damit fremdkapitalnähere) Formen entwickelt:

- (Gesellschafter-)Darlehen mit gewinnabhängiger Verzinsung,
- partiarisches Darlehen (langfristiges Darlehen, das anstelle fester Zinsen mit einem Anteil am Gewinn bezahlt wird und keine Partizipation an der Wertsteigerung hat),
- Genussscheine (vermitteln zivilrechtlich keine Mitgliedschaftsrechte, sondern nur schuldrechtliche Gläubigerrechte auf eine Beteiligung am Gewinn),
- Seller's Note bzw. Vendor Loan (als nachrangiges Darlehen des Verkäufers im Rahmen eines Unternehmensverkaufs).

Hierzu würde auch die stille Gesellschaft in ihrer Ausgestaltungsform als typisch stille Beteiligung (eigenkapitalähnliche Einlage, die nicht an den stillen Reserven partizipiert) gehören. Die eher *wertsteigerungsorientierten* (und damit eigenkapitalähnlicheren) Formen von Mezzanine-Finanzierungen sind:

- (Gesellschafter-)Darlehen mit Options- bzw. Wandlungsrechten, Genussaktien,
- Mezzanine Debt Capital (nachrangige Darlehen mit Zinskomponente und Equity Kicker).

Zu den wertsteigerungsorientierten Finanzierungsformen zählt auch die atypisch stille Gesellschaft. Der Hauptvorteil der Mezzanine-Finanzierung ist ihre große Flexibilität – die Finanzierung kann an die erwarteten Cash Flows des Unternehmens angepasst werden, da ein Großteil der Tilgungszahlung auf den Zeitpunkt der Rückzahlung der Mezzanine-Finanzierung verlagert werden kann. Auch wird sie, je nach Ausgestaltung, in der Bilanzanalyse nach HGB aufgrund ihrer Nachrangigkeit meist dem Eigenkapital zugerechnet.

Ein zusätzlicher Vorteil anderer Ausgestaltungen der Mezzanine-Finanzierung ist, dass es (zunächst) zu keiner Verwässerung des Anteilsbesitzes der bestehenden Gesellschafter kommt – allerdings mit dem Nachteil, dass für die Erwirtschaftung des Kapitalrückflusses und damit der Rendite meist auf ein externes Ereignis, den Exit (durch Börsengang oder Verkauf), rekurriert werden muss. Bei Optionen und Wandlungsrechten ist auch die zukünftige Verwässerung zu berücksichtigen.

Wesentliches Element einer Transaktion ist also die Abstimmung der Finanzierungsinstrumente auf die jeweilige Unternehmens- und Gesellschaftersituation. Die Renditeforderung der Mezzanine-Geber hängt ganz von der Lage des Unternehmens ab. Da das Mezzanine-Kapital gegenüber der üblichen Bankfinanzierung zum einen nachrangig ist und zum anderen später getilgt wird, liegen die laufenden Zinszahlungen höher als bei üblichen Bankkrediten.

Falls ein Equity Kicker über einen Warrant in die Struktur der Finanzierung eingebaut wurde, kann zum Exit-Zeitpunkt der Warrant (in dem in Abb. 11 dargestellten Fall über einen Bezug von Aktien) ausgeübt werden oder nicht – je nach Werthaltigkeit der Aktien zum Ausübungszeitpunkt.

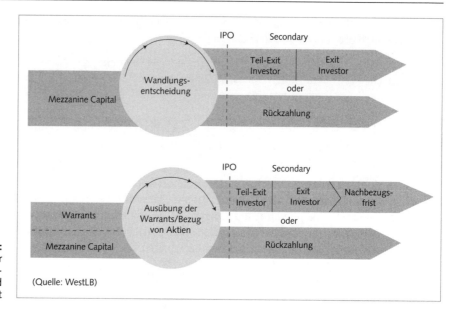

Abb. 11:
Ablauf einer
Mezzanine-Finan-
zierung mit und
ohne Warrant

Opportunity Fund

Eine weitere vom Buy-out abzugrenzende Form des Private-Equity-Investments stellt der *Opportunity Fund* bzw. Special Situations Fund dar.[31] Wie der Name schon andeutet, handelt es sich bei diesen Fonds um eher opportunistisch agierende Investoren. Breit aufgestellte Opportunity Funds wie etwa Cerberus, Oaktree oder Lone Star investieren im Kern in drei Assetklassen. Sie erwerben mit einem hohen Abschlag Forderungsbestände mit leistungsgestörten Krediten, sog. *Bad Loans* bzw. Non-performing Loans, um diese anschließend zu verwerten. Diese Strategie führt in einigen Fällen zu einem sog. Debt to Equity Swap. Hierbei wird die Tatsache, dass aufgrund der Zahlungsausfälle der Kapitaldienst nicht mehr erbracht wird, dazu genützt, die Fremdkapital- in eine Eigenkapitalposition zu wandeln. Nach erfolgreicher Restrukturierung wird das Unternehmen wieder veräußert.

Des Weiteren gehen Opportunity Funds in ähnlicher Weise direkte Unternehmensbeteiligungen (*Corporate-Investments*) ein, wenn sie erwarten, durch die Beteiligung eine erfolgreiche Restrukturierung durchführen zu können. Als dritte Assetklasse wird in *Immobilienportfolios*, meist Wohnimmobilien, investiert. Hierbei wird die Rendite durch Veräußerung der erworbenen Wohnungen an die Mieter und operative Verbesserungen im Immobilienmanagement erreicht.

Für den Vergleich mit Buy-outs ist insbesondere der Bereich der Corporate Investments interessant, denn der Übergang zwischen einem opportunitätsgetrie-

---

31 Die Abgrenzung zwischen Opportunity-Fonds und Hedge-Fonds ist dagegen schwierig. Hedge-Fonds agieren i.d.R. wesentlich kurzfristiger und konkurrieren nur selten um mittel- und langfristige Investments, welche die finanziellen Mittel lange binden. Vgl. hierzu auch Kaserer/Achleitner/von Einem/Schiereck (2007), S. 156ff.

benen Investment und einem Buy-out ist oft fließend. So es die Cash Flows der betreffenden Unternehmen erlauben, werden auch Corporate-Beteiligungen mithilfe von Banken finanziert.

Neben den großen amerikanischen Fonds sind auf diesem Gebiet zahlreiche kleinere, von ehemaligen Unternehmensberatern gegründete Gesellschaften tätig, die Unternehmen oftmals für einen rein symbolischen Preis übernehmen und selbst ins Management einsteigen. Letzteres ist ein wichtiges Kriterium zur Unterscheidung der diversen Opportunity Funds – die großen Player stützen sich oft auf ein externes, erfahrenes Management, übernehmen selbst aber keine Management-Funktion. Die kleineren Opportunity Funds, die man als Turnaround-Investoren bezeichnen könnte, üben meist selbst die Geschäftsführung aus und können daher nur eine sehr begrenzte Zahl von Investitionen gleichzeitig realisieren.

Opportunity Funds investieren in Unternehmen an sich gesunder Wirtschaftszweige, also in Märkte, die sich nicht in einem strukturellen Umbruch befinden (wie bspw. die durch Überkapazitäten gekennzeichnete Bauindustrie) oder gar absterben. Typisch für diese Zielunternehmen ist jedoch, dass sie

- über keine klare strategische Ausrichtung verfügen,
- erheblichen bilanziellen Restrukturierungsbedarf – oftmals aufgrund einer fehlerhaften Expansion – aufweisen,
- unter Schockeffekten innerhalb eines bestimmten Marktsegments leiden,
- eine sofortige Restrukturierung einschließlich nachhaltiger operativer Verbesserungen benötigen,
- ohne finanzielles Engagement von außen in erhebliche wirtschaftliche Schwierigkeiten geraten würden.

Meist treten diese Indizien gemeinsam auf – Auslöser für die genannten Probleme sind oftmals unklare Nachfolgeregelungen. Dagegen meiden opportunistische Investoren Unternehmen, die unkontrollierbaren Währungsrisiken oder erheblichen Preisschwankungen auf Commodity-Märkten ausgesetzt sind oder deren Underperformance durch Änderungen im regulatorischen Umfeld entstanden ist.

Zu guter Letzt ist die LBO-Finanzierung von der mittelständischen *Beteiligungsholding* (Beispiele hierfür wären die Indus Holding AG oder die Heraeus-Gruppe) abzugrenzen. Diese Holdings haben meist einen sehr langfristigen Beteiligungshorizont, denn im Grunde genommen besteht bei Beteiligungen, die ihre Kapitalrendite erwirtschaften, kein Grund zur Veräußerung. Die Grenze zum LBO ist aber, da auch Familiengesellschafter einen eher mittelfristigen Investitionshorizont verfolgen können, fließend. Eine etwas abgewandelte Form dieser Art von Transaktion ist der *Owners Buy-out*, bei dem mithilfe eines Private-Equity-Investors Finanzmittel aus dem Unternehmen abgezogen werden, um im Sinne einer optimalen Portfolio-Allokation das Familienvermögen auf mehrere Anlageformen zu verteilen.[32]

Beteiligungsholding

---

32 Ein interessantes Beispiel hierfür ist die Messer Griesheim, die, 1898 gegründet, Mitte der 1970er Jahre mit einer Tochter der Hoechst AG fusionierte und im Jahr 2001 an die Finanzin-

Infrastruktur-
Investoren

Eine Klasse für sich bilden die *Infrastruktur-Investoren* wie die australische Bank Macquarie. Sie investieren hauptsächlich in Infrastruktur wie Straßennetze, Flughäfen, Pipelines, Wasserversorger usw., wobei sie sich wie klassische Buy-out-Investoren des Leverage-Mechanismus bedienen. Sie können jedoch auch in die klassischen Gefilde der Buy-out Investoren vordringen, wie das Beispiel des Investments von Macquarie in die Techem AG, zeigt.

7. Fondsstrukturen und Investitionsformen im Markt für Eigenkapital

Im Markt für Private Equity kann ein Fondsinvestment in verschiedenen Dimensionen organisiert werden, die sich wie folgt unterscheiden:

* *Organisationsform*: Captive Fund versus Non-captive Fund,
* *Investmentzyklus*: Evergreen Fund versus zeitlich beschränktes Investment,
* Status der Investoren: Lead Investment versus Co-Investment,
* Stellung in der *Investitionskette*: Fund of Funds versus Private Equity Fund.

a)   Organisationsform von Private-Equity-Fonds

Captive Fund

Die Private-Equity-Branche unterscheidet im Wesentlichen zwei Grundformen von Beteiligungsfonds: Captive Funds und Non-captive Funds. Ein *Captive Fund* ist ein Private-Equity-Fonds, der nicht in einer gesellschaftsrechtlich unabhängigen Form organisiert ist, sondern aus der Bilanz der jeweiligen Finanzinstitution investiert.[33] Meist handelt es sich um große Unternehmen der Finanzbranche – bspw. die führenden amerikanischen Investmentbanken oder deutsche Häuser wie die WestLB oder die Allianz SE (gemanagt durch die Allianz Capital Partners) –, die direkt aus den unternehmenseigenen Finanzressourcen schöpfen können. Gerade bei den Investmentbanken hat sich der Bereich des sog. *Principal Investment,* auf den einige der größten Private-Equity-Aktivitäten zurückgehen, als sehr lukrativ erwiesen.[34]

---

vestoren Allianz Capital Partners und Goldman Sachs Capital verkauft wurde. Nach der Veräußerung des Industriegasegeschäfts in den USA, im Vereinigten Königreich und in Deutschland an Air Liquide übte der Familienunternehmer Stefan Messer seine im ursprünglichen Kaufvertrag vereinbarte Call-Option aus und führte unter Zuhilfenahme von Fremdkapital (die Familie hielt zu diesem Zeitpunkt noch ein Drittel der auf rd. 2 Mrd. EUR bewerteten Firmengruppe) das Restunternehmen wieder in Familienhände zurück.

33 Laut BVK (vgl. Jahrbuch (2002), S. 126) ist ein Fonds unabhängig, wenn kein Anteilseigner mehr als 20 % der Anteile an der Managementgesellschaft hält. Bei Semi-captive-Fonds sind zwischen 20 % und 50 % der Anteile in der Hand eines Eigners und abhängige Fonds befinden sich zu über 50 % im Besitz einer Institution. Wir beziehen den Begriff Captive jedoch auf die gesellschaftsrechtliche Konstruktion und unterscheiden danach, ob ein Fonds aus der Bilanz einer Finanzinstitution investiert (Captive-Fonds) oder nicht (Non-captive-Fonds).

34 Vgl. hierzu auch Achleitner (2002), S. 728 ff. Allerdings sind die meisten Fonds der Invest-

Der Nachteil dieser Finanzierungsform liegt darin, dass sie (bzw. der auf die Finanzinstitution entfallende Teil) nach dem Kreditwesengesetz (KWG) voll mit Eigenkapital hinterlegt werden muss. Ähnliche Regelungen im Ausland haben dazu geführt, dass trotz der hohen Gewinne, die mit den Investments erreicht werden konnten, aufgrund von Kapitalknappheit das Geschäft deutlich zurückgefahren wurde. Nach deutschen (und auch internationalen) Bilanzierungsregeln muss zudem das Investment bei Mehrheitsbeteiligungen voll konsolidiert werden, was viele Institutionen gerne vermeiden. Zudem ist es wie bei den unabhängigen Fonds oft schwierig, die Investmentmanager mit Carried Interest zu motivieren – dieses Problem kann jedoch durch eine Schattenrechnung gelöst werden.

Eine Weiterentwicklung der Beteiligungsfonds sind börsennotierte Private-Equity-Fonds. Meist wird dabei, wie im Fall von Blackstone, nur die Managementgesellschaft emittiert, manchmal werden jedoch auch Fondsanteile gehandelt oder auch, wie im Fall der Deutschen Beteiligungs AG, die gesamte Gruppe (Managementgesellschaft sowie Fonds). Um die üblichen Offenlegungsverpflichtungen zu vermeiden, gehen manche Fonds dazu über, die Anteile privat handeln zu lassen. So wurden Anteile an der Oaktree Capital Management, L.P. vor deren Börsengang im Herbst 2007 auf einem privaten, von der Goldman Sachs Group Inc. organisierten Markt von selektiv ausgesuchten Investoren gehandelt.[35] Inwieweit die börsennotierte Form die Finanzkrise überleben kann ist nicht ganz klar – fest steht jedoch, dass ein Private Equity Fonds, der sein Fundraising alleine über die Kapitalmärkte organisieren muss, geringe Überlebenschancen haben wird, da die doppelte Abhängigkeit von den Fremdkapitalmärkten einerseits, vom Börsenklima andererseits, sehr skeptisch gesehen wird.

börsennotierte Private-Equity-Fonds

Als Investor in Unternehmen treten vermehrt auch sog. *Sovereign Funds* auf. Dies sind die Staatsfonds, die in ressourcenreichen oder wirtschaftsstarken Ländern in den letzten Jahren gewachsen sind. Der größte Staatsfonds dürfte das im Jahr 1976 gegründete Abu Dhabi Investment Council mit einem für Ende 2008 geschätzten Volumen von $875 Mrd. sein. Nach Schätzungen des Londoner Finanzdienstleisters IFSL betreuen diese mittlerweile Vermögen im Umfang von 3900 Milliarden Dollar.[36]

Sovereign Funds

Im Hinblick auf die Entstehung lassen sich zwei Formen von Staatsfonds unterscheiden. Die eine Form beruht auf Einnahmen aus Rohstoffverkäufen, meist Rohöl. Die zweite Form verdankt ihre Entstehung der Bildung von Währungsreserven. Dies gilt vor allem für Fonds aus Ostasien, wo manche Länder seit Jahren für viele Milliarden Dollar kaufen, um eine exportschädliche Aufwertung ihrer Heimatwährung zu verhindern. Agierten diese Fonds zunächst als Investoren in Private Equity Fonds, so haben sie zunehmend auch eigene Teams etabliert um direkt in Unternehmen zu investieren.

---

mentbanken mittlerweile Non-captive, bspw. der 8,5 Mrd. USD schwere Fonds GS Capital Partners V.

35 Vgl. The Wall Street Journal vom 23.5.2007.

36 Vgl. FAZ vom 10. März 2009, S. 23.

Interessanterweise spielen bei den Investments oft neben rein finanziellen Aspekten auch strategische eine Rolle. So versuchen Fonds aus dem mittleren Osten vermehrt in Unternehmen der chemischen Industrie zu investieren, um die Wertschöpfungskette der Ölproduktion zu verlängern und entsprechendes Know-how in den Mittleren Osten zu transferieren.

b)　Investmentzyklus

Evergreen Fund

Die zweite Dimension des Private-Equity-Marktes, der Investitionszyklus, ist für das Target-Unternehmen und dessen Management häufig von weitreichenderer Bedeutung. Ein Fonds ohne begrenzte Laufzeit, ein sog. *Evergreen Fund*, ist mit Geldern ausgestattet, die nicht wieder entzogen werden – wer in einen solchen Fonds investiert, partizipiert sowohl von laufenden Ausschüttungen als auch von realisierten Exits. Ein Evergreen Fund leidet weniger unter Fundraising-Zyklen und kann deshalb den Exit-Zeitpunkt meist optimieren – zeitlich befristete Fonds müssen einen Exit oft zu einem Zeitpunkt realisieren, zu dem das Unternehmen noch über erhebliches Entwicklungspotenzial verfügt. Dies zieht häufig Secondary-Transaktionen nach sich, bei denen ein anderes Private-Equity-Haus dieses Entwicklungspotenzial auszuschöpfen versucht.

c)　Status der Investoren

Lead Investor

Der *Lead Investor* führt als Meinungsführer ein Konsortium von Private-Equity-Investoren, die sog. Koinvestoren, an. Gerade größere Transaktionen erfolgen häufig in Form des sog. Club-Deals. Bei dieser Transaktionsform nehmen unter Führung eines Lead Investors, der sich meist aufgrund seiner Erfahrung in der entsprechenden Branche für diese Rolle qualifiziert, mehrere Coinvestoren an dem Investment teil, um die entsprechende Summe an Eigenkapital bereitstellen zu können. Als Koinvestoren treten oftmals auch Investoren auf, die in den jeweiligen Private-Equity-Fonds investiert sind, d. h. die institutionellen Investoren selbst oder *Fund of Funds*. Abbildung 12 zeigt anhand der im Jahr 2006 durchgeführten Transaktionen, welche engen Verflechtungen zwischen den einzelnen Beteiligungsgesellschaften bestehen.

Die Gründe für diese Zusammenarbeit sind vielfältig. Neben einer möglichen *Reputationsübertragung* durch die Kooperation mit einem renommierten Lead Investor sind der Investitionsdruck und die damit zusammenhängende Erhöhung des *Deal Flow* eine wesentliche Motivation. Auch die *Dealselektion* lässt sich durch die Nutzung komplementärer Kompetenzen verbessern – ein Investor zeichnet sich durch sektorspezifische Kenntnisse aus, ein anderer ist auf Mittelstandsituationen spezialisiert. Gemeinsame Investments ermöglichen auch eine effizientere Ausgestaltung des *Beteiligungsmanagements*. Denn viele potente Investoren sind im Ausland ansässig und verfügen daher über nur beschränk-

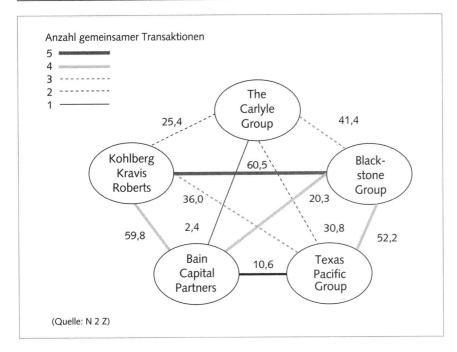

Abb. 12:
Kooperationen zwischen den großen Private-Equity-Fonds im Jahr 2006

te Möglichkeiten für einen direkten Zugriff auf das Unternehmen und sein Management.[37]

d)   Stellung in der Investitionskette

Durch den Einsatz eines Fund-of-Funds-Vehikels lässt sich der Portfolioeffekt nutzen. Der Vorteil für den institutionellen, aber auch für den privaten Investor besteht darin, dass Fund of Funds in mehrere Private-Equity-Fonds investieren und somit eine Diversifizierung vornehmen. Hierbei ist zu beachten, dass auf dieser Fondsebene zusätzliche Gebühren anfallen. Da Private-Equity-Fonds aber bestimmte Mindestinvestitionssummen voraussetzen, bieten diese Vehikel gerade für Privatinvestoren oftmals die einzige Möglichkeit, in die Asset-Klasse Private Equity zu investieren.

Fund-of-Funds-Vehikels

Einer Studie des Branchenverbands EVCA zufolge beträgt die Wahrscheinlichkeit für einen Totalverlust bei einer Venture-Capital-Direktinvestition 30 %, die Wahrscheinlichkeit für einen Teilverlust liegt bei 42 %. Die Wahrscheinlich-

---

37 Gemäß einer Studie von N. Ehrhard, K. Mark und V. Zimmermann (s. Ehrhard/Mark/Zimmermann (2007), S. 389-394) sind für die Zusammenarbeit insbesondere komplementäre Kompetenzen ausschlaggebend.

keit, dass sich die Ausgangsinvestition mindestens verfünffacht, erreicht dagegen fast 25 %. Schaltet man einen Fonds dazwischen, ändert sich das Risiko deutlich. Bei einer Investition in einen Venture Capital-Fonds verringert sich die Wahrscheinlichkeit für einen Totalverlust auf 1 % und für einen Teilverlust auf 30 %. Bei einer Fund-of-Funds-Konstruktion beträgt die Verlustwahrscheinlichkeit damit nahezu null. Noch geringer sind die Ausfallwahrscheinlichkeiten bei Buy-out-Fonds.

	Venture Capital			Buy-out	
	Direktinvestition	Fonds	Fund of Funds	Fonds	Fund of Funds
Durchschnittliches Multiple	6,2	1,7	1,8	1,6	1,7
Wahrscheinlichkeit eines Verlustes	42 %	30%	1 %	21 %	0 %
Wahrscheinlichkeit eines Totalverlustes	30 %	1 %	0 %	1 %	0 %

(Quelle: EVCA/Weidig/Mathonet (2004))

Abb. 13: Risikoprofil verschiedener Private-Equity-Investitionsformen

Ablauf eines Private-Equity-Fonds

Die Kenntnis vom Ablauf eines Private-Equity-Fonds bezüglich Cash Flow und Wertentwicklung ist für das Verständnis dieser Assetklasse besonders wichtig. Zunächst werden von den Investoren Investitionszusagen (*Commitments*) gegeben. Meist sammeln die Fonds die Gelder in einem mehrstufigen Verfahren ein. Bis zum sog. *First Closing* muss eine bestimmte Fondsmindestgröße erreicht sein.[38] Das *Final Closing* findet nach Eingang der letzten Investitionszusage statt.

Von diesen Zusagen zu unterscheiden sind die *Capital Calls* (auch Drawdowns genannt). Diese erfolgen erst, wenn der Private-Equity-Fonds eine Investitionsmöglichkeit gefunden hat, und ziehen sich unregelmäßig über einen längeren Zeitraum hin (bis zu zehn Jahre). Wenn der Fonds eine Beteiligung realisiert (sprich: veräußert), werden sog. *Distributions* ausgeschüttet. Das gesamte Commitment wird nur in seltenen Fällen investiert (denn dazu müssten Investitionsmöglichkeiten gefunden werden, die genau der Summe der Commitments entsprechen); durch vorzeitige Distributions kann die Summe der zu leistenden Zahlungen erheblich unter dem eingegangenen Commitment liegen. Die Gesamtrendite eines Engagements in einen Private-Equity-Fonds ergibt sich dann als IRR der verschiedenen Zahlungsströme, wird aber auch als Money Multiple dargestellt.

---

38 Der Begriff Closing ist doppeldeutig. Im juristischen Sinne bezeichnet er den Vollzug eines Kaufvertrags – erst zum Closing gilt ein Unternehmen als verkauft. Gleichzeitig wird der Begriff im Rahmen des Fondszyklus verwendet. Das Closing bezeichnet hier den erfolgreichen Abschluss des Fundraisings – ab diesem Zeitpunkt werden keine Zeichnungen seitens potenzieller Investoren mehr entgegengenommen.

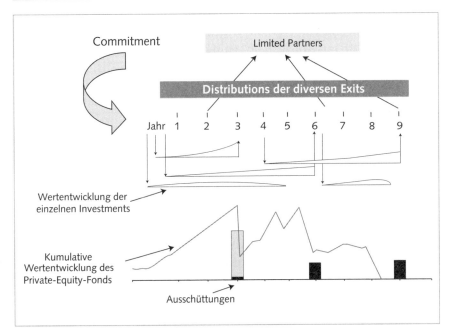

Abb. 14: Symbolische Darstellung des Investitionsverhaltens in unterschiedlichen Unternehmen während der Poollaufzeit und der daraus möglichen Ausschüttungen

Wie Abbildung 14 zeigt, nimmt die *Bewertung* eines Fonds im Laufe des Beteiligungsengagements zu. Da die Private-Equity-Fonds ihren Investoren gegenüber quartalsweise Bericht erstatten müssen, ist eine regelmäßige Bewertung des gehaltenen Anteils unabdingbar. Für diese Bewertung hat die EVCA Standards erstellt, die im Prinzip von allen Private-Equity-Fonds eingehalten werden. Diese Bewertungsrichtlinien besagen im Wesentlichen, dass für die Bewertung das jeweils am besten geeignete Bewertungsverfahren heranzuziehen ist. Fehlt eine greifbare Bewertungsbasis, so ist der bestehende Wertansatz bzw. die Bewertung bei Einstieg des Investors zugrunde zu legen – vorausgesetzt, dass keine wesentlichen wertsteigernden oder wertvernichtenden Ereignisse eingetreten sind.[39]

Bewertung eines Fonds

Ein Thema von wesentlicher Bedeutung ist die *Rekrutierungsbasis* der verschiedenen Fonds. Investoren erwarten von den Private-Equity-Managern einen gezielten und koordinierten Auswahlprozess der potenziellen Target-Unternehmen sowie Umsicht bei der zugrunde liegenden Bewertung. Deshalb rekrutieren sich die meisten Fondsmanager aus der Finanzbranche, insbesondere aus Investmentbanken, internationalen Wirtschaftsprüfungsgesellschaften und Strategieberatungsunternehmen. Vor allem von Letzteren wird eine klare analytische Einschätzung der Investmentopportunitäten erwartet. Seltener sind auch Konzernmanager oder ehemalige Unternehmer für Private-Equity-Fonds tätig. Captive-Fonds, die eng an Banken angeschlossen sind, setzen oftmals auch ehemalige Firmenkundenberater ein.

Rekrutierungsbasis

---

39 Die jeweils aktuellen Bewertungsrichtlinien können unter http://www.privateequityvaluation.com eingesehen werden.

Ein wesentlicher Grund, warum die Private Equity-Branche für einen Manager seinerseits interessant ist, ist der *Incentivierungsmechanismus*, der sich in der Branche durchgesetzt hat. Denn die Manager eines Private-Equity-Fonds erhalten einen hohen Anteil an den Übergewinnen, die der Fonds über das eingesetzte Kapital erwirtschaftet.

Das Management des Private-Equity-Fonds ist für die Performance des Fonds entscheidend. Die Kriterien für die Auswahl des Managements, dessen Einfluss teilweise auch empirisch untersucht werden konnte,[40] sind:

- der Track Record (sprich: in der Vergangenheit erzielte Erfolge),
- die Fähigkeit, Wertsteigerungspotenziale in Unternehmen zu erkennen,
- die Befähigung, Marktzyklen zu erkennen,
- die Eignung, Einfluss auf das Portfoliounternehmen auszuüben,
- Verhandlungsgeschick.

Um die Fähigkeiten verschiedener Private-Equity-Manager und ihre in der Vergangenheit erzielten Erfolge miteinander vergleichen zu können, muss auf das gleiche *Vintage Year* bzw. Closing-Jahr zurückgegriffen werden, d. h., man vergleicht Private-Equity-Fonds, die im selben Jahr aufgelegt wurden.

Auch wenn die Korrelation zwischen der Asset-Klasse Private Equity und dem Aktienmarkt vergleichsweise gering ist, so ist auch bei den Renditen der Private-Equity-Fonds ein gewisser Zyklus festzustellen. Dieser Zyklus hängt von den Kapitalmarktbewertungen ab, denn die Unternehmen, die der Bewertung der Portfoliounternehmen zugrunde gelegt werden, sind an den Kapitalmärkten notiert. Spätestens bei der Veräußerung, sprich beim Exit, wird die Bewertung dieser als Peers bezeichneten Unternehmen als Maßstab für den zu erzielenden Veräußerungserlös herangezogen.[41]

Interessant sind für die Investoren in Private-Equity-Fonds die sog. Top-Quartile-Fonds – sprich jene Private-Equity-Fonds, die sich im obersten Viertel der Erfolgsskala platzieren konnten. Welche Unterschiede hinsichtlich der erzielten Renditen bestehen und welche Bedeutung die richtige Fondsselektion daher hat, zeigt Abbildung 15.

Wie deutlich zu erkennen ist, hängt der Renditeerfolg entscheidend davon ab, dass in die Upper-Quartile-Fonds investiert wurde. Interessant ist auch, dass nicht einmal diese die übliche Renditeforderung von 25 % erfüllen. Auch die Annahme, Mega-Buy-outs würden höhere Renditen als kleinere Buy-outs erwirtschaften, wird durch diese Daten nicht bestätigt.

Die interessante Frage, ob Buy-out-Fonds eine bessere *Performance* ausweisen als Fonds, die am öffentlich zugänglichen Kapitalmarkt investieren, ist nicht entschieden.[42] Während einerseits immer wieder versucht wird, die von Priva-

---

40 Vgl. Loos (2006), S. 217 ff.
41 Es wird sich zeigen, inwieweit sich der vom Center of Private Equity Research – siehe http://www.cepres.de – aufgelegte Private-Equity-Index (CepreX) in der Realität beweisen kann.
42 Vgl. für einen Überblick der verschiedenen Studien Wegner (2003), S. 58 ff.

Stage	No.	Upper Quart	Median
Venture Capital			
Early/Seed VC	469	16,4	2,5
Balanced VC	422	15,9	5,5
Later Stage VC	179	14,7	4,8
Total US Venture	**1135**	**15,9**	**4,3**
Development VC	168	8,2	0,2
Early VC	254	2,5	-3,4
Balanced VC	145	10,8	0,0
European Venture	**567**	**6,5**	**-0,5**
Buy-outs			
Small Buy-outs	172	18,5	8,1
Medium Buy-outs	104	18,6	7,9
Large Buy-outs	83	16,4	5,8
Mega Buy-outs	104	18,1	7,3
Total US Buy-outs	**463**	**18,5**	**7,6**
Small Buy-outs	219	16,5	7,3
Medium Buy-outs	382	2,6	8,8
Large Buy-outs	282	0,1	6,3
Mega Buy-outs	261	2,6	5,4
Total European Buy-outs	**311**	**17,2**	**7,2**

(Quelle: Thomson Venture Economics. Basis der Analyse sind US-Fonds, die von 1969 bis 2005 aufgelegt wurden, sowie zwischen 1980 und 2005 aufgelegte europäische Fonds)

Abb. 15:
Annualisierte Renditen der Venture-Capital- und Buy-out-Fonds im Vergleich

te-Equity-Fonds erzielte Überrendite nachzuweisen,[43] gehen andere Studien von einer Underperformance aus – sie berücksichtigen dabei insbesondere zwei wesentliche Kriterien für den Erfolg von Buy-outs, das Investment in Mid-Cap-Unternehmen und die Anwendung des Leverage-Faktors.[44] Laut einer gemeinsamen Studie der Beratungsfirma Boston Consulting Group und der IESE Business School, Barcelona, erbrachte das Investment in Private-Equity-Fonds bei einer risikoadjustierten Betrachtung eine Rendite von 13 %; die Untersuchung erstreckte sich auf 218 Private-Equity-Fonds im Zeitraum 1979 bis 2002.[45]

Andere wissenschaftliche Studien zeigen ebenfalls kein eindeutiges Kriterium für eine Investitionsentscheidung auf. Während Kaserer und Diller ein undifferenziertes Bild zeichnen, kommen Kaplan und Schoar sowie Zollo und Phalippou – die eine dreiprozentige Underperformance im Vergleich zum S&P 500 postulieren – zu deutlich negativeren Ergebnissen.[46] Die statistische Basis vieler Untersuchungen ist zu kritisieren; für einen substantiellen Vergleich mit dem Ak-

---

43 Vgl. bspw. Groh/Gottschalg (2006), URL: http://www.hec.fr/hec/fr/professeurs_recherche/upload/cahiers/CR834Gottschalg.pdf.
44 So hat bspw. die Citigroup für ein Portfolio börsennotierter Unternehmen mit substanzstarken mittelständischen Werten einen fiktiven Leverage unterstellt und damit die Renditekennzahlen der Private-Equity-Häuser deutlich überschritten, vgl. hierzu Financial Times Deutschland vom 22.11.2006, S. 19.
45 Vgl. BCG/IESE (2008), S. 12.
46 Vgl. Kaserer/Diller (2004); Kaplan/Schoar (2005), S. 1791-1823; Zollo/Phalippou (2005), URL: http://ssrn.com/abstract = 871082.

tienmarkt ist die Private-Equity-Branche noch zu jung. (Einer Studie des Branchenverbands EVCA zufolge hängt die Performance der Buy-out-Fonds wesentlich von dem gewählten Zeithorizont ab.[47])

zukünftige Entwicklung Interessanter sind die Aussagen der Studien hinsichtlich der zukünftigen Entwicklung: Durch den steigenden Wettbewerb unter den Fonds sei davon auszugehen, dass die Renditen der Vergangenheit nicht mehr erzielt werden – erste Indikationen dafür seien bereits zu erkennen.[48] Zudem ist zu erwarten, und dies stellt eine Lehre der Finanzkrise dar, dass Investments in Private Equity mit den Aktienmärkten höher korrelieren als in der Vergangenheit.[49] Die deutlichen Abschreibungen, die beispielsweise das an der Amsterdamer Börse gelistete Vehikel von KKR mit 47,5 % auf ihr Portfolio für das Jahr 2008 machen musste, liegen weit über den Kursverlusten börsennotierter Unternehmen.

Brutto- und Nettorenditen Um für den Investor eine optimale Vergleichbarkeit der Investitionsalternativen zu gewährleisten, ist zwischen *Brutto- und Nettorenditen* zu unterscheiden. Die Bruttorendite ist die Rendite vor Abzug der Kosten (bspw. der Management-Fee). Die Nettorendite, die auch den Berechnungen von Thomson Venture Economics zugrunde liegt, ergibt sich, wenn unter Berücksichtigung aller Kosten und Gebühren ein Cash-on-Cash-Vergleich der Zahlungsströme vorgenommen wird.

Größenklassen und Renditen Neben diesen rein quantitativen Investitionskriterien ist auch von Interesse, in welche Unternehmen der Fonds investiert. Während Venture-Capital-Fonds in technologieorientierte Start-ups investieren, haben Fonds, die in reife Unternehmen investieren, die Wahl zwischen verschiedenen *Größenklassen* (siehe die Unterscheidung in Big-Ticket-Transaktionen, klassischen Mid-Cap- und Small-Cap-Transaktionen aus Kapitel I. 5). Inwieweit man von den verschiedenen Größenklassen der Fonds auch unterschiedliche Renditen erwarten kann, zeigt die in Abbildung 16 dargestellte Statistik.[50]

Sektorspezialisierung Andere Fonds weisen eine *Sektorspezialisierung* auf. So investiert bspw. der Private-Equity-Fonds Veronis Suhler Stevenson ausschließlich im Medienbereich und richtet sich an Investoren, die an den Entwicklungschancen dieses Sektors partizipieren wollen. Die bereits genannten *Opportunity Funds* oder auch Special Situations Funds investieren wiederum in unterentwickelte Unternehmen. Inwieweit sich die Fokussierung auf bestimmte Sektoren lohnen kann, zeigt die in Abbildung 16 dargestellte Analyse von 40 Unternehmen, die im Zeitraum von 1998 bis 2006 in Deutschland gekauft und wieder verkauft wurden.

---

47 Vgl. EVCA (2001) sowie auch Loos (2006), S. 214.
48 So Loos (2006), S. 215 sowie auch eine Studie der Simon Kucher & Partners (zitiert im Handelsblatt vom 7.5.2007, S. 22) in Bezug auf die kompetitiven Auktionssituationen.
49 Vgl. zur These der niedrigen Korrelation Bance (EVCA) (2002).
50 Die bisher differenzierteste Studie zur Rendite der Private-Equity-Fonds in Europa ist die bereits erwähnte von Kaserer und Diller (2004).

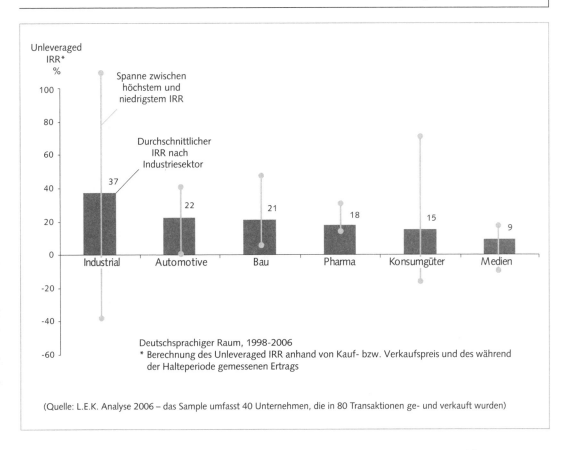

Unleveraged IRR* %

(Quelle: L.E.K. Analyse 2006 – das Sample umfasst 40 Unternehmen, die in 80 Transaktionen ge- und verkauft wurden)

In Private-Equity-Fonds sind nur relativ wenige deutsche institutionelle Investoren vertreten. Dies liegt zum einen daran, dass das Pensionssystem in den USA – im Gegensatz zum umlagefinanzierten Rentensystem in Deutschland – kapitalgedeckt ist. Zum anderen dürfen deutsche Versicherungen nach dem Versicherungsaufsichtsgesetz (VAG) nicht in dem gleichen Maße wie etwa amerikanische im Private-Equity-Markt investieren. Nach § 66 VAG sind die Bestände des Sicherungsvermögens so anzulegen, dass größtmögliche Sicherheit und Rentabilität erreicht wird. Nach der Verordnung über die Anlage des gebundenen Vermögens von Versicherungsunternehmen (AnlV § 2 Abs. 3) dürfen nicht mehr als 35 % in Aktien, Private Equity oder Genussrechte investiert werden.

Wie weit die Professionalisierung der Beteiligungsbranche vorangeschritten ist, zeigt auch der lebhafte Markt für *Secondary-Fund*-Transaktionen.[51] Es ist nicht unüblich, dass die Investoren ihre Fondsanteile wiederum weiterveräußern. Dies geschah in der Vergangenheit, um eventuelle Liquiditätsprobleme zu überbrücken – mittlerweile werden diese Transaktionen aus spezifisch strategischen Erwägungen heraus getätigt. Dabei kann das strategische Ziel des In-

Abb. 16: Renditevergleich der verschiedenen Sektoren/Industrien im deutschsprachigen Raum 1998-2006

Secondary-Fund-Transaktionen

---

51 Vgl. hierzu auch Fromann/Dahmann (2005), S. 7-9 und Inhester (2005), S. 12 f.

vestors darin bestehen, über sein Fondsinvestment mit anderen Teilen seines Produktspektrums, bspw. mit dem Angebot von Finanzierungen, bei den Private-Equity-Fonds Geschäft zu machen. Eine derartige Secondary-Transaktion, die meist aus einem Bündel von Fondsinvestments besteht, kann ebenfalls durch Fremdkapital finanziert und der verkaufende Investor rückbeteiligt werden. Im Ergebnis erhält der verkaufende Investor dadurch einen gewissen Kapitalrückfluss vorab und bleibt am Wertentwicklungspotenzial – allerdings, da fremdfinanziert, in einer wesentlich höheren Risikoposition – beteiligt.

Im Rahmen der Finanzkrise wurden auch ungewöhnliche Rückkäufe von Fondsanteilen ermöglicht. So hat der Initiator von Terra Firma, Guy Hands, persönlich Anteile von seinen Investoren zu einem Preis, der wohl über potenziellen Preisen im Sekundärmarkt gelegen hat, übernommen. Permira hat seinen Investoren angeboten, das von ihnen abgegebene Commitment zurückzunehmen, wenn die Managementgebühr weiter bezahlt wird und einer asymetrische Verteilung der Überschüsse zugunsten der Manager des Fonds zugestimmt wird.

e)   Rechtliche und wirtschaftliche Strukturierung der Fonds

Limited/General
Partners

Investoren in Private-Equity-Fonds agieren meist als *Limited Partners*. Die Bezeichnung entspricht ihrer Gesellschafterstellung: Die Investoren haften nur mit dem eingezahlten Kapital, während der *General Partner* unbeschränkt haftet. Die Position des General Partners wird in der Regel von einer Körperschaft übernommen, die auch die laufende Geschäftsführung des Fonds übernimmt. Dafür erhält der General Partner eine sog. Management Fee in Höhe von 1 bis 2 % des Fondsvolumens. Die für die Ausrichtung und den Erfolg des Fonds maßgeblichen Personen sind die sog. Initiatoren oder Sponsoren. Sie bringen Erfahrungen, Kontakte und ihr Netzwerk mit und beteiligen sich ebenfalls als Limited Partner. Obwohl die Sponsoren meist nur 1 % des einbezahlten Kapitals repräsentieren, können sie an bis zu 20 % der Rückflüsse partizipieren (dem sog. *Carried Interest* oder auch *Carry*). Hierfür wird in den Fondsstatuten vertraglich festgelegt, dass die Investoren ihr Kapital voll zurückerstattet bekommen und sie zudem einen festgelegten *Preferred Return* (zwischen 8 % bis 10 %) erhalten, bevor der Carry bedient wird. Wurde die Schwelle für den Preferred Return überschritten, so werden die darüber hinausgehenden Rückflüsse im Verhältnis 80 (Limited Partners) zu 20 Sponsoren geteilt.

Fondsstrukturen

Da die rechtliche Struktur, insbesondere aber auch der wirtschaftliche Incentivierungsmechanismus, ein wesentliches Element der Private Equity Fonds darstellt, soll im folgenden Abschnitt kurz darauf eingegangen werden. Die *rechtliche Struktur der Fonds* ist ein komplexes Feld. Die Fondsstrukturen sind hauptsächlich durch steuerliche und rechtliche bzw. administrative Vorgaben bestimmt.

Steuerliche Konstruktionen auf Fondsebene haben die steuerlich unbelastete Repatriierung von Veräußerungsgewinnen zum Ziel. Man will Transparenz herstellen in der Form, dass die Besteuerung auf Ebene des einzelnen Limited Partner eintritt, nicht aber auf Ebene des Fonds, denn dieser dient letztlich nur der

Bündelung der gemeinschaftlichen Interessen der Investoren und soll steuerlich neutral bleiben. Demnach sind neben der Versteuerung von Veräußerungsgewinnen auch Steuern wie die Kapitalertragsteuer oder sonstige Abzugssteuern (Quellensteuern) zu vermeiden.

Auch um keinen aufwändigen gesetzlichen und administrativen Regularien zu unterliegen, haben sich zahlreiche Private-Equity-Fonds an *Offshore-Standorten* niedergelassen, bspw. in Form einer Offshore-Personengesellschaft auf der Insel Guernsey. Als klassische Offshore Location erhebt Guernsey keine Ertragsteuern auf Veräußerungsgewinne, Dividenden oder Zinsen. Diese Steuerfreiheit birgt auf der anderen Seite jedoch Steuergefahren im Land des jeweiligen Investments, wenn dort die Tätigkeit des Fonds als gewerbliche Tätigkeit des Fondsmanagers angesehen und folglich steuerpflichtig wird. Dies ist insbesondere dann der Fall, wenn die Finanzbehörden das lokale Büro vor Ort als steuerliche *Betriebsstätte* betrachten. Aus diesem Grund sind die Organisationseinheiten in Deutschland oft als selbstständige Beratungsgesellschaften strukturiert – d. h., die Beratungs-GmbH wird in Deutschland für den auf Guernsey sitzenden Fonds beratend tätig, um zu vermeiden, dass ein Exit in Deutschland als Betriebsstättengewinn des Guernsey-Fonds angesehen wird.

Hierzulande werden meist *deutsche Parallelfonds* in der Rechtsform einer steuertransparenten GmbH & Co. KG gegründet. Ein derartiges Vehikel muss eine gewerbliche Prägung vermeiden und als lediglich vermögensverwaltend eingestuft werden, um die Steuertransparenz (sprich: die Besteuerung auf Ebene der Investoren und nicht auf Ebene der Fondsgesellschaft) zu erreichen. In einem BMF-Schreiben vom 16. Dezember 2003 (BStBl II 2004, S. 40) sind die Indizien für eine Gewerblichkeit genannt. Vor dem Hintergrund dieser Indizien, zu denen insbesondere das »unternehmerisch Tätigwerden in den Portfoliogesellschaften« und die »kurzfristige Beteiligung« zählen, ist fraglich, ab wann ein aktives Portfoliomanagement als unternehmerisches Handeln angesehen werden muss.

Um zu vermeiden, dass die Finanzverwaltung, wie oben beschrieben, in der Aktivität des Fonds vor Ort eine inländische Betriebsstätte sieht, wird die Managerleistung nicht direkt, sondern über Beratungsverträge mit einem Vehikel, das die Interessen des General Partners bündelt, erbracht. Oft werden deshalb im Fall von erfolgreichen Transaktionen von den Fonds Gebühren erhoben, die zusätzlich zu den üblichen Beraterkosten zu zahlen sind.

Die Besteuerung des Carry ist sehr kontrovers diskutiert worden – einerseits wurde in ihm eine voll steuerpflichtige Tätigkeitsvergütung, andererseits ein steuerfreier Gewinn aus der Veräußerung unwesentlicher Beteiligungen gesehen. Die Finanzverwaltung vertritt in ihrem BMF-Schreiben (vom 16. Dezember 2003, siehe oben) die Auffassung, dass es sich bei dem disproportionalen Carry-Anteil um eine voll steuerpflichtige Tätigkeitsvergütung i. S. d. § 18 Abs. 1 Nr. 3 EStG handelt. Mit Gesetz vom 30. Juli 2004 wurde § 18 Abs. 1 Nr. 4 EStG eingeführt. Danach soll für Carry-Zahlungen das Halbeinkünfteverfahren (bzw. seit dem 01. Januar 2009 das Teileinkünfteverfahren) Anwendung finden, § 3 Nr. 40a EStG.[52]

---

52 Vgl. allgemein hierzu Veith/Schade (2008), S. 435-457.

8. Volkswirtschaftliche Bedeutung des Private Equity

volkswirtschaftliche
Bedeutung

Nicht nur der reine Funktionsmechanismus der Private Equity Fonds (das Kaufen und Wiederverkaufen von Unternehmen mit der Absicht, daraus einen Gewinn zu erwirtschaften) lässt einige kritisch nach der volkswirtschaftlichen Bedeutung der Fonds fragen,[53] auch die durch ihre nach wie vor vorhandene schiere Größe gegebene Macht ist zunehmend ins Blickfeld der Öffentlichkeit geraten (siehe auch Abb. 1).

Im Rahmen der Finanzkrise wiederum ist die manchmal erdrückende Schuldenlast, die die Portfoliounternehmen zu tragen haben, kritisch diskutiert worden. Auch ist der Startpunkt der Finanzkrise in Europa in der erfolglosen Syndizierung einer Buy-out-Finanzierung zu sehen, der Finanzierung der Übernahme von Alliance Boots durch KKR-Fonds.

Private-
Equity-Markt

Der deutsche Private-Equity-Markt hat sich zu einer volkswirtschaftlich nicht zu vernachlässigenden Größe entwickelt. Am Jahresende 2008 beschäftigten die im BVK organisierten Private-Equity-Gesellschaften über ihre Portfoliounternehmen – vom Kleinstunternehmen bis zum Großunternehmen mit mehreren Tausend Beschäftigten – mehr als 1,2 Millionen Mitarbeiter, die einen Gesamtumsatz von über 212 Mrd. EUR erwirtschafteten. Da nicht für alle Unternehmen die wirtschaftlichen Kennzahlen vorlagen, liegen die tatsächlichen Beschäftigten- und Umsatzzahlen noch über diesen Werten. Im Vergleich mit anderen, z.T. hochgradig subventionierten Wirtschaftssektoren wie Landwirtschaft, Kohlebergbau und Schiffbau nimmt die Gruppe der Private-Equity-finanzierten Unternehmen eine herausragende Stellung bei Umsätzen und Beschäftigtenzahlen ein.

Werttransfer
zuungunsten der
Arbeitnehmer

Doch der wesentliche Aspekt, der das gesteigerte politische Interesse an dieser Branche letztlich geweckt hat, ist die bereits angesprochene Öffentlichkeitswirksamkeit der großen Private-Equity-Transaktionen. Der Präzedenzfall in diesem Zusammenhang ist sicherlich der Erwerb der Grohe AG durch die Texas Pacific Group und die Credit Suisse. Im Rahmen dieser sehr teuren und hochgradig fremdfinanzierten Übernahme wurde ein Restrukturierungsprogramm aufgesetzt, um das hinsichtlich der Produktions- und Absatzmärkte bestehende Ungleichgewicht zu beseitigen.[54] Daraus resultierte für das Unternehmen eine nachhaltige Steigerung der Profitabilität, die aber mit dem in Deutschland erfolgten Arbeitsplatzabbau sicherlich eine Schattenseite aufwies. Man könnte dementsprechend einen *Werttransfer zuungunsten der Arbeitnehmer* unterstellen, bei dem ein Teil der durch den Private-Equity-Fonds realisierten Rendite zulasten der Arbeitnehmer geht. Ohne auf den konkreten Personalabbau eingehen zu wollen, kann man in einer solchen Situation, bei der sich die Arbeitnehmer in

---

53 Vgl. zur Darstellung der Historie des Falls Celanese AG Kaserer/Achleitner/von Einem/ Schiereck (2007), S. 123 ff. Zur kritischen Diskussion des Exitmechanismus siehe Kühl (2003). Kühl sieht eine durch Private-Equity-Investoren initiierte Transformation unserer Volkswirtschaft in einen sog. »Exit-Kapitalismus« sich vollziehen.

54 Vgl. zur Historie des Falls Grohe AG Kaserer/Achleitner/von Einem/Schiereck (2007), S. 103 ff.

einer schwierigen Verhandlungsposition befinden, davon ausgehen, dass diese im Vertrauen auf eine Weiterbeschäftigung im Unternehmen eher zu Zugeständnissen bereit waren als die Arbeitgeberseite.

Andererseits führt die Durchsicht verschiedener Studien zu dem Ergebnis, dass sich derartige Effekte empirisch nur schwer messen lassen.[55] Eine fallweise Betrachtung der jeweiligen Situation scheint daher angemessener, als eine strukturelle Umverteilung zu unterstellen. Generell lässt sich jedoch sagen, dass die Arbeitnehmerseite es mit einer neuen Klasse von Anteilseignern zu tun hat, die sicherlich mit einem »spitzeren« Bleistift kalkuliert, als dies bei einer anonymen Publikumsgesellschaft der Fall ist.[56]

Auch ein *Werttransfer zulasten des Staates* wäre denkbar – insbesondere vor dem Hintergrund der nach wie vor bestehenden steuerlichen Bevorzugung des Fremdkapitals. Darüber hinaus könnte nach staatlicher Hilfe gerufen werden, sollte ein großes Private-Equity-geführtes Unternehmen öffentlichkeitswirksam in eine Schieflage geraten. Auf der anderen Seite führen Profitabilitätssteigerungen zu einer Erhöhung der Steuerzahlungen. Bei der Betrachtung des Gesamtbildes muss auch berücksichtigt werden, dass durch die Veräußerung beim Alteigentümer üblicherweise eine nicht unbeträchtliche Steuerlast entsteht (eine Ausnahme hiervon ist die Steuerfreistellung bei der Veräußerung von in Kapitalgesellschaften gehaltenen Beteiligungen).

Werttransfer zulasten des Staates

Eher als ein Werttransfer zulasten des Staates könnte ein *Werttransfer zuungunsten der Alteigentümer* vermutet werden. Dies wäre dann der Fall, wenn Private-Equity-Investoren ein Unternehmen günstig, d. h. unter Markpreis, von den Alteigentümern erwerben. Verschiedene öffentliche Übernahmen mit sehr hohen Übernahmeprämien scheinen diesen Eindruck zu bestätigen; dies gilt insbesondere dann, wenn auf Investorenseite das Management als Käufer auftritt. Führt man diesen Gedankengang zu Ende, so wäre von der Nachhaltigkeit des nach Ankündigung des Managements erreichten Kurssprungs auszugehen. Dass dies jedoch nicht der Fall ist, zeigt der Vergleich mit gescheiterten Übernahmen, bei denen der Kurs umgehend in gleicher Höhe wieder einbricht.

Werttransfer zuungunsten der Alteigentümer

Das Argument eines *Werttransfers zuungunsten der Banken* ist ebenfalls logisch nicht zu halten, da die Banken im Rahmen der Transaktion bewusst ein betriebswirtschaftlich kalkuliertes Risiko eingehen, das sie sich durch die Vereinbarung von Covenants absichern lassen – hier einen systematischen Werttransfer zu unterstellen, wäre systemwidrig.[57] Gleichwohl muss festgestellt werden, dass die kurzfristigen Incentivierungsmechanismen in den Banken zu überhöhten Kreditangeboten geführt haben, die nun auch Bestandteil der Finanzkrise sind. Dies jedoch den Private Equity Häusern anzulasten, wäre unlogisch.

Werttransfers zuungunsten der Banken

---

55 Vgl. hierzu die Übersicht bei Kaserer/Achleitner/von Einem/Schiereck (2007), S. 185 ff. Wie diese Studie (S. 187) einen solchen Werttransfer aufgrund der fehlenden empirischen Belege komplett zu negieren, ist u.E. jedoch wissenschaftlich nicht haltbar.
56 Vgl. Thielemann (2005), S. 13.
57 Vgl. Wegner (2003), S. 63. Empirische Studien zu beiden Thesen sind bei Kaserer/Achleitner/von Einem/Schiereck (2007), S. 187 ff. zu finden.

Funktionen des
Private Equity

Abgesehen von der Diskussion um Werttransfers, die, wie gezeigt, nur auf Einzelfallebene sinnvoll geführt werden kann, können auf einer Makroebene drei wesentliche *Funktionen des Private Equity* in einer geldbasierten Marktwirtschaft abstrahiert werden:

- Zum einen bündeln Private-Equity-Firmen Finanzmittel in einem Umfang, der für viele Unternehmen nicht darstellbar wäre, und halten mehrere Unternehmen im Portfolio, was einen Diversifikationseffekt erzeugt – Private-Equity-Investoren können damit wie ein Finanzintermediär im klassischen Sinne *Losgrößen, Fristen und Risiken transformieren.*
- Zum anderen können, dies zeigt die oben diskutierte Principal-Agent-Problematik deutlich, *Anreizprobleme überwunden* werden. Durch den Einsatz von Private-Equity-Fonds können somit das Kontrollproblem seitens der Kapitalgeber und das Anreizproblem aufseiten der Manager wirkungsvoll gelöst werden, was volkswirtschaftliche Effizienzgewinne ermöglicht.[58]
- Die dritte und wichtigste Funktion des privaten Beteiligungskapitals dürfte jedoch in seiner *Liquiditätsfunktion* liegen. Dies zeigt sich insbesondere dann, wenn mittelständische Unternehmer nach einer Nachfolgelösung suchen und Konzerne bei ihrer Refokussierung auf Kernkompetenzen wichtige Veräußerungen unternehmen wollen, es an strategischen Investoren oder der Aufnahmefähigkeit des Kapitalmarkts aber fehlt.[59] Diese Liquiditätsfunktion ist auch das stärkste Argument seitens der Verbände (hier insbesondere des EVCA) in der Diskussion mit den Regulierungsbehörden vor dem Hintergrund der Finanzkrise. Von den Private-Equity-Investoren ist kein systemisches Risiko für das Wirtschaftssystem zu erwarten, im Gegenteil, die in den Fonds enthaltene Liquidität kann in Krisensituationen stabilisierend wirken. Der weitere Ausgang der Regulierungsbemühungen bleibt abzusehen.

Markteffizienz-
funktion

Insgesamt gesehen trägt der Private-Equity-Markt deutlich zur Markteffizienz bei. Diese *Markteffizienzfunktion* kommt z. B. darin zum Ausdruck, dass vermehrt unterbewertete Unternehmen von den Börsen genommen werden. So wurden – gemessen am Gesamtvolumen – im Jahr 2006 zum ersten Mal in den USA mehr Unternehmen von Private-Equity-Häusern von der Börse genommen als durch IPOs an die Börse gingen.[60] Das Markteffizienzargument soll jedoch nicht als generelle Amnestie für die Vorgehensweise von Private-Equity-Häusern verstanden werden. Eine pauschale Exkulpation der gesamten Branche wäre sicherlich nicht richtig.

---

58 Vgl. hierzu auch Graf/Gruber (2001), S. 507 f. Es muss jedoch darauf hingewiesen werden, dass gerade vor dem Hintergrund der Finanzkrise die grundsätzliche Logik der Principal Agent Theorie in Frage gestellt wurde und selbst bei Private Equity Fonds, die eine relativ lange Laufzeit haben, das »Management Entrenchment«, also die einseitige Bereicherung des Managements zu Ungunsten der Investoren, eine Gefahr darstellt.
59 Vgl. hierzu Schäfer/Fisher (2008).
60 Vgl. Financial Times Deutschland vom 2.1.2007, S. 17.

Zur volkswirtschaftlichen Bedeutung des Buy-outs wurden in der Vergangenheit einige Studien durchgeführt, die zum größten Teil von Branchenverbänden initiiert wurden und weitgehend auf das durch Private Equity angestoßene *Wachstum* fokussieren. Denn zunächst wird durch den massiven Kapitalzufluss Wachstum induziert, relativ wenige Buy-outs sind auf eine reine Cash-out-Strategie angelegt.[61] Doch auch Letztere kann volkswirtschaftlich bedeutsam sein – Cash-out-Strategien kommen sinnvollerweise erst dann zur Anwendung, wenn in der entsprechenden Nische kein weiteres Marktwachstum zu erwarten ist und eine Entwicklung des Unternehmens nur noch über Effizienzsteigerungen möglich ist. Hier kann Private Equity dafür sorgen, dass das Unternehmen entsprechend gut aufgestellt wird, um einem Margendruck, mit dem in gesättigten Märkten immer zu rechnen ist, vorzubeugen. Doch der eigentliche Wachstumseffekt wird durch wachstumsstimulierende Finanzierungen erreicht.

Wachstum

Ein Blick auf die verschiedenen Studien zeigt, welche positiven Effekte Private Equity im Einzelnen auf die Volkswirtschaft hat. Der europäische Branchenverband EVCA (European Private Equity and Venture Capital Association) hat Buy-outs zwischen 1992 und 1997 hinsichtlich ihrer Auswirkungen auf Umsätze, Gewinne, Beschäftigung und Löhne untersucht:[62] 84 % der Unternehmen gaben an, dass sie ohne den Buy-out langsamer gewachsen bzw. in der Existenz bedroht gewesen wären. Knapp zwei Drittel erreichten ein schnelleres Wachstum von Umsätzen und EBIT als ihre nicht Buy-out-finanzierten Wettbewerber. Die Unternehmen verzeichneten im Jahr vor dem Buy-out ein durchschnittliches Umsatzwachstum von 9,1 %. Bereits im ersten Jahr nach dem Buy-out erreichte der Wert fast 13 %, im dritten Jahr sogar 16,7 %. Eine ähnliche Entwicklung zeigt sich bei der Rendite, gemessen an der Kennzahl EBIT/Umsatz. Im Jahr vor dem Buy-out lag die EBIT-Marge bei durchschnittlich 4,2 %. Direkt nach der Transaktion sprang der Wert auf 6,4 % und in den Folgejahren wurden rund 7 % erreicht. Buy-outs haben zudem langfristige positive Beschäftigungseffekte. Drei Viertel der Unternehmen hielten ihre Beschäftigungszahl konstant (13,1 %) oder steigerten sie sogar (61,4 %). Durchschnittlich stieg die Zahl der Beschäftigten eines Unternehmens nach einem Buy-out um rund 47 %. Außerdem konnte die Mehrzahl der Beschäftigten auf allen Hierarchieebenen, vom einfachen Arbeitnehmer bis zum Topmanager, eine Steigerung des Verdienstes verzeichnen.

Studien zu positiven Effekten durch Private Equity

Zu ähnlichen Ergebnissen kam eine vom EVCA beim Center for Entrepreneurial and Financial Studies (CEFS) der Technischen Universität München in Auftrag gegebene Studie über den Effekt auf die Beschäftigung im Zeitraum 1997 bis 2004. Demnach ist der Beschäftigungseffekt bei Buy-out-finanzierten Unternehmen mit durchschnittlich 2,4 % p.a. zu beziffern, während die Referenzgröße, das Beschäftigungswachstum in den EU-25-Ländern, 0,7 % betrug und bei den börsennotierten Unternehmen des Dow Jones STOXX 600 negativ war (-0,1 %).

---

61 Vgl. auch Fromann/Dahmann (2005), S. 28.
62 EVCA (2001).

Wie die EVCA-Studie interessanterweise festgestellte, hatten die kleineren Buy-outs dabei den größten Effekt auf die Beschäftigung. Bei Management-Buy-ins hingegen wurde die Beschäftigtenzahl eher reduziert, während sie bei Management-Buy-outs wiederum zunahm. Der stärkste Beschäftigungseffekt wurde bei Unternehmen realisiert, bei denen der Buy-out zur Lösung der Nachfolgefrage diente (+ 7,1 %). Der durch einen Secondary Buy-out bewirkte Effekt auf die Beschäftigtenzahl lag mit 3,4 % noch über dem Durchschnitt, bei einem auf einen Spin-off basierenden Buy-out betrug das Wachstum 1,6 %.[63]

Anderen Studien, wie derjenigen der Beratungsgesellschaft AT Kearney, zufolge haben Buy-out-finanzierte Unternehmen in den letzten vier Jahren in Europa eine Million neue Arbeitsplätze geschaffen.[64]

Auch der deutsche Bundesverband BKV hat sich in drei Studien (1998, 2000, 2005) eingehend dem Thema Private Equity gewidmet. In Summe bestätigen diese Untersuchungen die positiven, direkten Effekte eines funktionierenden Beteiligungsmarktes für die jeweilige Volkswirtschaft, wobei als Indikatoren insbesondere die Entwicklung von *Beschäftigung*, *Umsatz* und *Investitionen* sowie das *Steueraufkommen* dienten. Weitere Effekte von Private Equity, wie die Katalysatorwirkung für den Wandel zur Dienstleistungsgesellschaft und die zunehmende Technologisierung der Arbeits- und Privatwelt sowie die Erhöhung der Wirtschaftlichkeit und Effizienz der Gesamtwirtschaft, sind nur indirekt messbar und daher schwer nachzuweisen.

Während in den Studien von 1998 und 2000 der Gesamtmarkt Private Equity analysiert wurde,[65] erfolgte in der Studie von 2005 erstmals eine Darstellung auf Ebene der Beteiligungsform.[66] Sie zeigte, dass im Zeitraum von 2001 bis 2004 Private-Equity-finanzierte Unternehmen 4,4 % mehr Personal einstellten und ihr Umsatz um 10,9 % stieg. Die aus methodischer Sicht avancierteste Studie, die Vergleichsstudie von FINANCE und DBAG, untersuchte die Unternehmensentwicklung zwischen 1998 und 2003 von 45 in Deutschland 1997 bis 1999 durchgeführten Buy-outs und mit stellte sie der Entwicklung von 3.575 Vergleichsunternehmen aus verwandten Branchen mit vergleichbarem Umsatz gegenüber. Die Studie kommt bei ihrer um anorganisches Wachstum bereinigten Analyse zu dem Ergebnis, dass die Mitarbeiterzahlen bei MBO-finanzierten Unternehmen um 7,4 % zunahmen.[67] Demnach wuchsen die Buy-out-Unternehmen doppelt so schnell wie die Vergleichsunternehmen.[68]

---

63 Vgl. EVCA (2005). Die Datenbasis für die Auswertung waren 114 Buy-outs in Europa. Auch das Weltwirtschaftsforum hat 2009 in seinen zweiten Bericht über die weltweite wirtschaftliche Bedeutung von Private Equity-Firmen veröffentlicht. Demnach werden Portfolio-Unternehmen allgemein besser geführt als vergleichbare Wettbewerber, die sich in staatlichem oder privatem Besitz befinden. Außerdem verzeichnen Firmen, die von privaten Kapitalbeteiligungsgesellschaften übernommen worden sind, eine höhere Produktivität und höhere Wachstumsraten als andere Firmen. Das Weltwirtschaftsforum untersuchte für diese Studie weltweit rund 4000 von Private Equity-Firmen geführte Unternehmen.
64 Vgl. Private Equity News Nr. 168 vom 5.2.2007.
65 BVK e.V./C&L (1998) sowie BVK e.V./PwC (2000).
66 Vgl. Weber/Nevries (2006), S. 75-83.
67 FINANCE/DBAG (2004).
68 Höhere Steuerzahlungen, ein ebenfalls häufig untersuchter Aspekt, dürften bei Buy-outs

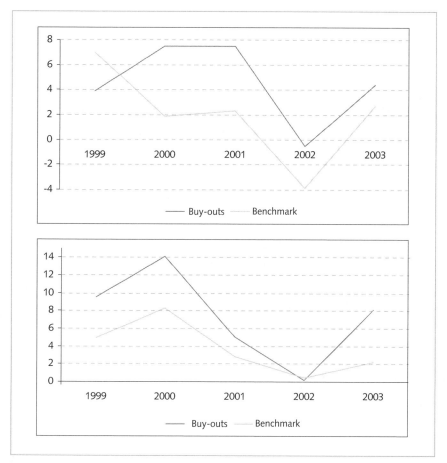

Abb. 17:
Zur volkswirtschaftlichen Bedeutung von Management-Buy-outs

Von dieser Makroperspektive abstrahierend muss man, wie bereits gesagt, die Situation im konkreten Einzelfall detailliert analysieren, um zu einem begründeten Urteil zu kommen. Der Einstieg einer Beteiligungsgesellschaft hat in der jüngsten Vergangenheit in der Öffentlichkeit vielfach für Aufsehen gesorgt. In den meisten Fällen handelt es sich dabei um einen Konflikt zwischen der Renditeforderung der Investoren und der damit zusammenhängenden, disziplinierend wirkenden hohen Fremdfinanzierung auf der einen Seite und den Ansprüchen anderer *Bezugsgruppen*, meist der Arbeitnehmerschaft, auf der anderen Seite (siehe die Diskussion um die Grohe AG). Dies erfordert eine differenzierte Argumentation hinsichtlich betriebswirtschaftlich notwendiger Maßnahmen zum Erhalt der Wettbewerbsfähigkeit bei gleichzeitiger Berücksichtigung der verschiedenen Anspruchsgruppen.

---

schwer nachzuweisen sein – insbesondere dann, wenn ein schuldenfreies Unternehmen unter Einsatz von Fremdkapital übernommen wird, denn Fremdkapital ist trotz der eingeführten Zinsschranke steuerbegünstigt.

Eines jedoch lässt sich festhalten: Die Gleichsetzung »Einstieg eines Private-Equity-Investors = Abbau bzw. Verlagerung von Arbeitsplätzen ins Ausland« ist, wie viele Gegenbeispiele belegen, nicht verallgemeinerbar. Aber natürlich verfolgt der Private-Equity-Investor rein finanzielle Ziele und kalkuliert daher gemäß seinen eigenen Zielsetzungen schärfer. Dazu kommt, dass die Öffentlichkeitswirksamkeit der Private-Equity-Transaktionen mit der Größe der gekauften Unternehmen zunimmt. Entsprechend steht die Private-Equity-Branche unter öffentlicher Beobachtung und muss sich der Öffentlichkeit stellen.[69] Ein erster zaghafter Schritt, sich dieser Verantwortung zu stellen, ist die erstmalige Anerkennung der Leitlinien für nachhaltige Investments der Vereinten Nationen.[70]

Overleveraging

Ob ein Unternehmen mit zu viel Fremdfinanzierung belastet worden ist (Stichwort *Overleveraging*) oder nicht, kann ebenfalls nur im Einzelfall beurteilt werden. In diesem Zusammenhang sei nur bemerkt, dass die Stabilität des Finanzsystems seit 2007 einem kritischen Test ausgesetzt ist, dessen Ausgang abzuwarten bleibt.[71] Letztlich erweist sich das Argument, dass ein weniger aggressiv finanziertes, mittelständisch geführtes Unternehmen über ein höheres Risikopolster bezüglich finanzieller Risiken verfügt, doch als stichhaltig. Selbst operativ mit zweistelligen Margen arbeitende Unternehmen können unter bestimmten Bedingungen durch die Akquisitionsfinanzierung unter Druck geraten. Wobei nicht vergessen werden darf, dass der Buy-out in der konkreten Situation vielleicht das einzige Mittel darstellt, um das Unternehmen überhaupt erfolgreich weiterführen zu können.

Gänzlich abzulehnen sind selbstverständlich unseriöse Praktiken (wie der illegale Entzug von Gesellschaftsvermögen, bspw. durch überhöhte Beratungsgebühren), die trotz der Professionalisierung der Branche bedauerlicherweise nach wie vor in Einzelfällen vorkommen.

---

69 Vgl. hierzu kritisch Wolf (2007), S. 14. Diese kritische Öffentlichkeit zeigt sich insbesondere in sensitiven Bereichen wie Medien oder auch der Altenpflege bzw. dem Gesundheitswesen allgemein. Im Bereich Medien hat das Hans-Bredow-Institut zusammen mit der TU München und der Universität Zürich eine Untersuchung über den Einfluss der Eigentümer von ProSiebenSat1 (KKR und Permira) auf die Inhalte der Sender durchgeführt und ist zu dem Schluss gelangt, dass so gut wie kein Einfluss festzustellen sei, vgl. Süddeutsche Zeitung vom 23.5.2008, S. 17.

70 Vgl. Financial Times vom 11.2.2009, S. 18. Die unter dem Dach des Private Equity Councils zusammengeschlossenen Kapitalgeber (davon die 13 der weltgrößten Private Equity Häuser) verpflichten sich damit, in ihrer Anlagepraxis ökologische, soziale und gesundheitliche Aspekte stärker zu berücksichtigen. Ob dieser Schritt jedoch einer neuen Einsicht entspringt oder doch nur auf Druck der Fondsinvestoren (in den USA sind dies meist Pensionsvereine der öffentlich Angestellten, die bedeutende Summen in Private Equity angelegt haben und immer wieder die fehlende Nachhaltigkeit moniert haben) zustande gekommen ist, ist unklar.

71 Auch Kaserer, Achleitner, von Einem und Schiereck (2007, S. 209) sehen die Steigerung der Fremdfinanzierungsmultiplikatoren in einem Bereich, der durch fundamentale ökonomische Faktoren nicht mehr erklärt werden kann.

9. Statistische Übersicht über den Markt für Buy-outs

Der Buy-out-Markt hat sich in Europa von seinen in 2007 erreichten Höchstständen verabschiedet, und es ist im Moment unklar, wann er diese wieder erreichen wird. Im Jahr 2008 musste der Markt einen Einbruch um 61 % auf EUR 175 Mrd. verkraften.[72] Auch der Bereich der Mittelstandstransaktionen wurde von dieser Krise nicht verschont. Betrachtet man die Geographien, so konnte sich auch Deutschland diesem Trend nicht entziehen.

Dies darf jedoch nicht darüber hinweg täuschen, dass nach wie vor liquide Mittel vorhanden sind. Dies zeigen die Zahlen der Private-Equity-Institute, denen zufolge die Beteiligungsgesellschaften allein im Jahr 2006 etwa 401 Mrd. USD an neuen Geldern eingesammelt haben.[73] Auch wenn seitdem die Fundraising-Aktivitäten deutlich abgenommen haben, so stehen für Investitionen in Deutschland immer noch gut 100 Mrd. EUR zur Verfügung.[74]

Mit der Frage, wie sich der Markt für Buy-outs in Deutschland entwickelt hat, beschäftigen sich nur wenige Studien. Folgt man dem Bundesverband Deutscher Kapitalbeteiligungsgesellschaften, so sind in Jahr 2008 4.826 Mrd. EUR in Buy-outs geflossen. Dies bedeutet einen deutlichen Rückgang im Vergleich zum Vorjahresniveau von 6.173 Mrd. EUR. Die Anzahl der Buy-outs ist über die Jahre kontinuierlich gewachsen, bis im Jahr 2007 ein deutlicher Einbruch erfolgte. Das kontinuierliche Wachstum in der Vergangenheit resultierte im Wesentlichen aus der gestiegenen Zahl von Secondary Buy-outs, somit aus einem Plattformeffekt (vgl. Abb. 18).

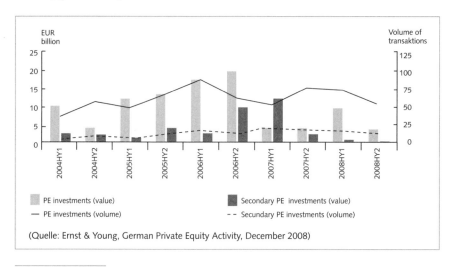

(Quelle: Ernst & Young, German Private Equity Activity, December 2008)

Abb. 18:
Buy-out Aktivität
in Deutschland
und Bedeutung der
Secondary Buy-outs

---

72 Siehe http://www.candover.com. Bei der Beurteilung der Statistiken ist zu beachten, dass viele Datenbankanbieter bei der Berechnung des Transaktionswerts angekündigte, aber letztlich nicht durchgeführte Transaktionen berücksichtigen.

73 Vgl. FAZ vom 9.1.2007, S. 21.

74 Vgl. hierzu die Jahresstatistik 2008 des BVK unter www.bvkap.de. Weltweit werden die zur Verfügung stehenden Mittel auf ca. $ 470 Mrd. geschätzt, vgl. PrivateEquityNews vom 23.2.2009, S. 2.

Betrachtet man die Größenordnungen der durchgeführten Transaktionen, so stellt der Small Cap Buy-out die dominierende Variante des Buy-outs dar. Die Anzahl der klassischen Mid Cap Buy-outs ist eher gering, während die Zahl der sog. Big-Ticket-Transaktionen, die Grundgesamtheit für die Institutional Buy-outs, stetig gewachsen ist.[75]

Bezieht man den Wert der Transaktionen mit in die Betrachtung ein, so wird deutlich, dass das Volumen des Buy-out-Marktes von den Megatransaktionen bestimmt wird. Der durch die Kreditkrise bedingte Einbruch bei den großen Transaktionen zeigt jedoch auch, wie sehr der Markt auf ein starkes Geschäft bei den mittelständischen Transaktionen angewiesen ist. Auch hier sind Rückgänge zu verzeichnen, doch tragen die zahlreichen Transaktionen in diesem Segment zu einem insgesamt soliden Gesamtmarktvolumen bei.

Eine Differenzierung nach Sektoren verdeutlicht, dass der Markt für Buy-outs – lässt man die Immobilientransaktionen, die einer eigenen Logik folgen, außen vor – sehr stark von den klassischen cash- und margenstarken Sektoren wie dem Maschinenbau bestimmt wird. Diese eher traditionellen Sektoren bilden gewissermaßen das »Rückgrat« der Buy-out-Industrie, prägen aber nicht mehr die Wirtschaft als Ganzes. Der frühere Kontrast zwischen einer eher industriell geprägten deutschen Wirtschaft und einer eher serviceorientierten Wirtschaft im Vereinigten Königreich verliert zunehmend an Schärfe, da der Anteil der Serviceunternehmen an der Grundgesamtheit in Deutschland stark wächst. Ebenfalls nicht gering zu schätzen ist der Bedeutungszuwachs des Telekommunikations- und Mediensektors.

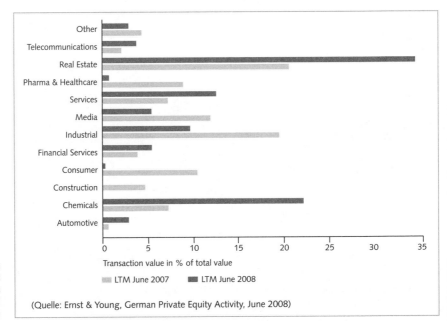

(Quelle: Ernst & Young, German Private Equity Activity, June 2008)

---

75 Vgl. die Jahresstatistik 2008 des BVK unter www.bvkap.de.

Der Markt für Buy-out-Finanzierungen ist seit geraumer Zeit ein europäischer Markt – in mancher Hinsicht, insbesondere wenn man die Investorenbasis und die Finanzierungsseite (die Fremdkapitalmärkte) berücksichtigt, sogar ein globaler. Für den europäischen Markt liegen einigermaßen aussagekräftige Daten vor. Die Entwicklung des Private-Equity-Marktes wird heute durch die Relation zwischen den jährlichen von den Beteiligungsgesellschaften in den einzelnen Ländern getätigten Investments und dem Bruttoinlandsprodukt des betreffenden Landes dargestellt.

europäischer/
globaler Markt

Abb. 20:
Potenzial des europäischen Private-Equity-Marktes (Daten des Jahres 2006)

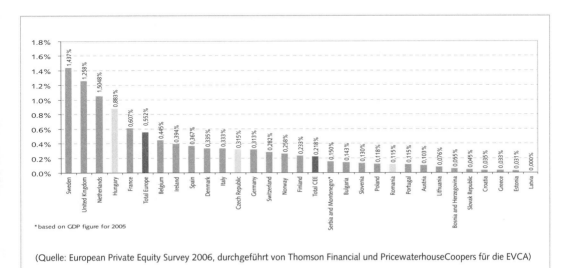

*based on GDP figure for 2005

(Quelle: European Private Equity Survey 2006, durchgeführt von Thomson Financial und PricewaterhouseCoopers für die EVCA)

Aus Abbildung 20 lässt sich deutlich entnehmen, dass in Deutschland noch Aufholpotenzial besteht. Im Vergleich zu anderen Ländern werden hier überdurchschnittlich viele kleinere Investments getätigt – ein Zeichen für einen aktiven, aber noch nicht ausreichenden Start-up-Finanzierungsmarkt. Abbildung 21 gibt einen Überblick über den Markt für Buy-out-Finanzierungen; sie zeigt, dass die Mehrzahl der kleinen Buy-outs von deutschen Fonds finanziert werden, während sich die großen angelsächsischen Häuser auf größere Transaktionen konzentrieren.

Markt für Buy-out-Finanzierungen

Diese Tendenz prägt jedoch nicht nur den deutschen Markt – sie ist auch auf europäischer Ebene zu beobachten. Gemessen an der Anzahl der durchgeführten Transaktionen dominieren die bekannten, meist englischen Namen aus dem Segment der mittelständischen Buy-outs. Betrachtet man jedoch das finanzierte Gesamtvolumen, so treten US-amerikanische Investoren in den Vordergrund.

Während die Transaktionshäufigkeit zunimmt, steigt das durchschnittliche Transaktionsvolumen nur langsam. Interessanterweise ist hier auf dem Vorreitermarkt für Buy-outs, den USA, schon eine deutlichere, hauptsächlich durch die Mega-Buy-outs getriebene Tendenz festzustellen.

Transaktionshäufigkeit und -volumen

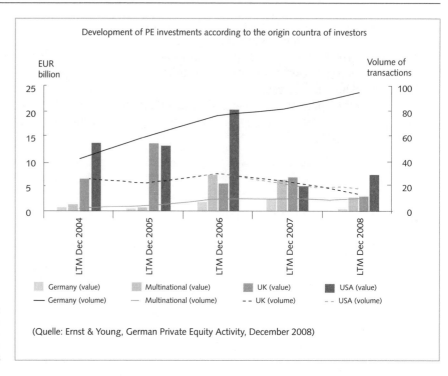

Abb. 21:
Transaktions-
wert und -volu-
men per Herkunfts-
land des Investors

Dass die durchschnittlichen Transaktionsvolumina nur allmählich steigen, hängt auch damit zusammen, dass im Markt nach wie vor mehr Kapital zur Verfügung steht als Investmentopportunitäten existieren. Nach Daten der Beratungsgesellschaft BCG und der Business School IESE, Barcelona, hat dieser Überhang global ein Volumen von 300 Mrd. USD.[76] Diese Summe ergibt sich, wenn man die immensen von den Fonds gesammelten Beträge zu den Investments, die bspw. in Europa getätigt wurden, ins Verhältnis setzt (vgl. Abb. 22).

Treiber der großen Transaktionen in Deutschland sind nach wie vor Konzern-Spin-offs, deren natürliche Grenze die Größe der deutschen Konzerne bildet. Diese Grenze wird erst überschritten, wenn, wie zu Boomzeiten mehrmals angekündigt, auch größere börsennotierte Konzerne (evtl. sogar aus dem Dax-Umfeld) übernommen werden sollten. Ob und wann dies der Fall sein wird, hängt ganz wesentlich davon ab, inwieweit der Fremdkapitalmarkt in der Lage ist, das für diese Megadeals benötigte Kapital bereitzustellen – vor dem Hintergrund der aktuellen Finanzkrise ist dieses Ziel jedoch in weite Ferne gerückt.

---

76 Vgl. BCG/IESE (2008), S. 7.

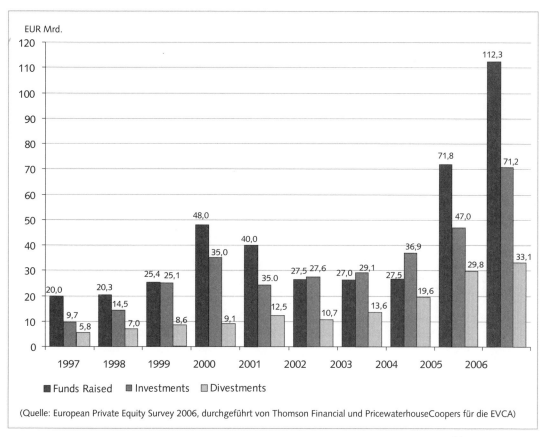

EUR Mrd.

- Funds Raised   - Investments   - Divestments

(Quelle: European Private Equity Survey 2006, durchgeführt von Thomson Financial und PricewaterhouseCoopers für die EVCA)

Abb. 22:
Vergleich zwischen
bereitgestelltem
und investiertem
Kapital in Europa

II. Idee des Buy-outs

1. Quellen des Buy-outs

Eine entscheidende Frage für jeden Akteur im Beteiligungsmarkt ist naturgemäß die Frage nach dem »Woher« Buy-out-tauglicher Unternehmen. Für Private-Equity-Investoren ist es sehr schwierig, gute Investmentmöglichkeiten zu finden – wohl nicht zuletzt deshalb, weil die Charakteristika des Buy-outs das Feld möglicher Investments stark einschränken.

Systematisch betrachtet kommen als Quelle eines Buy-outs folgende Situationen in Frage:

- *Konzern-Spin-offs*: Durch die Refokussierung der Konzernaktivitäten bzw. die Externalisierung von Unternehmensfunktionen kann ein anschließender Verkauf an das Management, das die umfassendsten Kenntnisse über den jeweiligen Unternehmensbereich besitzt, am besten zu realisieren zu sein.[1]
- Bei der Lösung der *Nachfolgeproblematik* bei Mittelstandsunternehmen kann auf kreative Formen der Kaufpreiszahlung, z. B. Earn-out (gestufte Zahlung) oder Annuitätenzahlungen, zurückgegriffen werden.
- *Kapitalmarktineffizienzen* können genutzt werden, wenn sich das Management des Private-Equity-Hauses von einer strategischen Repositionierung oder auch nur von dem Ausnutzen einer Arbitrage[2] eine höhere Bewertung verspricht. Erforderlich ist hierfür zunächst ein Delisting bzw. ein *Public-to-Private-Prozess*, um das Unternehmen später in neuer Konstellation wieder an die Börse zu bringen oder weiter zu veräußern.
- Für den *Secondary* ist entscheidend, dass das Unternehmen nach einem bereits durchgeführten Buy-out weitere Entwicklungsmöglichkeiten aufweist.[3]
- *Privatisierungen* legen operative Effizienzen bei der Herauslösung frei.[4]

Konzern-Spin-offs waren in der Vergangenheit der häufigste Grund für einen Buy-out. Vorteile eines Spin-off sind insbesondere die größere Unabhängigkeit und Flexibilität des Unternehmens nach seiner Loslösung vom Konzern. Der Haupttreiber für Spin-offs dürfte jedoch die anhaltende Umstrukturierung industrieller Wertschöpfungsketten sein. Festel hat dies für die pharmzeutische Industrie dargestellt (s. Abb. 23).

Spin-offs

---

1 Nach Labbé (2003), S. 318, ist die Entwicklung des LBO-Marktes in Deutschland eng korreliert mit den Anfang der 1990er einsetzenden Corporate Spin-offs.
2 Ein sehr plakatives Beispiel für das Ausnutzen einer Arbitrage ist das bereits erwähnte Delisting der Celanese AG durch Blackstone (in Deutschland) und das kurz darauf erfolgte Listing des Unternehmens in den USA – Hintergrund war die Tatsache, dass Chemieunternehmen in den USA deutlich höher bewertet wurden als in Europa.
3 Vgl. hierzu Hohaus/Inhester (2005/2006), S. 240 f.
4 Kreuter/Gottschalg/Schödel (2005), S. 358, haben bei einer Stichprobe von 205 europäischen Buy-outs festgestellt, dass die Performance von Privatisierungen am höchsten ist.

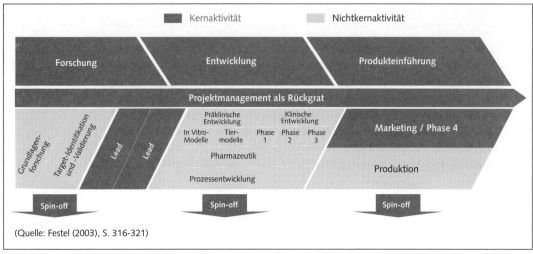

(Quelle: Festel (2003), S. 316-321)

Abb. 23:
Dekonsolidierung
der Wertschöp-
fungskette in der
Pharmaindustrie

Entstehung neuer
Einheiten

Dass und wie durch die Aktivität von Private-Equity-Häusern oft ganz neue Einheiten entstehen, zeigt Abbildung 24. Im Gegensatz zu strategischen Transaktionen im Rahmen der vertikalen Integration, bei denen einzelne Wertschöpfungsstufen den Besitzer wechseln, versuchen Finanzinvestoren durch die Schaffung neuer Einheiten eine kritische Größe zu überschreiten, um so ihre Verhandlungsposition gegenüber den Kunden zu stärken und eine höhere Marge zu erwirtschaften.

Verkaufsmotivation

Aufschlussreich ist die Feststellung einer von Paul und Weber durchgeführten empirischen Studie,[5] dass Liquiditätsbedürfnisse des Konzerns für eine eingeleitete Veräußerung lediglich in 21,9 % der Fälle von ausschlaggebender Bedeutung sind, wohingegen ein Verkauf in 87,5 % der Fälle aus internen Gründen bzw. in 71,9 % der Fälle aufgrund einer strategischen Neuausrichtung initiiert wird. Dass die veräußerten Konzerneinheiten darüber hinaus zufrieden stellende Finanzkennzahlen ausweisen, überrascht kaum, da mit schlecht performenden Konzernteilen ein Buy-out nicht durchgeführt werden könnte.

Häufig wird vermutet, dass durch einen Buy-out im Rahmen eines Spin-offs der Verkauf einer ehemaligen Konzerneinheit an die direkten Konkurrenten verhindert werden soll. Folgt man der genannten empirischen Studie zu Konzern-Spin-offs, so ist dies lediglich in 3,1 % der Fälle die ausschlaggebende Motivation. In 93,8 % der untersuchten Spin-offs war der Hintergrund eine rein finanzielle Zielsetzung. Interessanterweise spielte in 43,8 % der Fälle eine zeitliche Zielvorstellung eine entscheidende Rolle – ein Hinweis darauf, dass in Ver-

---

5 Vgl. Paul/Weber (2005).

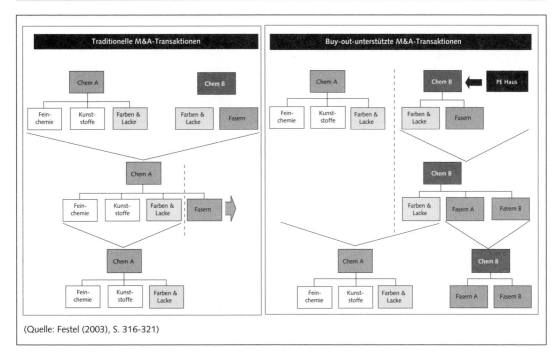

(Quelle: Festel (2003), S. 316-321)

Abb. 24:
Buy-out-unterstützte M&A-Transaktionen in der Chemieindustrie

Urheberschaft von Transaktionen

äußerungsprozessen das professionelle Vorgehen von Private-Equity-Investoren einen Vorteil darstellt.

Der Investor muss sich jedoch nicht nur fragen, welche konkreten Investmentmöglichkeiten sich ihm stellen, sondern auch, wer eine Investmentidee an ihn heranträgt. Befragt man die Statistik, so muss man feststellen, dass es zur Urheberschaft von Transaktionen nur wenige Auswertungen gibt. In einer von der KfW zusammen mit der TU München durchgeführten Studie wurde festgestellt, dass bei Spätphasenfinanzierern 31,1 % der Transaktionen von Banken, Wirtschaftsprüfern und Steuerberatern sowie 14,1 % von professionellen Dealvermittlern (die Abgrenzung dieser beiden Bereiche dürfte schwierig sein) an die Investoren herangetragen werden, 32,3 % aber dem eigenen Netzwerk entspringen. Andere Zugänge sind eher unbedeutend.[6] Des Weiteren kommt die Studie zu dem Ergebnis, dass in der Spätphase immerhin 10 % aller Transaktionsideen tatsächlich realisiert werden.

Der ideale Weg für den Private-Equity-Investor ist sicherlich die Ansprache seitens des Managements – sei es auf direktem Wege, was sich allerdings aufgrund der Intransparenz des Beteiligungsmarktes schwierig gestalten kann, sei es über Wirtschaftsprüfer, Steuerberater oder Rechtsanwälte bzw. M&A-Berater/Investmentbanken. Das Management hat in diesen Situationen meist ein über-

---

6 Vgl. Achleitner/Ehrhart/Zimmermann (2007), S. 43.

zeugendes Konzept, um eine gezielte, strukturierte Kontaktaufnahme mit dem Verkäufer zu ermöglichen. Kreuter, Gottschalg und Schödel haben in ihrer empirischen Studie bei einer Analyse von 205 europäischen Buy-outs festgestellt, dass Transaktionen, die proaktiv durch das Management an das Private-Equity-Haus herangetragen wurden, eine signifikant höhere IRR erwirtschaften als bspw. Transaktionen, die aus öffentlichen Auktionssituationen heraus erfolgten.

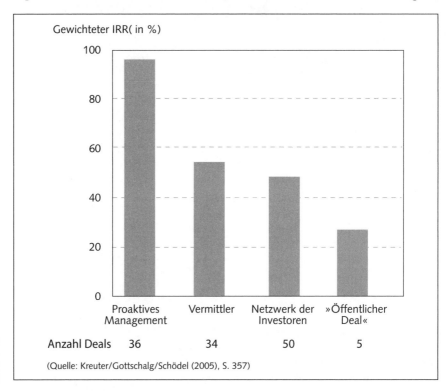

Abb. 25:
Buy-out-
Performance und
Quelle des Deals

Entrepreneur in Residence

Einige Private-Equity-Häuser messen Brancheninsidern einen so großen Mehrwert zu, dass sie Manager für eine bestimmte Zeit (selten länger als zwei Jahre) in ihrer eigenen Organisation einstellen – als *Entrepreneur in Residence*. Dieser wird nicht so sehr die Übernahme seines letzten Arbeitgebers (auch wenn dies sicherlich keine uninteressante Alternative darstellt) als vielmehr die Suche nach einem geeigneten Zielobjekt in der ihm bekannten Branche betreiben. Er agiert insofern als Buy-in-Manager. Die für ihn in diesem Zusammenhang entscheidende Frage ist, wann er sich von seinem bisherigen Arbeitgeber trennt und im Rahmen des MBI die Unternehmerrolle übernimmt. Hierfür gibt es keine Faustregel.

Über die arbeitsrechtlichen Vorgaben hinaus, die eine gewisse Loyalität gegenüber dem Arbeitgeber verlangen, ist der Manager seinem bisherigen Arbeitgeber meistens verbunden und möchte nicht in Unfrieden gehen. Besonders schwierig ist die Situation, wenn der MBI-Manager im Rahmen eines Auktionsverfahrens bei dem neuen Unternehmen einsteigen will. Er genießt aufgrund seiner Branchenkenntnis die Wertschätzung des Private-Equity-Investors, kann aber, da er im Allgemeinen aus derselben Branche wie das Target-Unternehmen stammt, nicht an Managementpräsentationen oder Datenräumen teilnehmen. Je nach Risikoneigung – bei einer Auktion kann der Kauf bis zum Schluss scheitern – wird er früher oder später Farbe bekennen – sprich: kündigen oder verdeckt arbeiten, bis die Transaktion zum Abschluss gekommen ist. In den meisten Fällen wird der Manager nur bei Meetings mit den »Home-Team«-Beratern dabei sein, keine Präsenz nach außen zeigen und erst in Erscheinung treten, wenn die Transaktion vollzogen wurde. Zu diesem Zeitpunkt muss er seine Verträge mit dem Private-Equity-Investor zum Abschluss gebracht haben – ebenso wie dieser die Kaufverträge mit dem Verkäufer des Unternehmens und die Finanzierungsverträge mit den Banken abgeschlossen haben muss.

2. Bedeutung des Businessplans

Die Durchführung eines Buy-outs in Erwägung zu ziehen, hat für den Investor, aber auch für das Managementteam, nur dann einen Sinn, wenn diese Idee durch einen Businessplan untermauert wird. Der Businessplan ist die in Zahlen gefasste Essenz aller Diskussionen des Managements bezüglich des unternehmerischen Konzepts.

Die besondere Stellung und die Bedeutung des Businessplans können nicht oft genug betont werden. Ein Businessplan zwingt das Management, seine konzeptionellen Ideen in Zahlen zu fassen und zu bewerten. Er hat eine stark disziplinierende Wirkung nicht zuletzt deshalb, weil das Management zu positiv eingeschätzte Entwicklungen am eigenen Geldbeutel spüren würde – im schlimmsten Fall führt ein Underperforming zu einem Bruch der von den Banken festgelegten Covenants und zum Verlust der Kontrolle über das Unternehmen.

Ein übertrieben pessimistischer Plan hätte ebenfalls negative Konsequenzen: Die geplante Transaktion würde nicht stattfinden, da der bietende Private-Equity-Investor die Erwartungen des Verkäufers enttäuschen müsste bzw. im Wettbewerb mit einem strategischen Bieter unterlegen wäre. Die Überprüfung des Businessplans im Rahmen einer umfassende Due Diligence dient auch zur Aufdeckung derartiger Auffälligkeiten.

Die Basis für den Businessplan ist im Allgemeinen die turnusmäßig durchgeführte *Unternehmensplanung*. I. d. R. versuchen die in den Veräußerungsprozess eingebundenen Berater bzw. Investmentbanken, den Businessplan positiver darzustellen. Die Investmentbanken spielen oft auch auf der Kaufseite eine nicht unproblematische Rolle, wenn sie bspw. völlig losgelöst von den Managementvorgaben einen Investmentcase für die Private-Equity-Investoren erstellen. Verlässlicher sind die Businessplanüberlegungen eines branchenkundigen Managementteams. Auch diese Planung kann hinsichtlich der Kostenstruktur aufgrund der »Outside-in«-Perspektive Fehler beinhalten, doch sind die Konzepte insbesondere umsatzseitig oft sehr durchdacht.

Unternehmens-
planung

Die Abfassung des Businessplans eröffnet dem Management also bestimmte Handlungsspielräume. Deren Nutzung kann zu einem handfesten Konflikt führen, wenn bspw. seitens des Verkäufers eine Incentivierung auf einen möglichst hohen Kaufpreis hin stattfindet, das gleichzeitig als Käufer auftretende Management aber gegenüber seinem Mitkäufer, dem Private-Equity-Haus, ein finanzielles Commitment abgeben muss. Damit berühren wir bereits die Thematik der potenziellen Interessenkonflikte der Buy-out-Partner.

3. Potenzielle Interessenkonflikte der beteiligten Parteien

Beziehungen zwischen den beteiligten Parteien

Die an einem Buy-out beteiligten Parteien sind im Wesentlichen der Verkäufer, das Managementteam und die Finanzinstitutionen (Private-Equity-Haus und Banken).[7] Die zwischen ihnen bestehenden mehrdimensionalen Beziehungen können auf Ebene

- der Zeitplanung,
- der Bereitstellung von Informationen und
- der Beurteilung der monetären Fakten

zu den unterschiedlichsten Konflikten führen.[8]

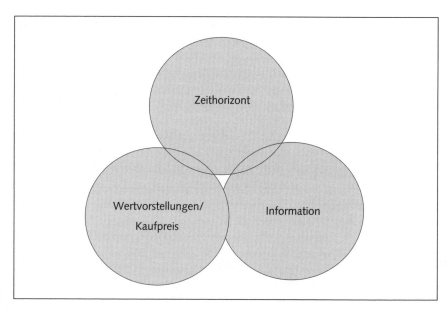

Abb. 26:
Konfliktebenen
im Buy-out

7 Vgl. auch Ernst (2006), sowie Richter (2005), S. 217 ff.
8 Vgl. zum Folgenden auch Braunschweig (2005), S. 201-206; Weber (2006).

Der *Verkäufer* hat eine relativ eindeutige Zielsetzung: Er will einen optimalen Verkaufspreis erzielen und dem Käufer möglichst wenige Garantien und Gewährleistungen einräumen. Das *Managementteam* kann sich, sollte es sich um ein unternehmenseigenes Management handeln, hier in einem potenziellen Interessenkonflikt befinden, da es einerseits als zukünftiger Miteigentümer den Kaufpreis minimieren will, andererseits (noch) für den Verkäufer tätig ist (und bei Scheitern der Transaktion wohl auch weiter bei diesem beschäftigt sein wird!). Zudem kann sich für das Managementteam ein juristisches Problem ergeben, da ab einer gewissen Phase Vertraulichkeitspflichten verletzt sein könnten – hier ist die Hinzuziehung eines Rechtsanwalts zu empfehlen.

Sollten neben dem eigenen Managementteam andere Bieter auftreten, so entsteht ein weiterer potenzieller Konflikt. Denn in einem strukturierten Verkaufsprozess muss das Management selbst bei Rückgriff auf Berater einen wesentlichen Beitrag zur Darstellung des Unternehmens in den unterschiedlichsten Phasen des Prozesses leisten, und eine positive Darstellung trägt wesentlich zum Erfolg der Transaktion bei. Das (interne) Managementteam muss also genau überlegen, zu welchem Zeitpunkt es sein Interesse bekunden will, wann es im weiteren Verlauf sein Amt vorübergehend niederlegen sollte usw.

Eine zusätzliche Verschärfung des Interessenkonflikts ergibt sich, wenn der Verkäufer sich bereit erklärt, einen Exit-Bonus, d. h. eine kaufpreisabhängige Prämie im Fall des erfolgreichen Abschlusses des Verkaufs, an das Management zu zahlen.[9] Die genannten Konflikte aufseiten des Managements dürften auch der Grund dafür sein, warum Managementteams von den verkaufenden Konzernen bei den Preisverhandlungen selten, bei der Wahl der Investoren schon eher mit einbezogen werden.[10]

Der *Private-Equity-Investor* will zu einem minimalen Preis einen maximalen Anteil am Kapital erwerben – dies bedeutet einen Konflikt mit der Zielsetzung, Leistungsanreize für das Managementteam zu setzen. Generell sollte allerdings eine grundsätzliche Interessenharmonie zwischen Private-Equity-Fonds und Managementteam gegeben sein – es ist wenig sinnvoll, einen Transaktionsprozess anzustoßen, wenn von vorneherein Unsicherheiten hinsichtlich der Zielsetzungen bestehen (z.B. widersprüchliche Vorstellungen bezüglich des Zeithorizonts für den Exit).[11]

Die Interessen der Banken sind überaus vielschichtig; sie werden in Kapitel III. zur Strukturierung des Buy-outs umfassend analysiert. Die finanzierende *Bank* will insbesondere das Risiko eines Zahlungsausfalls minimieren, was der Bestrebung des Private-Equity-Hauses und des Managementteams, einen möglichst hohen Leverage-Faktor zu erreichen, zuwiderläuft. Weitere Interessen können

Verkäufer und Managementteam

Private-Equity-Investor

Banken

---

9 Eine weitere Konfliktsituation entsteht, wenn der Verkäufer dem Management bei einem absehbaren MBO einen Exit-Bonus in Höhe des vom Management bereitzustellenden Eigenkapitals gewährt – dadurch kann tendenziell der Incentivierungsmechanismus des MBO unterlaufen werden. Vgl. hierzu auch Hohaus/Weber (2008), S. 104 ff.

10 Vgl. Paul/Weber (2005).

11 Zum Zielkranz der Eigen- und Fremdkapitalgeber vgl. auch Hockmann/Thießen (2007), 215 ff.

- die Verfügung über ein möglichst präzises und offenes Berichtswesen sein,
- die Einrichtung der Finanzierungsstruktur in einer Art und Weise, dass aus dem Cash Flow die Darlehen vorrangig und innerhalb der vereinbarten Zeiträume zurückgezahlt werden können, da Abweichungen hiervon das ursprüngliche Risikoprofil tangieren, sowie
- die Möglichkeit, durch ein implementiertes Frühwarnsystem Abweichungen vom Plan frühzeitig erkennen und analysieren zu können.

Eigenkapitalgeber

Der *Eigenkapitalgeber* (Käufer) hat eine möglichst hohe Rendite zum Ziel. Da diese wesentlich durch die Unternehmenswertsteigerung erreicht wird, sind für ihn folgende Punkte von Bedeutung:

- in den Gesellschaftsverträgen festgehaltene Mitspracherechte und Vetorechte,
- die Vertretung in bestimmten Kontrollgremien wie Beiräten und Aufsichtsräten oder auch Aktionärsgremien,
- festgelegte Regelungen für den Ausstieg (z. B. durch eine Tag-along-/Drag-along-Regelung, die den anderen Gesellschaftern eine Mitverkaufspflicht auferlegt).

Zudem ist der Eigenkapitalinvestor daran interessiert, durch seine Bank eine möglichst flexible Finanzierung zur Verfügung gestellt zu bekommen, was wiederum mit dem Interesse der Bank konfligiert, die ihr zufließenden Zahlungsströme im Voraus bestimmen zu können. Die gewünschte Flexibilität umfasst insbesondere die Möglichkeit vorzeitiger Rückzahlungen, aber auch eine Minimierung der Ziehungsbedingungen (siehe hierzu Kapitel VI. zur rechtlichen Abwicklung des Buy-outs). Auch an der Minimierung der Transaktionskosten, einem Ziel von Eigen- und Fremdkapitalgeber, können sich Konflikte entzünden; weniger zwischen den Beratern der beiden Finanzierungsseiten, Ursache für einen derartigen Konflikt ist vielmehr die Beratungsgebühr, die nicht selten der Eigenkapitalgeber selbst dem neuen Vehikel aufbürdet. Auch gegenüber dem Management besteht diesbezüglich Konfliktpotenzial.

Das Thema der Haftung seitens des Eigenkapitalgebers ist regelmäßig weniger konfliktbeladen, da die Eigenkapitalinvestoren nur mit ihrem Einsatz haften und keinerlei Haftung, Bürgschaften etc. darüber hinaus akzeptieren (sog. Non-Recourse Financing, im Gegensatz zum Recourse Financing).[12]

4. Die Suche nach dem Finanzierungspartner

M&A-Berater

Die Suche nach einem Finanzierungspartner ist ohne professionelle Unterstützung meistens nicht möglich. Große Wirtschaftsprüfungsgesellschaften, aber auch sog. M&A-Boutiquen und kleinere Investmentbanken beschäftigen sich

---

12 Interessant ist die Tatsache, dass nach deutschem Recht ein Mehrheitsaktionär oder auch der Aufsichtsrat den Vorstand nicht zur aktiven Unterstützung einer Transaktion zwingen kann, vgl. Braunschweig (2005a), S. 205.

mit der Beratung von Managementteams. Grundsätzlich kann der M&A-Berater sowohl für die *Verkaufsseite* (dies dürfte der Standardfall sein) als auch für die *Kaufseite* tätig werden. Sein positiver Beitrag auf der Verkaufsseite besteht insbesondere in der Durchführung eines professionellen Transaktionsprozesses und einer den Kaufpreis erhöhenden Auktion. Auf der Kaufseite wiederum umfasst seine Aufgabe, sofern der M&A-Berater für das Managementteam tätig ist, vornehmlich die Suche des idealen Finanzierungspartners.

Sollte der M&A-Berater durch das Private-Equity-Haus beauftragt sein, so ist in der Anfangsphase seine Sektorexpertise entscheidend, da die meist relativ kleinen Teams der Beteiligungsgesellschaften nicht in allen Sektoren über vertiefte Kenntnisse verfügen können. Bei der Durchführung der Transaktion tritt dann in den meisten Fällen seine Funktion als »verlängerte Werkbank« des Private-Equity-Hauses in den Vordergrund: Der M&A Berater ist hierbei mit handwerklichen Themen wie Modelling, Umsetzung der Finanzierungsstruktur, Vertragsverhandlungen usw. befasst.

Auch für den verkaufenden Konzern ist die Wahl des geeigneten Investors entscheidend. So hat der empirischen Studie von Paul und Weber zufolge das diesbezügliche Auswahlverfahren für den Erfolg der Desinvestition eine ebenso hohe Bedeutung wie die Verhandlungsführung bei der Preisfindung.[13]

Beauftragung des M&A-Beraters

Die Beauftragung des M&A-Beraters erfolgt auf Erfolgsbasis, wobei üblicherweise nicht von einem Maklervertrag nach den §§ 652 ff. BGB, sondern von einem reinen Dienstvertrag (§§ 611 ff. BGB) auszugehen ist. Erfolgsunabhängig wird oft ein gewisses Beratungs- und Bearbeitungshonorar vereinbart, das der Abdeckung von Fixkosten und sonstigen Aufwendungen dient. Dieses Fixum wird oft als monatlicher Retainer gestaltet, d.h. bei erfolgreicher Durchführung der Transaktion auf das Erfolgshonorar angerechnet. Die Fälligkeit des Erfolgshonorars wird meist an das Closing gebunden, da erst dann der Kauf vollzogen ist. Das Auftragsverhältnis wird, wenn der M&A-Berater für das Managementteam oder das Private-Equity-Haus tätig ist, auf die neu gegründete Gesellschaft (NewCo) überschrieben, da diese alle mit der Transaktion verbundenen Kosten tragen muss.[14]

Overconfidence

Um bezüglich des Investors die richtige Wahl zu treffen, ist die Kenntnis der internen Entscheidungsprozesse des Private-Equity-Hauses von ausschlaggebender Bedeutung. Dabei ist bei Beteiligungsgesellschaften oft ein Verhalten zu beobachten, das in der Behavorial Science Overconfidence genannt wird:[15] Individuen neigen dazu, ihre Fähigkeiten, den Informationsgehalt von Nachrichten oder die Qualität von Prognosen einzuschätzen, zu überschätzen. Die Folge sind Verzerrungen in der Urteilsbildung. Beispiele hierfür gibt es zu Genüge, insbesondere in Fällen, bei denen in der Zukunft deutliche Steigerungen der Profitabilität erwartet werden. In der Konsequenz ist es ganz wesentlich, dass sich beide

---

13 Vgl. Paul/Weber (2005).
14 In steuerlicher Hinsicht ist darauf zu achten, dass dies nicht als verdeckte Gewinnausschüttung der NewCo an den Gesellschafter, das Private-Equity-Haus, gewertet wird.
15 Vgl. Pfaffenholz (2004), S. 104 f.

Partner, das Managementteam und der Investor, gegenseitig bezüglich der Validität ihrer Annahmen zum weiteren Geschäftsverlauf kritisch überprüfen, um keine Enttäuschungen zu erleben.

5. Phasen eines Buy-outs im Unternehmenserwerb

Die Nutzbarmachung ihrer Kenntnisse über einen professionell geführten Transaktionsprozess ist ein wesentlicher Garant für den Erfolg von Private-Equity-Fonds. Zum einen entscheidet heutzutage bei vielen Transaktionen – insbesondere in einer kompetitiven Auktionssituation – die Schnelligkeit über den Gewinner. Sollte ein Beteiligungsunternehmen aufgrund interner Prozessfehler eine Transaktion verlieren, so bedeutet dies eine wesentliche Verletzung seiner ureigensten Kernkompetenz. Zum anderen aber wird durch die Verhandlungs- und Prozessführung ein Wert generiert, sei es über ein besonderes Verhandlungsgeschick, über das Timing oder über das Ausnutzen von Informationsasymmetrien.[16]

drei Phasen beim Erwerb eines Unternehmens

Beim Erwerb eines Unternehmens im Rahmen eines Buy-outs sind grundsätzlich drei Phasen konzeptionell voneinander zu unterscheiden:

- zum einen die *Vorbereitungsphase* der Transaktion, die hauptsächlich auf Verkäuferseite durchgeführt wird,
- zum anderen der *Kernprozess* des Unternehmenserwerbs und schließlich
- die für die Gesamtentwicklung des Buy-outs entscheidende *Haltephase* des Private-Equity-Investors mit anschließender Veräußerung (die als eigener Prozess gesehen werden kann).

In Anlehnung an Paul und Weber lassen sich diese Phasen idealtypisch wie in Abbildung 27 darstellen.

Im Folgenden wird auf die ersten beiden Phasen eingegangen; die Haltephase ist gesondert in Kapitel VII. dargestellt.

Wie die bisherigen Ausführungen gezeigt haben, handelt es sich bei der Buy-out-Transaktion um einen äußerst komplexen Vorgang, der aufgrund des Einbezugs unterschiedlichster Parteien ein straffes Prozessmanagement erfordert.

Transaktionsquellen

Als Quellen für Buy-outs kommen, wie bereits dargestellt,

- ein Konzern-Spin-off,
- familiengeführte Mittelstandsunternehmen,
- Secondaries und
- Public-to-Private-Prozesse

Transaktionsformen

in Frage. Alle vier *Transaktionsquellen* sind mit verschiedenen *Transaktionsformen* kombinierbar. Spezifische Transaktionsformen sind

---

16 Vgl. Loos (2006), S. 31 ff.

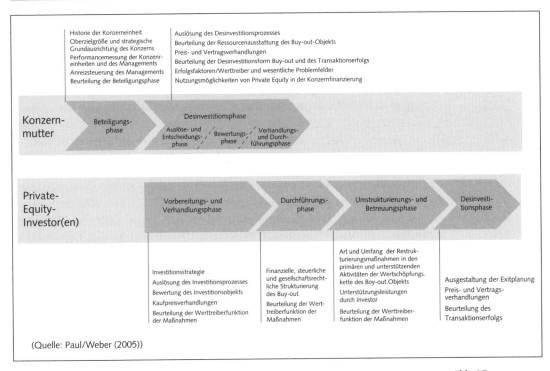

Historie der Konzerneinheit
Oberzielgröße und strategische
Grundausrichtung des Konzerns
Performancemessung der Konzern-
einheiten und des Managements
Anreizsteuerung des Managements
Beurteilung der Beteiligungsphase

Auslösung des Desinvestitionsprozesses
Beurteilung der Ressourcenausstattung des Buy-out-Objekts
Preis- und Vertragsverhandlungen
Beurteilung der Desinvestitionsform Buy-out und des Transaktionserfolgs
Erfolgsfaktoren/Werttreiber und wesentliche Problemfelder
Nutzungsmöglichkeiten von Private Equity in der Konzernfinanzierung

Konzern-
mutter

Beteiligungs-
phase

Desinvestitionsphase

Auslöse- und
Entscheidungs-
phase

Bewertungs-
phase

Verhandlungs-
und Durch-
führungsphase

Private-
Equity-
Investor(en)

Vorbereitungs- und
Verhandlungsphase

Durchführungs-
phase

Umstrukturierungs- und
Betreuungsphase

Desinvesti-
tionsphase

Investitionsstrategie
Auslösung des Investitionsprozesses
Bewertung des Investitionsobjekts
Kaufpreisverhandlungen
Beurteilung der Werttreiberfunktion
der Maßnahmen

Finanzielle, steuerliche
und gesellschaftsrecht-
liche Strukturierung
des Buy-out
Beurteilung der Wert-
treiberfunktion der
Maßnahmen

Art und Umfang der Restruk-
turierungsmaßnahmen in den
primären und unterstützten
Aktivitäten der Wertschöpfungskette des Boy-out.Objekts
Unterstützungsleistungen
durch Investor
Beurteilung der Werttreiberfunktion der Maßnahmen

Ausgestaltung der Exitplanung
Preis- und Vertrags-
verhandlungen
Beurteilung des
Transaktionserfolgs

(Quelle: Paul/Weber (2005))

Abb. 27:
Idealtypische Phasen
eines Buy-outs einer
Konzerneinheit

- der Auktionsprozess und
- der exklusive Verkauf.

Der Public-to-Private-Prozess ist vom Ablauf her mit einem exklusiven Verkaufsprozess vergleichbar, für den Erwerb einer größeren Beteiligung durch einen Public-to-Private-Prozess kann aber auch ein Auktionsverfahren – zumindest ein
limitiertes – durchgeführt werden. Nachfolgend wird zunächst der klassische
Auktionsprozess, wie er verkäuferseitig oft angestoßen wird, dargestellt, bevor
auf die einzelnen Elemente des Buy-outs aus Käufersicht eingegangen wird. Vor
diesem Hintergrund wird gezeigt, wie sich ein Exklusivprozess im Unterschied
zum Auktionsprozess gestaltet; abschließend wird die Sonderform des Public-
to-Private-Prozesses beschrieben.

a)   Auktionsverfahren

Der Prozess des Unternehmensverkaufs wirkt auf den ersten Blick nicht allzu
komplex. Nach einer Phase des Herantastens wird ein *Vorvertrag (Letter of Intent)* unterschrieben, anschließend nach grundlegender Due Diligence ein Unternehmenskaufvertrag unterzeichnet. Bei genauerem Hinsehen zeigt sich jedoch
die hohe Komplexität des Verkaufsprozesses. Zunächst können bei Verkaufspro-
zessen die genannten zwei Varianten unterschieden werden:

Verkaufsprozess

- *Exklusivverhandlungen* zwischen Käufer und Verkäufer sowie
- *Bieter- bzw. Auktionsverfahren.*

Da Letztere selbst bei kleineren Transaktionen immer öfter zur Anwendung kommen, um bei einer Veräußerung einen optimalen Kaufpreis zu erwirtschaften, soll dieser Prozess eingehender dargestellt werden.

Grundsätzlich lassen sich bei einem Auktionsverfahren

- die Konzeptions- bzw. Vorbereitungsphase,
- die Phase der eigentlichen Transaktion und
- die Integrationsphase

Vorbereitungsphase unterscheiden. In der *Vorbereitungsphase* geht es hauptsächlich darum, die Veräußerungsfähigkeit des Objekts herzustellen. Viele Auktionen scheitern daran, dass das Verkaufsobjekt nicht hinreichend für den Verkauf vorbereitet wurde. Dies gilt im Übrigen insbesondere auch für Unternehmen, die von Private-Equity-Häusern gehalten werden, denn diese lösen aufgrund von positiven Marktentwicklungen oft spontane Verkaufsprozesse aus, die nicht gründlich vorbereitet werden konnten. Abbildung 28 zeigt das Ergebnis einer empirischen Studie zu verkaufsvorbereitenden Maßnahmen deutscher Konzerneinheiten.

Abb. 28:
Maßnahmen zur
Herstellung der Ver-
äußerungsfähigkeit

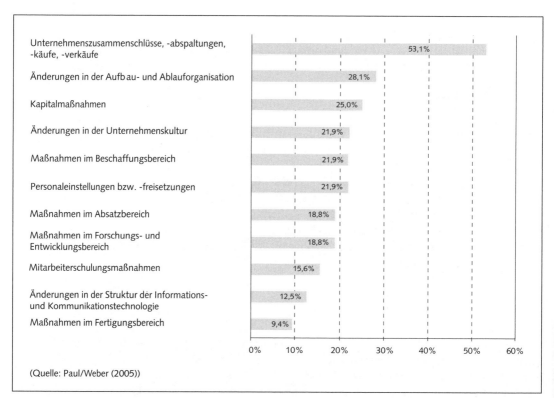

(Quelle: Paul/Weber (2005))

Nach der gründlichen Vorbereitung des Verkaufsobjekts ist ein Informationsmemorandum *(Info Memo)* zu erstellen, das einen umfassenden Überblick über

- Markt,
- Wettbewerb,
- Produkt,
- Unternehmen (Organisation, Personal, Management etc.),
- Finanzen und
- den Transaktionsprozess als solchen

gibt. Von besonderer Bedeutung sind in diesem Zusammenhang eine gründliche Aufbereitung der finanzbezogenen Daten und eine ausreichende Erläuterung eventueller Bereinigungen, damit sich der potenzielle Interessent schon in der ersten Phase eine konkrete Vorstellung vom Kaufpreis machen kann, die nicht zu sehr durch Unwägbarkeiten des Zahlenmaterials mit Unsicherheiten belastet ist. Dann wird eine *Long List* aller potenziellen Interessenten erstellt, die für die Ansprache ausgewählt werden. Diese erhalten:

- eine Vertraulichkeitserklärung und
- einen sog. *Teaser*, der einen anonymen Kurzüberblick über das Unternehmen gibt.

Findet der potenzielle Käufer an dem Verkaufsobjekt Gefallen, so sendet er die unterschriebene *Vertraulichkeitserklärung* zurück und erhält das Info Memo. Auf Basis dieser Informationen gibt er ein *erstes, nicht bindendes Angebot* (Indicative Bid) ab.

Aus den eingegangenen Angeboten werden anschließend ein oder mehrere Bieter ausgewählt, die einen erweiterten Zugang zu Unternehmensdaten des Verkaufsobjekts erhalten (erster Datenraum bzw. *Data Room*). Kriterien für die Auswahl sind:

- neben dem Kaufpreis
- insbesondere die Art der Gegenleistung und deren Finanzierung,
- die Ernsthaftigkeit und Seriosität des Angebots und
- das Konzept für die zukünftige Entwicklung des Verkaufsobjekts.

Zu diesem Zeitpunkt findet auch der erste Kontakt mit dem Management statt, meist in Form von Managementpräsentationen und Betriebsbesichtigungen. An dieser Stelle wird nun, abhängig von der Bietersituation, ein nochmaliges indikatives Angebot eingefordert, um nach diesem den Bieterkreis deutlich zu reduzieren. Oder es wird direkt auf ein bindendes Angebot hingearbeitet.

Nachdem der/die Interessenten ein *bindendes Angebot* abgegeben haben, wird derjenige Kandidat ausgesucht, mit dem man exklusiv weiterverhandeln will. Dieser erhält umfassenden Einblick in das Unternehmen und Zugang zu vertraulichen Dokumenten. Auf Grundlage dieser Daten erfolgt ein weiteres bindendes Angebot *(Final Binding Offer)* durch den favorisierten Interessenten; von diesem Angebot sollte nur noch auf Basis von Tatsachen, die im Rahmen eines umfassenden zweiten Datenraumes festgestellt wurden, abgewichen werden.

Preferred Bidder

Alternativ können die Verhandlungen auch mit mehreren Parteien fortgeführt werden, wobei in einem solchen Fall sinnvollerweise mit einem Bieter als sog. Preferred Bidder verhandelt werden sollte, ohne diesem Exklusivität zuzugestehen.

Abb. 29:
Verkaufsprozess
(Trade Sale –
Auktionsprozess)

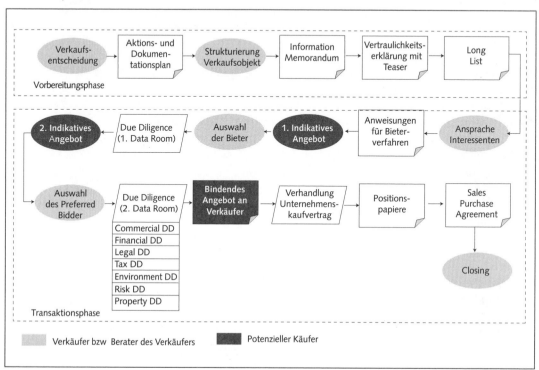

Endverhandlungen

Im nächsten Schritt sind die Endverhandlungen durchzuführen, wobei die Zwischenergebnisse in Positionspapieren festgehalten werden sollten. In dieser Verhandlungsphase geht es

- neben dem Kaufpreis und der Gegenleistung
- insbesondere um Haftungs- und Gewährleistungsfragen sowie
- die gesamte Vertragsdurchführung.

Nach der Unterzeichnung des Unternehmenskaufvertrags sind bis zum Closing Kaufpreisanpassungen zu berücksichtigen, die sich bspw. durch Schwankungen des Working Capital ergeben können.

Exklusivitäts-
vereinbarung

Im Auktionsverfahren wird jener Bieter, der es in die Runde der letzten Bieter geschafft hat, auf Exklusivität drängen. Wird diesem Begehren stattgegeben, so wird von beiden Seiten eine *Exklusivitätsvereinbarung* unterzeichnet. In der Exklusivitätsvereinbarung verpflichtet sich der Verkäufer, für einen bestimmten Zeitraum nicht mit Dritten in Verhandlungen zu treten. Bricht er diese Vereinbarung, so kann der Käufer, sofern dies vorher vereinbart wurde, eine Sanktion in

Form einer Vertragsstrafe verlangen. Ohne eine derartige Klausel lässt sich ein Schaden beim Käufer als adäquat-kausale Folge der Verletzung der Exklusivität nur sehr schwer begründen.

Werden mehrere Bieter zur zweiten Phase zugelassen, ist es nicht unüblich, *Kostenübernahmeregelungen* (auch in Form sog. Break-up-Fee-Regelungen) zu vereinbaren, in denen sich der Verkäufer zur Übernahme eventuell entstandener Due-Diligence-Kosten verpflichtet. Dieses Investment lohnt sich meist für den Verkäufer, da er aufgrund der Wettbewerbssituation einen höheren Preis erwarten kann und die parallel durchgeführte Due Diligence mehrerer Bieter die Transaktionswahrscheinlichkeit erhöht. Dies kann sogar so weit gehen, dass parallel zwei Verträge beim Notar unterzeichnet werden, die dann dem Entscheidungsgremium (z.B. dem Aufsichtsrat) aufseiten des Verkäufers vorgelegt werden. Der jeweilige Vertrag wird erst gültig durch die Zustimmung dieser Gremien.[17]

Um die Transaktionssicherheit weiter zu erhöhen, sind einige Verkäufer nach amerikanischem Vorbild dazu übergegangen, sog. *Reverse Breakage Fees* zu verlangen. Hierbei handelt es sich um eine Strafzahlung, die vom potenziellen Käufer zu leisten ist, wenn er einen bereits unterschriebenen Kaufvertrag nicht vollzieht.

Der gesamte Auktionsprozess kann, wenn er straff organisiert ist, in vier Monaten durchgeführt werden, realistischerweise sollte jedoch von einer Transaktionsdauer von bis zu neun Monaten bis zum Closing ausgegangen werden.

Kostenübernahmeregelungen

Reverse Breakage Fees

b)   Buy-out-spezifische Elemente

Wird der Transaktionsprozess nicht vom Verkäufer, sondern wesentlich vom Management gesteuert, kann sich sein Verlauf stark ändern. Wer den Buy-out-Prozess initiiert, ist dabei weniger von Bedeutung. Mitunter erfolgt die Initialzündung durch das Management, indem es seinen unmittelbaren Vorgesetzten verdeutlicht, dass der betreffende Geschäftsbereich als selbständige Einheit wirtschaftlich erfolgreicher wäre. Meist geht jedoch die Initiative von dem Konzern bzw. dem Familienunternehmer aus, die dem Management die Möglichkeit eines Buy-outs offerieren. Für potenzielle Kapitalgeber wird, wie in Abschnitt II.5.a beschrieben, ein Informationsmemorandum (Info Memo) erstellt, das insbesondere den finanziellen Teil des Businessplans berücksichtigt – schließlich ist die Optimierung und Abstimmung der Finanzierungsstruktur ein wesentlicher Faktor für den Erfolg eines Buy-outs. Nachdem das Info Memo dem Private-Equity-Fonds präsentiert wurden, ist es Sache des Verkäufers, einen geeigneten Bieter auszuwählen und ihm umfangreichere Daten zur Verfügung zu stellen.

Anders als strategische Investoren arbeiten Private-Equity-Häuser mit weniger sensiblen Daten, es sei denn, sie halten bereits ein Unternehmen aus der gleichen Branche in ihrem Portfolio. Deshalb muss auch nicht, wie bei strategischen

vom Management gesteuerte Transaktionsprozesse

---

17 Vgl. zu diesem Komplex Holzapfel/Pöllath (2005), Rn. 7 ff.

Abb. 30:
Buy-out-Prozess im
Auktionsverfahren

Investoren oft üblich, zwischen einem sog. »Grünen Datenraum« mit unsensiblen Daten und einem »Roten Datenraum« mit sensiblen Daten, den nur Berater, jedoch keine Vertreter des Interessenten betreten dürfen, unterschieden werden.

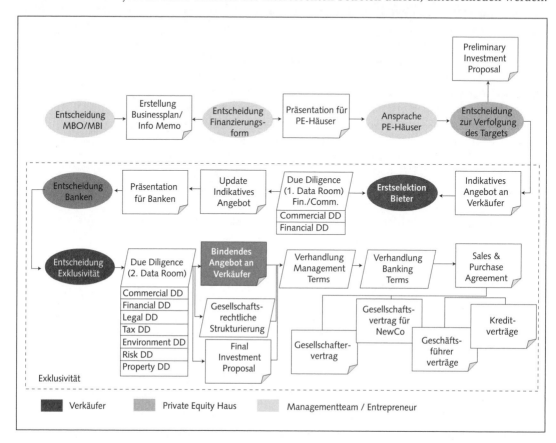

investorenspezifische Bedingungen

Vor dem Eintritt in die Exklusivität hat ein Private-Equity-Investor – im Unterschied zu einem strategischen Käufer – investorenspezifische Bedingungen zu beachten. Zunächst muss das Management des Private-Equity-Hauses die Transaktion durch die eigenen Gremien genehmigen lassen. Dies geschieht formell durch die Vorlage von sog. *Investment Papers*. Ein wesentlicher Bestandteil dieser Unterlagen ist die *Unternehmensbewertung* (siehe Kapitel IV). Diese muss – neben der üblichen Betrachtung, ob der Kaufpreis gerechtfertigt ist – immer auch die Frage berücksichtigen, ob sich bei dem jeweiligen Unternehmenswert eine Transaktion überhaupt lohnt. Die Preisfindung ist daher oft extrem schwierig. Private-Equity-Fonds können im Unterschied zu strategischen Bietern auch keinen Aufschlag für strategische Prämien bieten, da sie keine Synergien realisieren können (von dem Ausnahmefall abgesehen, dass der Private-Equity-Fonds bereits Unternehmen dieses Segments in seinem Portfolio hält und somit eine Buy-and-Build-Strategie verfolgt).

Die Einbindung der Banken sorgt in Hinblick auf den zeitlichen Ablauf der Transaktion für weitere Komplexität. Die Banken frühzeitig in den Prozess mit einzubeziehen macht aus mehreren Gründen Sinn. Zunächst wird in Zeiten knapper Liquidität die frühe Einbindung der Banken zu einer größeren Finanzierungssicherheit führen. Doch auch der enge Zusammenhang zwischen maximal möglichem Kaufpreisgebot und Finanzierung (siehe Kapitel IV) bedingt die frühe Einbindung der Banken.

Hat der Private-Equity-Investor im Auktionsverfahren die Runde der letzten Bieter erreicht, wird er, wie oben bereits dargestellt, auf Exklusivität drängen. Wird ihm diese gewährt, folgt die Unterzeichnung der gegenseitigen *Exklusivitätsvereinbarung*, in der sich der Verkäufer verpflichtet, für einen bestimmten Zeitraum von Verhandlungen mit Dritten Abstand zu nehmen. Wenn der Verkäufer die Exklusivitätsvereinbarung verletzt, kann der Käufer eine Sanktion in Form einer Vertragsstrafe verlangen, insofern eine derartige Klausel Bestandteil der Vereinbarung war. Anderenfalls ist ein Schaden beim Käufer als adäquat-kausale Folge der Verletzung der Exklusivität nur sehr schwer zu begründen.

Exklusivitäts-vereinbarung

Im Stadium der Exklusivität ist es für den Private-Equity-Fonds von essentieller Bedeutung, parallel die Bankfinanzierung (Leveraged Finance) zu organisieren sowie das geeignete Management vertraglich einzubinden. Üblicherweise haben Banken bei einer LBO-Transaktion eine stärkere Stellung als bei reinen Akquisitionsfinanzierungen. Durch die frühe Einbindung der Banken und aufgrund des großen Eigeninteresses der Private-Equity-Fonds an einer gründlichen Durchleuchtung des Unternehmens wird die Due Diligence insgesamt sehr intensiv ausfallen. Verstärkend kommt hinzu, dass die Due-Diligence-Unterlagen Gegenstand der Bankfinanzierungsverträge sein werden.

Due Diligence

Oftmals verlangt der Bieter vor Abgabe seines bindenden Angebots eine verbindliche Finanzierungszusage ohne zusätzliche und nicht beherrschbare Risiken. Im Rahmen des Konzepts der *Certain Funds* stellen die Banken nach eingehender Due Diligence den Private-Equity-Häusern die benötigte Finanzierung unter restriktiven Bedingungen zur Verfügung, womit die Banken ihrerseits jedoch auch keine Möglichkeit mehr haben, sich aus der Transaktion zurückzuziehen. In Zeiten sehr liquider Märkte müssen sie oftmals die von den Verkäufern verlangten Zwischenkredite auf Basis von sog. *Interim Loan Agreements* bereitstellen. Eine besondere Schwierigkeit stellt in diesem Zusammenhang die Tatsache dar, dass der Vertrag nicht mit dem späteren, die Sicherheiten stellenden Darlehensnehmer, sondern lediglich mit der Erwerbsgesellschaft abgeschlossen wird.

Anders als bei einer Transaktion mit einem strategischen Investor ist ein ausgefeiltes Vertragswerk notwendig – schließlich sind drei Parteien in den Prozess involviert. Von nicht geringer Bedeutung sind daher die juristischen Verträge, die für einen Buy-out abgeschlossen werden müssen.

juristische Verträge

- Hierzu gehören insbesondere der *Gesellschaftsvertrag* bzw. die *Satzung* (Articles of Association) der NewCo, welche die Stimmrechte, Dividendenrechte, Performance Ratchets, Bestellung von Organen usw. regeln.

- Daneben wird zwischen dem Private-Equity-Fonds und dem Management-team eine *Gesellschaftervereinbarung* oder *Coinvestmentvereinbarung* (Co-investment Agreement bzw. Shareholder Agreement) abgeschlossen; diese beinhaltet vor allem Regelungen zum sog. Leaver Scheme (was passiert mit den Managementanteilen bei Ausscheiden des Managers vor dem Exit), zum Verhalten des Managements im Exit, zu den Garantien des Managements gegenüber dem Fonds bei dessen Einstieg und zum Verwässerungsschutz der Managementanteile bei Kapitalmaßnahmen.
- Das Vertragswerk umfasst ferner die *Geschäftsführer- bzw. Vorstandsverträge* sowie den eigentlichen *Unternehmenskaufvertrag* (Sale and Purchase Agreement) und die Verträge mit den Banken über die Finanzierung.

Trotz dieser Vielzahl von Verträgen kann jedoch durch ein straffes Projektmanagement seitens des Private-Equity-Fonds bzw. seiner Berater der Transaktionsprozess fast ebenso schnell wie eine Transaktion mit einem strategischen Investor durchgezogen werden. Der geeignete Berater kann in diesem Zusammenhang sowohl das Managementteam als auch den Private-Equity-Fonds bspw. bei der Erstellung des Businessplans, der Entwicklung der Finanzierungsstruktur, der Verhandlung der Management Terms usw. umfassend unterstützen. Interessanterweise ist das Scheitern einer Transaktion trotz positiver Due Diligence zu 34 % auf einen generellen Abbruch der Transaktion durch den Verkäufer zurückzuführen (kein Investor kam zum Zug) und in 33,1 % der Fälle ist es dadurch bedingt, dass ein anderer Bieter einen höheren Preis geboten hat.[18]

Kommunikation

Nach dem MBO bzw. MBI ist von Bedeutung, wie die neuen Gesellschafter und gegebenenfalls die neuen Manager die Veränderungen im Unternehmen kommunizieren. Sicherlich wird es dabei auch notwendig sein, die Logik eines MBO zumindest im Führungskreis zu vermitteln, mögliche Mitarbeiterbeteiligungsmodelle zu kommunizieren und die Richtlinien für die Kommunikation mit Kunden und Lieferanten festzulegen. Nach Abschluss der Transaktion ist es entscheidend, dass die kurzfristigen Ziele – insbesondere hinsichtlich des Cash Flows – erreicht werden. Drei wesentliche Punkte stehen nach der Durchführung eines Buy-outs auf der Agenda:

- Es gilt, das Vertrauen der Kunden zu gewinnen.
- Die Belegschaft muss auf die neue Unternehmensidentität eingeschworen werden.
- Die Mitarbeiter müssen trotz der zunächst meist notwendigen Restrukturierungen motiviert werden.

Vendor Due Diligence Reports

Eine neue Variante im Prozessablauf eines Secondary Buy-outs hat sich in den letzten zwei Jahren eingespielt vor dem Hintergrund, eine möglichst »vorgefertigte«, mit einer höheren Sicherheit versehene Transaktion bieten zu wollen. Um den Prozess abzukürzen und eine größere Sicherheit zu schaffen, ist es seit geraumer Zeit üblich, so genannte *Vendor Due Diligence Reports* anfertigen zu las-

---

18 Vgl. Achleitner/Ehrhart/Zimmermann (2007), S. 53.

sen. Diese vom Verkäufer initiierte Art der (vornehmlich) Financial Due Diligence soll sicherstellen, dass der Interessent relativ schnell einen Überblick über das Unternehmen bekommt. Auch wird der finanzielle Teil der Due Diligence erweitert um Aspekte einer Commercial Due Diligence, um den Interessenten die Möglichkeit zu geben, auch die ökonomischen Werttreiber entsprechend schnell analysieren zu können.

In der Praxis muss unterschieden werden zwischen einer Financial Due Diligence, die durch eine geeignete Kommentierung des Wirtschaftsprüfers eine gewisse Basis in der Beurteilung des Unternehmens darstellt, und einer Financial Assistance bzw. einem Financial Fact Book, das ohne Kommentierung des Wirtschaftsprüfers die Finanzkennzahlen des Unternehmens rein faktisch darstellt. Der Ansatz einer verkaufsseitigen Vorbereitung einer Due Diligence wird, folgt man einer kürzlich erschienenen Studie, als wichtig erachtet. Immerhin 75 % der verkaufenden Konzerneinheiten haben Vorbereitungsmaßnahmen durchgeführt. Doch lediglich 12,5 % haben diese Maßnahmen auch auf eine Vendor Due Diligence basiert. Über 90 % der Verkäufer nehmen in diesem Zusammenhang die Unterstützung von externen Beratern in Anspruch.[19]

Ein weiteres Buy-out-spezifisches Gestaltungselement ist das sog. *Stapled-Finance-Angebot*. Hierbei wird den potenziellen Interessenten neben einem Informationsmemorandum gleichzeitig ein vorgefertigtes Finanzierungspaket zur Verfügung gestellt – häufig vonseiten der Investmentbank, die auch den Prozess des Verkaufs betreut. Damit sind jedoch potenzielle Interessenkonflikte verbunden. Die Akquisitionsbank geht davon aus, dass der Käufer keine wesentlichen von den Ergebnissen der Vendor Due Diligence abweichenden Tatbestände aufdeckt, die eine Neubewertung der Due Diligence erforderlich machen würden. Deshalb kann die Bank auch ein relativ hohes Commitment abgeben in Form eines bereits von den höchsten Entscheidungsgremien befürworteten Angebots. Das Angebot ist dann insofern flexibel, als man eine bestimmte maximale Debt Capacity definiert, unterhalb der man nur noch eine prozentuale Fremdkapitalquote vorgibt (Verhältnis des Fremdkapitals zum gesamten Transaktionsvolumen z. B. max. 60 %).

Da die Bank, die ein solches Paket anbietet, zu diesem Zeitpunkt bereits umfassenden Einblick in die Unternehmensverhältnisse hat, kann sie in gewisser Weise in Vorlage gehen. Dieses Angebot ist jedoch nur dann von Wert, wenn das Finanzierungsangebot »unconditional«, d. h. nicht an weitere vertiefende Due-Diligence-Voraussetzungen gebunden ist und schon vom obersten Kreditausschuss der Bank rechtsverbindlich genehmigt wurde. Um ein solches Finanzierungsangebot aufseiten der Bank zu ermöglichen, ist es notwendig, zumindest eine Financial Vendor Due Diligence anfertigen zu lassen; idealerweise besteht auch schon eine Commercial Vendor Due Diligence (die marktseitige Analyse seitens eines externen Beraters).

Stapled-Finance-Angebot

---

19 Vgl. Paul/Weber (2005).

Das Stapled-Finance-Angebot hat für den Verkäufer den wesentlichen Vorteil, die Debt Capacity (sprich: das Fremdfinanzierungsvolumen) und damit (unter Zugrundelegung der geforderten Eigenkapitalquote) eine bestimmte Kaufpreisuntergrenze frühzeitig abzusichern. In klassischen Auktionssituationen können sich Private-Equity-Häuser durch die Sicherung einer besonders attraktiven Finanzierung Wettbewerbsvorteile verschaffen – beim Stapled-Finance-Angebot ist eine Finanzierung schon vorgegeben, was den Wettbewerb zusätzlich anheizt und den Kaufpreis tendenziell nach oben treibt. Der Transaktionsprozess kann durch ein Stapled-Finance-Angebot insgesamt beschleunigt werden, die Vergleichbarkeit der Angebote erhöht sich und eventuell lässt sich im Fall der Identität von finanzierender Bank und beratender Bank eine Honorarverbesserung erzielen.

Nachteile des
Stapled-Finance-
Angebots

Auf der anderen Seite wird der Transaktionsprozess durch ein Stapled-Finance-Angebot wesentlich komplexer, dem Verkäufer entstehen bereits vor Ansprache der potenziellen Bieter sehr umfangreiche Due-Diligence-Kosten und auch bei Nichtbeanspruchung des Finanzierungsangebots wird er seitens der Bank mit Kosten belastet. Der schwerwiegendste Nachteil ist sicherlich die möglicherweise abschreckende Wirkung, die ein Stapled-Finance-Angebot auf potenzielle Bieter haben kann – in Antizipation einer wettbewerbsintensiven Auktion.

Den Banken eröffnen sich durch ein derartiges Angebot zusätzliche Verdienstmöglichkeiten. Prinzipiell erhöht das Stapled-Finance-Angebot auch die Abschlusswahrscheinlichkeit – im Gegenzug verschlechtert sich jedoch die Wettbewerbssituation durch die breite Offenlegung der Finanzierungsstruktur und die nur begrenzten Möglichkeiten zum Nachbessern.

Für den Bieter wiederum ergibt sich zunächst der Vorteil, einen potenziell höheren Leverage und damit einen höheren Return zu erzielen – dies gilt allerdings nur bei schwachem Wettbewerb. In sehr kompetitiven Situationen hat ein Stapled-Finance-Angebot nur höhere Kaufpreise zur Folge. Durch die potenzielle Ausschaltung des Wettbewerbs unter den Banken werden alle Bieter gleichgestellt, was insbesondere jene Bieter, die sehr gute Konditionen bei ihren Banken verhandeln können, benachteiligt.[20]

Ob ein Stapled-Finance-Angebot Aussicht auf Erfolg hat oder nicht, hängt von vielen Komponenten ab, insbesondere auch von der Wettbewerbssituation unter den Bietern. In der Praxis hat sich gezeigt, dass das Angebot meist nur eine Untergrenze für die Banken angibt, welche sich dann den verschiedenen Bietern auf der Kaufseite anschließen.

c)   Exklusivprozess

Der Transaktionsprozess ist etwas verkürzt, wenn der Eigentümer in *Exklusivverhandlungen* mit dem potenziellen Käufer eintritt. Der wesentliche Unterschied

---

20 Zu den Vor- und Nachteilen des Stapled-Finance-Angebots vgl. auch Mittendorfer (2007), S. 109 f.

zum Auktionsverfahren ist, dass der Verkäufer direkt mit einem potenziellen Bieter Kontakt aufnimmt und diesem sukzessive, je nach Verhandlungsfortschritt, Informationen zur Verfügung stellt.

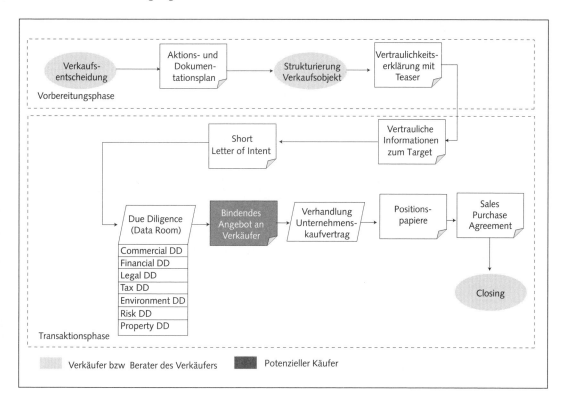

Abb. 31:
Verkaufsprozess
(Trade Sale – Exklusivverhandlung)

Welcher Prozess der für den Eigentümer jeweils günstigere ist, ist je nach Situation zu beurteilen. Das schlagende Argument für den Auktionsprozess ist sicherlich die Optimierung des Verkaufspreises. Bei einem professionell arrangierten Prozess können die verschiedenen Bieter häufig über weite Strecken anonym gehalten werden – »undichte Stellen« aber sind nicht auszuschließen, und teilweise werden auch gezielt Indiskretionen gestreut. Aus diesem Grund ist im Auktionsprozess die Professionalität des Verkäufers bzw. seines Beraters ein entscheidender Erfolgsfaktor.

Gegen die Auktion und für den exklusiven Prozess spricht die (Teil-)Veröffentlichung von vertraulichen Informationen gegenüber einem relativ großen Adressatenkreis – den Preis möglichst nach oben zu treiben, erfordert häufig einen größeren Bieterkreis, der mit ausreichenden Informationen versorgt werden will. Hier liegt das Geschick des Verkäufers bzw. seines Beraters in der gezielten Auswahl der Bieter. Das entscheidende Argument für den exklusiven Prozess liegt demnach in der Vertraulichkeit. Typischerweise wird ein Exklusivprozess angestoßen, wenn der Käufer bereits sehr gut bekannt ist, wenn bei einem bestimmten Käufer extrem hohe Synergiepotenziale bestehen oder wenn der Ver-

Vor- und Nachteile
des Exklusiv-
prozesses

käufer für den Fall, dass die Transaktion scheitert, Alternativen sieht, das Geschäft selbst weiterzuentwickeln.

Der exklusive Verkauf weist also folgende Vorteile auf:

- die kurze, relativ flexible Prozessdauer,
- die nur beschränkte Beeinträchtigung des operativen Geschäfts und
- den hohen Grad an Vertraulichkeit.

Als wesentliche Nachteile zeigen sich:

- die eingeschränkte Verhandlungsposition im Fall abnehmenden Käuferinteresses,
- der Zeitverlust, falls die Verhandlungen mit einem Exklusivinteressenten scheitern, und
- der eventuell nicht optimale Verkaufspreis.

Für das Auktionsverfahren spricht vor allem, dass der Wettbewerb unter den Bietern im Prozessverlauf zu Verbesserungen der Angebote führt. Voraussetzung hierfür ist ein gutes Prozessmanagement. Insbesondere gilt es, mögliche Absprachen unter den bietenden Unternehmen zu verhindern. Die Entscheidung, ob eher ein überschaubarer oder doch ein größerer Kreis von Bietern angesprochen wird, hängt stark von unternehmensspezifischen Voraussetzungen ab. Gerade bei einem großen Bieterkreis ist Vertraulichkeit nur schwer zu garantieren.

d)   Public-to-Private-Prozess

Public Bid

Private-Equity-Fonds haben sich seit geraumer Zeit auch als Bieter im Rahmen öffentlicher Übernahmeangebote *(Public Bid)* etabliert. Diese werden durch das am 1. Januar 2002 in Kraft getretene Wertpapiererwerbs- und Übernahmegesetz (WpÜG) geregelt. Da es sich bei der Übernahme börsennotierter Gesellschaften um ein relativ komplexes Geschehen handelt, war eine rechtliche Regelung notwendig geworden:[21]

Angebotsabgabe

Zur Abgabe eines *Pflichtangebotes* ist nach § 35 WpÜG derjenige verpflichtet, der die Kontrolle über eine Gesellschaft – hier definiert als der Besitz von 30 % der Stimmrechte – erlangt hat. Das abgegebene Angebot muss dem gewogenen Durchschnittspreis der letzten drei Monate entsprechen und ist entweder in bar oder in Form liquider Aktien zu entrichten. Hat der Bieter innerhalb der letzten drei Monate vor Veröffentlichung seiner Angebotsabsicht Aktien der Zielgesellschaft erworben, muss sein Angebot in bar erfolgen. Erwirbt er nach Veröffentlichung der Angebotsunterlagen und vor Veröffentlichung der endgültigen Zahl der Aktionäre Aktien zu einem Preis, der über seinem öffentlichen Angebot liegt, so muss er den Aktionären, die sein Angebot angenommen haben, den Un-

---

21 Vgl. allgemein zu diesem Themenkomplex Bruse/Keinath (2008), S. 363-380.

terschiedsbetrag nachzahlen.[22] Sollte es zu einer Übernahmeschlacht kommen, kann er sein Angebot einmalig nachbessern.

Ein kritischer Punkt ist die Frage, wie zu verfahren ist, wenn den Inhabern größerer Anteilsblöcke bereits vorab ein besseres Angebot gemacht wurde. Bedingungen (wie das Erreichen eines Aktienanteils von 95 %) können mit einem Angebot verknüpft werden, sofern dieses freiwillig erfolgt. Um auf diese Weise über ein freiwilliges Angebot Bedingungen in ein Angebot einzubauen, haben sich in der Praxis verschiedene Wege herausgebildet (hierzu genutzt wird insbesondere die Zeitdifferenz zwischen der Unterschrift unter dem Kaufvertrag und dem Closing) – schließlich kann erst bei Vollzug der Aktienkäufe davon ausgegangen werden, dass auch wirklich das Überschreiten der 30 %-Hürde stattgefunden hat.

Abb. 32: Verfahrensablauf bei einem freiwilligen Übernahme- bzw. Pflichtangebot

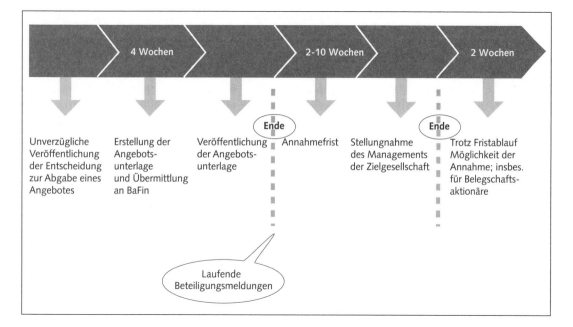

Von Bedeutung sind insbesondere Regelungen, die sich auf das Verhalten des Managements der Zielgesellschaft beziehen. Die §§ 33 und 39 WpÜG enthalten eine grundsätzliche *Neutralitätspflicht* des Vorstands.[23] Handlungen jedoch, die zu seinem eigentlichen Aufgabenfeld gehören oder denen der Aufsichtsrat zugestimmt hat, darf der Vorstand vornehmen. Auch ist die seitens des Bieters durchzuführende Due Diligence zulässig, selbst wenn darin eine unzulässige Bevorzugung eines bestimmten Aktionärskreises gesehen werden könnte.

---

22 Sind innerhalb einer Dreimonatsfrist vor dem Angebot Käufe getätigt worden, so ist der in diesem Zeitraum bezahlte Preis als Preisuntergrenze anzusehen. Schwankt der Aktienkurs stark und handelt es sich um illiquide Aktien, so ist nach § 5 IV AktG eine Unternehmensbewertung vorzunehmen.

23 Vgl. Picot (2002), S. 180.

Was die informationstechnische Gleichstellung der Aktionäre betrifft, so kann bei einer Interessenabwägung das grundsätzliche Informationsrecht der Aktionäre nach § 131 AktG von der Schweigepflicht gemäß § 93 AktG überlagert werden. Grundsätzlich gilt aber der Gleichbehandlungsgrundsatz des § 53 a AktG, und nach dem Übernahmekodex/-gesetz müssen einem weiteren potenziellen Übernehmer die gleichen Informationen wie dem ersten Bieter zugänglich gemacht werden.

Die avisierte Kapitalbeteiligung, die dem Management im Rahmen von Public-to-Private-Prozessen angeboten wird, ist ebenfalls kein verbotener »ungerechtfertigter geldwerter Vorteil« im Sinne von § 33 Abs. 2 WpÜG. Der Aufsichtsrat sollte jedoch über entsprechende Programme informiert werden. Eine Konfliktsituation kann sich in diesem Zusammenhang für das Management ergeben, da dieses auch gegenüber den Erwerbergesellschaften bestimmte Treuepflichten hat.[24]

Abwehrmöglichkeiten

Gegenüber unwillkommenen Übernahmen bestehen mehrere Abwehrmöglichkeiten. Einen gewissen Schutz der Zielgesellschaft bietet schon das deutsche Aufsichtsratssystem, da ein Aufsichtsratsmitglied nach § 103 AktG nur mit einer Mehrheit von 75 % durch die Hauptversammlung abgewählt werden kann. In Deutschland eignet sich als Giftpille gegen ungewünschte Übernahmeversuche *(Poison Pill)* insbesondere eine genehmigte Kapitalerhöhung unter Ausschluss des Bezugsrechts im Rahmen des genehmigten Kapitals, die aufseiten des Angreifers automatisch eine Verwässerung bewirkt; die neuen Aktien können z. B. an eine befreundete Gesellschaft gegeben werden *(White Knight)*.

Weitere Abwehrmaßnahmen sind der Aktienrückkauf (nach § 71 Abs. 2 AktG jedoch nur bis zu 10 % des Grundkapitals möglich), die Ausgabe von Namensaktien (§ 10 AktG), der Verkauf des »Tafelsilbers« (wobei jedoch ähnlich wie beim Asset Sale der Wesentlichkeitsgrundsatz gilt) oder der Versuch, den Angreifer selbst zu übernehmen *(Pac Man)*. Die Möglichkeit, den Vorstand mit abschreckend wirkenden hohen Abfindungen auszustatten *(Golden Parachute)*, ist in Deutschland nur begrenzt gegeben und dürfte aufgrund der Kritik in der Öffentlichkeit an diesen Abfindungsregelungen während der Finanzkrise nur schwer durchsetzbar sein.

Maßnahmen nach Abgabe eines Übernahmeangebots

Bei einem Übernahmeangebot sind insbesondere folgende rechtliche Schritte einzuleiten:

- die unverzügliche *Veröffentlichung der Entscheidung* zur Abgabe eines Angebotes durch den Bieter (in einem Börsenpflichtblatt und einem elektronischen Informationsverbreitungssystem),
- zuvor die Mitteilung an die BaFin (Bundesanstalt für Finanzdienstleistungsaufsicht) und die Geschäftsführungen der betroffenen Börsen sowie
- nach der Veröffentlichung der Entscheidung zur Angebotsabgabe die unverzügliche schriftliche Mitteilung an den Vorstand der Zielgesellschaft.

Danach wird die *Angebotsunterlage*, die neben dem Inhalt des Angebots ergänzende Angaben enthält, erstellt und der BaFin innerhalb von vier Wochen nach

---

24 Vgl. Braunschweig (2005a).

Veröffentlichung der Entscheidung übermittelt. Die Angebotsunterlage ist unverzüglich nach Zustimmung der BaFin im Internet und in einem Börsenpflichtblatt zu veröffentlichen, wobei meist eine ausführliche Stellungnahme der Zielgesellschaft erfolgt.

Die Annahmefrist beträgt mindestens vier, maximal zehn Wochen; bei fakultativer Einberufung einer Hauptversammlung der Zielgesellschaft im Zusammenhang mit dem Angebot beträgt die Frist zehn Wochen. Eine Änderung des Angebotes zugunsten der Aktionäre (z. B. Erhöhung der Gegenleistung, Verzicht auf Bedingungen) führt zur Verlängerung der Annahmefrist um zwei Wochen; ebenso verlängert sich die Annahmefrist bei Vorliegen eines konkurrierenden Angebotes. Die Vorschriften gelten grundsätzlich sowohl für freiwillige öffentliche Angebote als auch für Übernahmeangebote, die auf die Kontrolle des Unternehmens, d. h. das Halten von mindestens 30 % der Stimmrechte, gerichtet sind. Sollte eine Übernahme scheitern, so besteht für den Bieter grundsätzlich eine einjährige Sperrfrist.

Annahmefrist

Der *Squeeze-out* der Minderheitsaktionäre ist nach § 327 a bis f AktG möglich, wenn der Hauptaktionär mindestens 95 % der Aktien hält. Auf diesem Wege kann sich ein Hauptaktionär – auch der Hauptaktionär einer nichtgelisteten Gesellschaft – von unliebsamen Gesellschaftern über ein Abfindungsangebot trennen. I.d.R. wird das Abfindungsangebot über die Bewertung eines Wirtschaftsprüfers festgelegt (§ 327 a AktG), wobei der Verkehrswert nicht unterschritten werden darf. Nach § 327 f Abs. 1 AktG lässt sich ein eventuelles Unterschreiten des Verkehrswerts im Rahmen eines Spruchstellenverfahrens (§ 306 AktG) anfechten.

Squeeze-out

Aus Sicht des Bieters ist ferner ein Deutschland-spezifisches Thema zu berücksichtigen. Infolge diverser Regelungen zum Aktionärsschutz müssen bis zum Squeeze-out zusätzlich zum ersten Übernahmeangebot verschiedene Prämien gezahlt werden, die den durchschnittlich gezahlten Kurs erheblich nach oben treiben können. Ein Beispiel hierfür ist die bereits erwähnte Übernahme der Celanese AG durch Blackstone, bei der sich der angebotene Preis über einen Zeitraum von fast zwei Jahren mehr als verdoppelt hat.[25] Im Extremfall kann eine Übernahme sogar scheitern, weil die prinzipiell verkaufsbereiten Aktionäre aufgrund ihrer Erfahrung mit anderen Übernahmeangeboten wissen, dass in einem Squeeze-out-Prozess erhebliche Prämien zu realisieren sind, und deshalb von einem Andienen der Aktien in der ersten Angebotsphase absehen. Durch diese Tendenz zur Erhöhung des Angebots sind sowohl die *Prämien*, die zu Beginn des Übernahmeverfahrens geboten werden, als auch die Annahmequoten deutlich gesunken. So betrug die durchschnittliche Prämie (im Vergleich zum Dreimonatskurs) im Jahr 2003 noch 19,5 %, die Annahmequote 80,7 %; im Jahr 2005 fiel die Prämie auf 12,7 %, während sich die Annahmequote auf 67,7 % verringerte. Insbesondere professionelle Investoren, bspw. Hedge-Fonds, haben diesen Mechanismus schnell erkannt und die Aktien in Antizipation einer hö-

---

25 Vgl. zu dieser Problematik auch Richter (2005), S. 237.

heren Abfindung nach dem eigentlichen Tender-Verfahren dem Bieter zunächst nicht angedient.

Aus Sicht des Private-Equity-Fonds ist die wesentliche Frage, welche durchschnittliche Gesamtübernahmeprämie er für sein Übernahmeangebot in seine Modellrechnung einkalkulieren muss, da die zu Beginn des Übernahmeprozesses genannte Übernahmeprämie, wie oben erläutert, nur einen ersten Teilbetrag darstellt. Meist erreicht der Investor die kritische Annahmeschwelle von 95 %, die für einen Squeeze-out notwendig ist, nicht im ersten Anlauf. Doch auch bei einem Squeeze-out muss er den ausstehenden Aktionären ein Barabfindungsangebot unterbreiten, das eine höhere Prämie als das ursprüngliche Übernahmeangebot enthält. Sollte die Schwelle von 95 % der Anteile nur über Zwischenschritte erreicht werden, so bietet es sich an, die Etablierung von Gewinnabführungsverträgen für ein Barabfindungsangebot zu nutzen.

Auf jeder Eskalationsstufe können weitere Aktienpakete eingesammelt werden. Problematisch hierbei ist wie erwähnt, dass professionelle Anleger der Logik steigender Übernahmeprämien entsprechend zunehmend bis zum Squeeze-out warten, um ihre Aktien anzudienen. Zudem steht den ausstehenden Aktionären noch der Weg offen, über ein Spruchstellenverfahren die angebotene Bewertung anzufechten und auf eine höhere Barabfindung zu drängen. Dementsprechend erfordert eine öffentliche Übernahme ein standfestes Management, das in der Lage ist, die sich in überschaubaren Zeitabständen erhöhenden Barabfindungsangebote vor der Hauptversammlung zu rechtfertigen.

Konditionalität

Eine entscheidende Komplikation bei der Übernahme durch einen Private-Equity-Investor ist die Tatsache, dass zur Finanzierung der Transaktion Fremdkapital aufgenommen werden muss, aber sowohl der Eigenkapitalgeber als auch die finanzierende Bank nicht auf Aktienpaketen sitzen bleiben wollen, falls eine gewisse Annahmeschwelle (üblicherweise 75 %) nicht erreicht wird. Diese sog. *Konditionalität* muss sowohl in die Kreditverträge als auch in die Angebotsunterlage und in den eventuell über größere Aktienpakete (sog. Blöcke) zu schließenden Kaufvertrag aufgenommen und parallel mit der BaFin (als zuständiger Institution zur Genehmigung der Angebotsunterlage), der Bank und dem Verkäufer eines größeren Blocks verhandelt werden.

Grundsätzlich kann die festgelegte Konditionalität bis kurz vor Ende der ersten Angebotsperiode aufrechterhalten werden – dann verlangt die BaFin vom Bieter eine endgültige Auskunft darüber, ob das Übernahmeangebot zustande gekommen ist oder nicht.

Nach § 13 Abs. 1 WpÜG muss der Bieter jedoch vor Veröffentlichung seines Angebots sicherstellen, dass er über die zur vollständigen Erfüllung seines Angebots notwendigen Mittel verfügt. Da Private-Equity-Häuser mit Fremdfinanzierung arbeiten müssen, ist für die finanzierende Bank ein Kündigungsrecht prinzipiell ausgeschlossen. Banken müssen deshalb weitgehende Commitments bzw. *Finanzierungsbestätigungen* abgeben, ohne jedoch über die üblichen Rücktrittsrechte im Rahmen der Finanzierungsverträge zu verfügen (zu dem zugrunde liegenden Finanzierungskonzept, den Certain Funds, vgl. oben Abschnitt II.5.b)). Die BaFin ist den Banken jedoch in diesem Punkt entgegengekommen und hat eine Kündigung aus wichtigem Grund (bspw. bei einer wesentlichen Vermö-gensverschlechterung durch einen Material Adverse Change) für zulässig erklärt. Auch ist die Bank durch die in den Übernahmeangeboten eingebauten Akzep-tanzschwellen abgesichert: Der Zugriff auf die Mehrheit einer Zielgesellschaft er-möglicht ihr eine zufriedenstellende Sicherheitenposition – von den steuerlichen Vorteilen ganz abgesehen.[26]

---

26 Vgl. auch Mittendorfer (2007), S. 107.

III. Strukturierung des Buy-outs

Aus der Prozessperspektive kann unmittelbar auf die Strukturierung übergeleitet werden. Im Rahmen der Diskussion der Werttreiber eines Buy-outs (vgl. Abschnitt I.3) sind die wesentlichen Elemente seiner Strukturierung bereits genannt worden. Diese scheint zunächst durch einfache Determinanten bestimmt zu sein:

Determinanten der Strukturierung

- der Kaufpreis besteht aus Eigen- und Fremdmitteln, muss also zu einem erheblichen Teil mit Fremdkapital finanziert werden;
- die Fremdfinanzierung wird mit dem gesamten Vermögen der Target-Gruppe besichert und ist nach Fälligkeiten und Nachrangigkeiten (hier definiert als der bevorzugte Zugriff auf die Cash Flows des Unternehmens in Kombination mit dem bevorzugten Zugriff auf die Assets des Unternehmens) gegliedert.

Wesentlich für die MBO/MBI-Strukturierung ist ferner die Hebelung des Bezugs von Eigenkapital für das Managementteam (sog. *Sweet Equity*). Auf dieser Grundkonstruktion fußen die zahlreichen Ausgestaltungsvarianten eines LBO, denn die Strukturierung der Private-Equity-Transaktion ist wesentlich davon geprägt, welche strategischen Absichten der Investor mit seinem Investment verfolgt (im Folgenden wird von einer Mehrheitsbeteiligung des Investors ausgegangen, die den Standardfall darstellen dürfte). Den Rahmen für diese strategischen Motive bilden die rechtlichen und steuerlichen Vorgaben.

Ein Ergebnis unserer Betrachtungen sei an dieser Stelle vorweggenommen: Die Bewertung des Transaktionsobjektes ist im Wesentlichen ein iterativer Prozess, der sich aus der Bestimmung der maximalen Fremdfinanzierungsfähigkeit und der Renditeforderung des Investors ergibt. In einem ersten Schritt wird unter Berücksichtigung der aktuellen Marktlage für Fremdfinanzierungen, des Ergebnisses der Kreditwürdigkeitsprüfung, der Zyklizität des Sektors usw. der Leverage festgelegt, um in einem weiteren Schritt unter Variation der zugrunde gelegten Annahmen die Rendite des Investors zu bestimmen.

Den maximalen Kaufpreis kann der Investor ermitteln, indem er bei gegebenem Leverage seine Renditeforderung an die Minimalgrenze heranführt und so den Kaufpreis nach oben treibt. Wie dies genau geschieht, wird in Abschnitt 1. und 2. erläutert.

Zur Veranschaulichung der Strukturierung dient ein LBO-Modell, das von einer Standardsituation eines Management-Buy-out ausgeht und von sämtlichen Rahmendaten wie Branche, Qualität des Managements usw. abstrahiert. Letztlich sind für die Strukturierung eines Buy-outs nur die Qualität und die Nachhaltigkeit des Cash Flow entscheidend, um die Finanzierung entsprechend attraktiv oder weniger attraktiv gestalten zu können.

1. Illustrierendes LBO-Modell

Voraussetzungen/
Annahmen

Das Modellbeispiel stellt die Finanzierung eines LBO zunächst vereinfacht anhand der beiden Komponenten Bankfinanzierung und Eigenkapital des Private-Equity-Investors dar; erst wenn das unternehmenseigene oder ein fremdes Management in die Finanzierung einsteigt, wird der LBO zu einem MBO bzw. MBI. Ein wesentlicher Parameter der Finanzierung ist, wie bereits erwähnt, die operative Performance in Form von Cash Flows, da die Bank – verständlicherweise – auf die Bedienung ihrer Kredite angewiesen ist. Aus dem operativen Business-plan des Target-Unternehmens, dem sog. *Operational Model*, ergeben sich die in Abbildung 23 angegebenen Zahlen.

Abb. 33:
Operational Model
des Modellbeispiels

Cash-Flow-Rechnung (in € m)								
	2009	2010	2011	2012	2013	2014	2015	2016
Annahmen								
EBITDA	40,0	42,0	44,1	46,3	48,6	51,1	53,6	56,3
		5,0%	5,0%	5,0%	5,0%	5,0%	5,0%	5,0%
Veränderung Working Capital	-1,0	-1,1	-1,2	-1,3	-1,4	-1,5	-1,6	-1,7
Sachinvestitionen (Capex)	-3,0	-3,0	-3,0	-3,0	-3,0	-3,0	-3,0	-3,0
Ertragssteuern	-8,7	-9,5	-10,6	-11,7	-12,9	-14,1	-15,3	-16,6
Netto-Cash-Flow	27,3	28,4	29,3	30,3	31,3	32,4	33,7	34,9

Zunächst soll von der detaillierten Steuerberechnung absehen werden, da die Steuerlast letztlich erst in einem iterativen Prozess nach Festlegung der Höhe der Bankfinanzierung ermittelt werden kann. Berücksichtigt werden hingegen die operativen Elemente EBITDA, Investitionen in das Sachanlagevermögen und Investitionen in das Working Capital, die wichtige Ausgangsgrößen bei der Bestimmung der Höhe der Fremdfinanzierung darstellen.

Bankfinanzierung

Des Weiteren wird für die Modellrechnung davon ausgegangen, dass die Kaufpreisforderung beim 6-fachen des aktuellen EBITDA steht, so dass in Summe (einschließlich 5 % Transaktionskosten) 252 Mio. EUR finanziert werden müssen. Zudem wird die Annahme zugrunde gelegt, dass die Bank bereit ist, insgesamt das 4-Fache des EBITDA (160 Mio. EUR – die Höhe des Betrages wird weiter unten begründet) zu finanzieren, d. h., es müssen 92 Mio. EUR an Eigenkapital zur Verfügung gestellt werden. Um dem Management einen Hebel beim Erwerb des Eigenkapitals zukommen zu lassen, gibt der Investor neben »echtem« Eigenkapital in Form des Stammkapitals auch ein Gesellschafterdarlehen, das ökonomisch aber wie Eigenkapital anzusehen ist.

Gesellschafter-
darlehen

Das Gesellschafterdarlehen des Private-Equity-Hauses stellt die Resultante im Strukturierungsprozess dar. Nimmt man die Bankfinanzierung vorerst als gegeben an und unterstellt zudem eine bestimmte Management-Incentivierung, so muss die Differenz in Form des Gesellschafterdarlehens erbracht werden, des-

	%	EBITDA x/ ratio			%	EBITDA x/ ratio	
Mittelverwendung			**€m**	**Mittelherkunft**			**€m**
EBITDA-Multiple		6,0		Fremdkapital			
				Senior A	2,50		100,0
Kaufpreisforderung (Enterprise Value)			240	Senior B	0,50		20,0
				Mezzanine	1,00		40,0
Transaktionskosten	5%		12	Stammkapital Management	10%		1,0
				Stammkapital PE-Haus	90%		9,0
				Gesellschafterdarlehen PE-Haus			82,0
Transaktionsvolumen			252	Transaktionsvolumen			252

sen Zinsen in den meisten Fällen auflaufen und erst beim Exit zur Zahlung fällig sind.

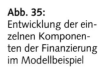

Abb. 34: Mittelverwendung/ Mittelherkunft im Modellbeispiel

Die Kaufpreisfindung ist, wie bereits erwähnt, ein iterativer Prozess, der diverse Annahmen über die Fundamentaldaten des Target-Unternehmens voraussetzt. In diesem iterativen Prozess kommt der Rendite des Private-Equity-Investors eine entscheidende Rolle zu. Würde der Investor in dem hier konstruierten Fall Ende 2011 (also nach drei Jahren) zu dem gleichen Bewertungsmultiplikator (6-faches EBITDA) aussteigen, so würde er auf sein eingesetztes Kapital eine Rendite von 17,1 % erwirtschaften (auf welche Weise er diese Rendite erzielt, wird unten noch zu zeigen sein). Die Entwicklung der verschiedenen Finanzierungskomponenten zeigt Abbildung 35.

Abb. 35: Entwicklung der einzelnen Komponenten der Finanzierung im Modellbeispiel

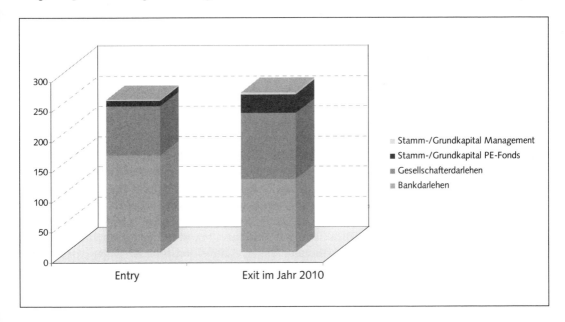

Die dargestellte Strukturierung lässt einige Fragen offen, die im Folgenden geklärt werden. Als Erstes wird die Logik der Bankfinanzierung erläutert.

2. Varianten der Bankfinanzierung

Fremdfinanzierung   Wie bereits mehrfach erwähnt ist die Integration einer Fremdfinanzierung in die Finanzierungsstruktur ein definierendes Element für jeden Buy-out. Und deren Höhe treibt ganz entscheidend die Rendite des Investors. Sollte es beispielsweise in oben genannten Fall möglich gewesen sein, die Fremdfinanzierung um 25 % zu erhöhen (dies wäre in unserem Fall der Betrag von € 40m, sprich 1 x EBITDA), so wäre die Rendite des Investors auf glatte 25 % gesprungen. Entscheidend ist jedoch, wie viel Fremdkapital das Unternehmen verträgt.

Über die Frage, wie hoch ein Unternehmen mit Fremdfinanzierung ausgestattet werden kann, ist in der Finanzierungstheorie schon viel geschrieben worden.[1] Die theoretischen Finanzierungsmodelle – und dabei insbesondere auch die theoretische Fragestellung, inwieweit eine autonome oder eine wertabhängige Finanzierung vorgenommen werden soll – sind auf einen LBO jedoch nur beschränkt übertragbar, da zum einen die Finanzierungsmärkte eigene Gesetzmäßigkeiten entwickelt haben,[2] die von der Theorie nur schwer repliziert werden können, und zum anderen Private-Equity-Investoren statt von Kapitalwerten von zu realisierenden Renditevorstellungen ausgehen.

Das lange Zeit vorherrschende niedrige Zinsniveau sowie die Bereitschaft der Banken, in größerem Stil LBO-Finanzierungen einzugehen, können als wesentliche Treiber für die relativ hohen Bewertungen von LBOs bis zum Jahr 2008 gesehen werden. Selbst gegen strategische Bieter, welche die Realisierung von Synergien wertsteigernd geltend machen können, konnten sich Private-Equity-Häuser aufgrund der günstigen Finanzierungsangebote durchsetzen. Die hier zugrunde liegende Logik ist in dem dargestellten Modellbeispiel schon deutlich geworden. Nur stellt sich die Finanzierung in der Praxis wesentlich differenzierter dar.

a) Bankenmarkt

Akquisitions-   Grundsätzlich ist der Bereich der Akquisitionsfinanzierung für die Banken ein
finanzierung   sehr interessanter, weil margenstarker Geschäftsbereich. Die Einstufung der Akquisitionsfinanzierung liegt im Bereich des Subinvestment Grade, d. h. bei Risiken von BB + und schlechter, was in der Konsequenz bedeutet, dass seitens der Bank spekulative Risiken in Kauf genommen werden, die entsprechend entlohnt werden müssen. Dies ist auch der Grund dafür, warum nicht nur klassische (Retail-)Banken oder Investmentbanken Akquisitionsfinanzierungen vornehmen, sondern auch institutionelle Anleger wie Versicherungen und Pensionskassen,

---

1   Vgl. zusammenfassend Richter (2005), S. 163 ff.
2   Diese Gesetzmäßigkeiten stehen insbesondere mit der Erfahrung der finanzierenden Banken mit Insolvenzen in Zusammenhang, aus der ihr rationierender Einfluss auf die Finanzierung resultiert.

die sich meist über spezielle Vehikel – bspw. Collateralized Debt Obligations (CDOs) bzw. Collateralized Loan Obligations (CLOs) oder auch Credit-Fonds oder Hedge-Fonds – an diesem Markt beteiligen. Die institutionellen Anleger treten jedoch nicht in der eigentlichen Finanzierungsphase, sondern erst bei der Syndizierung bzw. im Sekundärmarkt in Erscheinung.

Die Syndizierung der ausgereichten Kredite dient hauptsächlich der Risikoverteilung, da damit das finanzielle Risiko einzelner Engagements gestreut wird. Auch zur Standardisierung des Marktes tragen die Syndizierungen bei (auf die Standardisierung der rechtlichen Terms wird bei der Darstellung der rechtlichen Umsetzung des Buy-outs in Kapitel VI. eingegangen), da die angebotenen Kredittranchen den ökonomischen Marktstandards genügen müssen.

Die Akquisitionsfinanzierung ist aus den folgenden Gründen für institutionelle Investoren attraktiv:[3]

- Durch die bereits dargestellte spezielle Ausgestaltung der Corporate Governance in Buy-out-Situationen und die Möglichkeit, eine umfangreiche Due Diligence durchführen zu können, bestehen deutlich geringere Informationsasymmetrien als im klassischen Firmenkundengeschäft.
- Durch die Auswahlkriterien des Private-Equity-Hauses ist sichergestellt, dass nur qualitativ hochwertige Unternehmen in die engere Auswahl der zu finanzierenden Unternehmen gelangen. Als professionelle Käufer suchen Private-Equity-Häuser ihre Transaktionsobjekte darüber hinaus sehr bewusst aus.
- Private-Equity-Investoren haben ein inhärentes Interesse daran, den Eigenkapitalanteil nicht zu gering werden zu lassen, und sind in Krisensituationen aufgrund des möglichen Reputationsverlustes auch einem gewissen Druck ausgesetzt, Eigenkapital nachzuschießen.
- Trotz der grundsätzlichen Orientierung auf den Cash Flow können in Einzelsituationen umfassende Sicherheitenpakete zur Verfügung stehen.
- Die im Krisenfall zu beachtenden Spielregeln sind genau festgelegt.
- Insbesondere bei mittelgroßen und großen Buy-outs hat sich in der Vergangenheit ein liquider Sekundärmarkt entwickelt, der es den Banken ermöglicht, ihre Kredite auszusyndizieren und für notleidende Engagements eine übernehmende Bank zu finden.

Diese für einen liquiden Kapitalmarkt geltenden Annahmen sind während der Finanzkrise von einigen Seiten her getestet worden. So hat sich die Annahme, Investoren würden ihren Portfoliounternehmen die nötige Liquidität durch Zuführung von zusätzlichem Eigenkapital zur Verfügung stellen, bei der Mehrzahl der Fälle als gültig erwiesen.

Es kam jedoch in einigen Situationen zu Insolvenzen, auch nachdem erneut frisches Eigenkapital zugeführt wurde. Aus der Sichtweise der Investoren mag dies zum Teil dadurch bedingt gewesen sein, dass der Fonds, in dem sich das Investment befand, bereits seine Fondslaufzeit überschritten hat und schon vollständig an die Investoren ausgekehrt wurde oder aber dass die Situation in dem

Syndizierung

Vorteile durch Akquisitionsfinanzierung

Finanzkrise

---

3 Vgl. auch Mittendorfer (2007), S. 21-23.

jeweiligen Unternehmen durch den Einbruch der Märkte so verheerend war, dass es sinnvoller erschien, unter neuer Eigentümerschaft die Kapitalstruktur komplett neu zu gestalten.

Auch die Liquidität im Sekundärmarkt hat durch die Finanzkrise enorm gelitten. Der Bereich der institutionellen Investoren hat sich konsolidiert, viele dieser Vehikel mussten restrukturiert werden oder wurden ganz einfach liquidiert. Der Anteil der institutionellen Investoren im europäischen Primärmarkt hat sich von über 50 % im Jahre 2007 auf unter 30 % fast halbiert. Dies hat dazu geführt, dass im Sekundärmarkt Ende 2008 ein Gesamtvolumen von über $ 500 Mrd. an Finanzierungen zur Weiterplazierung bzw. Syndizierung ausstand.[4]

Abb. 36:
Entwicklung des Marktes für LBO-Finanzierungen

Abbildung 36 zeigt den dadurch bedingten Einbruch am Markt für LBO-Finanzierungen, dargestellt anhand der Senior-Tranchen.

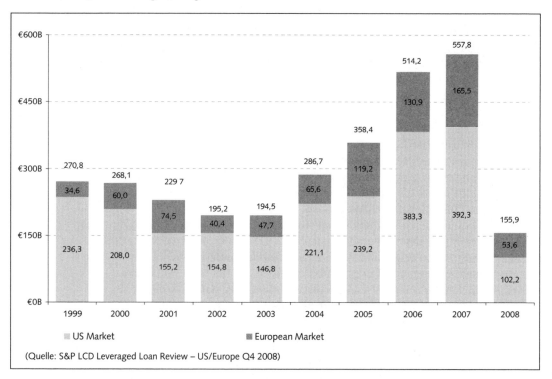

(Quelle: S&P LCD Leveraged Loan Review – US/Europe Q4 2008)

Letztlich hat die Finanzkrise auch dazu geführt, die Spielregeln im Konfliktfall zwischen Investoren, Banken und Management zu testen und auch neu zu gestalten.

---

4   Vgl. Standard & Poors LCD Leveraged Loan Review US/Europe 4Q/2008.

b) Die Grundlagen der Bankfinanzierung

Die Banken sind daran interessiert, den *Fremdfinanzierungsanteil* so risikolos wie möglich zu gestalten und daher möglichst *niedrig* zu halten. Allein der Wettbewerb unter den Banken und das Bestreben, Finanzierungen abzuschließen, führen zu höheren Finanzierungsmultiplikatoren. Zudem haben die Banken ein Interesse an eventuell vorhandenen *Kreditsicherheiten*. Weitere Bedingungen der Bank sind die *Marktfähigkeit* der zur Verfügung gestellten Finanzierung (zum Stichwort Syndizierung siehe Abschnitt III.2.c)) und eine Optimierung der erreichbaren *Rendite*.

Bedingungen der Bank

Das Interesse der Banken ist also darauf gerichtet, ihr Risiko zu limitieren, d. h., die Rückzahlungsfähigkeit des Unternehmens zu erhalten. Deshalb hat die Durchführung ihrer eigenen Due Diligence für die Bank einen hohen Stellenwert. Gleichwohl befindet sie sich in einer komfortableren Situation als der Eigenkapitalinvestor. Denn falls der Unternehmenswert tatsächlich vernichtet werden sollte, geht, bevor die Bank in die Pflicht genommen wird, zunächst der Einsatz des Private-Equity-Hauses verloren. Ein umso wichtigeres Kriterium bei der Selektion der Investitionsmöglichkeiten ist für die Bank daher auch die Qualität der Beteiligungsgesellschaft sowie die Historie der gegenseitigen Zusammenarbeit.[5]

Interesse der Bank

Die Finanzkraft eines Managementteams ist für die finanzierende Bank hingegen von eher untergeordneter Bedeutung, da bei einem Scheitern der Finanzierung die Finanzmittel einzelner Mitglieder des Managementteams keine große Hilfe bedeuten. Auch wird Privatinvestoren mit einer gewissen Skepsis begegnet, da sie im Allgemeinen weniger rationale Entscheidungen treffen als professionelle Finanzinvestoren.

Die Rückzahlung der Finanzierung kann durch den jährlichen Cash Flow, durch eine Realisierung von etwaigen Sicherheiten oder bei Verkauf/IPO bzw. Refinanzierung erfolgen.[6] Eine Einschätzung der Nachhaltigkeit der zukünftigen Cash Flows ist für die Bank also wesentlich, denn diese determinieren letztlich sowohl die Fähigkeit, den Kapitaldienst zu bedienen, als auch den Unternehmenswert.

Rückzahlung der Finanzierung

Wesentliche Determinanten bei der Beurteilung der Cash Flows seitens der Bank sind

Beurteilung des Cash Flows

- Sensitivitäten bzw. Einflussfaktoren, welche die operative Performance (vor allem das EBITDA) des Unternehmens beeinflussen können, sowie
- die Planung der Investitionen in Sachanlagevermögen (hier insbesondere das Verhältnis von Reinvestitionen zu Erweiterungsinvestitionen) und

---

5 Dies bestätigt auch die von Hommel und Schneider durchgeführte Umfrage unter Banken; vgl. Hommel/Schneider (2006), S. 524.

6 Dabei muss betont werden, dass Sicherheiten in Form von Grundschulden usw. bei einer LBO-Finanzierung nur eine untergeordnete Rolle spielen; gleichwohl nehmen die Banken auch eine Einschätzung hinsichtlich der Sicherheitssituation vor. Vgl. auch Hommel/Schneider (2006), S. 524.

- die Planung der Investitionen in das Working Capital (mit dem Ziel, durch nachhaltige Verbesserungen eine Reduzierung des Working Capital zu erreichen).

Laut der bereits erwähnten empirischen Studie von Hommel und Schneider sind die Parameter, welche die Nachhaltigkeit der Cash Flows beeinflussen, im Wesentlichen

- die Wettbewerbsposition des Unternehmens,
- die Qualität des Managements sowie
- die Kunden- und Lieferantenabhängigkeit.

Ergänzt werden muss ein entscheidender Parameter: die Markteintrittsbarrieren für neue Anbieter bzw. Substitutionsprodukte. Die Banken müssen also ebenso wie der Eigenkapitalgeber ein sehr detailliertes Verständnis für das Unternehmen und den Markt, in dem es agiert, entwickeln und die in den meisten Businessplänen integrierten operativen Verbesserungen nachvollziehen können.

Wichtig ist zudem ein Verständnis für die Skalierbarkeit des Geschäfts, also das Verhältnis von Fixkosten zu variablen Kosten.[7] Bei der Analyse des Risikopotenzials einer Finanzierung ebenfalls zu berücksichtigen sind u. a. die Attraktivität der Märkte (z. B. in Form der klassischen Branchenstrukturanalyse), das Exit-Potenzial und das Managementteam – Fragestellungen, die zugleich die typischen Themen der Private-Equity-Häuser darstellen. Ein wesentliches bankenspezifisches Auswahlkriterium ist dagegen der bereits angesprochene Track Record des Beteiligungsunternehmens, der für die Bank eine wesentliche Rolle bei der Überprüfung der Finanzierungskriterien spielt.

In Summe können die Aspekte, die für die Beurteilung der finanziellen und operativen Risiken von Bedeutung sind, wie in Abbildung 37 zusammengefasst werden.

Korrelation zwischen Verschuldungsgrad und Höhe des Cash Flows

Vergleicht man diese Kriterien mit den empirischen Verschuldungsgraden, so ist zu erkennen, dass in Branchen mit wenig Wettbewerb, die relativ resistent gegen Zyklen sind, geringe Investitionen in Sachanlagen erfordern und eine hohe Visibilität der Cash Flows zeigen, sehr hohe Multiplikatoren geboten werden. Diese Charakteristika treffen z. B. auf sog. Directories Businesses wie die Gelben Seiten oder die für den Gebrauchtwagenmarkt wichtige Schwacke-Liste zu, die in verschiedenen europäischen Länder hervorragende Portfoliounternehmen für Private-Equity-Transaktionen darstellten (u. a. VNU, QwestDex, Yell, Seat, EurotaxGlass's). Diese Transaktionen wurden mit Multiplikatoren über dem 6-Fachen des EBITDA finanziert.

Demgegenüber stehen Unternehmen mit hohen Investitionsanforderungen, starkem Wettbewerbsdruck und hoher Zyklizität, z. B. Unternehmen der Automobilbranche, die mit teilweise weniger als dem 2-Fachen des EBITDA finanziert werden.[8]

---

7 Vgl. Hommel/Schneider (2006), S. 523 sowie Mittendorfer (2007), S. 67 ff.
8 Ernst (2006), S. 10, schlägt vor, einen Cash-EBIT als Bezugsbasis für die Bankenmultiplikatoren einzuführen, da das EBITDA die wichtige Größe Investitionen in Sachanlagen ver-

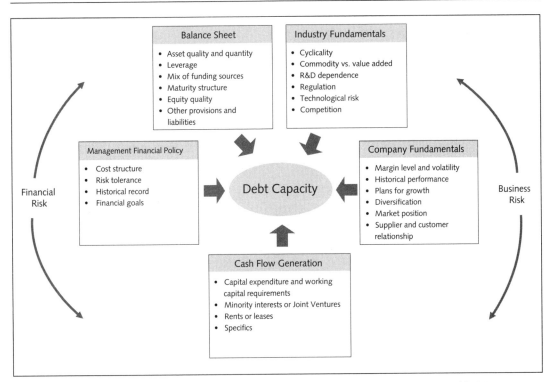

Balance Sheet
- Asset quality and quantity
- Leverage
- Mix of funding sources
- Maturity structure
- Equity quality
- Other provisions and liabilities

Industry Fundamentals
- Cyclicality
- Commodity vs. value added
- R&D dependence
- Regulation
- Technological risk
- Competition

Management Financial Policy
- Cost structure
- Risk tolerance
- Historical record
- Financial goals

Debt Capacity

Company Fundamentals
- Margin level and volatility
- Historical performance
- Plans for growth
- Diversification
- Market position
- Supplier and customer relationship

Financial Risk

Business Risk

Cash Flow Generation
- Capital expenditure and working capital requirements
- Minority interests or Joint Ventures
- Rents or leases
- Specifics

Abb. 37:
Kriterien für die Überprüfung von Kreditengagements

Sicherheiten

Die Qualität der Sicherheiten ist ein schwierig zu beurteilender Faktor. Als Sicherheit kommt i. d. R. nur die Verpfändung der Anteile an der Zielgesellschaft in Frage. Daneben werden die Darlehen auch durch erstrangige Grundschulden, die Abtretung von Forderungen und sonstigen Assets des Umlaufvermögens, die Verpfändung des übrigen Anlagevermögens usw. besichert.

Finanzierung bei schlechtem Cash Flow

Abbildung 38 zeigt, wie sich die Bankfinanzierung in verschiedene Qualitäten unterteilt: Im Quadranten A sind die Voraussetzungen für eine erfolgreiche LBO-Finanzierung am schlechtesten: Der Cash Flow ist nicht nachhaltig, die Sicherheitensituation unbefriedigend. Wenn der Cash Flow schlecht ist, aber entsprechende Sicherheiten gestellt werden können, kann über Spezialinstitute eine *Asset-basierte Finanzierung* vorgenommen werden. Diese Art der Finanzierung, die meist auf das Working Capital (insbesondere die Forderungen, die gegenüber erstklassigen Kunden bestehen) zurückgreift, ermöglicht es sogar, LBOs aus Insolvenzsituationen heraus zu finanzieren. In Buy-out Situationen dürfte diese Art der Finanzierung nur sehr selten vorkommen. Vorzuziehen

---

nachlässige. Grundsätzlich ist dem zuzustimmen, jedoch kann die von ihm behauptete Vernachlässigung in der Bankenpraxis nicht bestätigt werden, da nach einer Annäherung über einen EBITDA-Multiplikator immer der Gegencheck mit den Cash Flows des jeweiligen Target-Unternehmens durchgeführt wird.

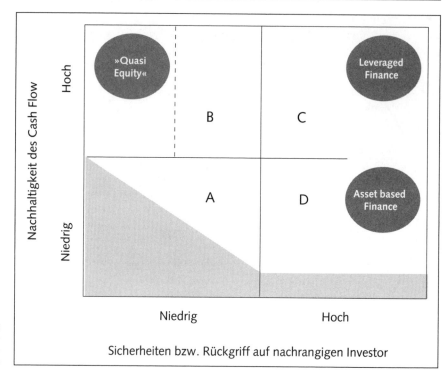

Abb. 38:
Klassifikation verschiedener Finanzierungsinstrumente

ist hier selbstredend eine Cash-Flow-Situation, die eine klassische LBO-Finanzierung erlaubt (Quadrant C).

Junior Note

Grundsätzlich sind verschiedene Konstellationen zwischen Besicherungssituation und Rangfolge im Insolvenzfall denkbar; so kann auch eine nachrangige Junior Note durch Rückgriff auf bestimmte Assets besichert sein. In der Praxis ist jedoch festzustellen, dass mit einem niedrigeren Rang gleichzeitig auch eine schlechtere Besicherungssituation einhergeht. Die Junior Note ist also in der Mehrzahl der Fälle ein Junior Unsecured Loan, während die Senior-Tranche eine Senior Secured Note darstellt.

Bei bestimmten Transaktionsstrukturen jedoch wird durch den strukturellen Nachrang aus einer dreistufigen Akquisitionsstruktur eine vierstufige. Die strukturelle Nachrangigkeit entsteht in diesem speziellen Fall dadurch, dass sich die Gläubiger der Muttergesellschaft gegenüber den Anspruchsberechtigten der operativen Gesellschaft in einer eigenkapitalähnlichen Position befinden und damit nur Ansprüche auf ein Beteiligungsvermögen, nicht aber auf das eventuell werthaltige Betriebsvermögen geltend machen können.

Fully Committed Offer

Wichtig ist in diesem Zusammenhang ein Blick auf die internen Entscheidungsprozesse der Bank. Da die Transaktionen meist unter Zeitdruck erfolgen, ist Klarheit über die verschiedenen Genehmigungsstufen eine notwendige Voraussetzung. Oftmals wird von den Banken bereits vor Abgabe des bindenden

Angebots ein sog. Fully Committed Offer verlangt, d. h. ein Angebot, das in seinen wesentlichen Determinanten nicht mehr verändert wird bis zum Abschluss der Transaktion.

Bei den meisten Banken umfasst der Genehmigungsprozess zwei Stufen:

Genehmigungs-
prozess

- nach der ersten Analyse und einer indikativen Strukturierung wird das Projekt als solches genehmigt,
- nach Abschluss der ersten Due-Diligence-Phase erfolgt die Zustimmung des Kreditkomitees.

Eine Zusage ist in den meisten Fällen mit Auflagen versehen, die in der Confirmatory Due Diligence gelöst werden müssen. Um die mögliche Aussyndizierung testen zu können, ist es für die Bank wichtig, die Syndizierungsteams bereits in frühen Phasen hinzuzuziehen.

Abb. 39:
Struktureller Nachrang versus vertraglicher Nachrang

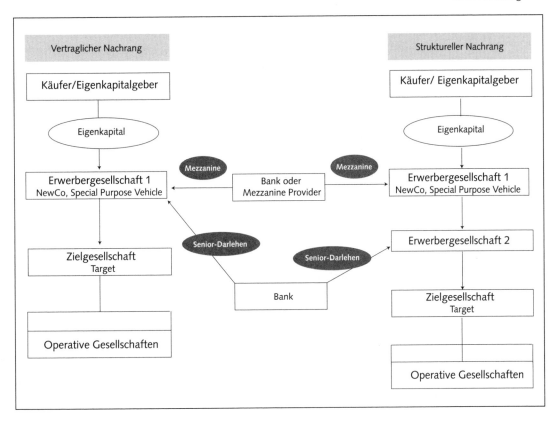

c) Bestimmung der Laufzeit und der Finanzierungshöhe

Höhe der Finanzierung

Die Höhe der Finanzierung ist wie bereits gezeigt von drei wesentlichen Parametern abhängig. Ein wesentlicher Treiber ist das Verhältnis von Angebot und Nachfrage auf dem Bankenmarkt. Für das Finanzierungsvolumen entscheidend sind ferner die Einschätzung der *Nachhaltigkeit der Cash Flows* seitens der Banken und die *Höhe des nachrangigen Eigenkapitals.*

Wie sehr Angebot und Nachfrage die Finanzierungskonditionen prägen konnte man in der Finanzkrise sehen. Zu den erheblich verschlechterten Refinanzierungsbedingungen, die alleine schon die Margenaufschläge nach oben getrieben haben, kam noch der Rückzug wesentlicher Marktteilnehmer und das Entfallen von Syndizierungsmöglichkeiten.

Syndizierung Market Flex

Für die Strukturierung der Finanzierungen ist die Tatsache von Bedeutung, dass die Syndizierung auch die Finanzierungsbedingungen beeinflussen kann. Wird im Verlauf des Syndizierungsprozesses festgestellt, dass der Markt die angebotenen Margen nicht akzeptiert, können diese nachadjustiert werden. Ist dagegen die Nachfrage im Syndizierungsmarkt größer als gedacht, kann auch eine Margenreduzierung festgelegt werden. Die diesbezüglichen Regelungen werden unter dem Begriff *Market Flex* zusammengefasst. Der Market Flex kann sowohl die Marge (*Margin Flex*) als auch die Struktur (*Structure Flex*) betreffen. Bei Letzterem wird, falls im Verlauf des Syndizierungsprozesses eine geringe Nachfrage festgestellt wird, die Finanzierungsstruktur aufgebrochen und es können Verschiebungen zwischen den amortisierenden und den endfälligen Tranchen vorgenommen werden.

Laufzeit der Bankfinanzierung

Bezüglich der Laufzeit einer Finanzierung spielen für Banken die beiden Kennzahlen *Average Life* (Durchschnittliche Dauer der Inanspruchnahme) und die *Half Life* (der für die Rückzahlung der Hälfte der Finanzierung notwendige Zeitraum) eine Rolle (s. Abb. 40).[9]

Fristigkeit

Die beiden Indikatoren geben einen Hinweis darauf, ob die Finanzierung eher symmetrisch oder eher *back-end loaded* ist, also erst gegen Ende der Laufzeit zurückgezahlt wird. In gut funktionierenden Kreditmärkten besteht generell der Trend, die Tilgungen nach hinten, eventuell bis zum Exit des Investments, zu verlagern. Im Gegensatz hierzu sind in Zeiten einer Liquiditätsklemme endfällige Strukturen nicht mehr durchzusetzen – insbesondere auch da die Refinanzierungskosten der Banken für längerlaufende Engagements mit jedem zusätzlichen Jahr erheblich ansteigen.

Cash-Flow-Wachstum

Da der Investor seine Renditeanforderung als gegeben ansieht und die maximal mögliche Bewertung ebenfalls gegeben ist (siehe Kapitel IV), wird die Finanzierung durch das Wachstum der zugrunde liegenden Cash Flows bestimmt.

---

9   Die Indikatoren Average Life und Half Life sind nicht identisch. Bei einer Finanzierung, die über zwei Jahre zurückgezahlt wird, beträgt das Half Life ein Jahr (genau nach einem Jahr wird die Hälfte des Darlehens zurückgezahlt), das Average Life jedoch 50 % × 1 + 50 % × 2 = 1,5.

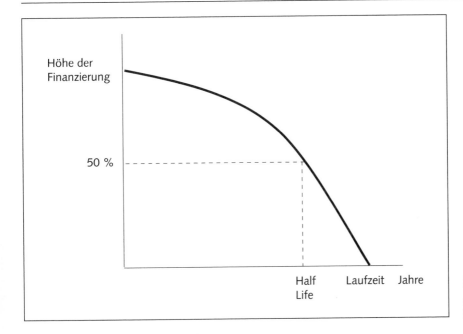

Abb. 40:
Typisiertes Profil einer LBO-Finanzierung

Wie groß der Einfluss des Cash-Flow-Verlaufs auf die Finanzierung ist und welche absorbierende Wirkung die Verlagerung der Tilgung haben kann, zeigt die in Abbildung 41 dargestellte Auswertung.[10] Der EBIT wird hier als Cash-Flow-Approximation angesetzt (die Abschreibungen entsprechen den Investitionen in das Anlagevermögen).[11] Bei gleichbleibendem EBIT kann eine Finanzierung in Höhe des 3,5-fachen EBIT aufgenommen werden. In diesem Fall ist aber die Tilgung etwas nach hinten zu verlagern, da die Cash Flows nicht ausreichen um die Finanzierung über die geplante Laufzeit abzutilgen.

Sollte die Annahme des EBIT-Wachstums negativ sein (in unserem Fall -5 %), so muss die Fremdfinanzierung überproportional reduziert werden; eine Finanzierung ist nur noch in Höhe des 3,1-fachen EBIT bei einem leicht reduzierten Average Life von 3,75 darstellbar.

Im Umkehrschluss führen positive Wachstumszahlen zu überproportional höheren Finanzierungsmultiplikatoren. Aggressivere Annahmen zur Fremdfinanzierung sind nur möglich, wenn das operative Ergebnis wächst. Dies erklärt auch die Verbindung zwischen relativ hohen Leverage-Faktoren und hohen Kaufpreisen bei stark wachsenden Unternehmen, bspw. aus dem Bereich der Medizintechnik oder der Medienbranche. Die Finanzierungskapazität lässt sich auch

---

10 Die Systematik der im Nachfolgenden verwendeten Szenarioanalysen wurde bei einer Trainingseinheit der Private Equity Practice bei PricewaterhouseCoopers LLC entwickelt.
11 Eigentlich wäre das sog. Cash-Flow-EBIT (Normalized Cash EBIT) anzusetzen, also das EBITDA abzüglich annualisierten Capex (bzw. des zwölfmonatigen Runrate-Capex), vgl. auch Mittendorfer (2007), S. 74 f.

durch eine längere Laufzeit und damit ein höheres Average Life erweitern, womit aber ein höheres Risiko einhergeht.

Visibilität der
Cash Flows

Die entscheidende Frage für die Banken ist, wie hoch die Visibilität der Cash Flows ist, um für die Phase der schwerer planbaren Cash Flows ein möglichst schnelles »De-Risking« zu erreichen. Eine allgemeingültige Formel für die Höhe der Bankfinanzierung gibt es demnach nicht, sie hängt im Wesentlichen von den Verhältnissen auf den Kreditmärkten (insbesondere der Bereitschaft, längere durchschnittliche Laufzeiten einzugehen) und den unternehmensspezifischen Kennzahlen (vor allem der Entwicklung des operativen Ergebnisses) ab.

Abb. 41:
Unterschiedliche
Finanzierungshöhen
bei Variation des
EBIT-Wachstums

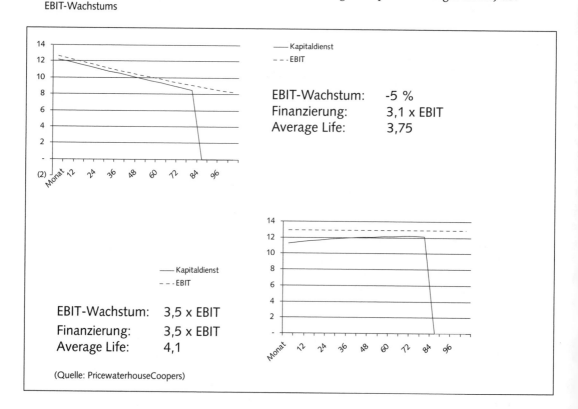

EBIT-Wachstum: -5 %
Finanzierung: 3,1 x EBIT
Average Life: 3,75

EBIT-Wachstum: 3,5 x EBIT
Finanzierung: 3,5 x EBIT
Average Life: 4,1

(Quelle: PricewaterhouseCoopers)

d)   Bankfinanzierung über Term Loans

Laufzeit und
Fristigkeit

In die Terminologie wurden bereits die Begriffe Endfälligkeit und amortisierend eingeführt. Die Bankfinanzierung im vorrangig besicherten Bereich (Senior Debt) umfasst verschiedene Terminkredite (Term Loan Facilities), die nach Risikoprofil und Fristigkeit unterschieden werden (unterteilt in Senior A, Senior B, Senior C). Sie wird eventuell durch eine Mezzanine-Finanzierung abgerundet, die eine längere Laufzeit hat und i. d. R. mit einer Aussetzung der Zins- und Tilgungszahlungen einhergeht, im Gegenzug aber mit einem Equity Kicker (einer zusätzlichen

Honorierung in Geld bzw. Gesellschaftsanteilen) versehen ist. Die Fristigkeit bezieht sich auch auf die Vorrangigkeit im Verhältnis zu nachrangigen Ansprüchen aus Mezzanine- bzw. Eigenkapital.

Um die Rendite-Matrix besser darstellen zu können, ist in unserem Modellbeispiel die Mezzanine-Finanzierung ohne Equity Kicker angelegt. Die Laufzeit der Senior-A-Tranche ist auf maximal sieben Jahre beschränkt, zudem weist sie eine jährliche Tilgungskomponente auf. Die Senior-B- und die Senior-C-Tranche sind dagegen mit einem sog. Bullet Repayment, also einer Endfälligkeit, jeweils nach dem maximal achten bzw. neunten Jahr ausgestattet. Sollten weitere Tranchen gewünscht sein, so wird die Laufzeit der entsprechenden D- oder E-Tranche jeweils um ein Jahr verlängert. Da diese Tranchen ein Jahr länger als die anderen Tranchen laufen und damit auch ein Jahr länger voll ausbezahlt bleiben, wird eine höhere Marge verlangt.[12] Die üblicherweise für diese als »Alphabet-Tranchen« bezeichneten Senior Loans verlangten Margen sind meistens in Schritten zwischen 50 und 75 Basispunkten gestaffelt.

Senior-/Alphabet-Tranchen

Unser Fallbeispiel geht von der Annahme aus, dass der Verkäufer sämtliche bestehenden Schulden übernimmt bzw. – und dies führt in der Konsequenz zum gleichen Ergebnis – der Investor eine vollständige Refinanzierung, also Rückführung, der bestehenden Verschuldung vornimmt.

Zusätzlich zum so definierten Kaufpreis sind die Transaktionskosten zu begleichen. Kaufpreis und Transaktionskosten ergeben somit den Gesamtfinanzierungsbedarf (abgesehen von eventuell benötigten Investitions- oder Akquisitionslinien, die erst zu einem späteren Zeitpunkt gezogen werden können). Die Anfangsstruktur wird durch eine Senior-A-Tranche gekennzeichnet, die beispielsweise im Laufe der ersten sieben Jahre durch den Cash Flow vollständig zurückgezahlt werden muss. Die finale Bestimmung der Struktur ist, wie man unschwer erkennen kann, ein iterativer Prozess, denn die Höhe und die Tilgungsgeschwindigkeit der Senior-A-Tranche beeinflussen die Zinsbelastung und damit die Tilgungsfähigkeit. Erst nach Festlegung dieser Tranche werden die B- und C-Tranche sowie die Mezzanine-Finanzierung installiert (zur Strukturierung des Eigenkapitals siehe Kapitel III. 3.). Es ergibt sich das in Abbildung 34 bereits gezeigte Bild der Mittelherkunft und -verwendung.

Gesamtfinanzierungsbedarf

Die Tilgung der A-Tranche muss iterativ ermittelt werden – in unserem Beispiel wurde der dem Cash Flow des Unternehmens angepasste Verlauf der Tilgungen händisch errechnet. Als Faustregel kann für das Tilgungsprofil der Senior-A-Tranche gelten, dass der unbesicherte Teil der Finanzierung innerhalb der ersten zwei bis vier Jahre einer Finanzierung getilgt sein sollte.[13] Die Positionen, die vom operativen Cash Flow abgezogen werden müssen, um die Cash Flows nach Finanzierung zu erhalten, umfassen sämtliche cash-wirksamen Zinsen sowie die vertraglich vereinbarten Tilgungen.

Tilgung der A-Tranche

---

12 Da diese Tranchen im Syndizierungsprozess von institutionellen Investoren gezeichnet werden, werden sie oft auch als institutionelle Tranchen bezeichnet.
13 So zumindest Ernst (2006), S. 3.

Legt man Margen zugrunde, wie sie zu Zeiten liquider Märkte vorherrschen (225 Basispunkte für die Senior-A-Tranche, 275 Basispunkte für die Senior-B-und 325 Basispunkte für die Senior-C-Tranche, so ergibt sich aus der angenommenen Struktur der in Abbildung 42 dargestellte Cash Flow nach Finanzierung.

Abb. 42:
Cash Flow nach
Finanzierung im
Modellbeispiel

Cash Flow nach Finanzierung								
	2009	2010	2011	2012	2013	2014	2015	2016
Cash Flow aus operativer Tätigkeit	27,3	28,4	29,3	30,3	31,3	32,4	33,7	34,9
Zinsen	-13,9	-13,2	-12,3	-11,2	-10,0	-8,8	-7,9	-6,8
Tilgungen	-10,0	-13,0	-14,0	-17,0	-18,0	-18,0	-10,0	-20,0
Cash Flow nach Finanzierung	3,4	2,2	3,1	2,1	3,3	5,6	15,8	8,1
Aufbau Cash Bestand Ende der Periode	3,4	5,6	8,7	10,8	14,1	19,7	35,5	43,6

(Quelle: Mittendorfer (2007), S. 76)

Die Tilgungen ergeben sich aus dem Profil in Abbildung 43.

Zinsmargen

Die geforderten Zinsmargen unterliegen den Marktverhältnissen (hier insbesondere dem Syndizierungsmarkt). In der Finanzkrise sind für die Senior-A-Finanzierungen bis zu 450 Basispunkte Marge üblich, die Senior-B-Tranche kann bei über 500 Basispunkten liegen, während die Senior-C-Tranche über die genannten Margen hinausgeht bzw. meist komplett entfällt. Erfordern die Verhältnisse auf dem Markt für Syndizierungen einen Margin Flex, so wird dieser für die Senior-Finanzierung im Allgemeinen bei einer Anhebung um 50 Basispunkte gedeckelt, bei der Mezzanine-Tranche bei 100 Basispunkten.

Die unterstellten Zinsmargen führen zu den in Abbildung 44 angegebenen Zinszahlungen.

Wie in Kapitel III.1. bereits erwähnt, erwirtschaftet der Investor bei den unterstellten Konditionen nach drei Jahren und der Annahme gleichbleibender Bewertungsmultiplikatoren eine Rendite von knapp über 17 %. Interessant ist nun natürlich die Frage, in welchem Ausmaß eine Verschlechterung der Kreditkonditionen einen Einfluss auf die Rendite hat. Muss man davon ausgehen, dass sich die Finanzierungen im Vergleich zur Ausgangssituation über alle Finanzierungsinstrumente hinweg (abgesehen von den Gesellschafterdarlehen) um 200 Basispunkte verschlechtert, so ergibt sich eine Rendite von 15,6 % – eine Verschlechterung, die verkraftbar erscheint.

Finanzierungs-/Rückzahlungsbedingungen								
	2009	2010	2011	2012	2013	2014	2015	2016
Tilgungsprofil Senior-A-Finanzierung								
Stand der Finanzierung zu Beginn der Periode	100	90	77	63	46	28	10	0
Repayment	-10	-13	-14	-17	-18	-18	-10	0
Stand der Finanzierung Ende der Periode	90	77	63	46	28	10	0	0
Calc. Average Life	0,1	0,3	0,4	0,7	0,9	1,1	0,7	0,0
Average Life	*4,14*							
Tilgungsprofil Senior-B-Finanzierung								
Stand der Finanzierung zu Beginn der Periode	20	20	20	20	20	20	20	20
Repayment	0	0	0	0	0	0	0	-20
Stand der Finanzierung Ende der Periode	20	20	20	20	20	20	20	0
Calc. Average Life	0,0	0,0	0,0	0,0	0,0	0,0	0,0	8,0
Average Life	*8,00*							
Tilgungsprofil Mezzanine-Finanzierung								
Stand der Finanzierung zu Beginn der Periode	40,0	42,0	44,1	46,3	48,6	51,1	53,6	56,3
Repayment	0	0	0	0	0	0	0	0
Stand der Finanzierung Ende der Periode	42,0	44,1	46,3	48,6	51,1	53,6	56,3	59,1
Calc. Average Life	0,0	0,0	0,0	0,0	0,0	0,0	0,0	0,0
Average Life	*0,00*							
Zinsen Senior-A-Finanzierung								
Zinsgesicherter LIBOR	4,00%	4,00%	4,00%	4,00%	4,00%	4,00%	4,00%	4,00%
Bankmarge	4,25%	4,25%	4,25%	4,25%	4,25%	4,25%	4,25%	4,25%
Interest Rate	8,25%	8,25%	8,25%	8,25%	8,25%	8,25%	8,25%	8,25%
Zinsen Senior-B-Finanzierung								
Zinsgesicherter LIBOR	4,00%	4,00%	4,00%	4,00%	4,00%	4,00%	4,00%	4,00%
Bankmarge	5,25%	5,25%	5,25%	5,25%	5,25%	5,25%	5,25%	5,25%
Interest Rate	9,25%	9,25%	9,25%	9,25%	9,25%	9,25%	9,25%	9,25%
Zinsen Mezzanine-Finanzierung								
Zinsgesicherter LIBOR	4,00%	4,00%	4,00%	4,00%	4,00%	4,00%	4,00%	4,00%
Bankmarge	6,25%	6,25%	6,25%	6,25%	6,25%	6,25%	6,25%	6,25%
Interest Rate (paid)	10,25%	10,25%	10,25%	10,25%	10,25%	10,25%	10,25%	10,25%
Interest Rate (rolled-up)	5,00%	5,00%	5,00%	5,00%	5,00%	5,00%	5,00%	5,00%
Gesellschafterdarlehen								
Yield IRR auf das Gesellschafterdarlehen	10%							
- rolled-up	10%	10%	10%	10%	10%	10%	10%	10%
Gesellschafterdarlehen (rolled-up Ende der Periode)	90,2	99,2	109,1	120,1	132,1	145,3	159,8	175,8

Abb. 43:
Finanzierungs-/
Rückzahlungs-
bedingungen im
Modellbeispiel

Zinsberechnung								
	2009	2010	2011	2012	2013	2014	2015	2016
Berechnung der Zinsbelastung								
Zinsen auf Senior A	7,8	6,9	5,8	4,5	3,1	1,6	0,4	0,0
Zinsen auf Senior B	1,85	1,85	1,85	1,85	1,85	1,85	1,85	0,925
Zinsen auf Mezzanine	4,2	4,4	4,6	4,9	5,1	5,4	5,6	5,9
Zinsen auf Gesellschafterdarlehen (non-paid)	8,6	9,5	10,4	11,5	12,6	13,9	15,3	16,8
Zinsen auf Mezzanine (non-paid)	2,1	2,2	2,3	2,4	2,5	2,6	2,7	2,9
Cash-Zinsen gesamt	13,9	13,2	12,3	11,2	10,0	8,8	7,9	6,8
Nominale Zinsen gesamt	10,7	11,6	12,7	13,8	15,1	16,5	18,0	19,7
Zinsen gesamt	24,6	24,8	24,9	25,0	25,1	25,3	25,9	26,5

Abb. 44:
Zinsberechnung für
das Modellbeispiel

Mezzanine-Finanzierung

Die in unser Modellbeispiel eingebaute Mezzanine-Finanzierung stellt ein wesentliches Element vieler LBO-Finanzierungen dar. Sie kann aus Sicht der Banken den Charakter von Eigenkapital annehmen, denn sie rangiert nach den Senior-Tranchen und zeichnet sich häufig durch eine geringe Cash-Belastung aus. Die Mezzanine-Tranche erhöht insofern auch die Quote für die Senior-Banken im Insolvenzfall.

Der Eigenkapitalinvestor sieht demgegenüber eher den Fremdfinanzierungscharakter. Zum einen rangiert die Mezzanine-Tranche im Insolvenzfall vor dem Eigenkapital, zum anderen ist ein fester Rückzahlungszeitpunkt vereinbart – die Rückführung der zeitlich befristeten, endfälligen Mezzanine-Tranche erfolgt erst, wenn die Senior-Tranchen vollständig zurückgeführt worden sind.

Das Private-Equity-Haus muss sich vor dem Hintergrund sinkender Renditen fragen, ob das Mezzanine-Produkt mit einer geforderten Rendite zwischen 15 % und 20 % zu teuer ist und seine Rendite zu sehr verwässert. Für das Mezzanine-Darlehen spricht jedoch die Tatsache, dass innerhalb der Grenzen der Zinsschranke (siehe Abschnitt III.4.b) ein Zinsabzug möglich ist – lediglich der Marktvergleich der doch relativ hohen Zinsen muss oftmals erbracht werden. Zu berücksichtigen ist jedoch, dass Mezzanine-Finanzierungen nur in ganz engen Grenzen (Vorzugsaktien, stimmberechtigtes Eigenkapital) im Rahmen der sog. Escape-Klausel in die Eigenkapitalquote eingehen (siehe Abschnitt III.4.b). Zudem sind die Zinsen als Payment-in-Kind-(PIK-)Zinsen strukturiert – nur ein Teil der Zinsen muss auch in bar während der Laufzeit beglichen werden.

Ist durch die Zyklizität des Target-Unternehmens die Zahlungsfähigkeit nur schlecht vorhersehbar, so sind auch sog. Pay-If-You-Can-(PIYC-)Elemente möglich. Auch ein Equity Kicker in Form eines Warrant kann ein Gestaltungselement darstellen.

In Summe haben sich gerade für mittelgroße Buy-out-Transaktionen in liquiden Märkten relativ klare Parameter herauskristallisiert.[14] Bei Werten bis zum
3,5-fachen EBITDA für die Senior Net Debt und bis zum 4-Fachen der Nettoge-
samtschulden kann das Unternehmen als noch gut finanziert beurteilt werden
– eine weitestgehende Entschuldung ist möglich, ohne zu umfangreiche Ergebnisverbesserungen einplanen zu müssen. Damit sollte auch ein traditionelles BB-
Rating erreicht werden können. Ein B-Rating würde – mit den entsprechenden
Konsequenzen für die Margen – eine Vervielfachung des Ausfallrisikos bedeuten.

Abb. 45:
Leverage-
Kontinuum für
Leveraged Buy-outs

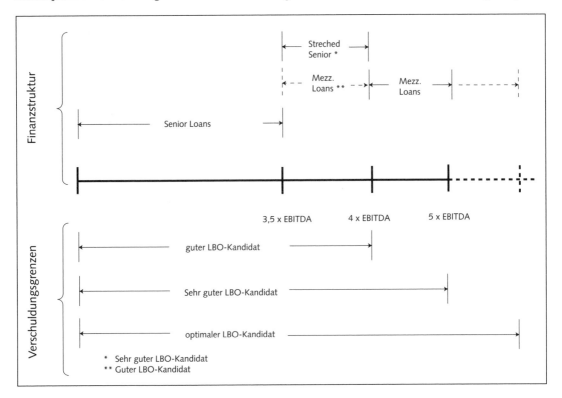

Muss man jedoch von konjunkturellen Einbrüchen ausgehen sowie einer even-
tuellen Unterversorgung des Kapitalmarktes mit Liquidität, so müssen die oben
genannten Indikationen um einen Faktor bis zu 2 × EBITDA reduziert werden.

Generell kann gesagt werden, dass bei einer soliden Akquisitionsfinanzierung
eine Entschuldung nicht über wesentliche Ergebnisverbesserungen erfolgt und
ein Investment-Grade-Rating nach spätestens fünf Jahren erreicht sein sollte. Zudem sollte die Verschuldung über einen Zeitraum von fünf Jahren um die Hälfte reduziert worden sein.

Zusammenfassung

---

14 Vgl. auch Mittendorfer (2007), S. 76 ff.

Neben den oben dargestellten Darlehenstypen einer Standardstrukturierung haben sich, insbesondere bei größeren Transaktionen, weitere Darlehensformen herausgebildet.

e)   Finanz-Covenants

Um das von der finanzierenden Bank nach eingehender Analyse bestimmte Risikoniveau der Finanzierung aufrechtzuerhalten, müssen Instrumente eingeführt werden, die das Risiko begrenzen. Diese Absicherung der Bank geschieht durch sog. *Covenants* (Einsichts- und Einflussnahmerechte). Covenants sind im Bankenvertrag geregelte vertragliche Vereinbarungen, die dem Kreditnehmer (dem Target-Unternehmen) bestimmte Pflichten auferlegen (sog. Maintenance Covenants) und bestimmte Handlungen untersagen (sog. Incurrence Covenants). Die *qualitativ* formulierten Incurrence Covenants betreffen Beschränkungen bei Dividendenzahlungen und der weiteren Schuldenaufnahme sowie Informationspflichten wie Quartalsberichte. Bei diesen Quartalsberichten liegt das Augenmerk auf den *Financial Covenants*, den einzuhaltenden *quantitativen* Finanzkennzahlen.

Covenant-Verletzung

Bei Durchbrechen der festgelegten Grenzen kann der Kredit prinzipiell sofort fällig gestellt werden. Dies ist bei erstmaliger Covenant-Verletzung zwar nicht die Praxis, aber die Kündigungsmöglichkeit verleiht der Bank ein gewisses Verhandlungspotenzial für Nachverhandlungen. Handelt es sich um unbedenkliche Verletzungen (z.B. Technical Default bezüglich Rechnungslegungsvorschriften), so ist es meist mit einer schriftlichen Unbedenklichkeitserklärung seitens der Banken, die gegen eine Gebühr ausgestellt wird, getan (sog. *Waiver* und die dazugehörende *Waiver Fee*).

Eventuell werden Verletzungen dazu benutzt, die Margen anzupassen (über die im Kreditvertrag bereits festgelegte sog. Default Margin). Zudem kann situationsbedingt eine Nachbesicherung verlangt werden, die durch die Bestellung zusätzlicher Sicherheiten oder eine zusätzliche Kapitalspritze seitens des Eigenkapitalinvestors (sog. *Equity-Cure*) geheilt werden kann.

Messgrößen

Die Bandbreite der Finanzierung wird meist durch sog. Interest Cover Ratios festgelegt, d.h. durch *Zinsdeckungskennzahlen*, die das Verhältnis EBITDA bzw. EBIT zu Zinsaufwand darstellen – Mindestanforderungen sind hier Faktoren von 2,5 bis 3. Auch der *Schuldendeckungsgrad* bzw. Leverage-Faktor (Volumen der Akquisitionsfinanzierung zu EBITDA), die *Debt Service Cover Ratio* (EBITDA zu gesamtem Schuldendienst) und die *Fixed Charge Cover Ratio* (auch Cash Cover genannt: die gesamten Zahlungsverpflichtungen gegenüber den Kapitalgebern müssen in den einzelnen Geschäftsjahren durch den Cash Flow gedeckt sein, also mindestens 1 ergeben) sind wichtige Messgrößen. Bei investitionsintensiven Branchen ist der Einbezug der Investitionen in das Sachanlagevermögen denkbar – z.B. indem diese ins Verhältnis zum EBITDA gesetzt werden (sog. Capex Limitations).[15]

---

15 Vgl. Mittendorfer (2007), S. 199ff.

Covenants werden meist auf der Basis der letzten zwölf Monate (Last Twelve Months Trading) festgelegt und jährlich durch den Wirtschaftsprüfer überprüft und im sog. Compliance Certificate bestätigt.

Im Einzelnen sind folgende Covenants möglich:

Financial Covenant	Formel	Definition der Elemente	Bemerkung
Verschuldungsgrad (Total Leverage)	Nettofinanzverbindlich-keit/EBITDA	Nettofinanzverbindlichkeit: sämtliche zinstragenden Verbindlichkeiten (sämtliches ausstehendes Fremdkapital aller Tranchen sowie Leasing) abzüglich Kassenbestand und cashähnlicher Vermögensgegenstände	Maximalbedingung (der festgelegte Multiplikator stellt einen Höchstwert dar); die Banken bestimmen die Höhe ihres Engagements auf Basis einer eingehenden Analyse vor Auszahlung – bei Verfehlung der geplanten Tilgungsstruktur wollen sie auf die Vermögensgegenstände zugreifen.
Senior Leverage Ratio	Nettofinanzverbind-lichkeiten der Senior-Tranchen/EBITDA	Nettofinanzverbindlichkeiten der Senior-Tranchen: sämtliche ausstehenden Senior Darlehen abzüglich Kassenbestand und cashähnlicher Vermögensgegenstände	Maximalbedingung; es gilt das oben Gesagte – jedoch allein auf die Senior-Tranchen bezogen.
Fixed Charge Cover Ratio	Operativer Cash Flow/Kapitaldienst	Operativer Cash Flow: EBITDA abzüglich Investitionen in das Anlage- und Umlaufvermögen, effektiver Steuern und Auszahlungen aufgrund von Pensionsverpflichtungen

Kapitaldienst: planmäßige Zinsen und Tilgungen | Mindestbedingung (der festgelegte Multiplikator stellt eine Mindestanforderung dar); der jährlich anfallende Kapitaldienst muss durch die operativen Cash Flows gedeckt sein – sollte dies nicht der Fall sein, müsste der vertraglich festgelegte Kapitaldienst theoretisch durch eine Kreditneuaufnahme finanziert werden. |
Interest Cover Ratio	EBITDA/Nettozinsauf-wand	Nettozinsaufwand: sämtliche Zinsaufwendungen für Senior- und Mezzanine-Finanzierung	Maximalbedingung; die Kennzahl gibt darüber Auskunft, ob die in EBITDA ausgedrückte operative Performance zur Leistung der wiederkehrenden Zinszahlungen ausreicht.
Gearing (Debt/Equity Ratio)	Fremdkapital/Eigen-kapital	Festgelegt durch die jeweils gültige Bilanzierungsvorschrift	Höchstgrenze für die Verschuldung des Kreditnehmers; dadurch wird verhindert, dass sinkende Erträge durch eine höhere Kreditaufnahme ausgeglichen werden.
Minimum Net Worth	Eigenkapital	Festgelegt durch die jeweils gültige Bilanzierungsvorschrift	Das Eigenkapital darf einen bestimmten Betrag nicht unterschreiten.

Abb. 46:
Definitionen von Financial Covenants

Ein Vergleich mit empirisch vorliegenden Finanzkennzahlen soll die genannten Verhältniszahlen verdeutlichen. Vergleicht man zunächst die Gesamtverschuldung, so ergibt sich ein Bild wie in Abbildung 47.

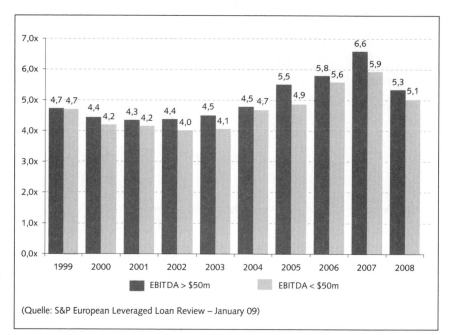

Abb. 47:
Durchschnittliche Pro-Forma-Kreditstatistik in den verschiedenen Größenklassen

(Quelle: S&P European Leveraged Loan Review – January 09)

Umkehr im Kreditmarkt

Interessant ist hier zu sehen, dass größeren Unternehmen eine höhere Verschuldung zugestanden wird. Dies hängt zum einen damit zusammen, dass die Ausfallwahrscheinlichkeiten bei kleineren Unternehmen höher ist, zum anderen aber auch damit, dass größere Unternehmen Schwankungen im EBITDA besser ausgleichen können. Am Trendverlauf kann man auch sehr gut die Umkehr von einem sehr liquiden in einen liquiditätsgestörten Kreditmarkt erkennen. Während mit dem Jahr 2002 stetig steigende Finanzierungsmultiplikatoren zu vermelden waren, sind diese seit dem Jahr 2007 rapide gefallen. Dies ist dem Umstand zu verdanken, dass aggressiv strukturierte Finanzierungen seit der zweiten Hälfte von 2007 nicht mehr zu syndizieren waren und dementsprechend bei der Arrangierung vermieden wurden. Dies zeigt sich auch, wenn man die Kennzahl EBITDA zu Zinszahlung heranzieht (s. Abb. 48).

Interessant ist nun hier zu sehen, dass in den Vereinigten Staaten die Entwicklung wesentlich schneller in die Richtung bereits Anfang des Jahrtausends erreichter Größenordnungen vonstatten geht. Generell kann man feststellen, dass der US-amerikanische Markt, der für den relativ jungen Leveraged-Finance Markt in Europa immer noch eine Vorreiterfunktion erfüllt, wesentlich schneller in den Anpassungen der Finanzkennzahlen an die neuen Gegebenheiten ist als der Europäische Markt.

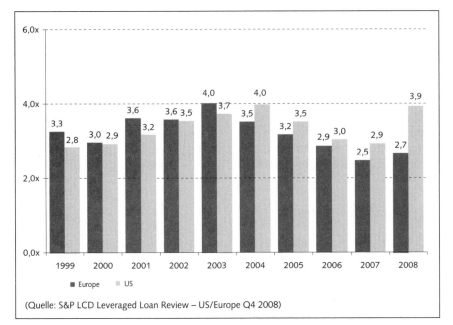

Abb. 48:
Durchschnittliches
Verhältnis EBITDA
zu Zinszahlungen
in Europa und USA

(Quelle: S&P LCD Leveraged Loan Review – US/Europe Q4 2008)

In der Praxis werden die Covenants zunächst aus dem Businessplan berechnet. Für unser Modellbeispiel ergeben sich die Covenants in Abbildung 49.

Abb. 49:
Financial Covenants
im Modellbeispiel

Covenants								
	2009	2010	2011	2012	2013	2014	2015	2016
Interest Cover (EBITDA/Debt Interest)	2,9	3,2	3,6	4,1	4,9	5,8	6,8	8,2
Headroom 20%	20%	20%	20%	20%	20%	20%	20%	20%
Covenant	2,4	2,7	3,0	3,4	4,0	4,8	5,7	6,9
Cash Cover (Operativer CF/Debt Service)	1,1	1,1	1,1	1,1	1,1	1,2	1,9	1,3
Headroom 20%	20%	20%	20%	20%	20%	20%	20%	20%
Covenant	1,4	1,3	1,3	1,3	1,3	1,5	2,3	1,6
Leverage	3,8	3,4	2,9	2,5	2,0	1,6	1,4	1,1
Headroom 20%	20%	20%	20%	20%	20%	20%	20%	20%
Covenant	4,6	4,0	3,5	3,0	2,4	2,0	1,7	1,3

In den Kreditverträgen werden dabei nicht die sich rechnerisch ergebenden Zahlenrelationen festgelegt, sondern es wird ein Korridor bestimmt, der nicht überschritten werden darf. So kann als »Headroom« ein Korridor von 20 % festgelegt sein. Die entsprechende Berechnung ist in Abbildung 49 dargstellt. Erst wenn sich die Finanzrelationen in der Weise verschlechtern, dass diese mit einem Puffer von 20 % versehene Hürde gerissen wird, kann von einem Covenant-Bruch gesprochen werden.

Covenant-
Headroom

Auch wenn die unmittelbaren Auswirkungen eines Covenant-Bruchs dies nicht widerspiegeln, so führt er im Allgemeinen auch zu einer erhöhten Aktivität der Banken im Sekundärmarkt. Für den Kreditnehmer birgt diese Aktivität der Banken die Gefahr, durch die auf diesen hochrentierlichen Märkten sehr aktiven Hedge-Fonds übernommen zu werden, denn viele Banken versuchen bei einem Covenant-Bruch, ihre Finanzierung mit einem noch begrenzten Verlust zu verkaufen. Bereitwillige Käufer sind z. B. auf Restrukturierungen spezialisierte Hedge-Fonds.

Kreditnehmer vermeiden diese Situation, indem sie zum einen bei der Auswahl der Syndikatsbanken äußerste Sorgfalt walten lassen und nur bekannte, renommierte Adressen in das Syndikat aufnehmen und zum anderen im Fall eines Covenant-Bruchs proaktiv auf die finanzierenden Banken zugehen und aktiv, eventuell unter Einbindung von Beratern, die Heilung vorantreiben.

f)   Second-Lien-Darlehen

Definition

Eine neuere, hochrentierliche Darlehensform, die zwischen der Senior- und der Mezzanine-Finanzierung steht, ist das *Second-Lien-Darlehen*.[16] Die Einführung der Second-Lien-Darlehen verdankt sich dem bereits erwähnten Streben der institutionellen Anleger, am margenträchtigen Segment der Akquisitionsfinanzierungen teilzuhaben. Das Second-Lien-Darlehen ist im Zusammenhang mit großen LBO-Transaktionen entstanden, hängt jedoch sehr stark auch von der Akzeptanz bei institutionellen Investoren ab, weshalb zu Zeiten einer kritischen Liquidität fast keine Second-Lien-Finanzierungen abgeschlossen wurden. Die Fremdkapitalvariante liegt strukturell, d. h. hinsichtlich der Rangfolge, vor der Mezzanine-Finanzierung, ist aber den Senior-Tranchen gleichgestellt (pari passu). Die Laufzeit geht über die der Senior-Tranchen hinaus.

Das Second-Lien-Darlehen wird gern von Banken begeben, um den Leverage weiter zu erhöhen; außerdem bietet diese Darlehensform für Banken sehr interessante Margen (400 bis 700 Basispunkte). Es handelt sich wie bei der Mezzanine-Finanzierung um ein nachrangiges Darlehen, das aber strukturell dem Senior Loan gleichgestellt ist, d. h., es besteht zwar eine Nachrangigkeit bei den Sicherheiten (Lien Subordination), der Rückzahlungsanspruch (hinsichtlich dessen, was über die reine Sicherheitenverwertung hinaus erzielt wird) ist dem der Senior-Finanzierung jedoch gleichgestellt (Payment Subordination).[17] Die Nachrangigkeit wird – durch das Intercreditor Agreement – lediglich vertraglich hergestellt.

Ein weiterer Unterschied zur Mezzanine-Finanzierung, aber auch zum Junior Loan, ist das üblicherweise fehlende PIK-Element, d. h., alle Zinsen sind Cash-Zinsen. Zudem kann das Second-Lien-Darlehen i. d. R. leichter vorzeitig zurückgezahlt werden, d. h., die Call Protection ist weniger stark ausgeprägt.

Zahlungsausfall

Sollte es zu einem Zahlungsausfall kommen, so ist bei den meisten Second-Lien-Darlehen eine Stillstandsperiode von bis zu 180 Tagen vereinbart – in dieser Zeit werden zunächst die Zinszahlungen ausgesetzt (Payment Blockage) und die

---

16 Vgl. Maesch/Voß (2007), S. 3.
17 Vgl. Mittendorfer (2007), S. 143 f.

Senior-Darlehensgeber können über die notwendigen Maßnahmen beraten. Sollten sie innerhalb dieser Frist zu keinem Ergebnis kommen, steht dem Second-Lien-Darlehensgeber ein Kündigungsrecht zu.

g) Mezzanine-Finanzierungen

Mezzanine-Finanzierungen sind, wie bereits erwähnt, hybride Finanzierungsformen, die eine Zwischenform zwischen Eigen- und Fremdkapital darstellen. Durch ihre spezielle Ausgestaltung als Finanzierungsbaustein im Rahmen von Akquisitionsfinanzierungen lassen sich die Vorteile des Eigenkapitals (Erhöhung des haftenden Kapitals) mit denen des Fremdkapitals (steuerliche Abzugsfähigkeit der Zinsen) verbinden. Die Mezzanine-Finanzierung wird klassischerweise dann eingesetzt, wenn die Finanzierungsvolumina der Term-Loan-Finanzierungen ausgereizt sind, aber noch ein bestimmter Spielraum für Zinszahlungen besteht. Sie ist im Vergleich zur Hinzunahme eines Koinvestoren auf jeden Fall die günstigere Finanzierungsalternative.

Definition

Mezzanine-Finanzierungen sind grundsätzlich gegenüber der Term-Loan-Finanzierung nachrangig, sowohl in Bezug auf die Hierarchie der Gläubigeransprüche als auch bezüglich der Hierarchie der Besicherung. Diese Nachrangigkeit kann strukturell oder auch vertraglich geregelt sein. Aufgrund der oft vorhandenen zweitrangigen Besicherung und der damit verbundenen bevorzugten Befriedigung aller anderen Gläubiger wird das Mezzanine-Kapital auch als Senior Subordinated Debt bezeichnet. Die Verwendung des Begriffs Debt zeigt, dass die Mezzanine-Finanzierung für das Unternehmen durch die Zinskomponente und die Vorrangigkeit in der Anspruchsbefriedigung Fremdfinanzierungscharakter hat. Die Zinskomponente kann dabei – je nach Kapitaldienstfähigkeit – sowohl als Cash-Zins als auch als PIK-Zins (auflaufend) ausgestaltet sein. Eher ungewöhnlich sind PIYC-Regelungen, wonach die Zahlungsfähigkeit über den Zahlungsanspruch entscheidet. Der Renditeanspruch dürfte im Bereich zwischen 15 % und 20 % liegen.

Ein wesentliches Gestaltungselement der Mezzanine-Finanzierung ist der Equity Kicker, der es dem ausreichenden Institut ermöglicht, im Fall eines erfolgreichen Exits einen Anteil am Eigenkapital (zwischen 2,5 % und 5 %) zu erwerben. Weist das Zielunternehmen ein positives Wertsteigerungspotenzial auf, so ist dies sicherlich eine interessante und für die Mezzanine-Finanzierer attraktive Variante der Strukturierung. Der Wettbewerb unter den Mezzanine-Finanzierern sowie die Entwicklung alternativer Finanzierungsformen wie Second-Lien-Darlehen und High Yield Bond haben jedoch dazu geführt, dass nur noch wenige Transaktionen mit Equity Kicker durchgeführt werden. Mezzanine-Finanzierungen ohne Equity Kicker werden als Warrantless Mezzanine bezeichnet.

Equity Kicker

h)   Junior Loan, High Yield Bond, PIK Note und Bridge Loan

Junior Loan

Beim *Junior Loan* sind wie bei der Mezzanine-Finanzierung Cash- und PIK-Zinsen zu zahlen, es wird jedoch kein Equity Kicker (Cash oder Non-Cash) vereinbart.

High Yield
Bond (HYB)

Der *High Yield Bond* (HYB) hingegen hat eher die Qualitäten einer klassischen Senior-Finanzierung mit einer festen, allerdings auch sehr teuren Cash-Zins-Komponente. HYBs werden klassischerweise bei sehr großen Buy-outs eingesetzt und stehen erst ab einem Volumen von ca. 150 Mio. EUR zur Verfügung. Die Laufzeiten sind denen von Mezzanine-Finanzierungen vergleichbar (bis zu zwölf Jahre), ein Equity Kicker aber fehlt. Da der HYB am Kapitalmarkt ausplatziert wird, ist der Finanzierungsnehmer mit einer großen Anzahl anonymer Investoren konfrontiert und hat bestimmte Berichtspflichten sowie Ratingverpflichtungen. Bei einer Rekapitalisierung ist ähnlich wie bei einem IPO eine Road Show zu organisieren, die viel Managementzeit in Anspruch nimmt. Die Call-Fähigkeit von HYBs wurde in letzter Zeit durch den Einbau bestimmter Kündigungsrechte verbessert – in vielen HYBs ist allerdings eine Non-callable Period von vier bis fünf Jahren eingebaut.

PIK Notes

Gelegentlich kommen bei größeren Transaktionen auch sog. *PIK Notes* zur Anwendung, die eine längere Laufzeit aufweisen und mit einem Warrant versehen sein können. Diese stellen im Grunde genommen eine Variation des HYB bzw. der Mezzanine-Finanzierung dar, im Unterschied zu einer typischen Mezzanine-Finanzierung fehlt aber die Cash-Zins-Komponente. Zudem besteht ein struktureller Nachrang zu den anderen Gläubigern, auch HYB-Inhaber. Durch diese Struktur sind die PIK Notes als sehr eigenkapitalnah zu charakterisieren – ihr Rating liegt meist im CCC-Bereich.[18] PIK Notes werden oft mit *PIYC-Elementen* – Finanzierungsvereinbarungen, wonach die Bezahlung der planmäßigen Zinsen von der Fähigkeit des Kreditnehmers abhängt, diese auch zahlen zu können – kombiniert.

Bridge Loans

Wenn eine Strukturierung der Finanzierung erst nach Abschluss der Transaktion möglich ist, werden nicht selten größere Tranchen von *Bridge Loans* eingesetzt, die – bei wesentlich reduzierter Laufzeit und niedrigerem Rang – ähnliche Charakteristika aufweisen wie die zuvor genannten Instrumente, insbesondere dem Second-Lien-Darlehen.

i)   Sonstige Komponenten der Finanzierung

Die oben dargestellten Finanzierungsinstrumente kennzeichnet ihre hohe Flexibilität – auch der Markt für Akquisitionsfinanzierungen ist ständig im Wandel und generiert neue Varianten der Finanzierung. Dabei hat sich in der Praxis herausgestellt, dass z. B. zweitrangige Besicherungen einen Margenvorteil von ca.

---

18 Vgl. Mittendorfer (2007), S. 159 ff.

100 Basispunkten bringen, während vorzeitige Rückzahlungsrechte bzw. Call-Rechte (im Fall eines Exits) ca. 100 bis 150 Basispunkte kosten.

Wie die aufgezeigten Finanzierungsinstrumente tatsächlich im Markt verwendet werden, zeigt die Statistik von Standard & Poor's, welche die Entwicklung der Transaktionsstrukturen (gemessen an der Anzahl der Transaktionen) im europäischen Markt darstellt (s. Abb. 50).

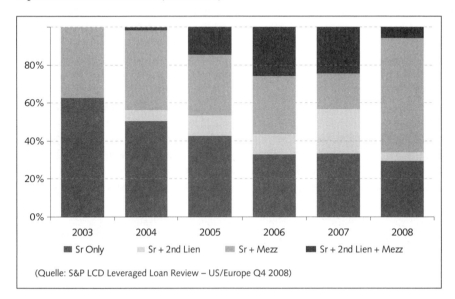

Abb. 50:
Die Entwicklung der Transaktionsstrukturen

(Quelle: S&P LCD Leveraged Loan Review – US/Europe Q4 2008)

Wie deutlich zu erkennen ist, herrschten noch im Jahr 2003 reine Senior-Finanzierungen sowie Senior-Finanzierungen mit Mezzanine-Komponenten vor – im Jahr 2006 betrug der Anteil der Transaktionen, die sowohl Senior-Finanzierungen als auch Second-Lien- und Mezzanine-Tranchen in Anspruch nahmen, gar 28 %.[19]

Völlig ausgeblendet wurde bisher die Notwendigkeit von Betriebsmittelkrediten. Diese als *Working Capital Facilities* oder auch *Revolving Credit Facilities* (da auf revolvierender Basis bereitgestellt) bezeichneten Finanzierungsinstrumente stehen für kurzfristige (unterjährige bzw. auch innerhalb eines Monats entstehende) Finanzbedarfsspitzen zur Verfügung. Über diese Kreditlinie werden Löhne, Gehälter, aber auch der Materialeinsatz finanziert. Die Linie darf keinesfalls dazu verwendet werden, Investitionen in Sachanlagen vorzunehmen oder gar Tilgungen durchzuführen.

Die Laufzeit sowie die Margen entsprechen meist der Senior-A-Tranche. Im Unterschied zu einer klassischen Kontokorrentlinie muss die Working Capital Facility zu einem gegebenen Zeitpunkt zurückgezahlt sein (sog. Clean Down Period – siehe auch Kapital VI zur rechtlichen Abwicklung des Buy-outs).

Betriebsmittellinien

19 Vgl. Standard & Poor's LCD European Leveraged Loan Review Januar 2009.

Oftmals besteht seitens der bisherigen Hausbank ein Interesse, die betriebsmittelfinanzierende Funktion beizubehalten. In diesem Fall sollte die Hausbank idealerweise an der Syndizierung teilnehmen und innerhalb der Working Capital Facility ihre Linie zur Verfügung stellen. Andere Modelle sehen vor, dass die jeweiligen Syndikatsmitglieder pro rata an der Betriebsmittelfinanzierung teilnehmen.

Forderungsverbriefung

Weitere Möglichkeiten der Working-Capital-Finanzierung eröffnen sich – insbesondere bei größeren Transaktionen – im Rahmen einer Forderungsverbriefung, also letztlich bei der (Vor-)Finanzierung von Rechnungen und deren eventueller Ausplatzierung am Kapitalmarkt. Dies bedeutet eine Kompensation der relativ hohen Bankenmarge aus der LBO-Finanzierung, da die Forderungsbücher oftmals mit einem AA-Rating versehen werden können und dementsprechend günstiger sind.[20] Diese Art der Finanzierung stellt auch in Zeiten liquiditätsschwacher Kreditmärkte eine Alternative zur klassischen Buy-out-Finanzierung dar, da im Unterschied zu dieser der Finanzierung ein Vermögensgegenstand (in diesem Fall die Forderungen gegenüber anderen Unternehmen) zugrunde liegt.

Asset-based Finanzierungen

Verfolgt man diesen Gedankengang weiter, so bieten sich auch Finanzierungen an, die einen Vermögensgegenstand zur Basis haben (sog. Asset-based Finanzierungen). Bei diesen Finanzierungen können Maschinen, Anlagen, aber auch Marken und Patente die Sicherungsbasis darstellen.

immobiliengebundene Vermögenswerte

Eine weitere Möglichkeit, das Finanzierungsvolumen zu erhöhen, ergab sich bei Unternehmen mit großen immobiliengebundenen Vermögenswerten, insbesondere im Gesundheitswesen und im Einzelhandel. Hier kann durch die Trennung der Finanzierung der operativen Gesellschaft (OpCo) von einer neu zu schaffenden Immobiliengesellschaft (PropCo) in einem sog. OpCo/PropCo-Modell eine Erhöhung des Finanzierungsvolumens erreicht werden. Diese ergibt sich hauptsächlich durch bessere (bzw. aggressivere) Eigenkapitalquoten im Immobilienfinanzierungsbereich. So werden, falls der Kapitaldienst erbracht werden kann, im Immobilienbereich bis zu 85 % des Marktwerts der Immobilien beliehen. Nicht selten ist eine Immobilientransaktion auch schon zu 100 % finanziert worden. Daneben sind die Margen für den immobilienorientierten Teil der Finanzierung geringer als übliche OpCo-Margen.

Ergänzt man diese Immobilienfinanzierung mit der Struktur einer klassischen Buy-out-Finanzierung (angenommen z. B. ein Fremdfinanzierungsvolumen von 70 %), so ergibt sich ein Gesamtleverage von knapp unter 80 % (je nach dem Verhältnis des Werts der Immobilien zum Unternehmenswert der OpCo).[21]

---

20 Vgl. Miller (2006), S. 531-534.
21 Vgl. Mittendorfer (2007), S. 111 ff.

j)   Ideale Finanzierungsstrukturierung und aktuelle Marktlage für Bankfinanzierungen

Die Anwendung der verschiedenen Instrumente hängt wesentlich von der jeweiligen Unternehmenssituation ab – der Markt hat sich, wie gesehen, in dieser Hinsicht als sehr erfinderisch und flexibel gezeigt. Wie stark die Ausgestaltung der Finanzierungsstruktur von den Annahmen über die Entwicklung des Unternehmens abhängt, veranschaulicht Abbildung 51.

Unternehmens-
situation

Abb. 51:
LBO-Finanzie-
rungsinstrumente
und Entwicklungs-
szenarien

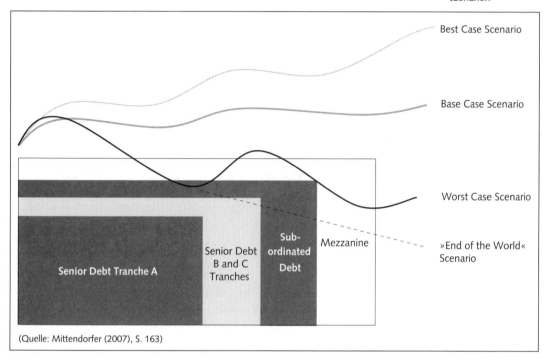

(Quelle: Mittendorfer (2007), S. 163)

Eine hohe Wahrscheinlichkeit für das Worst Case Scenario scheint einen vorsichtigen Umgang mit Subordinated-Strukturen nahezulegen. Interessanterweise sind aber gerade in schwierigen Situationen, in denen keine klassische Finanzierungsstruktur hinterlegt werden kann, Investoren aus dem Subordinated-Bereich, bspw. Mezzanine-Finanzierer, aufgrund ihres Risikoappetits aktiver als gewöhnliche Banken.

Worst Case Scenario

Die ideale Finanzierungsstruktur ist wie gesagt nicht nur von der Situation des Unternehmens, sondern auch von der aktuellen Marktlage abhängig. Eine Antwort auf die viel diskutierte und entscheidende Frage, wann man von einem *Overleveraging*, also einer zu aggressiven Übernahmefinanzierung, sprechen kann, hängt somit ebenfalls nicht nur vom Unternehmen, sondern auch von den Marktgegebenheiten ab.

Overleveraging

Einbruch der
Kreditmärkte 2007

Der Trend zu einer immer höheren Fremdfinanzierung wurde, wie bereits zu sehen war, durch den Einbruch der Kreditmärkte im Sommer 2007 unterbrochen – eine Unterbrechung, die bis ins Jahr 2009 andauert.[22] LBO-Finanzierungen litten unter dem durch überteuerte Immobilientransaktionen im US-amerikanischen Subprime-Markt ausgelösten Liquiditätsabfluss. Insbesondere die Zurückhaltung der mit Liquiditätsengpässen kämpfenden institutionellen Anleger erschwerte die Syndizierung neu eingegangener Finanzierungen. Dies wiederum bedeutete für die arrangierenden Banken, dass sie wesentliche Risiken in ihrer Bilanz behalten mussten und nicht mehr bereit waren, neue Finanzierungen einzugehen.

Des Weiteren sind die institutionellen Anleger, die ihren Anteil am Gesamtmarkt über die Jahre stetig ausbauen konnten, fast völlig vom Markt verschwunden, da sie durch ihre Engagements bei US-amerikanischen Immobilienfinanzierungen teilweise zu Notverkäufen gezwungen waren und für Neuerwerbungen keine Mittel mehr zur Verfügung standen.

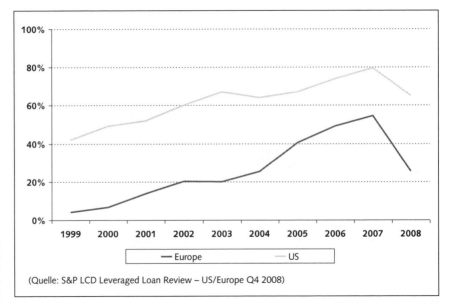

Abb. 52:
Anteil von institutionellen Investoren an Transaktionsfinanzierungen

(Quelle: S&P LCD Leveraged Loan Review – US/Europe Q4 2008)

Nachdem die globale Finanzkrise ein bisher nicht gesehenes Ausmaß erreicht hat, ist eine systematische Einschätzung der Marktlage für alle Marktteilnehmer schwierig geworden. Vor diesem Hintergrund sind einige Indikatoren zur Beurteilung der Marktlage von Akquisitionsfinanzierungen in den Fokus gerückt, die den meisten Akteuren bisher unbekannt waren, nun aber als wesentliche Treiber für die Liquidität des Primärmarktes angesehen werden müssen.

Credit Default
Swap (CDS)

Ein Indikator zur Beurteilung der Marktlage von Akquisitionsfinanzierungen ist der Credit Default Swap (CDS), ein Kreditderivat zum Handeln von Ausfallrisiken von Krediten oder Anleihen. Der Sicherungsnehmer bezahlt eine regelmä-

---

22 Zu ersten warnenden Stimmen vgl. Weber/Remmen (2007), S. 24-26.

ßige (häufig vierteljährliche oder halbjährliche) Gebühr und erhält bei Ausfall der Rückzahlung, z. B. aufgrund der Insolvenz des Schuldners, eine Ausgleichszahlung. Die Höhe der Prämie wird üblicherweise in Basispunkten angegeben – wobei eine Prämie von 150 Basispunkten bedeutet, dass bei einem Kontraktvolumen von 100 Mio. EUR eine Prämienzahlung von 1,5 Mio. EUR pro Jahr zu leisten ist (dies entspricht 1,5 %). Die Berechnung der meisten CDS läuft auf fünf Jahre.

Ein weiterer Indikator ist der Credit Recovery Swap (CRS), der die Höhe der Quote angibt, mit der die Marktteilnehmer bei einer potenziellen Insolvenz rechnen. Die Anbieter dieser Kontrakte, zu denen Versicherungen, Banken und Hedge-Fonds zählen, garantieren den Käufern Zahlungen, wenn die Emittenten der Anleihen in Liquiditätsschwierigkeiten geraten. Im Fall der Zahlungsunfähigkeit eines Emittenten erhält der Besitzer eines CRS einen vereinbarten Festpreis. Die Tatsache, dass beispielsweise ein derartiger Swap auf General Motors im Dezember 2008 bei 15 Cent zum Dollar gehandelt wurde, zeigt, dass die Marktteilnehmer mit einer Rückerstattungsquote von 15 % rechneten.[23]

Credit Recovery Swap (CRS)

Um ein Barometer für die Ausfallwahrscheinlichkeit des Gesamtmarktes zu erhalten, wurde aus 35 CDS von europäischen Unternehmen – einem Korb aus Senior-Finanzierungen (iTraxx LevX Senior) und einem Korb aus subordinierten Finanzierungen (iTraxx LevX Subordinated) – jeweils ein Index gebildet. Startpunkt der beiden Indizes ist der initiale Coupon, der sich je nach Einschätzung der Marktteilnehmer nach oben oder unten bewegt. Nehmen die Marktteilnehmer an, dass die Ausfallwahrscheinlichkeit zunimmt, so fällt der Index, was sich in einem höheren zu zahlenden Coupon auswirkt. Als Market Maker für diese Indizes dienen große Investmentbanken und Banken können diese Indizes wiederum nutzen, um sich gegen eine steigende Ausfallwahrscheinlichkeit abzusichern. Im Ergebnis haben die Indizes somit zu höherer Liquidität, Transparenz und Akzeptanz im Markt für Kreditausfallrisiken geführt.

Ausfallwahrscheinlichkeit des Gesamtmarktes

Die Syndizierung ist, wie in Kapitel III.2.a) bereits erwähnt, ein wesentliches Element für das Risikomanagement einer Bank. Die Finanzkrise hat das Bewusstsein für die Handelbarkeit von Kreditrisiken geschärft. Schon vor der Krise hat sich ein lebhafter Sekundärmarkt gebildet, der nun ein bedeutendes Stimmungsbarometer für die Liquidität des Interbankenhandels darstellt. Um nun Kreditrisiken möglichst schnell zu bereinigen, sind Kredite in Bündeln den Investoren angeboten worden. In Form von sog. BWICs (Bid Wanted in Competition) werden zwischen den Banken und den Kreditmarktakteuren diese gebündelten Kre-

Syndizierung BWICs (Bid Wanted in Competition)

---

23 Um einen weiteren Masstab für die Ausfallwahrscheinlichkeit zu entwickeln hat Standard & Poors einen Pool von subordinierten Unternehmensfinanzierungen zum sog. ELLI-Index zusammengefasst und veröffentlicht zu diesem regelmäßig Ausfallraten. Anhand des ELLI lässt sich sehr gut die Einschätzung der Marktteilnehmer zum Ausfallrisiko abschätzen. So wird auf die im ELLI-Portfolio zusammengefassten Kredite eine Ausfallwahrscheinlichkeit und eine Quote für die Banken im Insolvenzfall geschätzt und in Form eines Margenaufschlags (Discounted Spread) abdiskontiert. Beträgt dieser bspw. 1.500 Basispunkte, so liegen dem die Annahme einer 15 % Ausfallwahrscheinlichkeit und einer 44 %-igen Quote zugrunde.

dittranchen gehandelt. Die Investoren bieten für diese Tranchen im Rahmen eines Tenderprozesses, und der höchste Bieter erhält den Zuschlag.

Sekundär- vs. Primärmarkt

Solange der Sekundärmarkt aufgrund der hohen Abschläge, die von illiquiden Banken beim Verkauf ihrer Finanzierungstranchen angeboten werden, attraktive Investitionsmöglichkeiten bietet, wird der Markt für Primärfinanzierungen unter Liquiditätsengpässen zu leiden haben. Zudem muss man beachten, dass alleine bei den bestehenden LBO-Finanzierungen in den Jahren 2009 bis 2013 rund $ 1,6 Billionen auslaufen und größtenteils zur Refinanzierung anstehen. Diese Summen sind durch die in den Jahren 2002 bis 2007 aggressiv angewendeten endfälligen Strukturen entstanden.

Abb. 53:
Entwicklung des durchschnittlich eingesetzten Eigenkapitals

Die deutliche Abkühlung auf dem Markt für LBO-Finanzierungen hat zu einer Rückkehr zu Strukturen und Bedingungen geführt, die man als solide bezeichnen kann. So wird wieder ein höherer Eigenkapitalanteil gefordert und die Finanzierungsmultiplikatoren sind deutlich zurückgegangen. Abbildung 53 zeigt noch einmal die historischen Tiefststände des Eigenkapitalanteils bei LBO-Finanzierungen von 1999 bis 2008.

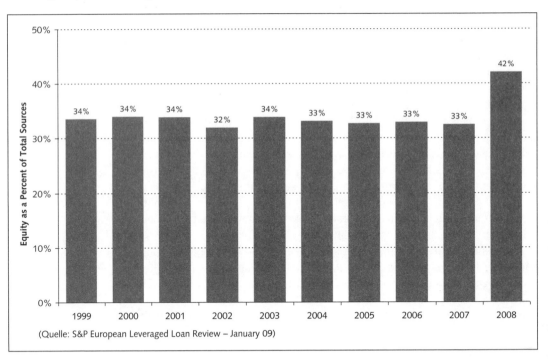

(Quelle: S&P European Leveraged Loan Review – January 09)

Für den Kreditnehmer ist sicherlich die Marge ausschlaggebend, die er an den Kreditgeber zahlen muss. Refinanzierungsschwierigkeiten des Kreditgebers haben jedoch, wie viele Gläubiger feststellen müssen, deutliche Auswirkungen auf den Kreditnehmer, insbesondere wenn die Refinanzierungsschwierigkeiten der Banken durch eine Krise des Finanzsystems verursacht sind. Die Margen haben sich im Zuge dieser Entwicklung wieder dem Marktstandard angenähert, was zu einer De-facto-Verteuerung der Finanzierung geführt hat.

Als besonders kritisch erweist sich in diesem Zusammenhang der bereits erwähnte *Market Flex*, der in der aktuellen Situation eine Verschlechterung der Margen der Finanzierung bewirkt, damit diese bei Syndikatsbanken überhaupt platziert werden kann. In Zeiten liquider Märkte sorgen dagegen Reverse-Flex-Mechanismen dafür, dass bei einer Überzeichnung im Rahmen der Syndizierung die Finanzierungskonditionen noch einmal zugunsten des Kreditnehmers angepasst werden können.

Market Flex und Reverse-Flex-Mechanismen

Die Entwicklung der Margen trägt dem Risiko der Bank Rechnung, die durch ihr Underwriting den Kredit zunächst in vollem Umfang in ihre Bücher nimmt. Um im Rahmen der Syndizierung überhaupt Investoren zu finden, muss die finanzierende Bank oft Abschläge hinnehmen (sog. OIDs – *Original Investors Discounts*). Dies kann dazu führen, dass sie sämtliche Einnahmen aus der Arrangierungsgebühr verliert, obwohl sie das volle wirtschaftliche Risiko der Transaktion trägt.[24]

Original Investors Discounts (OIDs)

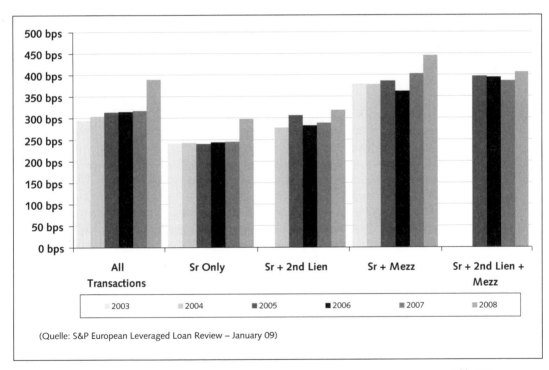

(Quelle: S&P European Leveraged Loan Review – January 09)

Abb. 54: Entwicklung der durchschnittlichen Margen

---

24 Inwieweit der Kunde, sprich das Target-Unternehmen, an den Kosten eines OID beteiligt wird, ist Verhandlungssache – jedoch in Zeiten einer Liquiditätsklemme nicht selten.

Covenant-Lite-Strukturen

Finanzierungsbedingungen wie *Covenant-Lite*-Strukturen, d. h. die völlige Abwesenheit der Covenants (eine der Cash-Flow-basierten Finanzierung logisch zuwiderlaufende Struktur), sind nur in von Liquiditätsüberfluss geprägten Märkten verhandelbar gewesen. Dies gilt auch für die sog. *Covenant Mulligans*, die bewirken, dass ein Event of Default erst dann eintritt, wenn Covenants zweimal nacheinander gebrochen wurden.

Equity Cures

Nach wie vor realisierbar sind jedoch die genannten *Equity Cures* (Eigenkapitalzuschuss bei Covenant-Bruch), die meist einmal innerhalb von zwölf Monaten erfolgen dürfen; diese Heilungen sind pro Laufzeit allerdings nicht mehr unbegrenzt, sondern nur maximal zwei- bis viermal möglich. Dies kann auch für die finanzierende Bank von Vorteil sein, denn eine einmalige Verfehlung sollte durch die aktive Mitarbeit des Private-Equity-Investors geheilt werden können.

EBITDA Cure

Wirtschaftlich sind diese Cures nachvollziehbar, wenn sie gegen die Gesamtverschuldung (auf Total Leverage und Cash Flow Cover beschränkt) gerechnet werden und damit die Net Debt reduzieren. Nicht nachvollziehbar sind jedoch Regelungen, wonach die Eigenkapitalnachzahlung das EBITDA verbessern soll (sog. *EBITDA Cure*).

Beschränkung der Zustimmungsmöglichkeiten

In Boomzeiten ist es möglich, die *Zustimmungsmöglichkeiten* des Bankenkonsortiums zu begrenzen – ein aus der Sicht des Kreditnehmers sowie auch des Agents (der verwaltenden Bank) verständliches Verlangen. Insbesondere die Einstimmigkeit bei bestimmten Entscheidungen (z. B. der Freigabe der Sicherheiten) wird durch derartige Regelungen aufgeweicht. Dies geht so weit, dass nicht zustimmenden Banken mit Ablösung gedroht wird (sog. Yank the Bank; diese Möglichkeit ist meist dann gegeben, wenn 70 % bis 90 % der übrigen Konsortialbanken zustimmen) – in einem abgekühlten Marktumfeld nur mehr sehr bedingt möglich.

Auch die Regelung zur Zustimmungspflichtigkeit in Syndikaten (sog. Snooze and Lose: Äußert sich die Syndikatsbank nicht innerhalb von 10 bis 15 Bankarbeitstagen, so gilt ihre Enthaltung als Zustimmung.) wird derzeit strenger formuliert, um die Bedingungen für Syndikatsbanken komfortabler zu gestalten. Je nach Situation können diese Regelungen für die syndikatsführenden Banken aber auch Vorteile haben – bei sehr großen Syndizierungen ist die Praktikabilität der Umsetzung oft ein schlagendes Argument.

Die Erfahrungen, die während der Finanzkrise gemacht werden, schlagen sich damit deutlich in der Dokumentation der Bankfinanzierung nieder. Dies ist auch ein Ergebnis aus der Erfahrung mit der Restrukturierung größerer Portfolien von Finanzierungen. Der Markt ist, wie bereits mehrmals erwähnt, insbesondere in Europa noch jung und man hat bisher keine Erfahrungswerte bei dem Umgang mit einer systemischen Bankenkrise und ihren Auswirkungen auf diesen Markt.

Die Tatsache, dass Investoren in der Krise dazu übergehen, selbst Finanzierungen zurückzukaufen, ist zunächst aus Bankensicht zu begrüßen. Doch wie stellt sich der Investor hinsichtlich der ihm damit zustehenden Stimmrechte im Bankenkonsortium? Auch gibt es Situationen, in denen der Private Equity Investor die Fremdfinanzierung stellt – damit ist ein Konfliktpotenzial inhärent in der Finanzierungsstruktur angelegt.

Es ist aufschlussreich, die Lage vor dem Einbruch der Kreditmärkte im Sommer 2007 mit den Verhältnissen zu Zeiten der letzten großen Blase auf dem Markt für Fremdfinanzierung – d. h. zu Zeiten der RJR-Nabisco-Transaktion – zu vergleichen. Damals war der Markt für risikoreiche, unbesicherte Fremdfinanzierungen (insbesondere sog. Zerobonds) durch wesentlich aggressivere Finanzierungsstrukturen gekennzeichnet.

Ein Vergleich der beiden größten Buy-out-Transaktionen, die jemals durchgeführt wurden, führt dies anschaulich vor Augen. Zwischen beiden Transaktionen, der RJR-Nabisco-Transaktion und dem Erwerb der Klinikkette HCA durch eine Investorengruppe 2006, liegt ein Zeitraum von über 20 Jahren. Wie Abbildung 55 deutlich zeigt, sind die Strukturen heutzutage flexibler als damals und können damit auch flexibler auf kurzfristige Underperformance-Perioden reagieren. Längeren Phasen eines Konjunktureinbruchs jedoch sind fremdfinanzierte Unternehmen, abhängig von der Höhe der Finanzierung, weiterhin ausgesetzt (s. Abb. 55).

RJR-Nabisco-Transaktion

Abb. 55:
Vergleich der Strukturen der Transaktionen RJR Nabisco und HCA

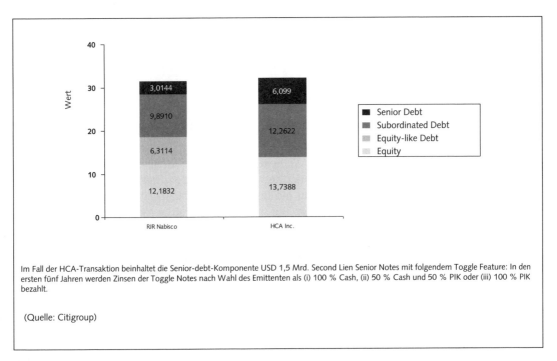

Im Fall der HCA-Transaktion beinhaltet die Senior-debt-Komponente USD 1,5 Mrd. Second Lien Senior Notes mit folgendem Toggle Feature: In den ersten fünf Jahren werden Zinsen der Toggle Notes nach Wahl des Emittenten als (i) 100 % Cash, (ii) 50 % Cash und 50 % PIK oder (iii) 100 % PIK bezahlt.

(Quelle: Citigroup)

Eine Indikation für den starken Preis- bzw. Margendruck vor dem Einbruch der Kreditmärkte zeigt die Auswertung von Standard & Poor's zu dem Anteil von Transaktionen, die unterhalb der marktüblichen Marge abgeschlossen werden (hier ist der Indikator das Pricing bei Senior-B-Loans und Senior-C-Loans, die mit einer Marge unter 275 bzw. unter 325 Basispunkten abgeschlossen wurden; s. Abb. 56).

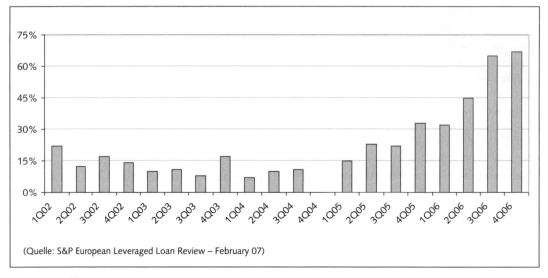

(Quelle: S&P European Leveraged Loan Review – February 07)

Abb. 56:
Anteil der
Finanzierungen,
die mit Margen
unterhalb des
Marktdurchschnitts
abgeschlossen
wurden

3. Finanzielle Strukturierung des Management Equity

Principal-Agent-
Problematik

Das Management Equity ist nicht eine beliebige Komponente oder Residualgrö-
ße für die Strukturierung der Gesamtfinanzierung. Vielmehr stellt es ein wesentliches Instrument dar, um die Interessen des Managements und des Investors
in Gleichklang zu bringen. Ein wesentlicher Treiber für die Strukturierung des
Anteils des Managements ist demnach die in Abschnitt I.3 beschriebene Principal-Agent-Problematik. Der Investor verfolgt die Optimierung seines Kapitalein-
satzes, das Management strebt nach einem sicheren Einkommen bei möglichst
sicheren Arbeitsplatzverhältnissen und weitgehender Autonomie in der Entscheidungsfindung. Um nun die prinzipiell eher risikoaverse Einstellung des Managements mit der renditegetriebenen des Investors in Einklang zu bringen, muss eine Optimierung der finanziellen Strukturierung des Eigenkapitals stattfinden.

Bei der Beurteilung der Anreizmechanismen ist zudem zu beachten, dass
das Management den Großteil seines Vermögens und seiner Ressourcen auf ein
einziges Asset setzt, nämlich das von ihm geführte Unternehmen, während die
hinter ihm stehenden Investoren, sowohl das Private-Equity-Haus als auch die
Investoren in dem Private-Equity-Fonds, von einer Portfoliodiversifizierung profitieren.[25] Dementsprechend wird dem Management, um dessen natürlich gegebene Risikoaversion zu überwinden, eine überproportionale Beteiligung an den

25 Vgl. Braunschweig (2005), S. 28 f.

Rückflüssen aus dem Investment gewährt, da es im Verlustfall nicht auf Mechanismen der Portfoliodiversifizierung vertrauen kann.

Letztlich müssen die Private-Equity-Investoren sicherstellen, dass das Management motiviert ist, den Kapitaleinsatz des Private-Equity-Fonds zu optimieren, was nur dann gelingt, wenn das Management entsprechende Anreize erhält. Die Managementanreizsysteme dienen letzten Endes der Annäherung der Risikopräferenzen des Managements an diejenigen der Investoren. Um diese Incentivierung zu strukturieren, gibt es verschiedene Möglichkeiten.

Managementanreiz

Ob das Management durch sog. *Sweet Equity* – d. h. Eigenkapital, das zu begünstigten Konditionen bezogen werden kann – einen positiven Anreiz erhält oder eher durch repressive Maßnahmen, sog. *Sweat Equity*, motiviert werden soll, hängt ganz von der Kultur des Investors, aber auch von den steuerlichen Rahmenbedingungen und den situativen Bedingungen beim Target-Unternehmen ab. Grundsätzlich bestehen für die Management-Incentivierung drei Alternativen:

Sweet Equity und Sweat Equity

* eine *direkte Beteiligung* in Form des klassischen MBO-Modells,
* die Ausgabe von *Options* und
* die Motivierung über eine reine *Cash*-Komponente.

Alternativen der Management-Incentivierung

Die »klassische« Ausgestaltung, die insbesondere von den angelsächsischen Häusern in Deutschland eingeführt wurde, arbeitet mit dem Instrument des Direktinvestments. Dabei zahlt das Management ebenso wie das Private-Equity-Haus

Abb. 57: Alternativen der Management-Incentivierung

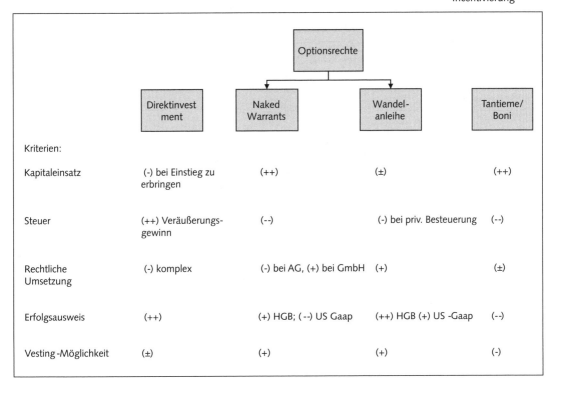

Kriterien:	Direktinvestment	Naked Warrants	Wandelanleihe	Tantieme/Boni
Kapitaleinsatz	(-) bei Einstieg zu erbringen	(++)	(±)	(++)
Steuer	(++) Veräußerungsgewinn	(--)	(-) bei priv. Besteuerung	(--)
Rechtliche Umsetzung	(-) komplex	(-) bei AG, (+) bei GmbH	(+)	(±)
Erfolgsausweis	(++)	(+) HGB; (--) US Gaap	(++) HGB (+) US -Gaap	(--)
Vesting-Möglichkeit	(±)	(+)	(+)	(-)

in das Stamm- oder Grundkapital der Gesellschaft ein. Der Investor ermöglicht dem Management jedoch einen vergünstigten Bezug des Eigenkapitals, indem er der Gesellschaft ein Gesellschafterdarlehen (die sog. Institutional Loan Note) oder zusätzliches Vorzugskapital, das wirtschaftlich wie ein Gesellschafterdarlehen ausgestaltet ist, gewährt.

Die Optionsmodelle dagegen werden von amerikanischen Investoren bevorzugt. Zunächst investieren das Management und der Investor gemeinsam quotal einen relativ geringen Betrag in das Stamm- oder Grundkapital. Das Management erhält zusätzlich unterschiedlich abgestufte Varianten von Optionsrechten (Call-Optionen), die in der Folge die Teilnahme am Wertzuwachs des Unternehmens ermöglichen.

a)   Kriterien für die Beurteilung der Managementbeteiligungsmodelle

Vesting

Die Beurteilungskriterien für die Managementbeteiligung ergeben sich zum einen aus der Frage, wann das Investment seitens des Managements verlangt wird (losgelöst von der steuerlichen Beurteilung gilt hier: je später die Einzahlung erfolgen muss, desto besser für das Managementteam), und zum anderen aus der Überlegung des Private-Equity-Hauses, inwieweit das Management durch das entsprechende Instrument gebunden werden kann. Dieses sog. *Vesting* wird in den Verträgen mit dem Management geregelt und durch Good-Leaver- bzw. Bad-Leaver-Regelungen ergänzt, die festlegen, wie ein verfrühter Ausstieg des Managements gestaltet werden könnte. Es ist zwischen einem positiven und einem negativen Vesting zu unterscheiden.[26]

Darüber hinaus ist sicherlich die Vermeidung einer *Steuer*last sowohl beim Einstieg als auch beim Ausstieg für das Management ein bedeutendes Kriterium. Bei einigen Investoren mag vor dem Hintergrund der Involvierung einer Vielzahl von Banken der *Bilanzausweis* ein wichtiges Kriterium darstellen. Nicht zuletzt führt ein höherer bilanzieller Aufwand bei steuerlicher Anerkennung auch zu einer geringeren Steuerbelastung (somit verfolgt nicht nur das Management, sondern auch der Investor eine steuerminimierende Politik). Zudem ist die *rechtliche Umsetzung* eine nicht unbedeutende Komponente der Managementbeteiligung.

b)   Direktbeteiligung

komplexe Management Equity Programs

Bei der Standardformel einer direkten Beteiligung (Straight Equity) ist der Kapitaleinsatz gleich zum Einstiegszeitpunkt fällig. Meist werden an die Direktbeteiligungen Bedingungen (Vesting und Ratchets, siehe unten Abschnitt III.e) geknüpft. Somit entstehen komplexe Management Equity Programs (auch Management Participation Programs genannt). Bei genauerem Hinsehen erweisen sich diese jedoch in der Mehrzahl der Fälle als indirekte Beteiligungsprogram-

---

26 Hohaus/Inhester (2003), S. 1767.

me, da sie meist über Treuhandvereinbarungen[27] oder zwischengeschaltete Personen- oder Kapitalgesellschaften strukturiert werden. Der Beteiligte wird zudem über Gesellschaftervereinbarungen eingebunden, um seine Gesellschafterrechte zu kontrollieren.

Um nun einen gehebelten Kapitaleinsatz des Managements herzustellen, kann der Investor

gehebelter Kapitaleinsatz

- Anteile unter Verkehrswert an das Management abgeben,
- eine disquotale Einzahlung in die Kapitaleinlagen oder in die Gesellschafterdarlehen bzw. ins Vorzugskapital vornehmen oder
- eine gesonderte Regelung zur disquotalen Verteilung des Exit-Erlöses durch sog. Ratchet-Vereinbarungen treffen.
- Zudem gibt es die Möglichkeit, das Eigenkapitalinvestment des Managements über ein persönliches Darlehen des Investors finanzieren zu lassen, um damit ebenfalls eine gewisse Hebelung zu erreichen.

Direktbeteiligungen ermöglichen es dem Manager, durch entsprechende Strukturierung eine Veräußerungssteuerlast zu vermeiden. Allerdings ist zu beachten, dass es unter Umständen zu einer Anfangsbesteuerung kommt, wenn der vergünstigte Bezug der Anteile offensichtlich ist (dann erfolgt die volle Besteuerung nach § 19 EStG mit der Lohnsteuerberechnung nach § 38 EStG, ohne dass dem Manager Liquidität zugeflossen ist).[28]

Besteuerung

Werden dem Management begünstigte Anteile ermöglicht, so ist ein geldwerter Vorteil anzunehmen, wenn der vom Management gezahlte Kaufpreis bzw. die vom Management zu erbringende Einlage (entweder das Stammkapital zuzüglich Agio bzw. Einzahlungen in die Kapitalrücklagen) niedriger sind als der Verkehrswert der Anteile. Der Verkehrswert ergibt sich durch Referenztransaktionen, die der Investor mit einem fremden Dritten, dem Verkäufer, abgeschlossen hat (meist in sehr engem zeitlichem Bezug zur Veräußerung der Anteile an das Management). Fehlt die Referenztransaktion, so kann für die Berechnung des Verkehrswertes auf die üblichen Verfahren der Ertragswertberechnung bzw. das Discounted-Cash-Flow-Verfahren zurückgegriffen werden.[29]

Verkehrswert

Ein geldwerter Vorteil sollte ausgeschlossen sein, wenn unterschiedliche Aktienklassen ausgegeben werden und die disproportionale Einzahlung in das Agio oder die Kapitalrücklagen über die Ausgabe von Vorzugsanteilen erfolgt, die auch beim Exit eine bevorzugte Behandlung bedeuten.[30]

Auch bei der Einräumung eines disquotalen Gesellschafterdarlehens ist bei der Ausgestaltung des Darlehens darauf zu achten, dass dieses marktgerecht verzinst wird. Ist dies nicht der Fall, so droht aufgrund der unter dem Markt liegenden Verzinsung eine Qualifizierung als geldwerter Vorteil. Je höher das disquotale Gesellschafterdarlehen im Verhältnis zum »echten« Eigenkapital ist, desto

disquotales Gesellschafterdarlehen

---

27 Allgemein dazu Hohaus (2002), S. 1233.
28 Hohaus (2005), S. 1293.
29 Zu neueren Entwicklungen siehe hierzu Hohaus (2007), S. 2586.
30 Vgl. zur Diskussion der Vorzugsaktie Braunschweig (2005b), S. 64.

höher müsste der marktgerechte Zins liegen. Hohe Zinsen allerdings bergen das Risiko einer verdeckten Gewinnausschüttung. Die Konditionen zwischen fremden Dritten sollten hier wie auch bei der Anteilsfinanzierung durch den Investor maßgeblich sein.

Wertentwicklung in der Privatsphäre

Ist eine Anfangsbesteuerung vorgenommen worden bzw. wurde sie im günstigen Fall vermieden, so spielt sich die weitere Wertentwicklung in der Privatsphäre ab. Dies bedeutet für Anteile, die vor dem 1. Januar 2009 erworben wurden, dass bei einer Veräußerung bei einem Anteilsbesitz unter 1 % und einer Haltedauer von zwölf Monaten keine Steuern anfallen, bei einem Überschreiten dieser Grenzen jedoch eine Versteuerung nach dem Halbeinkünfteverfahren erfolgt (von Umqualifikationen in Arbeitslohn, die durch Ratchet-Vereinbarungen entstehen können, wird in diesem Zusammenhang abgesehen).

Ab dem 1. Januar 2009 gilt unabhängig von der Beteiligungsdauer für jede Beteiligung die Abgeltungsteuer. Sofern die Beteiligung 1 % oder mehr am Stamm- bzw. Grundkapital der Gesellschaft beträgt, gilt das sog. Teileinkünfteverfahren, wonach lediglich 60 % der Veräußerungsgewinne mit dem persönlichen Steuersatz besteuert werden.

Bei Direktbeteiligungen ist auf jeden Fall zu vermeiden, dass im Rahmen von Vesting- und Ratchet-Lösungen über verschiedene Stufen das wirtschaftliche Eigentum zufließt (und eine ggf. bestehende Differenz zwischen Anschaffungskosten und dem dann bestehenden Verkehrswert besteuert wird), ohne dass zu diesem Zeitpunkt die entsprechende Liquidität zufließt (sog. Dry-Income-Problematik), während zugleich noch das Risiko besteht, dass auch beim Exit ein entsprechender Zufluss ausbleibt (durch zwischenzeitliche Underperformance).[31]

Leistungs- und Bleibeanreizen

Die Ausgestaltung von Leistungs- und Bleibeanreizen ist wesentlich komplexer als bei den anderen Gestaltungsmitteln. Bei der Direktbeteiligung ist eigentlich nur durch ein *negatives Vesting* in der Form, dass bei Eintritt bestimmter vorab definierter Ereignisse die Anteile des Managements an den Investor fallen – das Management somit bei schlechter Leistung leer ausgeht –, eine Bindung des Managements möglich. Wichtig ist hier sicherlich, die Schlechtleistung vorab möglichst genau zu definieren, um spätere Streitigkeiten zu vermeiden.[32]

In Extremfällen kann durch Einbau weiterer Elemente wie bspw.

- der Kaufpreisstundung,
- der Fremdfinanzierung der Einlage,
- der Verpfändung von Gewinnansprüchen und
- Stimmbindungsvereinbarungen

eine Gestaltung erreicht werden, die steuerlich gesehen denen von Optionsmodellen gleichkommt (Vollversteuerung).

---

31 Zum Begriff des wirtschaftlichen Eigentums vgl. Braunschweig (2005b), S. 71 ff. sowie Hohaus/Inhester (2003), S. 1765 ff.

32 Zur aktuellen Rechtsprechung und zu der Gefahr, dass negatives Vesting, d. h. die Rückübertragung von Gesellschaftsanteilen bei Schlechtleistung, als sittenwidrig qualifiziert wird, vgl. Hohaus (2005).

c)   Optionsmodelle

Optionsrechte in Form der *Naked Warrants* ermöglichen eine maximale Erfolgsbeteiligung bei gleichzeitig minimalem Kapitaleinsatz. Sie sind jedoch steuerlich
ungünstiger als das Direktinvestment.

Naked Warrants

Die Optionsprogramme erlauben allein schon durch ihren Mechanismus ein
positives Vesting. Vested Options sind Optionsrechte, die durch den Zeitablauf
im ungekündigten Fortbestand des Arbeitsverhältnisses unverfallbar geworden
sind. Die Ausübung der Optionen ist an das Erreichen bestimmter Kennzahlen-
werte geknüpft und zeitlich festgelegt – der Gestaltungsspielraum ist hier relativ
groß. Dabei muss jedoch beachtet werden, dass mit der Unverfallbarkeit nicht
gleichzeitig die potenzielle Ausübung eintritt. Nach § 193 II Nr. 4 AktG n. F. darf
frühestens vier Jahre nach der Eintragung des bedingten Kapitals im Handelsregister die Ausübung erfolgen.[33] Dies ist somit eine automatisch durch das Gesetz
eingebaute Cliff Period, d. h. ein Zeitraum, in dem eine Verfallbarkeit möglich ist.

Vested Options

Die Vesting Schedules können unterschiedlich gestuft sein, es sind monatliche, vierteljährliche oder auch jährliche Vesting-Termine denkbar. Durch den
Exit kann auch eine vorzeitige Unverfallbarkeit eingebaut sein (sog. *Accelerated Vesting*).

Aus Sicht des Managements haben Optionsmodelle den Vorteil einer verspäte-
ten Auszahlung, da der Kapitaleinsatz erst bei Ausübung der Option, sofern sich
diese »im Geld« befindet, fällig wird. Bei der Besteuerung gibt es mittlerweile
keine Vorteile mehr – es erfolgt eine Besteuerung des Differenzbetrags zwischen
dem Basispreis und dem Verkehrswert zum Ausübungszeitpunkt.[34]

Vorteile

Bilanziell ergibt sich der Vorteil, dass ein Ergebnisausweis beim Portfoliounternehmen nach herrschender Meinung vermieden werden kann (mit dem Nachteil, dass es dementsprechend auch keinen Betriebsausgabenabzug gibt). Allerdings werden insbesondere unter US-GAAP und IFRS die Optionsprogramme
kritischer gesehen und müssen nach APB Nr. 25 und SFAS No. 123 bzw. IFRS 2
meist bilanziert werden.[35]

Während für die Aktiengesellschaft ein umfassendes aktienrechtliches Regu-
larium für die Ausgestaltung der Optionsrechte in Frage kommt, bedürfen Optionen bei der GmbH einer individuellen Gestaltung. Insofern eignen sich diese
nur bedingt für größer angelegte Programme mit einer Vielzahl von Mitarbeitern.

Optionen bei
der GmbH

Bei der Ausgabe der Optionsrechte müssen sich die Gesellschafter der GmbH
gegenüber den Mitarbeitern verpflichten, bei Ausübung des Optionsrechts das
Stammkapital in entsprechendem Umfang zu erhöhen und die neuen Gesellschaftsanteile unter Verzicht der Gesellschafter auf ihr gesetzliches Bezugsrecht
an die Mitarbeiter auszugeben. Somit ist eine gesonderte vertragliche Regelung
notwendig, die ihre rechtliche Wirkung erst entfaltet, wenn die neuen Gesell-

---

33 Sollte der Exit innerhalb der Zweijahresfrist erfolgen, müssen die Anspruchsberechtigten für
   den Verlust ihrer Optionsrechte in bar entschädigt werden.
34 Vgl. zu dieser Diskussion Braunschweig (2005b), S. 52 ff.
35 Zur Diskussion hierzu vgl. Braunschweig (2005b), S. 49 f.

schaftsanteile im Handelsregister eingetragen sind. Auch ist die notarielle Formvorschrift für Optionsvereinbarungen zu beachten.

Um die rechtlichen Schritte zu vereinfachen, werden oft Zwischengesellschaften eingeschaltet. Hierbei ist allerdings zu bedenken, dass bei Übertragungen durch Gesellschafter an Mitarbeiter eine verdeckte Einlage des Gesellschafters in die GmbH fingiert werden kann.

Optionen bei der AG

Die rechtlichen Schritte bei der Einräumung der Optionsrechte bei einer Aktiengesellschaft sollten für die Investoren unproblematisch sein, da meist mehr als 75 % des Aktienkapitals gehalten wird. Diese Grenze ist deshalb kritisch, da der Aufsichtsrat den Vorstand auf der Hauptversammlung zur Ausgabe der Optionsrechte ermächtigt (so nicht schon ein zur Bedienung der Optionsrechte eingerichtetes bedingtes Kapital vorliegt).

Weitere Ausgestaltungselemente der Mitarbeiterbeteiligung

Weitere Ausgestaltungselemente der Mitarbeiterbeteiligung sind neben den Fristenberechnungen und Ausübungsregelungen auch Regelungen zum Verwässerungsschutz, wonach bei Kapitalerhöhungen zusätzliche Optionsrechte aus Gesellschaftsmitteln bereitgestellt werden. Ebenso mag während der Laufzeit der Optionsvereinbarungen ein *Repricing* notwendig sein – sowohl die Erfolgsziele als auch der Basispreis können bei Zustimmung durch die Hauptversammlung geändert werden. Zu beachten ist allerdings, dass nach den Vorschriften des Deutschen Corporate Governance Kodex eine Neubepreisung gerade ausscheiden soll.

Wandel- und Optionsanleihen

Insbesondere *Wandel- und Optionsanleihen* sind ein aktienrechtliches Konstrukt, das sich für die Management-Incentivierung nutzen lässt. Der Wandlungsberechtigte zeichnet zunächst eine Anleihe, deren Wandlungsrecht zu einem festgelegten Umtauschverhältnis in Aktien ausgeübt werden kann, womit die Forderung aus der Anleihe erlischt. Hierbei lässt sich im Unterschied zum Naked Warrant eine Ausweisung des Personalaufwands nach IAS und US-GAAP vermeiden. Steuerlich wiederum ist eine abweichende Behandlung vom Naked Warrant zu erwarten.

d)   Cash-Instrumente

Anreizkomponenten

Anreizkomponenten, die sich im Rahmen von Dienstverträgen abbilden lassen, bringen den geringsten Gestaltungsaufwand mit sich. Hierbei wird im Grunde genommen zwischen den Managern und den Investoren eine Gesamtvergütung vereinbart, die sowohl fixe wie auch variable Bestandteile enthält. Die Bleibe- und Exit-Anreize können dabei im Rahmen des arbeitsrechtlich Zulässigen gesetzt werden. So lassen sich auch hier Vesting-Elemente einbauen, indem Erfolgskomponenten von der Betriebszugehörigkeit abhängig gemacht bzw. im Extremfall sogar Rückzahlungen für bereits gezahlte Tantiemen vereinbart werden. Arbeitsrechtlich kritisch sind solche Regelungen jedoch bei Personen, die nicht dem Vorstand oder der Geschäftsführung angehören, da man in diesen Fällen von einer faktischen Vereitelung des Kündigungsrechts ausgehen kann.[36]

---

36 Vgl. Braunschweig (2005b), S. 38 f.

Bilanziell sind sowohl die fixen als auch die variablen Bestandteile als Betriebsaufwand absetzbar, was zwar einerseits Steuern spart, andererseits aber zu einem geringeren bilanziellen Ergebnis führt – das EBITDA, meist als Bewertungsgrundlage für die Veräußerung verwendet, verringert sich. Beachtet werden muss jedoch, dass es bei unangemessenen Tantiemezahlungen nach der von der Finanzverwaltung übernommenen Rechtsprechung des Bundesfinanzhofs (BFH) zu einer verdeckten Gewinnausschüttung kommen kann, so dass der Betriebsausgabenabzug nicht mehr gewährleistet ist. Diese Gefahr ist insbesondere dann gegeben, wenn sich die zugesagte Tantieme auf über 50 % des Jahresüberschusses der Gesellschaft bezieht (bei Bezug auf das i. d. R. höhere EBIT bzw. EBITDA ist die Gefahr noch größer, da dann der Jahresüberschuss durch die meist hohen Zinszahlungen sehr gering ist) oder 25 % der Gesamtbezüge überschreitet. Auszugehen ist dabei von den geplanten Jahresüberschüssen; hierbei sollte alle drei Jahre eine Anpassung vorgenommen werden.[37]

(Randnotiz: bilanzielle/steuerliche Auswirkungen)

Für das Management wiederum ist eine Cash-Komponente steuerlich wenig attraktiv, da sie voll lohnsteuerpflichtig ist. Bei Bonusvereinbarungen fällt dafür wie beschrieben kein Kapitaleinsatz des Managements an – hier wird lediglich bei Erreichen der vorher definierten kritischen Größen eine Zahlung seitens des Unternehmens fällig.

(Randnotiz: Bonusvereinbarungen)

Der gleiche Vorteil lässt sich auch bei sog. *Phantom Stocks* (auch »Als-ob-Beteiligung« oder »Schattenbeteiligung« genannt) erreichen. Diese Regelung sieht vor, dass das Management beim Exit des Investors (eventuell ebenfalls unter Voraussetzung einer Mindestdienstzeit und des Erreichens bestimmter Erfolgsziele) so gestellt werden soll, als ob es kapitalmäßig beteiligt sei.

(Randnotiz: Phantom Stocks)

e) Kombination der verschiedenen Modelle unter Berücksichtigung der nichtfinanziellen Komponenten

Die oben genannten Ziele einer Managementstrukturierung sind häufig widersprüchlich und nur durch sehr komplexe Regelungen zu erreichen. Die vorgestellten Instrumente sind dabei nicht selten austauschbar und können durch die konkrete Ausgestaltung so aneinander angenähert werden, dass die Unterschiede oftmals nur mehr formaler Art sind. So können Tantiemen wirtschaftlich wie Eigenkapitalbeteiligungen ausgestaltet werden und Eigenkapitalbeteiligungen wirtschaftlich wie Optionen. Zu beachten ist dabei jedoch, dass auch dort, wo die wirtschaftliche Wirkung eines Instruments mit den formalen Mitteln eines anderen Instruments erreicht wird, die Besteuerung den Regeln des wirtschaftlichen Inhalts folgen kann und nicht unbedingt denen der formalen Verpackung.

Es ist daher sinnvoll, zunächst mit dem inhaltlich Gewollten zu beginnen und sich dann den formalen Strukturen zuzuwenden, mit denen der Inhalt umgesetzt werden soll. Wie vielschichtig die Ausgestaltungsformen sein können und wie

---

37 Vgl. Braunschweig (2005b), S. 40 f.

skandinavisches
Modell

US-amerikanisches
Modell

Standardmodell/
englisches Modell

wichtig vor diesem Hintergrund das wirtschaftlich Gewollte ist, zeigt die Gegenüberstellung verschiedener stereotypischer Gestaltungsformen.

So kommt das sog. *skandinavische Modell* einem eher risikoaversen Managementteam entgegen. Hierbei wird ein inverser Ratchet vereinbart, bei dem das Management wieder Anteile an den Investor abgeben muss, sollte die IRR beim Exit einen bestimmten Wert unterschreiten. Meist wird dabei auch eine Grenze festgelegt, bei deren Unterschreiten das Management keine weiteren Anteile mehr abtreten muss. Da das Management auch in die Gesellschafterdarlehen einzahlt, ist es einem limitierten Downside-Risiko ausgesetzt – bei einem entsprechend limitierten Upside-Potenzial.

Demgegenüber arbeitet das *US-amerikanische Modell* sehr stark mit gestuften Optionsprogrammen. Hier steigt die Erfolgsbeteiligung des Managements mit wachsendem Erfolg des Investors exponentiell an. Bei Erreichen bestimmter Schwellenwerte (die meist an der IRR des Investors gemessen werden) fallen zusätzliche Optionen an das Management, so dass dessen Anteil am Gesamtrückfluss nach Veräußerung exponentiell ansteigt.

Schließlich wird beim *Standardmodell* (in Abb. 58 aufgrund der häufigen Verwendung im englischen Kulturkreis auch englisches Modell genannt) eine sehr einfache, gut nachvollziehbare lineare Beziehung zwischen Managementbeteiligung und Erfolg des Investors etabliert.

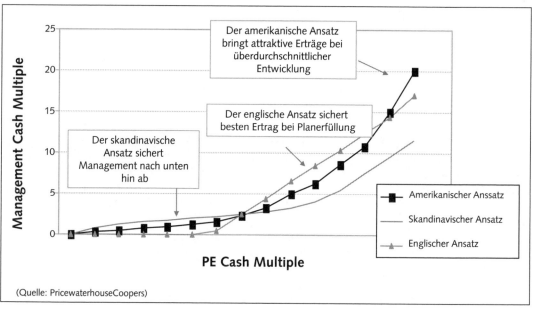

Abb. 58:
Beispielhafter Vergleich der verschiedenen Ertragsprofile auf Basis des Cash-Multiples

Der *Einsatz*, der vom Management verlangt wird, ist sehr stark von dessen Vermögenssituation abhängig. Generell ist die Regel, dass das Management ungefähr ein Bruttojahresgehalt einsetzt. Befindet sich das Management bereits in einer besseren Vermögensposition, ist der Einsatz höher. Sofern das Management im Rahmen der Transaktion vom Veräußerer einen Bonus bekommt, muss es regelmäßig diesen und darüber hinaus eigenes Vermögen einsetzen, da der Bonus von den Private-Equity-Investoren nicht als »eigenes« Geld des Managements betrachtet wird. Ist das Management anderweitig finanziell belastet, z. B. aufgrund von Scheidung oder Hausbau, wird ein niedrigerer Einsatz verlangt. Die Faustregel lautet: »Es muss richtig weh tun, darf aber, falls der Buy-out nicht den gewünschten Verlauf nimmt, keine Existenzbedrohung darstellen.«

Einsatz des Managements

Das Management ist wesentlich über eine überproportionale Wertsteigerung seiner Anteile incentiviert. Diese wird dadurch erreicht, dass das Management über die oben beschriebenen Mechanismen die Anteile gehebelt zeichnen kann.

überproportionale Wertsteigerung

Das Verhältnis zwischen dem, was das Private-Equity-Haus für einen 1 %-igen Anteil am Unternehmen zahlt, und dem Preis, den das Management bezahlt, bezeichnet man als *Entry Envy Ratio*. Diese liegt oft im zweistelligen Bereich. Die Formel für die Entry Envy Ratio lautet:

Entry Envy Ratio

$$\text{(Investment des Managements / Anteil in \%) /}$$
$$\text{(Investment des Private-Equity-Fonds / Anteil in \%).}$$

In unserem Modellbeispiel ergibt (82m + 9m)/90 % im Verhältnis zu 1m/10 %, somit einen Faktor von rund 10, d.h., das Management würde gegenüber dem Private-Equity-Haus die Anteile mit einem Hebel von 10 beziehen. Dies ließe sich mit weiteren Incentivierungsmaßnahmen, z. B. Aktienoptionsprogrammen, verbinden.

Mit der Entry Envy Ratio werden sowohl die Höhe der Management Returns als auch die Höhe des Investments des Managements im Verhältnis zum Investment durch das Private-Equity-Haus festgelegt. Der Zusammenhang zwischen Entry-Envy-Faktor und Rendite für das Management ist relativ einfach – je höher der Entry-Envy-Faktor, desto höher die Rendite für das Management (s. Abb. 59).

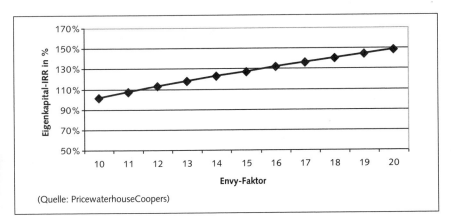

(Quelle: PricewaterhouseCoopers)

Abb. 59: Zusammenhang zwischen Entry-Envy-Faktor und Rendite für das Management

Strittig ist, ob der Entry-Envy-Faktor zum Einstiegszeitpunkt oder zum Ausstiegszeitpunkt berechnet werden soll – je nach den gewählten Strukturierungselementen kann hier das Ergebnis unterschiedlich sein. In der Praxis werden von den Private-Equity-Häusern beide Varianten der Berechnung verwendet; eine einheitliche Vorgehensweise ist nicht festzustellen.

Performance Ratchet

Unberücksichtigt bleibt bei der vorgestellten Struktur eine eventuelle Besserungsklausel bei Übertreffen bestimmter Ziele (ein sog. *Performance Ratchet*). Danach wird das Management (über eine nominelle Kapitalerhöhung im Fall des Standardmodells der Beteiligung bzw. beim Optionsmodell über Optionen auf weitere Gesellschaftsanteile) besser gestellt, sollte es eine bestimmte Zielvorgabe – meist einen gewichteten Durchschnitt mehrerer Kennzahlen – übererreichen. Die vereinbarte Besserstellung sieht in den meisten Fällen eine disquotale Mehrbeteiligung des Managements am Exit-Erlös vor (sog. positiver Ratchet). Ziel dieser nominell überdurchschnittlichen Incentivierung des Managements ist eine weitergehende Interessenharmonisierung.

negatives Ratchet

Möglich ist auch die Vereinbarung eines negativen Ratchet. Hierbei werden bei Verfehlung der Planziele bzw. des geforderten Exit-Erlöses des Investors Anteile des Managements nominell wieder an den Investor zurückgegeben (Standardmodell) oder es wird die Berechtigungsquote am Exit-Erlös reduziert (Optionsmodell bzw. Cash-Incentivierung).[38]

Vorteile/Nachteile eines Ratchet

Der Vorteil eines Ratchet liegt in der Incentivierung des Managements und der damit einhergehenden Risikominimierung für den Investor. Nachteilig ist jedoch, dass durch die Konzentration auf bestimmte Ereignisse (bzw. konkret definierte Kennzahlen) das Ziel einer insgesamt positiven Unternehmensentwicklung aus den Augen verloren wird. Zudem wird in die Transaktion eine weitere (insbesondere auch steuerliche) Komplikation eingebaut, die divergierende Interessen von Investor und Management zur Folge haben kann. Dies gilt insbesondere dann, wenn die Managementbeteiligung nicht nur an der eindimensionalen Größe des Exits, sondern auch an *operativen Zielen* festgemacht werden soll, die für das Erreichen eines optimalen Ergebnisses zum Zeitpunkt des Exits wichtig sind, bspw. die Verbesserung des Working Capital oder das Erreichen bestimmter Restrukturierungsziele.

vorzeitiges Ausscheiden des Managements

Im Zusammenhang mit diesen Vesting- und Ratchet-Bestimmungen sind die Regelungen zu sehen, die das vorzeitige Ausscheiden des Managements regeln. Differenziert wird i. d. R. nach den Gründen des vorzeitigen Ausscheidens.

Good Leaver

Sollte das Ausscheiden durch wichtige den Manager selbst betreffende Gründe bedingt sein, bspw. Krankheit, Todesfälle in der Familie, Berufsunfähigkeit, Pensionierung bzw. sonstige Gründe, die das weitere Ausüben der Managementposition unmöglich machen, so ist bei an sich positivem Geschäftsverlauf von einem Good Leaver zu sprechen. Dieser erhält bei seinem Ausscheiden bei der Abwägung zwischen Einstandspreis (plus evtl. Verzinsung) und dem Marktpreis den höheren Betrag und wird eventuell weiter am späteren Exit-Erfolg partizipieren.

---

38 Vgl. Hohaus (2005), S. 1293.

Der Bad Leaver dagegen, der hauptsächlich wegen Schlechterfüllung auf Anweisung des Investors ausscheidet (berechtigte fristlose Kündigung seitens der Gesellschaft, es sei denn, diese erfolgt aus einem nicht durch den Manager verschuldeten wichtigen Grund) oder nach Ablauf der Laufzeit seinen Vertrag nicht verlängert, obwohl ihm eine Verlängerung zu wirtschaftlich gleichen Bedingungen angeboten wurde, erhält das Geringere von Marktwert oder Einstandspreis.

Eine kritische und zwischen Investor und Management viel diskutierte Frage ist, ob neben der Call-Option, die dem Investor zusteht, dem Management im Good-Leaver-Fall eine spiegelbildliche Put-Option eingeräumt wird. Die Höhe der Rückkaufpreise kann durch unabhängige Wirtschaftsprüfer, mit Hilfe einer festen Formel (bspw. EBITDA-Multiplikator auf Basis eines normalisierten Ergebnisses) oder über eine Bewertung nach den Vorgaben der Verbände (bspw. der European Venture Capital Association) bestimmt werden. Insbesondere für die Formel sprechen Einfachheitsgründe, wenn die Normalisierungen (siehe Kapital V zur Due Diligence) hinreichend genau bestimmt sind. Durch Ergebnisschwankungen können sich jedoch auch Ungerechtigkeiten ergeben, wenn eine kurzfristige Underperformance das Unternehmenswertpotenzial nicht adäquat widerspiegelt.

Ein weiterer wichtiger Aspekt des Themas Managementbeteiligung sind die *Mitveräußerungsrechte und -pflichten* (Tag-along- und Drag-along-Klauseln). Mit diesen Regelungen will der Investor sicherstellen, dass im Fall eines Gesamtverkaufs des Unternehmens keine Minderheitsgesellschafter wie das Managementteam oder andere Optionsberechtigte im Unternehmen verbleiben.

Abschließend sind für die finanzielle Strukturierung des Management Equity auch die rechtlichen Rahmenbedingungen der Managementbeteiligung von Bedeutung. Diese sind sowohl in der Satzung als auch in der Gesellschaftervereinbarung geregelt und umfassen

- Zustimmungspflichten seitens des Investors (den sog. *Investor Consents*),
- fest definierte *Vorverkaufsrechte* (Pre-emption Rights),
- die bereits angesprochenen *Mitverkaufsrechte/-pflichten* (Drag-along Right und Tag-along Right/Right of First Refusal),
- Regelungen für Kapitalerhöhungen sowie einen bestimmten *Verwässerungsschutz*,
- die *Garantien*, die seitens des Managements gegeben werden (sog. Management Representations and Warranties),
- die *Zusammensetzung des Aufsichtsrats bzw. Beirats*,
- fest definierte *Informationspflichten* sowie
- die *Fungibilität* der Anteile (mögliche Übertragung auf Familienmitglieder oder auch die Übertragung auf neue Managementteam-Mitglieder).

Diese rechtlichen Rahmenbedingungen sind in Abschnitt VI.3 (Verträge mit dem Managementteam) detailliert erläutert.

Margin notes: Bad Leaver · Put-Option · Mitveräußerungsrechte und -pflichten · rechtliche Rahmenbedingungen

4. Weitere Determinanten der Transaktionsstrukturierung

a) Strategisches Konzept der Transaktionsstrukturierung

Das strategische Konzept bestimmt wesentlich die Struktur der Transaktion. Wenn man vom Standardfall einer 100 %-igen Übernahme durch den Private-Equity-Fonds und der gleichzeitigen oder zeitlich verschobenen Beteiligung des Managements ausgeht, so ist die Strukturierung wesentlich von der Höhe der Managementbeteiligung abhängig. Je nachdem, wie hoch das Private-Equity-Haus die Bedeutung des Managementteams einschätzt, wird es dem Management einen mehr oder weniger gehebelten Bezug der Eigenkapitalanteile zugestehen.

Strategische Konzepte

Von diesem Standardfall abgesehen existieren die verschiedensten strategischen Konzepte zur Strukturierung einer Transaktion. Die beiden wesentlichen sind

- die Zusammenarbeit des Private-Equity-Hauses mit einem *industriellen Partner* auf Basis einer gemeinsamen strategischen Logik und
- die Umsetzung einer *Buy-and-Build*-Strategie, in deren Rahmen das Private-Equity-Haus schon bei Vollzug der ersten Transaktion – dem Erwerb des Target-Unternehmens – ein oder mehrere Unternehmen bzw. Unternehmensteile hinzuerwirbt.

Buy-and-Build-Strategie

Die Umsetzung eines Buy-and-Build-Konzepts muss die Komplexität einer Transaktionsstruktur nicht wesentlich erhöhen. Je nach gewünschtem Endszenario werden die Akquisitionsobjekte unter das zu erwerbende Target-Unternehmen gehängt, also von diesem selbst erworben. Dabei ist sicherzustellen, dass das Zielunternehmen mit entsprechenden Finanzmitteln ausgestattet ist (siehe die in Abb. 60 links dargestellte Strukturierungsalternative).

Alternativ können die Akquisitionen neben das Target-Unternehmen und direkt unter das Akquisitionsvehikel gehängt werden, so dass faktisch eine Gleichberechtigung besteht (in Abbildung 60 rechts dargestellt). Problematisch bei dieser Alternative ist, dass die Banken die Unternehmen einzeln finanzieren müssen, was die Finanzierung zusätzlich kompliziert. Zudem ist es fraglich, inwieweit bei zwei gesellschaftsrechtlich getrennten Bereichen Synergien gehoben werden können. Trotzdem kann diese Struktur in bestimmten Fällen von Bedeutung sein, insbesondere dann, wenn eine für die verschiedenen Add-on-Transaktionen geplante Management-Incentivierung nicht in die Struktur der ursprünglichen Transaktion eingepasst werden kann oder aber auch aufgrund illiquider Kapitalmärkte eine Akquisition über die von den Banken zur Verfügung gestellten Akquisitionslinien nicht mehr abgedeckt werden kann und somit eine eigenständige Finanzierung aufgenommen werden muss.

Partnerschaftsmodell

Wesentlich schwieriger ist die Frage zu beantworten, in welcher Form ein industrieller Partner beteiligt werden soll. Eine erste Möglichkeit besteht darin, ihn direkt an dem Akquisitionsvehikel zu beteiligen (sog. *Partnerschaftsmodell*). Der große Vorteil dieser Struktur ist, dass der industrielle Partner, wenn auch mit dem

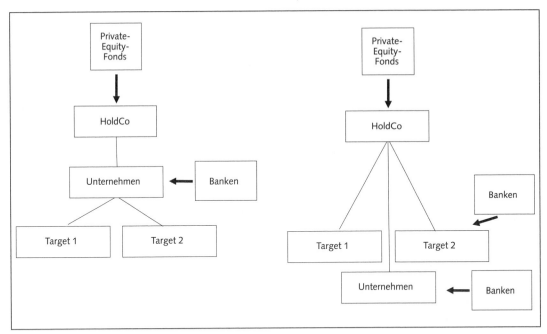

Abb. 60:
Möglichkeiten der
Strukturierung einer
Add-on-Akquisition

entsprechenden Risiko, am Leverage-Effekt teilnimmt. Der industrielle Partner hat bei dieser Variante allerdings die Interessen der akquisitionsfinanzierenden Bank zu berücksichtigen und muss, abhängig von der Beteiligungsquote, auch die Bankfinanzierung in seinem Konzernabschluss konsolidieren.

Eine weitere Möglichkeit besteht darin, den industriellen Partner direkt beim Target-Unternehmen zu beteiligen (das sog. *Back-to-Back-Modell)*. Dies hat für den industriellen Partner den Vorteil, dass er, abgesehen von eventuell notwendigen vertraglichen Regelungen, relativ unabhängig agieren kann. Gerade diese vertraglichen Regelungen aber, die sehr wahrscheinlich auch vonseiten des Private-Equity-Investors eingefordert werden, sind kritisch zu sehen. Es sind in diesem Fall auf Ebene des Target-Unternehmens die entsprechenden Einflussmöglichkeiten vertraglich zu regeln, während bei der Variante des Partnerschaftsmodells eine Regelung im Rahmen der üblichen Vertragsdokumentation erfolgen kann.

Ein weiterer Vorteil könnte für den industriellen Partner in der Ausschüttung von Dividenden bestehen. Diese Ausschüttungen wird auch der Private-Equity-Fonds benötigen, um seine Fremdfinanzierung bedienen zu können, nur ist die Bedienung der Fremdfinanzierung via ausgeschütteter Dividenden einer Tochtergesellschaft steuerlich nicht unbedingt vorteilhaft. Am Leverage-Effekt kann der industrielle Partner in der Back-to-Back-Struktur nicht teilhaben.

Ein wesentlicher Konfliktpunkt bei Partnerschaften mit industriellen Partnern ist der Exit. Ist dieser für Private-Equity-Investoren unabdingbar, so will der industrielle Partner meist langfristig beteiligt bleiben. Es liegt daher nahe, den Exit durch einen Verkauf an den industriellen Partner zu vollziehen.

Back-to-Back-
Modell

Exit-Problem

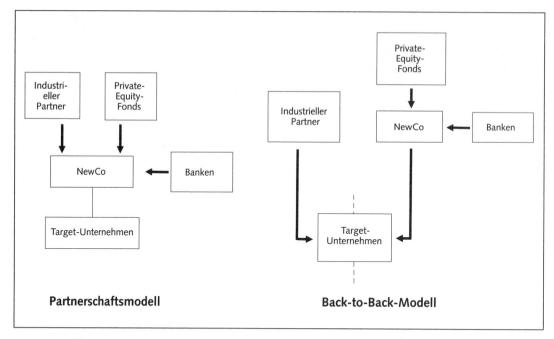

Partnerschaftsmodell   **Back-to-Back-Modell**

Abb. 61:
Möglichkeiten
der industriellen
Partnerschaft

Die Frage ist, zu welchen Bedingungen dies geschehen soll. Der industrielle Partner ist an planbaren Größen und fixierten Konditionen interessiert, d. h., es müsste eine *harte Exit-Klausel* in den Beteiligungsvertrag aufgenommen werden. Eine Festschreibung eines Unternehmenswertes aber wäre für das Private-Equity-Haus von Nachteil, da dies die Rendite nach oben eindeutig determiniert. Eine *weiche Exit-Klausel* könnte demgegenüber an Erfolgsgrößen wie dem EBITDA festgemacht werden, indem bspw. ein EBITDA-Multiplikator festgeschrieben wird. Umrahmt werden diese Exit-Klauseln von gegenseitigen *Put- und Call-Optionen, Vorkaufsrechten, Liquiditätspräferenzen* bei Veräußerung usw. Der vertraglichen Gestaltung stehen hier alle Möglichkeiten offen, abhängig von der Unternehmenssituation und den jeweiligen Interessen.

*börsennotierte
industrielle Partner*

Insbesondere bei Involvierung eines börsennotierten industriellen Partners ist eine innovative Strukturierung notwendig, die über diese beiden Modelle hinausgeht. Eine fix vereinbarte Exit-Regelung ist bei börsennotierten Unternehmen ebenfalls nicht möglich.

Ein Beispiel für eine gelungene industrielle Partnerschaft und zugleich ein Sonderfall im Vergleich zu den beiden dargestellten Strukturierungsalternativen (vgl. Abb. 62) ist die Beteiligung von Apax Partners an der Phillips-Van Heusen Corp. (PVH), einem börsennotierten Textilunternehmen. PVH plante den Erwerb eines interessanten Target-Unternehmens, der Calvin Klein, Inc., ohne über genügend eigene Mittel zu verfügen. Um dem Apax-Fonds eine geräuschlose Beteiligung zu ermöglichen – schließlich handelte es sich bei dem industriellen Partner um ein börsennotiertes Unternehmen –, wurde eine Wandelanleihe strukturiert, welche die PVH in die Lage versetzte, die Calvin-Klein-Gruppe zu erwerben. Durch die erreichte Wertsteigerung der PVH-Gruppe (siehe Kurs-Chart in Abb. 62) sollte es Apax im Rahmen eines Block Trade möglich sein, sich nach Mitnahme der nicht unerheblichen Wertsteigerung von dem Engagement wieder zu trennen.

Abb. 62:
Möglichkeiten der industriellen Partnerschaft am Beispiel der Calvin Klein, Inc.

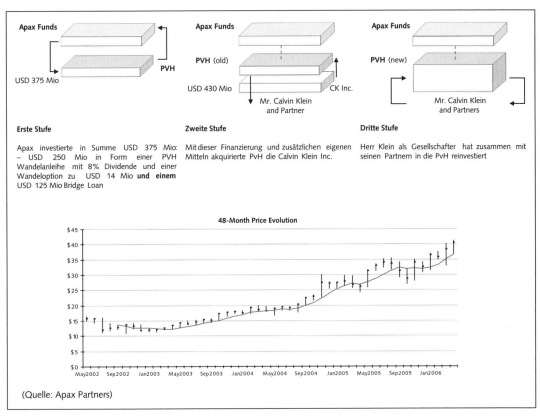

Erste Stufe

Apax investierte in Summe USD 375 Mio. – USD 250 Mio in Form einer PVH Wandelanleihe mit 8% Dividende und einer Wandeloption zu USD 14 Mio **und einem** USD 125 Mio Bridge Loan

Zweite Stufe

Mit dieser Finanzierung und zusätzlichen eigenen Mitteln akquirierte PvH die Calvin Klein Inc.

Dritte Stufe

Herr Klein als Gesellschafter hat zusammen mit seinen Partnern in die PvH reinvestiert

(Quelle: Apax Partners)

Eine weitere nicht uninteressante Entwicklung bei strategischen Konzepten ist das sog. Stub Equity. Dieses Anteilskapital entsteht in Fällen wie bspw. der Übernahme des Senders Clear Channel durch Thomas H. Lee Partners, L.P. und Bain Capital, LLC, wenn Aktionären bei börsennotierten Unternehmen die Möglichkeit eröffnet wird, an der neuen (nicht börsennotierten) Holdinggesellschaft Anteile zu erwerben. Damit besteht ein wesentlicher Anreiz für bestehende Aktionäre, das Übernahmeangebot anzunehmen.

Stub Equity

b) Rechtliche und steuerliche Komponenten der Transaktionsstrukturierung

Die rechtlichen und steuerlichen Komponenten sind für die Transaktionsstrukturierung von zentraler Bedeutung. Aus prozessualer Sicht ist ein Verständnis der grundlegenden Konzepte wesentlich. Dabei ist zwischen der Transaktionsstruktur, die zunächst für den Erwerb des Target-Unternehmens aufgesetzt wird *(Erwerbsstruktur)*, und der endgültigen Struktur *(finale Struktur)* nach Erwerb des Target-Unternehmens zu unterscheiden.

Ziele der finalen Struktur

Die finale Struktur wird meist dadurch erzeugt, dass die verschiedenen Erwerbsgesellschaften durch einen Downstream- oder Upstream-Merger zusammengeführt werden. In diesem Zusammenhang sind folgende Aspekte wesentlich:

- Steuerfreiheit beim Exit,
- steuerliche Abzugsfähigkeit der Fremdkapitalzinsen,
- Vermeidung von Quellensteuern auf Zinsen und Dividenden,
- Zugriff der fremdfinanzierenden Banken auf die Cash Flows ohne steuerliche Nachteile,
- entsprechende Durchgriffsrechte des Private-Equity-Hauses.

internationale Zwischenholding

Sowohl in der Erwerbsstruktur als auch in der finalen Struktur spielt die *internationale Zwischenholding* eine wesentliche Rolle. Der Hauptzweck einer solchen, meist in Luxemburg ansässigen Holding ist die steuerneutrale Repatriierung von Finanzmitteln aus der Veräußerung von Beteiligungen. Diese steuerfreie Repatriierung ist gefährdet, wenn in dem Land, in dem die Veräußerung stattfindet, Quellensteuer oder eine Capital Gain Tax (Veräußerungsgewinnbesteuerung) aufgrund einer beschränkten Steuerpflicht des nicht im Inland ansässigen Investors anfällt. So könnte der Private-Equity-Fonds, auch wenn er nicht in Deutschland ansässig ist, trotzdem der beschränkten Steuerpflicht für Veräußerungsgeschäfte in Deutschland unterliegen.

Luxemburg dagegen ermöglicht einen steuerlich unbelasteten Rückfluss der Cash Flows und ist durch bestimmte EU-Richtlinien (Fusionsrichtlinien, Mutter-Tochter-Richtlinie)[39] zu internationalen steuerneutralen Umstrukturierungen in steuerrechtlicher Hinsicht einigermaßen abgeschirmt.

Durchgriffsbesteuerung

Die nationale Steuerbefreiung von Dividenden und Veräußerungsgewinnen gilt regelmäßig jedoch nur dann, wenn aus Sicht des Ansässigkeitsstaats der Zwischenholding die ausländische Tochtergesellschaft als selbständiges ausländisches Steuersubjekt betrachtet werden kann. Sollte dies nicht der Fall sein, erfolgt, wie bspw. im deutschen Außensteuergesetz vorgesehen, eine sog. Durchgriffsbesteuerung.

LuxCo

Die luxemburgische Société Anonyme (S.A.) bzw. Société à responsabilité limitée (S.à.r.l.), im Folgenden LuxCo genannt, ist als Kapitalgesellschaft selbst Steuersubjekt in Luxemburg. Das hat den entscheidenden Vorteil, dass Veräußerungsgewinne und Dividenden dann steuerfrei sind, wenn die LuxCo mindestens 10 % der Anteile an der Tochterkapitalgesellschaft oder eine Beteiligung mit Anschaffungskosten von mindestens 1,2 Mio. EUR für einen ununterbrochenen Zeitraum von zwölf Monaten gehalten hat. Jedoch sieht auch das luxemburgische Steuerrecht eine maximale Fremdfinanzierung von bis zu 85 % vor.

---

39 Fusionsrichtlinie, Mutter-Tochter-Richtlinie.

Eine interessante Optimierungsmöglichkeit bieten hybride Finanzierungsinstrumente, sog. Preferred Equity Certificates (PECs). Diese können als Convertible Preferred Equity Certificates (CPECs), die einer Wandelanleihe vergleichbar sind, oder als Redeemable Preferred Equity Certificates (RPECs), die einer rückerwerbbaren Fremdkapitaltranche ähneln, ausgestaltet sein. Sofern die PECs keine Verzinsung vorsehen, werden sie auch als Yield Free Preferred Equity Certificates (YFPECs) bezeichnet. Diese Instrumente gelten trotz ihres hybriden Charakters als Fremdkapital und können ohne Quellensteuer zurückerworben werden. Insbesondere bei der später noch zu diskutierenden Refinanzierung, also der Rückführung von Eigenkapital unter Zuhilfenahme einer neuen Fremdfinanzierung, können RPECs ein effizientes Mittel darstellen.

hybride Finanzierungsinstrumente

Veräußerungsgewinne von Tochterunternehmen einer LuxCo in Deutschland sind nach dem Doppelbesteuerungsabkommen zwischen Deutschland und Luxemburg steuerfrei, sofern die Luxemburger Gesellschaft über ausreichend *Substanz* verfügt. Dieses in der praktischen Arbeit oft vernachlässigte Kriterium besagt, dass sowohl Sitz (§ 11 AO) als auch Geschäftsleitung (§ 10 AO) in Luxemburg liegen müssen – d. h., auch die Entscheidungen des täglichen Geschäfts müssen in Luxemburg getroffen werden. Dies ist insbesondere in Bezug auf die Dokumentation eine große Herausforderung.[40]

Substanz

Für den Nachweis der Substanz muss die LuxCo eine eigene Geschäftsadresse sowie eigene Büroräumlichkeiten besitzen und Anstellungsverhältnisse nachweisen können. In der Praxis bedeutet dies, dass insbesondere Konzerncontrollingaktivitäten in der LuxCo abgewickelt werden sollten.

Zwischen der internationalen Zwischenholding und dem Target-Unternehmen sind meist ein oder mehrere Akquisitionsvehikel (NewCo) zwischengeschaltet. In diese Gesellschaft – regelmäßig eine GmbH und zusätzlich, sofern erforderlich, eine KG – wird dann üblicherweise die Fremdfinanzierung eingebracht. Nach der Akquisition wird die Gesellschaft mit dem Target-Unternehmen verschmolzen (Post-Merger).[41]

NewCo und Post-Merger

Der steuerlich eventuell optimalen Strukturierung während der Transaktionsphase (vor der finalen Struktur) sind gesellschaftsrechtliche Grenzen gesetzt. Dies betrifft insbesondere einen für diesen Zeitraum vorgesehenen Cash Upstream von der Target-Gesellschaft zu den Erwerbergesellschaften. Die gesellschaftsrechtlich sowie im weiteren Sinne steuerrechtlich kritischen Regelungen sind hier insbesondere

kritische Regelungen

- Kapitalerhaltungsvorschriften,
- die Vorschriften zur verdeckten Gewinnausschüttung,
- das Verbot eines existenzvernichtenden Eingriffs und

---

40 Zur Rechtsprechung bezüglich der Substanz einer Holdinggesellschaft vgl. Jacobs (2002).
41 Aus steuerlicher Sicht kann, wenn es sich um einen amerikanischen Private-Equity-Fonds handelt, die sog. Check-the-Box-Regelung dazu führen, dass die Gesellschaft aus amerikanischer Sicht als transparente Personengesellschaft, aus deutscher Sicht jedoch als Kapitalgesellschaft betrachtet wird und damit eine Hinzurechnungsbesteuerung vermieden wird.

- das Verbot der finanziellen Unterstützung des Aktienerwerbs durch die erworbene Gesellschaft (Financial Assistance).

Meist wird diesen Vorgaben dadurch Rechnung getragen, dass die Finanzierung entsprechend bis zum finalen Merger der Erwerbs- mit der Target-Unternehmung tilgungsfrei gestaltet wird. Kritisch ist dies letztlich nur bei Public-to-Private-Prozessen, bei denen Anfechtungsklagen die finalen Verschmelzungen über mehrere Monate, wenn nicht sogar über Jahre, blockieren können.

Asset/Share Deal

Einen interessanten Nebeneffekt hat ein Asset Deal für die Investoren. Der Unterschied zwischen den Buchwerten und den erhöhten Verkehrswertansätzen der Assets kann entsprechend den zulässigen Abschreibungsregeln meist kürzer abgeschrieben werden als der Goodwill, der lediglich über 15 Jahre abgeschrieben werden kann. Bei einem Share Deal kann demgegenüber keine Goodwill-Abschreibung steuerlich geltend gemacht werden. Der Erwerb eines Personenunternehmens wird wie ein Asset Deal behandelt, wodurch die gleiche steuerliche Begünstigung erreicht wird: die Aktivierung von verschiedenen Gegenständen des Anlagevermögens und deren Abschreibungsmöglichkeit.

Ziele der finalen Struktur

In der *finalen Struktur* muss letztlich eine maximale steuerliche Abzugsfähigkeit der Finanzierungskosten erreicht werden. Der aktuelle Körperschaftsteuersatz beträgt 15 % zuzüglich des Solidaritätszuschlags von 5,5 %. Die Gewerbesteuer, die sich durch regional variierende Hebesätze auszeichnet, ist seit dem 1. Januar 2008 nicht mehr von der Bemessungsgrundlage der Körperschaftsteuer abziehbar (§ 4 V b EStG n.F. i.V.m. § 5 Abs. 6 EStG, §§ 7 Abs. 1 u. 2, 8 Abs. 1 KStG). Fremdkapitalkosten sind vorbehaltlich der durch die Zinsschranke gesetzten Grenzen (§ 8 a KStG i.V.m. § 4 h EStG n.F.) grundsätzlich von der Körperschaftsteuer abziehbar. Bei der Gewerbesteuer können 78 % der Zinsen abgezogen werden (§ 8 Abs. 1 GewStG). Die Hinzurechnung für Dauerschuldzinsen ist seit dem 1. Januar 2008 entfallen.

Wie in Abbildung 63 dargestellt, wird in der finalen Struktur die Erwerbs- mit der Target-Gesellschaft verschmolzen. Gelegentlich wird der gleiche Effekt – die Steuerabzugsfähigkeit der Fremdkapitalzinsen – auch durch einen einfachen Gewinnabführungsvertrag erreicht.[42]

Eine wesentliche Einschränkung für den Abzug von Finanzierungskosten ergab sich bis 2007 aus der Regelung zur sog. Gesellschafterfremdfinanzierung (Thin Capitalisation Rules) gemäß § 8 a KStG. Diese Regelung sollte eine übermäßige Fremdfinanzierung des Unternehmens durch wesentlich beteiligte Gesellschafter und letztlich die wirtschaftliche »Umqualifizierung« von bei der Gesellschaft nicht abzugsfähigen Ausschüttungen in vollabzugsfähige Zinsen vermeiden. Dafür wurden Zinsaufwendungen auf Gesellschafterdarlehen, die

---

42 Insofern sind die in der Literatur (siehe Picot (2002), S. 174 f. und Hug/Ernst (2003), S. 442) diskutierten Typen – das Darlehensmodell (die Bank gewährt dem Target-Unternehmen das Darlehen und dieses bezahlt über die Holding den Kaufpreis), das Sicherheitsmodell (die Bank gewährt der Holding den Kredit und erhält Sicherheiten vom Target-Unternehmen) und das Pfändungsmodell (das Target-Unternehmen erhält den Kredit und bezahlt direkt an den Verkäufer) – nur vorläufige Varianten, die in der finalen Struktur durch die Verschmelzung aufgehoben werden.

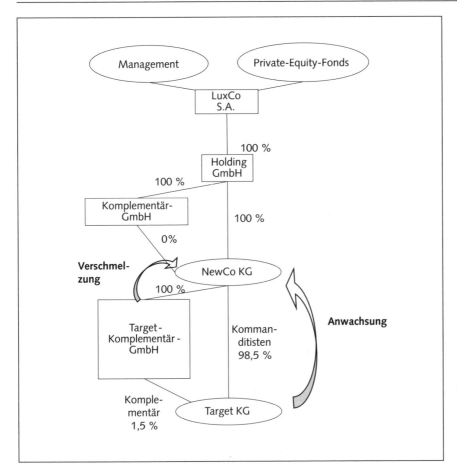

Abb. 63:
Beispielhafte Strukturierung einer LuxCo-Transaktion mit einer GmbH & Co KG als Target-Unternehmen

mehr als das 1,5-Fache des Eigenkapitals der Gesellschaft ausmachten, als verdeckte Gewinnausschüttungen fingiert.

Nach Meinung der Politik genügte der alte § 8 a KStG jedoch nicht, um insbesondere der Verlagerung von Unternehmensgewinnen ins Ausland entgegenzuwirken. Mit der Unternehmenssteuerreform wurde daher im Einkommensteuerrecht die sog. Zinsschranke eingeführt, die in modifizierter Form auch im Körperschaftsteuerrecht gilt (§ 4 h EStG n.F. i.V.m. § 8 a KStG n.F.). Nach Einführung der Zinsschranke sind Zinsaufwendungen nur noch eingeschränkt als Betriebsausgaben abzugsfähig.

Die Zinsschranke findet nur im Konzern Anwendung, d.h., sie gilt nicht für unverbundene Unternehmen. Abzugsfähig sind Zinsaufwendungen zunächst in der Höhe, in der auch Zinserträge vorliegen. Darüber hinaus können 30 % der Zinsaufwendungen abgezogen werden. Der verbleibende Rest der Zinsaufwendungen ist in die folgenden Wirtschaftsjahre vorzutragen. Die Zinsschranke findet keine Anwendung, wenn

Zinsschranke

- der die Zinserträge übersteigende Teil der Zinsaufwendungen weniger als 1 Mio. EUR beträgt,[43]
- das Unternehmen nicht oder nur anteilsmäßig zu einem Konzern gehört,
- das Unternehmen zu einem Konzern gehört und seine Eigenkapitalquote am Schluss des vorangegangenen Abschlussstichtages gleich hoch oder höher ist als die des Konzerns, wobei das Unterschreiten um bis zu einem Prozentpunkt unschädlich ist (sog. Escape-Klausel).

Die neue CDU/FDP-Regierung will die Zinsschranke etwas entschärfen. Dafür werden folgende Änderungen beschlossen (Kabinettsentwurf Wachstumsbeschleunigungsgesetz vom 9.11.2009):

- unbefristete Verlängerung der Freigrenze von 3 Mio. EUR;
- Einführung eines EBITDA-Vortrags für fünf Jahre; und
- Verbesserung der Escape-Klausel bei dem Vergleich der Eigenkapitalquoten.

Im Körperschaftsteuerrecht gelten über § 8 a KStG n.F. grundsätzlich dieselben Regelungen wie im Einkommensteuerrecht, jedoch sind insbesondere die Ausnahmen für nicht konzernangehörige Unternehmen und die Escape-Klausel modifiziert. Sie sind nur anwendbar, wenn nicht mehr als 10 % der Zinsaufwendungen gezahlt werden an

- einen zu mehr als 25 % mittelbar oder unmittelbar beteiligten Anteilseigner,
- eine einem solchen Anteilseigner nahestehende Person,
- einen Dritten, der auf den zu mehr als 25 % beteiligten Anteilseigner oder eine diesem nahestehende Person zurückgreifen kann.

Die Anwendung der Zinsschranke ist derzeit noch mit zahlreichen Schwierigkeiten verbunden. Ziel des Unternehmenskäufers ist es regelmäßig, aus dem Anwendungsbereich der Zinsschranke herauszukommen, um eine finanzierungseffiziente Erwerbsstruktur und eine finale Struktur verwenden zu können. Gerade der Anwendungsbereich von Konzern- und Escape-Klausel ist in der Praxis schwierig und noch nicht ausreichend geklärt. Unklar ist vor allem, wie der Begriff des Konzerns zu interpretieren und die Eigenkapitalquote im Einzelnen zu berechnen und zu steuern ist. In diesem Zusammenhang sind insbesondere Mezzanine-Finanzierungen kritisch, da Eigenkapital, das keine Stimmrechte vermittelt (mit Ausnahme von Vorzugsaktien), nicht in die Eigenkapitalquote einbezogen wird.

Beraterhonorare   Ein steuerliches Nebenthema im Rahmen der Strukturierung ist die steueroptimale Allokation der *Beraterhonorare*. Hierbei soll vermeiden werden, dass umsatzsteuerbehaftete Beraterhonorare bei Holdinggesellschaften anfallen, die den umsatzsteuerlichen Unternehmerbegriff nicht erfüllen. Die Umsatzsteuer wäre dann eine Definitivsteuer und nicht als Vorsteuer abzugsfähig. Im Zusammenhang mit den Beratungskosten stellt sich auch die Frage, ob die Beratungskosten nach § 255 I HGB Anschaffungskosten darstellen, die aktiviert und in den Fol-

---

43 Der Freibetrag wurde auf 3 Mio EUR erhöht (geändert mit Gesetz vom 16.07.2009, BGBl. I 2009, 1959, aber befristet bis Ende 2009, vgl. § 52 Abs. 12d EStG).

gejahren abgeschrieben werden können, oder ob sie sofortigen Aufwand mit sofortiger steuerlicher Wirkung bedeuten.

Eine Verkehrssteuer, die durch eine steueroptimale Gestaltung der Transaktionsstruktur vermieden werden sollte, meist aber nicht vermeidbar ist, ist die *Grunderwerbsteuer*. Sie fällt an, sofern sich Grundbesitz in einer Körperschaft befindet und diese zu mehr als 95 % den Gesellschafter wechselt. Bei Personengesellschaften fällt Grunderwerbsteuer an, wenn innerhalb von fünf Jahren mindestens 95 % der Anteile am Gesellschaftsvermögen auf einen Gesellschafter übergehen. Die Grunderwerbsteuer beträgt 3,5 % (in Berlin seit dem 1. Januar 2007 4,5 %) auf den sog. Bedarfswert des Grundbesitzes, der nach den Vorschriften der §§ 138 ff. des Bewertungsgesetzes zu ermitteln ist. Erfahrungsgemäß liegt dieser Bedarfswert bei ca. 70 % bis 80 % des Verkehrswertes. Auch bei der Grunderwerbsteuer sollen nach dem Willen der neuen Regierung Erleichterungen bei Umwandlungs- und Umstrukturierungsvorgängen geschaffen werden.

Grunderwerbsteuer

Das *Tax Model* ist ein wesentliches Element im Modelling-Prozess. Es hilft, die zukünftigen Steuerbelastungen zu gestalten, und hat damit – insbesondere über die Cash Covenants – auch eine wesentliche Bedeutung für die Debt Capacity. Das Tax Model dient als Entscheidungsgrundlage für die Kaufpreisfindung, denn die mit der steuerlich begünstigten Fremdfinanzierung zusammenhängenden Steuervorteile lassen mehr Spielraum bei der Kaufpreisgestaltung, für die optimale Akquisitionsstruktur, deren unterschiedliche Steuereffekte modelliert werden können, und für die optimale Finanzierungsstruktur.

Tax Model

In der Umsetzung bedeutet das Tax Model jedoch häufig nur eine Annäherung an die Realität, da oftmals nur konsolidierte Planungsdaten vorliegen, während aus steuerlicher Sicht eine Per-Entity-Betrachtung angesetzt werden müsste. Auch fällt die Modellierung in den verschiedenen nationalen Steuersystemen oft schwer, da meist konzernweit auf Basis einer internationalen Rechnungslegung geplant wird. Auch die Abweichungen zwischen HGB (zumindest für Deutschland gilt ja das Maßgeblichkeitsprinzip der Handelsbilanz für die Steuerbilanz) und der Steuerbilanz müssen oft in einer Nebenrechnung modelliert werden.

Wie an dem gewählten Modellbeispiel zu ersehen ist, ergeben sich für die Berechnung des Tax Model zwei Schnittstellen mit einem Zirkelbezug. Zum einen folgt der Jahresüberschuss, der unter Berücksichtigung der Thesaurierung die Einstellung in die Rücklagen determiniert, erst aus der Steuerberechnung. Die Rücklagen wiederum zählen zum Eigenkapital, das die Höhe der Zinsschranke und damit die Höhe der abzugsfähigen Zinsen festlegt. Zum anderen kann der residuale Cash Flow erst bestimmt werden, wenn die definitive Steuerbelastung feststeht.

Nachdem in unserem Modellbeispiel kein Cash Sweep definiert ist, baut sich diese Cash-Position auf und wird dann in Summe bei der Berechnung des Exit-Erlöses abgezogen; ein Cash Sweep kann jedoch auch direkt in das Modell implementiert werden, wodurch sich ein (in Excel ohne Weiteres lösbarer) Zirkelbezug ergibt.

5.   Minderheitsbeteiligung

Minderheitsinvestor

Die Minderheitsbeteiligung ist an sich keine Form des Buy-outs. Interessanterweise steht aber am Beginn eines Buy-outs oftmals der Wunsch des Managements nach einer Mehrheitsbeteiligung, was für den Private-Equity-Investor das Eingehen einer Minderheitsposition bedeutet. Die mit der Mehrheitsbeteiligung angestrebte Unabhängigkeit des Managements vom Investor wird in den meisten Fällen jedoch nicht erreicht. Zwar finanzieren bankennahe Institutionen, die eine Konsolidierung des Investments vermeiden wollen, auch Minderheitsbeteiligungen, die damit verbundenen Informations- und Kontrollrechte des Investors unterscheiden sich jedoch nicht wesentlich von denen eines Mehrheitsinvestors.

Wenn das Management aber bereits durch einen ersten Buy-out genügend Geld eingenommen hat, um in einer zweiten Runde im Rahmen eines Secondary die Mehrheit übernehmen zu können, kann der Minderheitsinvestor eine interessante Alternative darstellen – die Minderheitsbeteiligung des Private-Equity-Hauses dient in derartigen Fällen meist zur Deckung einer Finanzierungslücke. Der Ausstieg erfolgt dann über einen weiteren Secondary bzw. eine Refinanzierung, über einen klassischen Trade Sale oder – seltener – durch einen IPO.

PIPE-Investments

Eine weitere Form der Minderheitsbeteiligung stellen sogenannte PIPE-Investments dar (Private Investments in Public Equity),[44] das zeitlich begrenzte Eingehen von Long-Positionen in börsennotierten Unternehmen. Wenn ein Kauf von größeren Aktienblöcken nicht möglich ist, erfolgt das Investment über eine Kapitalerhöhung.

In Deutschland sind derartige Investments durch zwei Faktoren limitiert:

- die Begrenzung von Kapitalerhöhungen mit Ausschluss des Bezugsrechts im Rahmen eines genehmigten Kapitals auf 10 % des Grundkapitals sowie
- das nach dem Wertpapiererwerbs- und Übernahmegesetz (WpÜG) geforderte Pflichtangebot, sollten mehr als 30 % der Anteile erworben worden sein (siehe hierzu Abschnitt II.d.).

---

44 Vgl. hierzu auch Golland/Gelhaar (2003), S. 527-528. Auch hier ist der Buy-out-Fonds Blackstone mit dem bisher einzigartigen Investment in 5 % der Aktien der Deutschen Telekom AG in Vorlage gegangen. Einige der in der Vergangenheit getätigten PIPE-Investments sind nicht als Minderheitsbeteiligungen geplant gewesen, aber in diesem Stadium stecken geblieben, so die Beteiligung von The Carlyle Group an der BERU AG und die Beteiligung von One Equity Partners an der Süd-Chemie AG.

IV. Bewertung des Transaktionsobjekts

Im Zentrum der Strukturierung stellt sich die Frage nach der Bewertung des Zielobjekts. Das Finanzierungspaket für die Durchführung der Transaktion ist gesichert, die Basis für die weiteren Überlegungen steht.

Zunächst will der Investor sicherstellen, dass er für das Unternehmen einen fairen Marktwert bezahlt. Zwar könnte er unbeeindruckt von der Marktbewertung einen Preis bieten, der auf der angebotenen Finanzierungsstruktur basiert. Spätestens bei der Planung des Exits aber muss er sich damit auseinandersetzen, ob sich beim Ausstieg der gleiche Kaufpreismultiplikator wie beim Einstieg unterstellen lässt oder ob eventuell Abschläge hingenommen werden müssen.

Es hat immer wieder Phasen gegeben, in denen Private-Equity-Investoren strategische Investoren aufgrund des angebotenen Leverage überbieten konnten, aber dies stellt keine gesunde Marktsituation dar. Es mag verschiedene Gründe geben, warum in spezifischen Situationen strategische Käufer überboten wurden (Risikoaversion der strategischen Käufer, finanzielle Engpässe, überholte Bewertungsvorstellungen etc.) – grundsätzlich aber sollten sich die Bewertungsüberlegungen der Private-Equity-Investoren an denen der Strategen orientieren.

Die Frage nach dem fairen Marktwert führt somit zur Diskussion der verschiedenen Bewertungsverfahren und der herausfordernden Aufgabe des Bewerters, für das konkrete Unternehmen einen Vergleichsmaßstab im Markt zu finden. Doch erschöpft sich die Fragestellung hierin nicht, denn es kann durchaus sein, dass der rein finanziell motivierte Private-Equity-Investor keine für ihn sinnvolle Transaktion durchführen kann, obwohl ein Marktwert abgeleitet werden konnte. Diese Problemstellung führt zurück zur Strukturierung der Transaktion, denn nur wenn eine angemessene Finanzierung für die Transaktion organisiert werden kann, kann sie sich auch für den Investor lohnen.

Vorüberlegungen

Im Folgenden werden zunächst die Grundsätze der Unternehmensbewertung erörtert, soweit sie für die Diskussion der Buy-out-Bewertung erforderlich sind.

1. Verfahren der Unternehmensbewertung und ihre Eignung für die Buy-out-Bewertung

a) Grundlagen der Unternehmensbewertung

Zunächst handelt es sich bei einem Unternehmenskauf um nichts anderes als den Kauf des rechtlich verbrieften Anspruchs auf Zahlungen (Cash Flows).[1] Für die Bewertung wesentlich ist, dass die Zahlungsansprüche unsicher sind und zu unterschiedlichen Zeitpunkten in der Zukunft anfallen (wie der operative Verlauf einiger LBO, zum großen Erstaunen der Investoren, immer wieder zeigt).

Kauf eines Cash Flows

---

1 Vgl. Richter (2005), S. X f. und S. 5.

Kapitalwert

In der Finanzierungstheorie hat sich als Maßstab für die Ermittlung des Unternehmenswertes der Kapitalwert als die mit einer Alternativrendite diskontierte Summe aus Zahlung und Verkaufserlös durchgesetzt. Diesen Kapitalwert zu bestimmen bedeutet jedoch, einen Vergleich zu einem handelbaren Referenzobjekt herzustellen, das einen Preis hat und dessen sonstige Eigenschaften denen des Bewertungsobjekts ähneln. Richter hat in diesem Zusammenhang die Vergleichbarkeit und die Verfügbarkeit als die beiden zentralen Kriterien für die Bewertung von Unternehmen festgelegt.

Alternativen sind verfügbar, wenn es beobachtbare Marktpreise gibt, und sie sind vergleichbar, wenn die Zahlungen des Bewertungsobjektes durch die verfügbaren Investitionsalternativen nachgebildet werden können.[2] Beide Kriterien sind – gerade auch bei der Bewertung im Zusammenhang mit Leveraged Buyouts – immer wieder ins Gedächtnis zu rufen. Vor diesem Hintergrund erfordert bspw. die Bestimmung von Alternativrenditen Investitionsalternativen, die auch im Entscheidungszeitpunkt realisierbar sind. Für die Diskussion der Renditen im LBO-Modell bedeutet dies, dass diese auch im Markt erzielbar sein müssen – eine anhaltend geführte Diskussion, die mit den folgenden Ausführungen fortgesetzt wird.

Alternativanlage

Jede Diskussion mit Unternehmenseigentümern beginnt mit der Frage, was als Alternativanlage zu verwenden sei – das Spektrum reicht von klassischen Bundesanleihen bis hin zu hochkomplexen Anlageprodukten am Aktienmarkt. Für die Standardsituation in der Unternehmensbewertung ist die Referenz immer der Aktienmarkt. Die Unsicherheit der Zahlungsströme kann man unberücksichtigt lassen, wenn ein direkt proportionaler Zusammenhang zwischen den Zahlungen des Unternehmens und denen des Referenzportfolios am Aktienmarkt besteht. Leider ist dieser Zusammenhang nicht immer gegeben, doch verweist er auf eine interessante vereinfachte Verfahrensvariante: die Verwendung von regressionsbasierten Multiplikatoren, bei denen die wertrelevanten Faktoren in einer linearen Gleichung als erklärende Variable für den Bewertungsmultiplikator eingesetzt werden.[3] Zu diesen Multiplikatormodellen jedoch später.

Capital Asset Pricing Modell (CAPM)

Der formulierte grundsätzliche Zusammenhang zwischen den Zahlungen des Unternehmens und denen der Alternativanlage wird seit einiger Zeit im Capital Asset Pricing Modell (CAPM) gefasst, wobei die Zahlungen des Bewertungsobjekts durch die Zahlungen eines Portefeuilles nachgebildet werden.[4] Dieses Portfolio beinhaltet risikobehaftete Investitionsobjekte, die durch einen umfassenden Aktienindex dargestellt werden, und risikolose Investitionsobjekte.

---

2 Vgl. Richter (2005), S. X f. und S. 21 ff. Unternehmensbewertungen sind dementsprechend immer inhärent ungenau. Die Hauptfehlerquelle liegt in der unvollkommenen Vergleichbarkeit von Bewertungsobjekt und Referenzobjekt.
3 Vgl. Richter (2005), S. X f. und S. 85 ff.
4 Vgl. Drukarczyk (2001), S. 18 f.

b)   Kapitalwertmodelle versus Multiplikatorenmodelle

Aus dem CAPM-Modell folgt, dass nur das als systematisch bezeichnete Kovarianzrisiko, das nicht wegdiversifiziert werden kann, bewertungsrelevant ist. Die Eigenkapitalrendite ergibt sich dann aus einer *risikolosen Anlageform* (z. B. langlaufende Staatspapiere), ergänzt um eine (Eigenkapital-)*Marktrisikoprämie* (da ja in Eigenkapital und nicht in Fremdkapital investiert wird), die wiederum mit einem sog. *Beta-Faktor* versehen ist, der angibt, wie stark das zu bewertende Unternehmen mit dem Gesamt(eigenkapital)markt korreliert.

Risiko des Eigenkapitals im CAPM

Für die Bewertung von nichtbörsennotierten Unternehmen ist der Beta-Faktor durch Vergleichsunternehmen, die an der Börse notiert sind, zu beschaffen. Der Verwendung des Beta-Faktors liegt die Annahme zugrunde, dass die Börse ein zutreffendes Bild der jeweiligen Branche, in dem sich das Unternehmen befindet, zeichnet – ein hohes Beta (z. B. 1,5) bedeutet, dass bei einer Steigerung des Kapitalmarktes um 1 % das jeweilige Segment (z. B. Software-Unternehmen) um 1,5 % steigt. Diese überdurchschnittliche Steigerung ist u. a. durch ein überdurchschnittliches Wachstum der Unternehmensgewinne in dem jeweiligen Segment begründet. Dies zeigt einen wesentlichen Zusammenhang, der bei der Bewertung von Unternehmen beachtet werden muss: Die Kapitalkosten (und die damit implizierten Risiken) müssen den Risikogehalt der abdiskontierten Zahlen reflektieren – hohe, stark steigende *Free Cash Flows* (FCFs) sind auch mit einer hohen Renditeerwartung verbunden.[5]

Beta-Faktor

Die Frage des richtigen Alternativzinses und die Problematik eines als konstant unterstellten Alternativzinses wurden bereits angesprochen. Für die LBO-Bewertung ist entscheidend, wie die Alternativrendite gerechtfertigt werden kann.

Bezogen auf die oben dargestellten Modellannahmen ist bei den Parametern für die Kapitalkosten zunächst ein risikoloser Basiszins zu verwenden. Dieser bildet sich bspw. in langlaufenden Bundesanleihen ab; geeigneter jedoch sind Annahmen über die Zinsstrukturkurve, die über den Zeithorizont der Bundesanleihen hinausgehen. Die Schätzung der Marktrisikoprämie wiederum ist extrem schwierig. Die hierfür oft herangezogenen historischen Zeitreihen schwanken stark, je nach betrachtetem Zeitraum und den verwendeten arithmetischen oder geometrischen Mittelwerten. So kommt eine Studie bei Anwendung der geometrischen Mittelwerte auf deutsche Aktienrenditen auf einen Satz von 5 %. Amerikanische Autoren wiederum nennen für ihren Aktienmarkt eine Marktrisikoprämie von 3 %.[6]

Basiszins, Zinsstrukturkurve, Marktrisikoprämie

Die Anwendung der historischen Renditen birgt die Gefahr der Abkopplung vom Preisniveau im Bewertungszeitpunkt. Die Verfügbarkeit als wesentliches Bewertungskriterium ist also in Frage gestellt. Doch auch der Versuch, dieses Preisgefüge im Markt differenzierter zu fassen, stößt auf Schwierigkeiten in der

---

5   Vgl. Damodoran (1996), S. 47 ff. und Copeland/Koller/Murrin (1996), S. 247 ff.
6   Vgl. Claus/Jacob (2001), S. 1629-1666.

Handhabbarkeit.[7] Man wird wohl damit leben müssen, dass die Möglichkeiten zur Bestimmung der Alternativrenditen beschränkt sind und sich damit auch Brüche in der Konsistenz des Kapitalwertmodells zeigen.[8]

Gleichung zur Unternehmens- bewertung

Damit ist der Divisor einer möglichen Gleichung zur Unternehmensbewertung angesprochen. Den Zähler leitet der Käufer von den zukünftig erwarteten Rückflüssen aus einem Investment ab. Dies sind meist die Dividenden. Da Dividenden jedoch stark von der Ausschüttungspolitik des Unternehmens abhängen, wird als Bewertungsbasis der freie, prinzipiell allen Kapitalgebern zur Verfügung stehende Cash Flow (FCF) verwendet. Er ist auch durch Abschreibungs- und Bilanzierungspolitiken nicht zu beeinflussen. Der FCF ergibt sich, indem man

- auf das Ergebnis vor Zinsen und Steuern einen pauschalen (nicht um die jeweiligen Anrechnungen adjustierten) Grenzsteuersatz anwendet,
- alle Aufwandspositionen, die nicht zu Auszahlungen geführt haben, hinzurechnet (insbesondere Abschreibungen und Pensionsrückstellungen) und
- die Nettoinvestitionen in das Sachanlagevermögen und das Umlaufvermögen (Working Capital gekürzt um die kurzfristigen Verbindlichkeiten) abzieht.[9]

DCF-Modell

Der sog. Discounted Cash Flow (DCF) ergibt sich aus der Abdiskontierung der FCF der jeweiligen Jahre.[10] Da die Unternehmensplanung für einen längeren Zeitraum erfolgt, wird ab einem bestimmten Zeitpunkt ein normalisierter FCF angenommen, der nur mehr um eine gewisse Wachstumsrate ansteigt.[11]

$$DCF = \sum_{t=1}^{\infty} \frac{FCF_t}{[1+WACC]t} + \frac{\frac{FCF_{Tx}}{(WACC-g)}}{(1+WACC)R}$$

mit:

FCF_t	=	Free Cash Flow zum Zeitpunkt t
g	=	Wachstumsrate in der ewigen Rente
R	=	Zeitpunkt der ewigen Rente
WACC	=	gewichtete Kapitalkosten (Eigenkapitalanteil × geforderte Eigenkapitalrendite + Fremdkapitalanteil × Grenzsteuersatz × Fremdkapitalrendite)[12]

Unternehmens- gesamtwert (Enterprise Value)

7 Siehe Richter (2005), S. 134 ff.
8 Vgl. Richter (2005), S. 137. Wie sehr das Preisniveau die Renditen beeinflusst (was nach dem CAPM eigentlich nicht geschehen darf), zeigt Shiller anschaulich in seiner Analyse der letzten Blase des Jahres 2000; siehe Shiller (2005). Es lässt sich folgender Zusammenhang formulieren: je höher zum Entscheidungszeitpunkt das Preisniveau, desto geringer die Renditen; vgl. auch Richter (2005), S. 109 ff.
9 Vgl. Schwetzler (2002), S. 598.
10 Vgl. zu den Grundzügen des DCF Damodaran (1996), S. 9 ff. und Copeland/Koller/Murrin (1996), S. 71 ff. Die empirische Beliebtheit des DCF-Verfahrens zeigten zuletzt Brösel und Hauttmann; siehe Brösel/Hauttmann (2007), S. 293-309.
11 Vgl. Copeland/Koller/Murrin (1996), S. 285 ff. und Damodaran (1996), S. 120 ff.
12 Hier wird der sog. WACC-Ansatz vorgestellt. Zur Darstellung des APV (Adjusted-Present-Value)- und des Equity-Ansatzes sowie insbesondere zu den Problemen des WACC-Ansatzes vgl. Drukarczyk (2001), S. 31 f.

Der Unternehmenswert, der sich nach dieser Berechnung ergibt, ist ein Unternehmensgesamtwert (*Enterprise Value*). Hiervon müssen noch die *Nettoverbindlichkeiten* abgezogen werden. Hinzuzurechnen sind Vermögenswerte, die nicht zum operativen Geschäft gehören (z. B. große Bargeldbestände).[13]

In der Praxis werden bei der Ermittlung des Unternehmenswerts zwei verschiedene Verfahren angewendet:

- Der Wert des Eigenkapitals eines Unternehmens kann einerseits berechnet werden, indem die Überschüsse, die an die Eigenkapitalgeber ausgeschüttet werden, abgezinst werden. Diese Vorgehensweise wird als Nettoverfahren bezeichnet. Es wird direkt der *Equity Value* des zu bewertenden Unternehmens ermittelt. Nettoverfahren

- Andererseits können in einem ersten Schritt auch die Überschüsse abgezinst werden, die das Unternehmen an Eigen- und Fremdkapitalgeber auszuschütten plant (Bruttoverfahren, siehe das oben eingeführte DCF-Modell). Dies führt zum Unternehmensgesamtwert (*Entity Value*), der sich aus dem Wert des Eigen- und dem des Fremdkapitals zusammensetzt. Anschließend wird in einem zweiten Schritt – wie oben gezeigt – durch Abzug des Fremdkapitalwertes vom Gesamtunternehmenswert der Wert des Eigenkapitals bestimmt. Bei der Anwendung des Bruttoverfahrens ist zu berücksichtigen, dass zur Diskontierung nicht der Eigenkapitalzins verwendet wird, sondern die Überschüsse, die Eigen- und Fremdkapitalgeber erhalten, diskontiert werden. Bruttoverfahren

Zu den Parametern, die bei einer solchen Betrachtung harmonisiert werden müssen, zählen insbesondere die *Steuern*. Ertragsteuern fallen bei der Bewertung von Kapitalgesellschaften auf zwei Ebenen an: Ertragsteuern

- Bei der Ermittlung der Überschüsse, die das Unternehmen erwirtschaftet, sind Unternehmenssteuern zu berücksichtigen.
- Zusätzlich fallen auf Anteilseignerebene Ertragsteuern an, wenn der Privatanleger die Überschüsse aus dem Unternehmen versteuern muss (persönliche Ertragsteuern).

Die persönliche Besteuerungsebene ist in der Theorie sehr umstritten – die Verwendung von Steuern, auch persönlicher Steuern, ist nur dann korrekt, wenn Bewertungsobjekt und Referenzobjekt steuerlich gleich behandelt werden –, weshalb hier nur kurz auf die auf Unternehmensebene anfallenden Steuern eingegangen werden soll. Von diesen hat die Körperschaftsteuer in letzter Zeit die größte Veränderung erfahren. Seit dem 1. Januar 2001 waren alle Gewinne, unabhängig davon, ob sie ausgeschüttet oder einbehalten wurden, mit einem Körperschaftsteuersatz von 25 % belastet. Ab dem 1. Januar 2008 beträgt der Kör- Körperschaft- und Gewerbesteuer

---

13 Grundsätzlich ist der Unternehmensgesamtwert von der Finanzierungsstruktur unabhängig (Pensionszusagen gelten in diesem Zusammenhang auch als zinstragendes Fremdkapital), lediglich der steuerliche Vorteil der Fremdfinanzierung erzeugt hier eine Verschiebung, vgl. Drukarczyk (2001), S. 20.

perschaftsteuersatz nur noch 15 %. Die Körperschaftsteuer verhält sich somit ausschüttungsneutral und wird zu einer reinen Kostensteuer.

Bei Ausschüttung der Unternehmensüberschüsse an natürliche Personen entfällt die Anrechnung der Körperschaftsteuer auf die persönliche Einkommensteuer. Auf der Unternehmensebene unterliegen alle Unternehmen – unabhängig von ihrer Rechtsform – der Gewerbeertragsteuer. Diese Steuerart ist allerdings bei Körperschaften ab dem 1. Januar 2008 bei der Ermittlung der Unternehmensüberschüsse nicht mehr erfolgsmindernd anzusetzen. Der Solidaritätszuschlag beträgt bei Kapitalgesellschaften 5,5 % auf die Körperschaftsteuer bzw. bei natürlichen Personen und Personengesellschaften 5,5 % der Einkommensteuer.

Grenzpreis

Der wie dargestellt aus dem Vergleich der zwei alternativen Anlagemöglichkeiten berechnete Unternehmenswert entspricht einem *Grenzpreis*. Bis zu diesem Grenzpreis ist es für die jeweilige Partei vorteilhaft, den Unternehmenskauf bzw. -verkauf durchzuführen. Der Grenzpreis repräsentiert für einen potenziellen Käufer eine Preisobergrenze, die er gerade noch akzeptiert. Für einen Verkäufer bildet sein Grenzpreis die Preisuntergrenze, welche er mindestens erreichen muss, um sich wirtschaftlich nicht schlechter zu stellen.

Der im Rahmen der Unternehmensbewertung ermittelte Grenzpreis einer Gesellschaft ist nicht zwangsläufig mit dem Marktpreis identisch, der im Rahmen einer Kaufverhandlung realisiert wird. Der Grenzpreis einer Unternehmung resultiert aus einer methodischen Vorgehensweise, der Bewertung. Der Marktpreis eines Unternehmens repräsentiert hingegen das Ergebnis von Angebot und Nachfrage bezüglich der Beteiligung. Beide Größen können aber miteinander verbunden sein, denn die Grenzpreise des Käufers und des Verkäufers eines Unternehmens geben die Spanne an, in der sich der später ausgehandelte Preis bewegt.

*Multiplikatoren-
verfahren*

In vielen Fällen ist eine dezidierte DCF-Berechnung aus verschiedenen Gründen schwierig. Hier wird dann meist auf etwas einfachere Bewertungsverfahren wie den *Multiplikatorenverfahren* zurückgegriffen.[14] Bei diesen wird anhand von börsennotierten Vergleichsunternehmen oder Vergleichstransaktionen ein Multiplikator abgeleitet, der dann auf die Zahlen des jeweiligen Unternehmens angewendet wird. Hierbei ist zu unterscheiden zwischen

- Multiplikatoren, die einen Unternehmensgesamtwert berechnen *(Enterprise Value)* und sich auf die Größen Umsatz, Ergebnis vor Zins und Steuer (EBIT) bzw. vor Abschreibungen (EBITDA) beziehen, und
- Multiplikatoren, die den Wert des Eigenkapitals *(Equity Value)* berechnen, weil sie sich auf Gewinngrößen wie bspw. das Jahresergebnis nach Steuer beziehen.[15]

Diese Verfahren sind letztlich eine Approximation an den oben erwähnten DCF, da sich starke Wachstumserwartungen in höheren Multiplikatoren und damit in

---

14 Vgl. hierzu Krolle/Schmitt/Schwetzler (2005).
15 Zur exakten Vorgehensweise vgl. Schwetzler (2002), S. 583 f.; einen allgemeinen Überblick gibt Damodaran (1996), S. 291 ff.; zur theoretischen Fundierung siehe Richter (2005), S. 65 ff.

höheren Werten niederschlagen. Multiplikatoren sind jedoch einer extremen Volatilität unterworfen. Auch die oftmals kritisierte »Kurzsichtigkeit« des Kapitalmarkts mag einen Unternehmer veranlassen, sich durch den Vergleich mit börsennotierten Unternehmen ungenügend repräsentiert zu fühlen.

Die Aussagefähigkeit des Ansatzes hängt wesentlich von der Wahl des richtigen Vergleichsunternehmens (Vergleichbarkeit hinsichtlich der Produkte, der Märkte, des Wachstumspotenzials und der Ertragskraft) und einer kritischen Interpretation der Marktdaten ab. Zudem muss beim Vergleich mit börsennotierten Unternehmen beachtet werden, dass man es hier mit Minderheitsanteilen zu tun hat, auf die üblicherweise ein *Minority Discount* angewendet werden muss; für die Kontrollmehrheit gibt es demgegenüber einen sog. *Packetaufschlag*. Dafür haben börsennotierte Unternehmen den Vorteil, jederzeit handelbar zu sein, was dazu führt, nicht handelbaren Unternehmen einen *Marketability Discount* zuzuweisen.[16] Zudem ist die Marktkapitalisierung vieler Unternehmen zu gering, so dass verzerrte Marktpreise vorliegen.

Beim Vergleich mit anderen M&A-Transaktionen ist wiederum zu berücksichtigen, dass oft strategische Prämien gezahlt werden und bestimmte Märkte unter Konsolidierungsdruck stehen, so dass auch hier die Preise verzerrt sein können.

Zu beachten ist bei der Anwendung von Multiplikatorenverfahren ferner, dass nicht jede Branche nach den gleichen allgemeinen Prinzipien (dies betrifft insbesondere die Vorliebe für EBITDA- und EBIT-Multiples) bewertet werden kann. Dies gilt vor allem für Unternehmen aus dem Bereich Financial Services, wo sich etwa für Banken Marktwert-/Buchwertmultiplikatoren durchgesetzt haben.[17]

Um eine profunde Wertbasis zu erhalten, kann es auch sinnvoll sein, *branchenübliche Werttreiber* wie den Unternehmenswert pro Kunde oder den Unternehmenswert im Verhältnis zur Verweildauer im Internet (sog. Cap Stickiness Ratio bei Internetunternehmen) zu berücksichtigen.[18] Gelegentlich entwickeln sich auch – entsprechend des Geschäftsmodells der jeweiligen Branche – branchenspezifische Bewertungsverfahren wie die Royalty-Savings-Methode für Unternehmen der Medienbranche. Entscheidende Parameter sind hier die Lizenzierungsmodelle der Filmbranche.[19]

Wie auch immer die verschiedenen Bewertungsmodelle strukturiert sind – gemein ist ihnen, dass letztlich stets der freie verfügbare Cash Flow als Bewertungsbasis dient.

Parameter der
Aussagefähigkeit
eines Ansatzes

---

16 Bezüglich der richtigen Größen für diese Zu- und Abschläge existieren umfangreiche Studien, die jedoch alle im Ergebnis widersprüchlich sind, vgl. für eine detaillierte Diskussion Pratt/Reilly/Schweihs (1995).
17 Vgl. hierzu Göller/Schlumberger (2006), S. 193-224.
18 Vgl. Schwetzler (2002), S. 606 ff.
19 Vgl. Ulbrich (2005), S. 66.

c) Nettofinanzverbindlichkeiten – die Differenz zwischen Enterprise Value und Equity Value

Wie bereits dargestellt müssen vom Enterprise Value die Nettofinanzverbindlich-keiten abgezogen werden, um den Wert des Eigenkapitals zu erhalten. Wird nun in einer Bietersituation ein Angebot auf Debt-Free-Cash-Free-Basis verlangt, so kann sich der Bieter diese Bemühung sparen, da es letztlich um ein Angebot für ein verschuldungsfreies und nicht mit Kasse ausgestattetes Unternehmen geht. Meist ist diese Wertangabe nur für die ersten Bieterrunden wichtig, um die ver-schiedenen Angebote vergleichen zu können – spätestens bei der Ausformulie-rung des Unternehmenskaufvertrags wird eine Definition der verschiedenen Po-sitionen notwendig.

Die Nettofinanzverbindlichkeiten sind folgendermaßen zu bestimmen:

- langfristige Verbindlichkeiten,
- zuzüglich sämtlicher in Zukunft cash-wirksamen Verbindlichkeiten, die ihre Ursache in der Vergangenheit haben,
- abzüglich Kassenbestand.

Problematisch ist oft die Abgrenzung des betriebswirtschaftlich notwendigen Working Capital von nicht betriebsnotwendigen Elementen. Für den Wirtschafts-prüfer stellt sich in diesem Zusammenhang die Frage, welche Elemente der sons-tigen Verbindlichkeiten mit dem allgemeinen Geschäftsgang der Gesellschaft zu tun haben und welche eher außerordentlichen Charakter aufweisen. Damit ver-bunden ist die Frage nach dem normalisierten Working-Capital-Niveau, wie es im Unternehmenskaufvertrag festgelegt wird (siehe auch Abschnitt V.2. zur Fi-nancial Due Diligence).

2. Bewertung nach dem LBO-Modell

Die Bewertung nach dem DCF-Verfahren oder den anderen genannten Bewer-tungsverfahren müsste theoretisch von der Finanzierung unabhängig sein (ab-gesehen von dem steuerlichen Effekt, der sich beim Fremdkapital im Gegensatz zum Eigenkapital erzielen lässt). Doch bei der Bewertung nach dem LBO-Mo-dell ist dies nicht der Fall. Dass die Finanzierung bei der Bewertung durch den Private-Equity-Investor eine Rolle spielt, obwohl dies der Bewertungstheorie zu-widerläuft, ist hauptsächlich durch *Marktunvollkommenheiten* bedingt. Wie im Anschluss gezeigt wird, bestimmt der Fremdkapitalmarkt wesentlich mit, wel-che Kaufpreise seitens der Private-Equity-Investoren geboten werden können – und der Fremdkapitalmarkt ist kein perfekter Markt, sondern sehr durch situa-tive Gegebenheiten geprägt.

a)   Der iterative Prozess der Wertfindung

Doch vorerst zurück zu den grundsätzlichen Bewertungsüberlegungen. Die in Abschnitt IV.1 dargestellten Aspekte der Unternehmensbewertung sind auch für das Bewertungsangebot des Private-Equity-Investors wichtig. Seine Bewertungsbetrachtung ist jedoch eine (wenn auch von der Theorie kritisierte) grundlegend andere.[20]

Bei den Überlegungen des Private-Equity-Investors spielen zwei Parameter eine entscheidende Rolle:

IRR und Cash-Multiplikator

* der *interne Zins (Internal Rate of Return – IRR)*, der auf das eingesetzte Kapital erwirtschaftet wird, und
* der *Cash-Multiplikator*, der mit dem Investment realisiert wird.

Während Letzterer ein statischer (von der Laufzeit des Investments unabhängiger) Indikator ist, ist die IRR stark von der Haltedauer beeinflusst.[21]

Der Preis, den der Investor zu zahlen bereit ist, wird wesentlich durch die Parameter der Bankfinanzierung bestimmt. Die Banken stellen zur Absicherung ihrer Position zwei wesentliche bewertungsrelevante Bedingungen:

Bedingungen der Banken

* eine gewisse *Eigenkapitalquote* (dargestellt als das Verhältnis der Gesamtfinanzierung zum Unternehmensgesamtwert) und
* einen bestimmten *Leverage-Faktor*, auch *Debt Multiple* oder Verschuldungsgrad genannt (dargestellt als Verhältnis der Gesamtfinanzierung zum EBITDA).

Haben die Banken eine bestimmte Vorstellung vom Wert des Unternehmens gewonnen, setzen sie die Höhe dieser beiden Bedingungen fest. Der Unternehmenswertmultiplikator, der gezahlt werden kann, ergibt sich daher aus den Finanzierungsbedingungen:

Unternehmenswertmultiplikator

$$m_0^{max} = \left. L_0^{max} \middle/ EK\text{-}Quote_0^{max} \right.$$

mit :

D_t	=	*Nettofinanzverbindlichkeiten zum Zeitpunkt t*
EK_t	=	*bilanzielles Eigenkapital zum Zeitpunkt t*
$EK\text{-}Quote_t$	=	*Mindesteigenkapitalquote zum Zeitpunkt t gemessen am Verhältnis EK_t zu V t*
L_t	=	*Verschuldungsgrad zum Zeitpunkt t gemessen am Verhältnis D zu EBITDA*
V_t	=	*Unternehmensgesamtwert zum Zeitpunkt t*

---

20 Bisher ist zu diesem Thema wenig veröffentlicht worden. Lediglich Earys geht in einem Aufsatz auf diese Thematik ein und empfiehlt in diesem Zusammenhang die APV (Adjusted-Present-Value)-Methode; vgl. Earys (2007), S. 2-11.

21 Dabei stellt die von der Theorie oft gegen die Verwendung von internen Zinsfüßen angeführte Mehrdeutigkeit keinen stichhaltigen Grund gegen diese Methode dar; gegen ihre Verwendung spricht eher die Annahme konstanter Alternativrenditen, siehe Richter (2005), S. 122 f.

Da nun aber, wie in Kapitel III zur Buy-out-Strukturierung bereits angesprochen, die Finanzierungsparameter nicht von vornherein festgelegt sind, ist der Private-Equity-Investor auf ein iteratives Vorgehen angewiesen (vgl. Abb. 64).

Abb. 64:
Iterativer Prozess
der Wertfindung

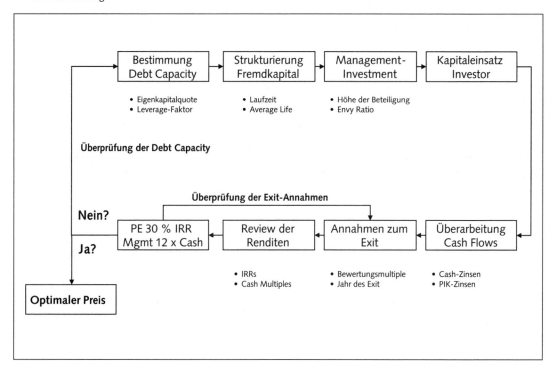

Bestimmung der
Debt Capacity

Ausgangspunkt für die Bewertung ist die Bestimmung der Debt Capacity. Wie in Kapitel III erläutert, ist der hierfür wesentliche Parameter der Leverage Faktor (auch Debt Multiple oder *Verschuldungsgrad*). Eine Obergrenze für die Debt Capacity wiederum ist durch die *Eigenkapitalquote* gegeben.

Würde der Investor unser oben dargestelltes Modellbeispiel (siehe Abschnitt III.1.) durchspielen, so ergäben sich, je nach dem bei Veräußerung erzielten EBITDA-Multiplikator und dem Veräußerungsjahr, für ihn die in den Abbildungen 65 und 66 angegebenen Renditen.

Private-Equity-Renditen

		Exit-Multiple				
		5,0	5,5	6,0	6,5	7,0
Exit-Jahr	2010	-8,0%	2,6%	12,3%	21,2%	29,5%
	2011	3,5%	9,9%	15,6%	20,8%	25,6%
	2012	8,7%	12,9%	16,7%	20,1%	23,3%
	2013	11,3%	14,3%	17,0%	19,4%	21,7%
	2014	12,7%	14,9%	16,9%	18,8%	20,5%

Abb. 65:
IRR des Private-Equity-Investors im Modellbeispiel

Cash Multiple des Private-Equity-Hauses

		Exit Multiple				
		5,0	5,5	6,0	6,5	7,0
Exit-Jahr	2010	0,8	1,1	1,3	1,5	1,7
	2011	1,1	1,3	1,5	1,8	2,0
	2012	1,4	1,6	1,9	2,1	2,3
	2013	1,7	1,9	2,2	2,4	2,7
	2014	2,1	2,3	2,6	2,8	3,1

Abb. 66:
Cash Multiple des Private-Equity-Investors im Modellbeispiel

Die Auswertung zeigt, wie stark die *Haltedauer* die IRR beeinflusst – interessanterweise sowohl in positiver als auch in negativer Hinsicht. Kontraintuitiv ist festzustellen, dass sich mit der Haltedauer die Rendite des Investments bei niedrigen Exit-Multiples erhöht. Dies ist der Tatsache geschuldet, dass sich eine Steigerung des EBITDA bei niedrigeren EBITDA-Multiplikatoren stärker auswirkt als bei höheren. Es lohnt sich daher für das Private-Equity-Haus, das Investment länger zu halten, da sich durch die positive Entwicklung des EBITDA die Rendite verbessert.

Haltedauer

Eine Verbesserung der Finanzierungssituation würde, wie in Kapitel III.2. erwähnt, eine wesentliche Verbesserung der Rendite bringen (mehr dazu weiter unten).

Die Analyse der Returns führt zurück zu der Frage, welche *Werttreiber* für einen erfolgreichen Buy-out entscheidend sind. Sicherlich ist eine Ausweitung der Bewertungsmultiplikatoren hier ein entscheidender Werttreiber.

Werttreiber

In den folgenden Ausführungen soll nun auf den grundsätzlichen Zusammenhang zwischen Wachstum der Unternehmensergebnisse und Rückführung der Schulden sowie Renditeerwartung des Investors eingegangen werden. Wie bereits in Kapitel III.2.c) dargestellt, hat das Wachstum des Unternehmensergebnisses erheblichen Einfluss auf die Rückführung der Verschuldung, aber auch auf den Unternehmenswert.

Wie die Darstellung des DCF-Verfahrens zeigte, hat der WACC als Ausdruck der gewichteten Kapitalkosten einen wesentlichen Einfluss auf den Unternehmenswert. Wird erwartet, dass die in dem WACC eingebauten Risikoprämien zukünftig sinken, so sinkt auch der WACC und entsprechend steigt die Bewertung. Ein Rückgang der Risikoprämien an den Aktienmärkten bewirkt also automatisch eine Arbitrage, die sich erheblich auf die Rendite auswirken kann. Sinkt der WACC bspw. von 9,5 % auf 7,5 %, so bedeutet dies bei einem Unternehmenswert von z. B. 100 Mio. EUR einen Anstieg auf 145 Mio. EUR. Dies allein erzeugt bei einer Eigenkapitalquote von 30 % (und dementsprechend einer Fremdkapitalquote von 70 %) einen Money Multiple von 2,5. Der gleiche Effekt ist durch operative Verbesserungen erheblich schwerer zu erzeugen.

Der grundsätzliche Zusammenhang des residualen Eigenkapitalwerts, sprich dessen, was der Investor am Ende der Laufzeit an Rückflüssen erwarten kann, und des Veräußerungszeitpunkts, der sich durch die Subtraktion der Nettogesamtverbindlichkeiten vom Unternehmensgesamtwert und dem Eigenkapitalwert zu Beginn des Investments ergibt, lässt sich durch folgende Formel darstellen:[22]

$$m_0 EBITDA_0 x = L_0 EBITDA_0 y + (m_0 EBITDA_0 - L_0 EBITDA_0)z$$

bzw. nach Umformungen

$$z = \frac{m_0 x - y L_0}{m_0 - L_0}$$

mit

$$L_t = Verschuldungsgrad\ zum\ Zeitpunkt\ t\ gemessen\ am\ Verhältnis\ D\ zu\ EBITDA$$

$$m_t = Unternehmenswertmultiplikator$$

$$x = Steigerungsfaktor\ für\ das\ operative\ Ergebnis\ während\ der\ Haltedauer\ T$$

$$y = Faktor,\ um\ den\ sich\ die\ Fremdfinanzierung\ reduziert\ während\ der\ Haltedauer\ T$$

$$z_T^{min} = geforderte\ Rendite\ des\ Investors = (1 + irr)^T$$

Durch Umformungen lässt sich dann darstellen, dass sich bei einer beispielhaften Steigerung des EBITDA um x = 1,33 und einem Schuldenabbau von y = 0,47 die geforderte Rendite von z = 3,33 ergibt. Bezieht man diese Rendite von z = 3,33 auf einen 6-jährigen Zeitraum, so ergibt sich eine jährliche geforderte Rendite von 22,22 %.

Die wesentlichen Werttreiber sind demnach die bekannten Größen:

• die *Reduktion des Fremdkapitals* (dargestellt durch den y-Faktor) und
• das *Wachstum des EBITDA* (als x-Faktor dargestellt; unsere Betrachtung unterstellt denselben Unternehmenswertmultiplikator beim Einstieg und beim Ausstieg).

---

22 Vgl. auch Richter (2005), S. 175. Dieser Zusammenhang gilt unter Vernachlässigung der potenziellen Abhängigkeit m von L.

Diese Faktoren hängen wesentlich vom Businessplan ab – als Resultante ergibt sich die Steigerung des Eigenkapitals.[23]

Inwiefern sich unterschiedliche Annahmen in Bezug auf den zugrunde liegenden Businessplan auf die Finanzierungsstruktur auswirken, wurde bereits deutlich gemacht (vgl. Kapitel III.). Die Wachstumsrate des zugrunde liegenden EBIT bzw. EBITDA ist jedoch für die Bewertung wesentlich, wie die nachfolgend dargestellten Zusammenhänge verdeutlichen. Durch diverse Umformungen der Formel zur Ermittlung des residualen Eigenkapitalwerts und unter der Annahme, dass der Verschuldungsgrad limitiert ist, sowie dass auch ein Mindestkapitalanteil gefordert wird, lässt sich die erwartete Wachstumsrate für das EBITDA wie folgt rechnerisch ermitteln:[24]

Wachstumsrate des EBIT/EBITDA

$$x = \left(z_T^{\min}(m_0^{\max} - L_0^{\max}) + yL_0^{\max}\right) \Big/ m_0^{\max}$$

L_t = *Verschuldungsgrad zum Zeitpunkt t gemessen am Verhältnis D zu EBITDA*

m_t = *Unternehmenswertmultiplikator*

T = *Haltedauer*

x = *Steigerungsfaktor für das operative Ergebnis während der Haltedauer T*

y = *Faktor, um den sich die Fremdfinanzierung reduziert während der Haltedauer T*

$z_T^{\min}$ = *geforderte Rendite des Investors* $= (1 + irr)^T$

irr = *geforderte Rendite des Investors*

Durch die Bedingung einer maximalen Verschuldung und eines minimalen Eigenkapitaleinsatzes ist der maximal mögliche Kaufpreismultiplikator m vorgegeben ($m_{\max} = L_0^{\max}/\text{EK-Quote}_0^{\max}$).

Die Parameter des Businessplans – die EBITDA-Steigerung und die Schuldenreduktion (hier als y dargestellt) – können nun entsprechend variiert werden, um einer bestimmten Renditeforderung und den gestellten Finanzierungsbedingungen (Verschuldungsgrad bzw. Leverage-Faktor sowie Eigen- bzw. Fremdkapitalquote) Genüge zu tun.

---

23 Zu einem ähnlichen Ansatz unter Berücksichtigung des Zusammenhangs von Unternehmensbewertung und erwarteter Ergebnisentwicklung vgl. Eayrs (2007). In den folgenden Ausführungen werden das Eigenkapital des Managements und das des Private-Equity-Hauses der Einfachheit halber zusammengefasst.
24 Zur Herleitung und weiteren theoretischen Fundierung vgl. Richter (2005), S. 174 ff.

b) Variation der Bewertungsparameter

Den beschriebenen Sachverhalt soll ein einfaches Beispiel veranschaulichen, das die Abhängigkeit des Kaufpreises (ausgedrückt im gezahlten EBIT-Multiplikator) von der EBIT-Wachstumsrate darstellt: Die Finanzierung wird zunächst als gegeben angesehen. In den betrachteten Fällen will das Private-Equity-Haus eine Rendite von 30 % erreichen, das Management soll eine Mindestrendite von 100 % erhalten. Die zwei Kurven drücken aus, wie hoch das EBIT steigen muss, um bei einer gegebenen Debt Capacity in Höhe des 4-fachen EBIT (dargestellt als No-Minimum-Equity-Anforderung) sowie einer Fremdkapitalquote von maximal 60 % eine attraktive Investitionsgelegenheit darzustellen.

Auswirkungen von Verschuldungsgrad und Fremdkapitalquote

Abbildung 67 zeigt zunächst die gegenläufigen Auswirkungen der beiden Finanzierungsbedingungen Verschuldungsgrad (dargestellt als Debt-Multiplikator) und Fremdkapitalquote. Wenn kein Mindesteigenkapitaleinsatz verlangt wird, die Bank aber trotzdem ein Kreditvolumen in Höhe des 4-fachen EBITDA zur Verfügung stellt, so muss das Unternehmensergebnis stark steigen, um beim Exit die Renditeforderung des Private-Equity-Hauses über höhere Unternehmenswerte rechtfertigen zu können.

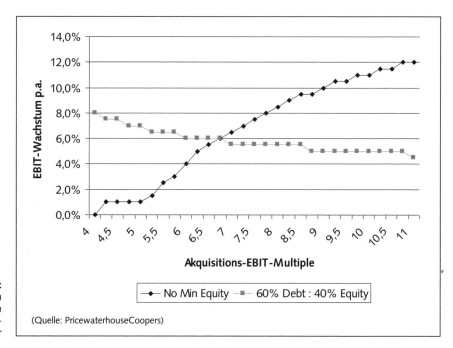

Abb. 67: Ausgangssituation für die Variation der Bewertungsparameter

(Quelle: PricewaterhouseCoopers)

Gegenläufig ist die Entwicklung bei der Betrachtung einer fixen Eigen- bzw. Fremdkapitalquote. Da hier die maximale Summe an Fremdkapital zu Beginn des Investments nicht festgelegt ist, sondern mit dem Kaufpreis steigt, erfordert ein höherer Kaufpreis keinen überproportionalen Anstieg des Eigenkapitalanteils

– damit ist es bei einer festen Eigen- und Fremdkapitalquote wesentlich einfacher, die geforderte Rendite zu erwirtschaften. In diesem Fall ergibt sich bei steigenden Unternehmenskaufpreisen sogar eine leicht sinkende Kurve für das geforderte EBIT-Wachstum.

Wie unschwer zu erkennen ist, kann zunächst der Kaufpreis, den der Investor zu zahlen bereit ist, gesteigert werden, ohne im Businessplan ein höheres EBIT-Wachstum zu unterstellen.

Steigerung des Kaufpreises

Erst im aufsteigenden Teil der Kurve greift die zweite Regel, da nun der höhere Kaufpreis auch durch höhere EBIT-Zahlen unterlegt werden muss. Diese beiden gegenläufigen Faktoren können auch kombiniert dargestellt werden (s. Abb. 68).

EBIT-Wachstum

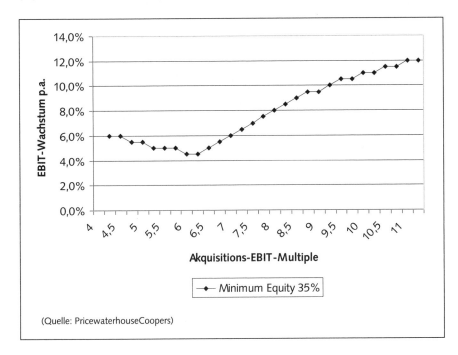

(Quelle: PricewaterhouseCoopers)

Abb. 68:
Gefordertes EBIT-Wachstum bei Debt Capacity 4x und Minimum Equity von 35 %

Eine Reduzierung der Mindestanforderung an das Eigenkapital zieht nun den unteren Teil der Kurve nach oben – die höhere Fremdkapitalquote ermöglicht es, höhere Kaufpreise zu zahlen und doch im Bereich sinnvoller Investments zu verbleiben (s. Abb. 69).

Eine Erhöhung der Debt Capacity dagegen drückt den oberen Teil der Kurve nach unten, d. h., es kann bei einem gegebenen EBIT-Wachstum ein höherer Kaufpreis gezahlt werden (s. Abb. 70).

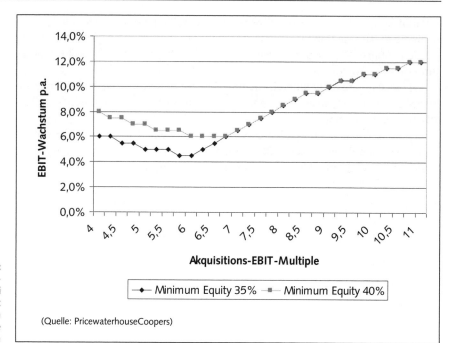

Abb. 69:
Gefordertes EBIT-
Wachstum bei
Debt Capacity 4x
und verschiedenen
Leverage
Anforderungen

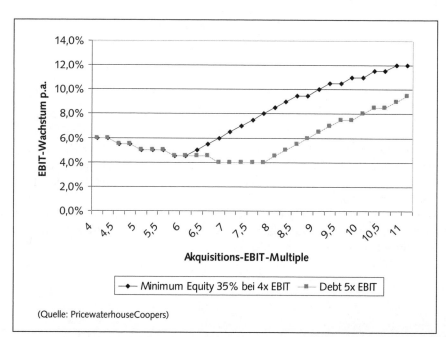

Diese Aussagen gelten für den Fall, dass keine Multiple-Arbitrage stattfindet. Wie aber wirkt sich dies aus?

Für die folgenden Analysen wird eine Fremdkapitalquote von 65 % und eine Debt Capacity in Höhe des 4-fachen EBIT unterstellt. Die Ausgangslage ist eine kompetitive Situation, und die Bankfinanzierung ist ausgereizt. Zudem erhalten alle Bieter die gleichen Finanzierungskonditionen. Ein Bieter rechnet mit besseren Exit-Bedingungen als die anderen Bieter. Einige Private-Equity-Firmen trauen sich eine Multiple-Arbitrage zu. Ein höherer Exit-Multiplikator hat deutliche Auswirkungen: Geht man von einer Multiple-Arbitrage von 10 % aus, so kann der Investor ein deutlich niedrigeres EBIT-Wachstum unterstellen bzw. bei einem gegebenen EBIT-Wachstum einen wesentlich höheren Preis bezahlen (siehe Abb. 71).

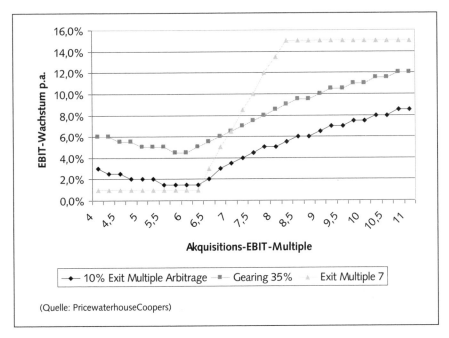

(Quelle: PricewaterhouseCoopers)

Abb. 71:
Änderungen bei den
Annahmen zum Exit

Die Renditemodelle der Private-Equity-Häuser gehen grundsätzlich davon aus, dass der Multiplikator beim Exit nicht höher als beim Einstieg sein darf – diese Annahme lag auch den bisherigen Berechnungen zugrunde. Die oben dargestellte Kurve mit dem gefixten Exit-Multiplikator in Höhe des 7-fachen EBIT zeigt, dass für Kaufpreise unterhalb des 7-fachen EBIT ein relativ geringes EBIT-Wachstum unterstellt werden muss, um zu sinnvollen Lösungen zu kommen, im Bereich über dem 7-fachen EBIT jedoch ein sehr hohes EBIT-Wachstum erreicht werden muss, damit sich die Transaktion lohnt.

Nun könnte das Private-Equity-Haus auch dazu tendieren, an der geforderten Rendite des Managementteams Anpassungen vorzunehmen. Lässt man die Rendite-Untergrenze von 100 % fallen und verlangt keine Mindestrendite, so ergibt sich für das Private-Equity-Haus ein deutlich besserer Verlauf der Kurve (unterste Kurve in Abb. 72).

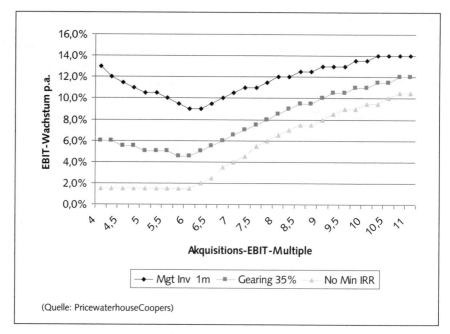

Die Ausgangslage sah ein Investment von 250 TEUR seitens des Managements vor. Wenn nun das Management 1 Mio. EUR investiert (und entsprechend mehr Anteile am Unternehmen erhält), so muss das Unternehmen ceteris paribus stärker wachsen, um auch für das Private-Equity-Haus eine attraktive Investmentgelegenheit darzustellen. In der Konsequenz bedeutet dies, dass es umso schwieriger ist, eine sinnvolle LBO-Struktur darzustellen, je höher der Beitrag des Managements ist – ein kontraintuitives Ergebnis. Eine Lösung bietet hier nur das Konzept des Envy-Faktors.

Envy-Faktor

Inwieweit in dem Envy-Faktor eine Überrendite versteckt sein könnte, zeigt die nächste Variation der Bewertungsparameter (Abb. 73). Wenn die geforderte Rendite für das Management 100 % beträgt und ein hoher Envy-Faktor vorherrscht, könnte eine Überrendite gegeben sein. Bei einer Wachstumsrate von 8 %, einem Kaufpreis in Höhe des 7-fachen EBIT und einem Managementinvestment von 250 TEUR würde das Management eine IRR von über 150 % erwirtschaften. Um dies auszugleichen, kann vom Management ein höheres Investment verlangt werden. Dass dies zu gleichen Bedingungen keinen Sinn macht, zeigt das Diagramm in Abbildung 73, das bei einer Schwankungsbreite des Envy-Faktors von 13 bis 20 die beiden Investmentalternativen 250 TEUR (unteres Feld) und 1 Mio. EUR (oberes Feld) abbildet. Das höhere Investment seitens des Managements würde dann ceteris paribus ein wesentlich höheres EBIT-Wachstum als die ursprüngliche Lösung mit 250 TEUR verlangen; sprich: ein höheres Investment seitens des Managements ist nur bei Unternehmen berechtigt, die ein wesentlich höheres Wachstum im EBIT haben als Vergleichsunternehmen (s. Abb. 73).

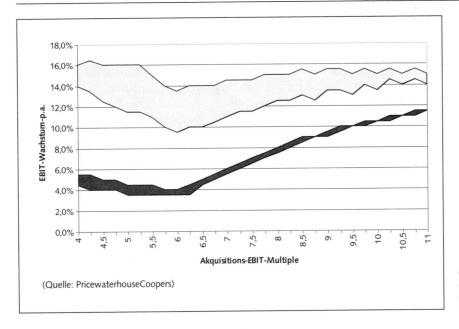

(Quelle: PricewaterhouseCoopers)

Abb. 73:
Minimum und
Maximum
Envy Ratios

Eine Lösung wäre nun, ein höheres Commitment seitens des Managements zu verlangen und dieses auch an den Gesellschafterdarlehen bzw. am Vorzugskapital zu beteiligen, anstatt das Management den zusätzlichen Betrag in das »echte« Eigenkapital investieren zu lassen.

Wie bei der Diskussion der verschiedenen Bewertungsparameter gezeigt werden konnte, gibt es keine allgemeingültige Formel für die Lösung des Problems. Vielmehr ist im Zusammenspiel der verschiedenen Parameter im Bieterprozess zu entscheiden, welcher Parameter auf welchem Niveau akzeptiert wird. Aus diesem Zusammenspiel ergibt sich auch der Bewertungsspielraum (s. Abb. 74).

Bewertungs-
spielraum

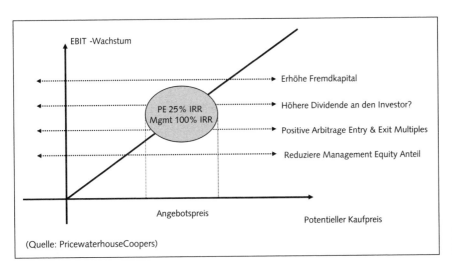

(Quelle: PricewaterhouseCoopers)

Abb. 74:
Bewertungsspiel-
raum des Investors

Ein wesentliches Element im Zusammenspiel der Parameter sind die vom Private-Equity-Investor und vom Management geforderten Renditen. Sie zu variieren bedeutet letztlich, den Renditeanspruch für die Investoren aufzugeben.

Zum Abschluss der Bewertungsdiskussion soll noch einmal die Empirie bemüht werden. Wie haben sich in der Vergangenheit die Bewertungen bei LBO-Transaktionen entwickelt? Wurden aufgrund des immensen Kapitalzuflusses die Private-Equity-Fonds zu aggressiv bei ihren Bewertungen? Abbildung 75 zeigt für die Vergangenheit einen eindeutigen Trend, der durch die aktuellen Entwicklungen zumindest in den USA aufgehalten wurde.

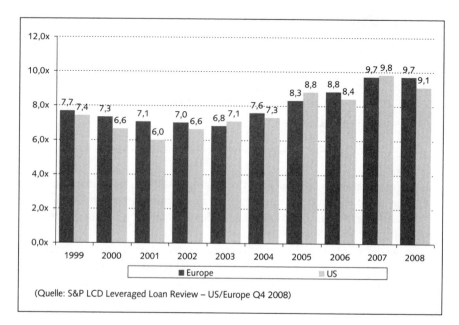

Abb. 75:
Durchschnittlicher Kaufpreis – berechnet auf Basis des EBITDA des letzten verfügbaren Jahres

(Quelle: S&P LCD Leveraged Loan Review – US/Europe Q4 2008)

V. Due Diligence

Unter einer Due Diligence versteht man die sorgfältige Analyse und Beurteilung eines Objektes im Rahmen einer geplanten geschäftlichen Transaktion.[1] Sie beinhaltet die Durchführung von bestimmten Untersuchungen mit dem Ziel, die für eine beabsichtigte Transaktion wesentlichen Einflussfaktoren aufzuzeigen. Nach einer ersten indikativen Interessenbekundung in einem kompetitiven Auktionsverfahren oder nach Unterzeichnung eines bindenden Letter of Intent wird die Due Diligence für die beteiligten Partner zur Grundlage ihrer Entscheidung über die Durchführung der Transaktion. Grundsätzlich kann dabei die Due Diligence durch eigene Ressourcen dargestellt werden – in den meisten Fällen wird jedoch auf Berater zurückgegriffen, die zum einen eine gewisse Objektivität garantieren, zum anderen aber auch auf größere Erfahrung in spezialisierten Feldern zurückgreifen können.

Die Due Diligence kann sowohl für den Käufer als auch für den Verkäufer eines Unternehmens (sog. *Vendor Due Diligence*) durchgeführt werden. Wichtig ist die Negativabgrenzung – bei einer Due Diligence handelt es sich nicht um eine Abschlussprüfung, eine Unternehmensbewertung oder eine Prüfung der Planungsrechnung. Eher entspricht sie (zumindest die Financial Due Diligence) dem, was früher unter einem Plausibilitätsgutachten verstanden wurde. Die Due Diligence ist die Grundlage für die Bewertung des Zielunternehmens und die Entscheidung für oder gegen eine Unternehmenstransaktion. Sie stellt insbesondere auch eine Informationsgrundlage für die finanzierenden Banken dar.

Davon abgesehen können die Funktionen der Due Diligence durchaus variieren.[2] Ihre bereits erwähnte Rolle bei der Informationsbeschaffung und -verifizierung sowie ihre damit verbundene Funktion als Basis für Entscheidungs- und Preisfindung stehen bei den meisten Investoren im Vordergrund. Doch sind – sozusagen im Gegensatz zur Entscheidungsfindung – in diesem Zusammenhang auch die Risikoanalyse und Risikoprüfung zu nennen, die als Absicherung »nach unten« das mögliche Negativpotenzial des Investments auszuleuchten versuchen. Zu guter Letzt dient die Due Diligence auch der Exkulpation. Die Entscheidungsträger der Eigenkapital- und der Fremdkapitalseite können durch die Due-Diligence-Dokumentation das Offenlegungsverfahren belegen und diese Dokumentation im Fall eines Prozesses eventuell später vor Gericht verwenden.

Die rechtlichen Rahmenbedingungen für die Due Diligence bestimmen sich zunächst aus der Verpflichtung nach § 311 Abs. 2 i. V. m. § 241 Abs. 2 BGB, den anderen Teil über Umstände, die seinen Vertragszweck vereiteln können, aufzuklären, wenn er nach der Verkehrsauffassung eine solche Aufklärung erwarten kann.

Auch nach neueren Urteilen des Bundesgerichtshofs (BGH) hat der Veräußerer von Unternehmen(-steilen) eine gesteigerte Aufklärungs- und Sorgfaltspflicht gegenüber dem Käufer. Der Verkäufer kann dieser Pflicht jedoch schon allein da-

Definition

Funktionen

rechtliche Rahmenbedingungen

---

1 Vgl. allgemein hierzu Hörmann (2008), S. 135 ff.
2 Vgl. Berens/Brauner/Högemann (2005), S. 54 f.

durch Genüge leisten, dass er dem Käufer Einsicht in die Bücher gewährt und ihm Rede und Antwort steht. Lässt sich dementsprechend eine Verpflichtung des Käufers zur Due Diligence unterstellen?

Der Rechtsprechung sowie der herrschenden Meinung in der Literatur zufolge ist die Due Diligence noch nicht zur Verkehrssitte geworden. Der Verzicht auf die Due Diligence sollte damit aus gewährleistungsrechtlicher Sicht noch nicht den Verlust von gesetzlichen Gewährleistungsansprüchen bedeuten.

Aus diesem Grund jedoch die Kosten einer Due Diligence sparen zu wollen, wäre verfehlt. Denn zum einen ist die Geschäftsleitung einer Erwerbsgesellschaft gemäß § 93 AktG bzw. § 43 GmbHG einer Sorgfaltspflicht unterworfen, die eine Due Diligence verlangt, zum anderen wird durch die vertraglichen Regelungen in den Unternehmenskaufverträgen bei nicht erfolgter Due Diligence die Gewährleistung stark beschränkt. Dies bestätigt auch die Empirie, wie Abbildung 76 zeigt. Als Datenbasis dienten Buy-outs deutscher Konzerneinheiten in den Jahren 1999 bis 2003.

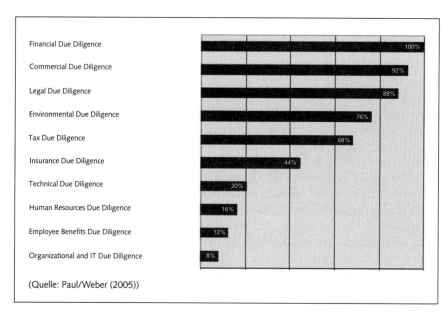

Abb. 76:
Umfang der Buy-Side Due Diligence

(Quelle: Paul/Weber (2005))

Ablauf Der Ablauf einer Due Diligence ist i. d. R. gestuft. In Auktionssituationen folgt auf die Abgabe eines ersten indikativen Angebots, für das im Allgemeinen ohne genauere Prüfung die präsentierten Zahlen verwendet werden, eine erste Due-Diligence-Phase mit Managementpräsentation und Sichtung des Datenraums (Data Room). Ergebnis dieser ersten Phase ist meist ein sog. *Red Flag Due Diligence Report*, der alle für die weitere Durchführung der Transaktion kritischen Punkte zusammenfasst. Erst wenn in der darauffolgenden Phase das zweite indikative Angebot abgegeben werden muss, werden die Unterlagen im Rahmen einer sog. *Confirmatory Due Diligence* vertieft geprüft. Private-Equity-Häuser sind

i. d. R. auch erst in dieser Phase bereit, substantielle Kosten für die Beratung auszugeben.

In beiden Phasen einer Due Diligence werden die Unternehmensunterlagen
strukturiert in einem *Data Room* zur Verfügung gestellt. Dieser kann physisch
(z. B. in den Räumen einer Anwaltskanzlei) oder virtuell in Form einer zugangs-
gesicherten Internetseite gestaltet sein. Über einen Data Room Index kann der
Inhalt des Datenraums erschlossen werden. Im Datenraum gelten bestimmte Verhaltensregeln, in denen die Bedingungen für das Kopieren und Vervielfältigen der
zur Verfügung gestellten Unterlagen festgelegt sind. Da es sich bei Private-Equity-Investoren meistens nicht um Konkurrenten des Zielunternehmens handelt,
sind die Kopierregeln nicht sehr eng gefasst – bei sensiblen Geschäftsinformati-
onen (Deckungsbeitragsrechnungen pro Produkt, Produktkalkulationen etc.) ist
jedoch erhöhte Vorsicht geboten.

Data Room

Im Rahmen der Due Diligence werden Unmengen an Daten und Informationen ausgetauscht. Es liegt im eigenen Interesse des Managements und des Verkäufers, alle Unterlagen, die zusätzlich zu den im Datenraum verfügbaren herausgegeben werden, zu dokumentieren, um nicht in einem etwaigen Prozess
später mit Informationen konfrontiert zu werden, die man selbst erzeugt hat.

Vor der detaillierten Betrachtung der einzelnen Due-Diligence-Komponenten
soll hier noch kurz auf die Bedeutung dieser Prüfungstätigkeit eingegangen werden. In vielen Fällen wird die Due Diligence als reiner Tick-in-the-Box-Prozess
verstanden – also als eine Tätigkeit, die zwar ausgeübt werden muss, der aber
kein größerer Erkenntnisgewinn zugesprochen wird, da zumindest aus Sicht
des Managements alle Sachverhalte bereits bekannt sind. Dies mag zu Zeiten,
als »nebenberufliche« Transaktionsexperten mit der Durchführung der Due Diligence betraut waren, der Fall gewesen sein – heutzutage wird sie von hoch-
spezialisierten Transaction Support Teams vorgenommen, die auf allen Ebenen
Erkenntnisse generieren, die oftmals auch detailversessene Manager in Erstaunen setzen.

Tick-in-the-
Box-Prozess

1. Commercial Due Diligence

Auf die Gewinn- und Verlustrechnung (GuV) bezogen könnte man sehr grob ver-
einfachend sagen, dass im Rahmen der Commercial Due Diligence eine Analyse der Umsatzzahlen und eventuell noch der Gross-Profits erfolgt, während bei
der Financial Due Diligence (siehe Abschnitt V.2) der Kostenblock unterhalb des
Umsatzes bzw. der Gross Profits analysiert wird. Diese Unterscheidung wird beiden Formen der Due Diligence sicher nicht gerecht, denn sie greifen ineinander.
Aber man kann wohl feststellen, dass die Commercial Due Diligence eher auf
die marktgetriebenen Elemente fokussiert und damit über Umsatz und Rohmar-
ge informiert. Gegenstand der Analyse sind darüber hinaus oft auch Benchmar-
king-Studien zur operativen Performance und zu den Verbesserungspotenzialen
im Bereich der verschiedenen Kostenblöcke.

Fokus auf
Umsatzlinie

Im Mittelpunkt einer Commercial Due Diligence steht die Bewertung der Attraktivität der Marktsegmente, Produkte sowie Produktgruppen des Zielunternehmens. Hierzu zählt insbesondere die Analyse der in Abbildung 77 angeführten Elemente:[3]

Untersu-chungsbereich	Typische Fragestellungen	Analyseinstrumente	Informationsquellen
Markt- und Wettbewerbs-umfeld	Marktabgrenzung Marktvolumen und -struktur Marktwachstum und -dynamik (Fragmentierung vs. Konzentration etc.) Wettbewerbsintensität Technologietrends Markteintrittsbarrieren	Markt- und Branchen-analyse Analyse der Produkt- und Marktlebens-zyklen	Marktstudien von Marktforschungs-instituten Verbandsinforma-tionen Experten- und Kundeninterviews
Strategische Ausrichtung	Markt- und Wettbe-werbsposition Stärken und Schwä-chen gegenüber Wett-bewerbern Chancen und Risiken	Scoringmodelle Portfolioanalyse Benchmarking Szenarioanalyse Wertkettenanalyse	Managementge-spräche Strategiepapiere Experteninterviews Marktforschungsbe-richte
Unternehmens-planung	Plausibilität und Kon-sistenz der Planung Qualität der Planung in der Vergangenheit Fundierung der Pla-nungsprämissen	Analyse der Finanz-kennzahlen Break-Even-Analyse Sensitivitätsanalysen	Planungsunterlagen Marktstudien zur Plausibilisierung der Prämissen Benchmarks aus der Branche
Produkte und Leistungen	Analyse des Produkt-programms (Breite und Tiefe) Umsatz und Deckungsbeitrags-analyse (nach Produktgruppen)	Deckungsbeitrags-rechnung ABC-Analyse der Umsätze und des Ergebnisses	Produktbeschreibun-gen Controllingdaten Produktkalkulationen Produkttests Marktforschungs-daten
Marketing und Vertrieb	Analyse der Kunden-gruppen und Ver-triebsstrukturen Konzentrationsgrad des Kundenportfolios Preis- und Konditions-politik Analyse des regulato-rischen Umfelds	Kundenbezogene Deckungsbeitrags-rechnung Kennzahlenanalyse Benchmarking	Vertriebscontrolling Management-gespräche Kundengespräche

Abb. 77: Elemente einer Commercial Due Diligence

---

3   Vgl. auch Behrens/Brauner/Högemann (2005), S. 63.

Die unabhängige Marktuntersuchung der Wettbewerbsposition des Zielunternehmens vermittelt den Investoren ein Bild der *Managementkapazität* und des zukünftigen *Marktpotenzials*. Als Arbeitstechniken zur Ermittlung der entsprechenden Daten dienen

unabhängige Marktuntersuchung der Wettbewerbsposition

- die *Analyse der Unternehmensstrategie*, die durch Gespräche mit (meist unternehmensinternen) Experten ergänzt wird,
- die *Analyse der Wachstumschancen* sowie
- als wichtigstes Element *Interviews mit Kunden* zur Verifizierung der Wettbewerbsposition.

Die Durchführung von Kundeninterviews ist für die Banken oft nicht nur eine Auszahlungsvoraussetzung, sondern sie muss auch vor Unterzeichnung des Bankenvertrags und damit vor dem Signing erfolgen. Dies bedeutet ein großes Commitment seitens des Verkäufers, da die Kunden aus den Interviews Rückschlüsse auf das Unternehmen und die geplante Transaktion – die zu diesem Zeitpunkt immer noch scheitern kann – ziehen können.

Wichtig für den Private-Equity-Investor ist eine Einschätzung des Commercial Due Diligence Provider hinsichtlich der Fähigkeit des Managementteams zur *Implementierung* der vorgeschlagenen Strategie. Genauso wichtig ist es, dass das Managementteam den Beratern in den Due Diligence Sessions ein klares Verständnis der Planannahmen vermittelt. Für die Manager wiederum ist von Interesse, wie ihre Aktivitäten auf dem Markt, d. h. von den unabhängigen Beratern, gesehen werden – dabei gibt es oft sowohl positive als auch negative Überraschungen.

Das Ergebnis einer Commercial Due Diligence ist nicht nur ein Bericht über die Einschätzung des Unternehmens seitens des Beraters und der Branchenexperten, sondern auch ein sog. Marktmodell, anhand dessen der Investor verschiedene Szenarien und ihre Auswirkungen auf die Ergebnisse und damit auf seine Rendite berechnen kann. Abschließend berichtet der Commercial Due Diligence Provider in einer Stellungnahme über die aus seiner Tätigkeit gewonnenen Erkenntnisse bezüglich eines möglichen Exits (der zwar zu diesem Zeitpunkt noch Jahre entfernt ist, nichtsdestoweniger aber in die Überlegungen einfließen muss).

Ergebnis der Commercial Due Diligence

Bei sehr großen Projekten ist der Commercial Due Diligence Provider meist ein führendes Strategieunternehmen; bei mittelständischen Transaktionen oder Kleinst-Buy-outs lohnt sich der Aufwand für einen kostspieligen Berater hingegen nicht. In diesen Größenklassen führen Einzelpersonen – spezialisierte Berater oder Industrieexperten – die Due Diligence durch.

2.   Financial Due Diligence

Abgrenzung zur Abschlussprüfung

Ziel der Financial Due Diligence ist die Identifizierung der *finanzwirtschaftlich kritischen Erfolgsfaktoren*, der sog. Business Drivers, sowie der Upside- und Downside-Potenziale des Zielunternehmens. Das Untersuchungsfeld einer Financial Due Diligence ist i. d. R. weiter gefasst als das einer Abschlussprüfung; sie umfasst Branchenanalysen sowie eine Beurteilung der Human Resources, ist eher betriebswirtschaftlich ausgerichtet und weist eine stärkere Zukunftsorientierung auf. Dagegen ist die Untersuchungstiefe geringer als bei einer Abschlussprüfung, denn eine Due Diligence erfolgt immer auftragsbezogen und analysiert die Informationen des Unternehmens unter betriebswirtschaftlichen Aspekten.

Kernelemente

Die Financial Due Diligence beinhaltet demnach folgende Kernelemente:

- die Analyse der Vermögens-, Finanz- und Ertragslage,
- das Aufdecken bilanzieller Risiken durch die Analyse ausgewählter kritischer Bilanzposten (Vermögenslage) sowie die für die Kaufpreisberechnung wichtige Festlegung der Net Financial Debt,
- die Analyse von Cash-Flow-Rechnungen, insbesondere hinsichtlich der Stabilität der Cash Flows (Finanzlage),
- die »Quality of Earnings« (Ertragslage): Welcher operative Profit bildet die Basis für das Wachstum in den nächsten Jahren? Wie ist diese Basis um Einmaleffekte und unterjährige Transaktionen zu bereinigen? Wie gestaltet sich das nachhaltige operative EBITDA bzw. EBIT?

Vergangenheits-analyse

Die Analyse der Unternehmensvergangenheit erfolgt letztlich vor dem Hintergrund der Hypothese, dass stabile Erträge der Vergangenheit die Wahrscheinlichkeit einer auch zukünftig stabilen Ertragslage erhöhen. Die im Rahmen der Vergangenheitsanalyse durchgeführten *Normalisierungen* dienen dazu, eine nachhaltige Ertragsbasis darzustellen, die zum einen eine sinnvolle Vergleichsbasis für historische Zahlen bildet und zum anderen die gleichen Werttreiber identifiziert, die auch in der Planung unterlegt werden.

In letzter Zeit wurden jedoch verstärkt LBOs in Unternehmen durchgeführt, die sich von dem Buy-out eine dynamischere Entwicklung der Erträge versprechen. Bestärkt wird diese Erwartung durch die von zahlreichen Buy-out-Managern bestätigte Tatsache, dass viele Unternehmenseinheiten, insbesondere wenn sie nicht zu den Kernaktivitäten zählen, sich unter einem Konzerndach schlechter entwickeln als in der Selbständigkeit. Darüber hinaus wagen sich viele Buy-out-Fonds zunehmend an die Finanzierung von Unternehmen, die zukünftig ein anderes Geschäftsmodell als das bisherige verfolgen werden.

Analyse der Planzahlen

Die Analyse der Planzahlen ist daher von entscheidender Bedeutung. Sie basiert auf

- der Analyse von Planungsrechnungen,
- der Analyse der Planungstreue in der Vergangenheit (Soll-Ist-Vergleich in der Vergangenheit),
- Plausibilitätsanalysen (interne Konsistenz der Planungsrechnungen),

- Best-Practice-Vergleichen (Benchmarking) mit verwandten Unternehmen und
- der Ermittlung möglicher Sensitivitäten bezüglich der in der Planungsrechnung getroffenen Annahmen.

Die Financial Due Diligence Review umfasst folgende Arbeitsschritte:

- die Beschaffung der Informationen bzw. Informationsquellen,
- die Durchsicht der Arbeitspapiere der Abschlussprüfer,
- die Analyse der kritischen Erfolgsfaktoren,
- die Analyse der finanziellen Daten,
- die Analyse der Planungsrechnung,
- die Abfassung des Berichts.

Arbeitsschritte des Financial Due Diligence Review

Als interne Informationsquellen dienen Strategiepapiere und Geschäftspläne, die Managementberichterstattung (z. B. Monatsberichte), Diskussionen mit dem Management, Protokolle der Geschäftsleitungs- und Gesellschafterversammlungen, Protokolle der Aufsichtsratssitzungen sowie die Prüfungsberichte der letzten Jahre. Zu den externen Datenquellen zählen Geschäftsberichte, Presseveröffentlichungen und Gespräche mit Branchenspezialisten.

interne Informationsquellen

Die Themen einer Financial Due Diligence können also in ein Raster gefasst werden, das der klassischen Analyse der Vermögens-, Finanz-, und Ertragslage sehr nahekommt. Bei der Analyse der *Vermögenssituation* werden Bilanzierungs- und Bewertungsthemen hinterfragt und damit Anpassungen von Working Capital und Reinvermögen (Net Equity) aufgedeckt sowie Kennzahlen für die Beurteilung der Planungsrechnungen als Benchmark ermittelt. Festgestellte Belastungen zukünftiger operativer Cash Flows haben Konsequenzen für die Finanzierung der Transaktion und des operativen Geschäfts.

Themen einer Financial Due Diligence

Hinsichtlich des *Vorratsvermögens* werden bei der Financial Due Diligence folgende Themen berücksichtigt:

- die Ermittlung der Herstellungskosten unter Ausnutzung von Aktivierungswahlrechten und Bewertungsvereinfachungsverfahren,
- die Analyse der Wertberichtigungsmethoden,
- eine eventuelle Überalterung des Bestands,
- die Reichweite der Vorräte,
- eventuell gesunkene Wiederbeschaffungskosten,
- Möglichkeiten des Methodenwechsels,
- die Teilgewinnrealisierung bei langfristiger Fertigung,
- Kontrollen zur Sicherstellung der Vollständigkeit der Vorräte,
- die Eignung der Methoden der Bestandsfortschreibung,
- die geänderte Bewertung der Ersatzteile im Zeitablauf,
- die Angemessenheit der Vorräte in Bezug auf den Betriebszweck.

Der Themenkomplex *Forderungen* weist folgende Ansatzpunkte für Bewertungsunterschiede auf:

- Spielräume bei der Ermittlung von Wertberichtigungen,
- Voll- oder Teilwertberichtigung von überfälligen Forderungen,

* unterschiedliche Entwicklung der Wertberichtigungen bei unterjähriger Betrachtung und bei Betrachtung am Geschäftsjahresende,
* Reservenlegung durch Beibehaltung einer bestimmten Höhe von absoluten Wertberichtigungen.

Analyse der
Forderungen

Auch Fremdwährungsumrechnungen und Factoring beeinflussen die Höhe der Forderungen. Die Analyse der Forderungen beinhaltet

* die Ermittlung der Abhängigkeit von einzelnen Großkunden durch *ABC-Analysen*,
* die Analyse und Beurteilung erfolgter Periodenabgrenzungen oder vorgezogener Umsatzerlöse sowie
* Einzelfallanalysen.

Analysen der Forderungsausfälle, Zahlungseingänge und der Altersstruktur geben Hinweise auf die Werthaltigkeit der Forderungen. Bei langfristigen Lieferverträgen ist der Zeitpunkt der Umsatzrealisierung kritisch zu hinterfragen. Auch bei den Kreditoren kann eine Analyse der Lieferantenrechnungen angebracht sein – hier ist insbesondere auf eine erhöhte Quote fehlerhafter Verbuchungen aufmerksam zu machen.[4]

Rückstellungen

Wichtig ist auch die Vollständigkeit der *Rückstellungen* und deren angemessene Bewertung im Rahmen des zulässigen Ermessens. Die Financial Due Diligence berücksichtigt

* die entsprechenden Abgrenzungen,
* eventuell gegebene Garantien und Gewährleistungen,
* drohende Verluste aus schwebenden Geschäften,
* Sozialplan- bzw. Restrukturierungsrückstellungen und
* Rückstellungen, die durch Umweltschutzbestimmungen und andere öffentliche Auflagen bedingt sind.

In diesen Fällen ist meist eine Einzelfallprüfung notwendig.

Pensionsrück-
stellungen

Einen besonderen Bereich bilden die *Pensionsrückstellungen und andere personalbezogene Rückstellungen*. In der Vergangenheit war die Einschätzung der Pensionsrückstellungen unter Umständen für das Kaufpreisgebot und damit für den Abschluss einer Transaktion entscheidend. So wurden bspw. nur die abdiskontierten cashwirksamen Effekte der Pensionsverpflichtungen für die nächsten fünf Jahre als Financial Debt abgezogen.

Spätestens seit Unternehmen aufgrund ihrer hohen Pensionslasten durch Ratingagenturen herabgestuft wurden, gelten Pensionen jedoch vollständig als Financial Debt.

Fraglich ist nur noch, ob die Bilanzierung nach HGB – die meist steuerlich getrieben niedrigere Bilanzansätze erzeugt und insbesondere keine Inflationierung unterstellt – oder die Bilanzierung nach IFRS bzw. US-GAAP die angemessenere Betrachtungsweise darstellt. Im Rahmen der Confirmatory Due Diligence muss

---

4 Vgl. bspw. Ladiges (2007), S. 63-68.

eine gesonderte Überprüfung der Pensionen (die sog. *Pension Due Diligence*) durch einen versicherungsmathematisch geschulten Pensionsexperten erfolgen.

Langfristige und kurzfristige Verbindlichkeiten bestimmen die Nettofinanzverschuldung (*Net Financial Debt*). In der Standardformulierung des erweiterten Kaufpreismechanismus (siehe Abschnitt IV.1.c) sowie VI.2.e) wird sie vom Enterprise Value abgezogen. Eine frühzeitige Identifikation aller unter die Nettofinanzverschuldung fallenden relevanten Sachverhalte ist insbesondere in Auktionssituationen notwendig, denn der Verkäufer muss bei der Wahl der Bieter für den Veräußerer eine möglichst hohe Transparenz schaffen. Sollte ein Bieter relativ spät im Verlauf des Verkaufsprozesses einen der Nettofinanzverschuldung zuzurechnenden Umstand entdecken, den er vom Kaufpreis abzieht, so hat dies schwerwiegende Konsequenzen – eventuell muss dieser bevorzugte Bieter vom Verfahren ausgeschlossen werden. Umso wichtiger ist es, den Bietern zu einem frühen Zeitpunkt sämtliche Informationen zur Verfügung zu stellen, die sie für die Festlegung der Nettofinanzverschuldung benötigen.

Es hat sich für die Nettofinanzverschuldung keine Standarddefinition durchgesetzt. Wesentliche Bestandteile sind sämtliche zinstragenden Verbindlichkeiten und alle unter Finance Lease fallenden Verbindlichkeiten. Eindeutig wertsteigernd von der Nettofinanzverschuldung abzuziehen sind der Kassenbestand und kurzfristige nicht betriebsnotwendige Finanzanlagen, die im Umlaufvermögen gehalten werden. Auch langfristige Finanzanlagen haben meist nicht operativen Charakter. Weniger klar definierte Elemente sind Pensionen, Jubiläumsrückstellungen, marktunübliche Zahlungen an Manager und Gesellschafter oder auch Earn-out-Klauseln aus früheren Unternehmenskaufverträgen. Ebenso sind sog. Off-Balance Sheet Items zu berücksichtigen, z. B. Factoring, Garantien, Investitionsstau etc.

Bei der Analyse der *Finanzlage* stehen insbesondere die Cash Flows im Fokus. Der entscheidende Punkt ist in diesem Zusammenhang die Erfassung des Bedarfs an Zahlungsmitteln für das operative Geschäft (sowohl für die Vergangenheit als auch für die Zukunft). Dabei ist zu beachten, dass der Bedarf an »Cash« nicht vollständig aus dem Jahresabschluss hervorgeht und die Cash-Flow-Ergebnisse erheblich vom Ergebnis der gewöhnlichen Geschäftstätigkeit abweichen. Schwerpunkte der Analyse sind daher die Investitionsausgaben und das Working Capital.

Das *Working Capital* hat den größten Einfluss auf den Finanzierungsbedarf. An den Stichtagen kann das Working Capital relativ konstant sein, unterjährig sowie auch innerhalb eines Monats sind jedoch große Schwankungen möglich, woraus sich ein bedeutender Finanzierungsaufwand ergeben kann. Wichtig für das Verständnis des Cash-Flow-Verlaufs innerhalb des Geschäftsjahres sind

- Saisoneinflüsse,
- die mit den Kunden vereinbarten Zahlungsbedingungen und
- die Kreditorenziele.

Idealerweise existieren für die Vergangenheit eine monatliche Aufstellung über das Working Capital und die Planungsrechnung.

Margin notes:

Nettofinanzverschuldung (Net Financial Debt)

Analyse der Finanzlage

Working Capital

Die Analyse des Working Capital ist auch von entscheidender Bedeutung für die Bestimmung des Kaufpreismechanismus. Sofern kein Locked-Box-Mechanismus gewählt wird, muss das normalisierte Niveau des Working Capital festgelegt und jede Abweichung von diesem Niveau zum Kaufpreis addiert bzw. davon abgezogen werden.

Working Capital – Definitionen

Das Working Capital wird nach zwei unterschiedlichen Definitionen bestimmt. Nach der engen Definition werden nur Forderungen und Verbindlichkeiten aus Lieferungen und Leistungen sowie Vorräte zur Berechnung des Working Capital herangezogen, nach der erweiterten Definition werden auch sonstige Forderungen und Verbindlichkeiten sowie sämtliche personalbezogene Verbindlichkeiten wie bspw. Urlaubsrückstellungen usw. berücksichtigt.

Oft ist es Verhandlungssache, welche dieser Definitionen für die Berechnung des Kaufpreises verwendet wird. Es besteht hier eine direkte Korrespondenz mit der Definition der Net Financial Debt, denn als Working Capital anerkannte Elemente können nicht von der Net Financial Debt abgezogen werden. Auch muss auf Unterschiede zwischen der internationalen Rechnungslegung und dem deutschen HGB geachtet werden – so gilt nach dem HGB immer noch das strenge Niederstwertprinzip, während die IFRS oft eine aggressivere Bilanzierung zulassen.

Ertragslage

Bezüglich der *Ertragslage* liefern analytische Verfahren und Kennzahlen erste Erkenntnisse. Aus der Durchsicht der Arbeitspapiere der Abschlussprüfer ergeben sich weitere Indizien. Abschließende Fragen zur Qualität der Ertragskraft werden in Diskussionen mit dem Management geklärt.

Für die Analyse der Ertragslage werden meist eine Aufteilung der Umsatzerlöse nach den umsatzstärksten Produkten, Kunden und geographischen Märkten sowie eine Aufstellung über die Preis- und Mengenentwicklung verlangt.

Wichtig ist die kritische Hinterfragung des Zeitpunktes der Umsatz- und Gewinnrealisierung und der saisonalen Verteilung der Umsatzerlöse. Auch die Höhe des Auftragsbestandes ist ein wichtiger Indikator für die Beurteilung der Geschäftsentwicklung. Die Bewertung der Vorräte kann ebenfalls Einfluss auf die Kosten haben. So ist eine Analyse der Aufwendungen (Wareneinsatz, Personalkosten, Gemeinkosten), der Preisentwicklung der Rohstoffe und des Warenbezugs von den wichtigsten Lieferanten (ABC-Analysen) notwendig. Ein verändertes Verhältnis von fixen und variablen Kostenbestandteilen kann die Vergleichbarkeit der Rohgewinnmargen ebenso beeinflussen wie eine Änderung des Produktmixes. Auch die Trends der letzten Jahre (bei Produkten oder innerhalb von Geschäftsbereichen) und Benchmarkings in der Branche fließen in die Analyse der Ertragslage ein.

Quality of Earnings

Die Quality of Earnings kann durch Einmaleffekte beeinflusst sein, die meist schon bei der Aufbereitung seitens des Verkäufers sorgfältig (da wertsteigernd) bereinigt werden. Hierbei handelt es sich um

- Boni,
- Restrukturierungsaufwendungen,
- Schließungsaufwendungen,
- Abfindungen sowie

- Auswirkungen geänderter Bilanzierungs- und Bewertungsmethoden aber auch um

einmalige Beratungskosten und Erlöse aus der Veräußerung von nicht betriebsnotwendigem Vermögen.

Eher kritisch zu sehen sind Rückstellungsauflösungen, Wertberichtigungen auf Forderungen usw., denn diese können durchaus eine systematische, wiederkehrende Ursache haben. Auch ist bei der Berücksichtigung von Synergieeffekten Vorsicht geboten, da hier i.d.R. die erfolgreiche Umsetzung der Transaktion vorausgesetzt wird.

Sollten Normalisierungen akzeptiert werden, so ist auf einen entsprechenden Korrespondenzeffekt unterhalb der betrachteten Ergebnislinie zu achten. Beispielsweise sind Normalisierungen aufgrund von Rechnungslegungsumstellungen im Rahmen von Leasingaufwendungen nicht mehr als Miete, sondern als Zinsaufwand und Abschreibung anzusetzen. Die zu beobachtende Verbesserung des EBITDA ist jedoch irreführend, denn die Cash-Belastung bleibt die gleiche – die Zahlungsströme werden nun unterhalb der EBITDA-Linie ausgewiesen.

Normalisierungen

Für die Analyse der Quality of Earnings ist auch die Durchführung sog. Proforma-Anpassungen von Bedeutung. Diese können z.B. gerechtfertigt sein, wenn das Unternehmen unterjährig eine Transaktion vornimmt, deren positiver Ergebnisbeitrag im Jahresabschluss noch nicht voll reflektiert wird. Pro-forma-Anpassungen betreffen also insbesondere

Pro-forma-Anpassungen

- Änderungen in der Gruppenstruktur,
- Wechselkursänderungen sowie
- Veränderungen der Kostenbasis durch Nutzung von Synergien.

Weiter gehende Anpassungen, z.B. durch den Verlust eines signifikanten Kunden, sich ändernde Leasingzahlungen oder veränderte Auslastungen bei maschinenintensiven Geschäftsmodellen, werden von der Verkaufsseite gern mit angesetzt, sind allerdings wie die Berücksichtigung von Synergieeffekten mit Vorsicht zu betrachten.

Die Plausibilisierung von Planungsrechnungen erfordert sowohl eine Analyse des Planungsprozesses und der Planungstreue durch die Gegenüberstellung von Planzahlen der Vergangenheit und den erreichten Ergebnissen als auch eine Detailanalyse der Konsistenz der Planungsrechnung. Identifizierte Planungsschwächen werden unmittelbar bei der Wertfindung berücksichtigt.

Plausibilisierung von Planungsrechnungen

Anzeichen für eine unplausible Planungsrechnung sind sog. Hockey-Stick-Schätzungen, d.h. Planungen, deren Werte umso stärker ansteigen, je weiter sie in der Zukunft liegen. Kritisch zu hinterfragen ist auch eine klassische »Sandwichposition« des Zielunternehmens mit starken Verhandlungspartnern sowohl auf der Abnehmer- als auch auf der Lieferantenseite, was tendenziell auf eine Marginalisierung des Unternehmens hinausläuft. In diesem Fall steigende Margen in der Planung zu unterstellen ist zumindest bei gleichbleibendem Geschäftsmodell unrealistisch. Unrealistisch ist auch ein Anstieg des Marktanteils ohne Neuinvestitionen, ohne ausgeprägtes Marketing und ohne die Einführung neuer Produkte. Ferner ist in diesem Zusammenhang auf eventuell entstehende Kapazitätsengpässe zu achten. Auch werden in der Planungsrechnung die Auswirkungen von Kostenreduktionen durch Sanierungsprogramme meist übertrieben und die Remanenzkosten unterschätzt.

Analyse der Planung

Bei der Analyse der Planung sind deshalb folgende wichtige Fragen zu stellen:

- Sind Abläufe vorgegeben, welche die Vergleichbarkeit der Planungsrechnungen sicherstellen?
- Bestehen wesentliche Abweichungen zwischen aktueller Vorschau und Planungsrechnung?
- Ist die Planungsrechnung eine Aufgabe des Managements auf Abteilungs-/Divisionsebene und werden die Planungsrechnungen auf Unternehmensebene aggregiert?
- Sind Planungsrechnung und Vorschau ein integraler Bestandteil des Controllings?

In den letzten Jahren hat sich die Präsentation der Ergebnisse wesentlich verbessert. Die für Private-Equity-Häuser bestimmten Berichte fokussieren auf die Key Issues, während die Dokumentation der Banken oft sehr umfangreiche und ausführliche Berichte verlangt.

Das Ergebnis der Financial Due Diligence ist die Aufdeckung finanzieller Chancen und Risiken für den Käufer. Die gewonnenen Erkenntnisse sind angemessen im Kaufvertrag zu berücksichtigen, eventuell durch die Aufnahme von Kaufpreisklauseln oder die Durchsetzung von Gewährleistungsklauseln. Die Identifikation von Deal Breakers erlaubt eine Fehlentscheidung im Voraus auszuschließen.

3. Legal Due Diligence

Zielsetzung

Zielsetzung der *Legal Due Diligence* ist es, die rechtlichen Hintergründe des zu erwerbenden Unternehmens zu untersuchen und rechtliche Unzulänglichkeiten bzw. Unrichtigkeiten aufzudecken. Gegenstand der Untersuchung sind insbesondere die gesellschaftsrechtliche Struktur des Unternehmens sowie seiner Tochtergesellschaften und die vertraglichen Rechtsbeziehungen zu Dritten. Die im Rahmen der Legal Due Diligence aufgezeigten rechtlichen Risiken für einen Käufer werden in Form von Kaufpreisabschlägen oder durch entsprechende Gewährleistungsklauseln im Kaufvertrag berücksichtigt.

Kernelemente

Die rechtliche Due Diligence umfasst folgende Kernelemente:

- die gesellschaftsrechtliche Struktur des Zielobjekts
- Finanzierungsverträge
- Liefer- und Bezugsverträge
- Immobilien (Grundstücke und Mietverträge)
- Öffentliches Recht/Umweltrecht

- arbeitsrechtliche Beziehungen
- gewerbliche Schutzrechte
- Rechtsstreitigkeiten
- Versicherungen

Hinsichtlich der *gesellschaftsrechtlichen Struktur* des Zielunternehmens ist insbesondere zu prüfen, ob dieses ordnungsgemäß errichtet wurde und der Verkäufer Gesellschafter des Zielunternehmens geworden ist. Aufgedeckt werden sollen weiterhin gesellschaftsrechtliche Besonderheiten und gesellschaftsrechtliche Risiken für den Käufer als zukünftigen Gesellschafter, wobei z. B. untersucht wird, ob Einlageverpflichtungen im Rahmen von Kapitalerhöhungen vollständig erfüllt worden sind.

gesellschaftsrechtliche Struktur des Zielobjekts

Die Überprüfung erfolgt im Wesentlichen anhand von Handelsregisterauszügen und gesellschaftsrechtlichen Gründungs- bzw. Kauf- und Übertragungsdokumenten. Sofern das Zielunternehmen Teil einer Unternehmensgruppe ist, werden auch sog. Unternehmensverträge (insbesondere Beherrschungs- und Gewinnabführungsverträge) geprüft.

Bei der Überprüfung der *Finanzierungsverträge* ist darzustellen, welche Kreditverträge bestehen und welche Sicherheiten die Unternehmen der zu erwerbenden Gruppe den Banken eingeräumt haben. Da im Rahmen des Unternehmenskaufvertrages i. d. R. bestehende Bankverbindlichkeiten und gestellte Sicherheiten abgelöst werden, kommt der Überprüfung der Finanzierungsverträge besondere Bedeutung zu. Aber auch wenn eine solche Ablösung nicht erfolgt, sollte eine Bestandsaufnahme der Finanzierungsverträge vorgenommen werden, die

Finanzierungsverträge

- das Kreditvolumen,
- die Laufzeiten,
- die Konditionen und
- Sonderthemen wie Tilgungsmodalitäten, Vorfälligkeitsentschädigungen etc.

berücksichtigt. Neben der Frage, ob Change-of-Control-Klauseln vorliegen, die den Vertragspartner bei einer Unternehmensübernahme zur Kündigung des Vertrages berechtigen, ist auch zu prüfen, welche Event-of-Default-Regelungen (insbesondere hinsichtlich der Verletzung von Covenants) einschlägig sind. Sofern das zu verkaufende Unternehmen aus einem Konzern herausgelöst wird, ist auf Aspekte wie konzertweites Cash-Pooling oder durch die Konzernmutter bzw. durch Konzernschwestern gestellte Sicherheiten und deren Ablösung besonderes Augenmerk zu richten.

Bezüglich der *Liefer- und Bezugsverträge* des Zielunternehmens ist zu klären, welches Engagement sich aus den einzelnen Verträgen für das Zielunternehmen ergibt. Der entscheidende Punkt ist, ob und welche Verträge für die Ertragskraft des Zielunternehmen eine wesentliche Bedeutung haben. Insofern ist auch in diesem Zusammenhang zu prüfen, ob die Verträge einen Change-of-Control-Vorbehalt enthalten. Des Weiteren sind die Vertragslaufzeiten und bestehende Übernahme- bzw. Abgabeverpflichtungen aufzunehmen, um den wirtschaftlichen

Liefer- und Bezugsverträge

Gehalt der Verträge beurteilen zu können. In Bezug auf die Lieferverträge ist darüber hinaus die Gesetzeskonformität der Allgemeinen Geschäftsbedingungen zu prüfen und es sind Verletzungen der gesetzlichen Vorgaben und potenzielle Haftungsrisiken aufzuzeigen.

Grundstücke

Sofern sich im Eigentum des Zielunternehmens *Grundstücke* befinden, sind die gegebenen Eigentumsverhältnisse und die bestehenden Belastungen darzulegen. Bei existierenden Mietverträgen müssen zur Beurteilung der sich hieraus für das Zielunternehmen ergebenden Belastung oder Ertragskraft – je nachdem ob dieses Zielunternehmen Mieter oder Vermieter ist – insbesondere der ordnungsgemäße Abschluss und die Laufzeit dargestellt werden.

Öffentliches Recht/ Umweltrecht

Im Zusammenhang mit dem Themenkomplex *Öffentliches Recht* wird untersucht, ob das Zielunternehmen alle für den Betrieb des Unternehmens notwendigen Bau- und Betriebserlaubnisse und Genehmigungen hält. Weiterhin werden gewährte Subventionen und Beihilfen anhand der vorliegenden Bescheide überprüft, insbesondere in Hinblick darauf, inwieweit entsprechende Rückforderungsrisiken für das Zielunternehmen bestehen.

Oft ist mit dieser Prüfung eine *Umwelt-Due-Diligence* oder *Environmental Due Diligence* verbunden, die häufig nicht von Rechtsberatern, sondern von entsprechend spezialisierten Unternehmen vorgenommen wird. Im Rahmen der Umwelt-Due-Diligence wird ermittelt, ob das Zielunternehmen umweltrechtliche Normen einhält und welche Haftungsrisiken sich aus einem potenziellen Verstoß ergeben. Hierbei sind vor allem Verstöße gegen boden- und immissionsschutzrechtliche sowie abfall- und wasserrechtliche Vorschriften aufzudecken.

Seit kurzem wird im Rahmen der Umwelt-Due-Diligence neben diesem Themenkomplex auch die Einhaltung von Auflagen im Bereich Arbeits- und Anlagensicherheitsschutz geprüft. Die Environmental Due Diligence umfasst eine technische Untersuchung des Betriebsgeländes des Zielunternehmens in Hinblick auf potenzielle Verunreinigungen bzw. erhöhte Schadstoffbelastungen. Dadurch sollen unerkannte (Umwelt-)Risiken vermieden werden, denn die Kosten für die Beseitigung von Umweltschäden können immens sein. Entdeckte Verunreinigungen werden meist explizit in den Garantiekatalog des Unternehmenskaufvertrags aufgenommen oder die Kosten für deren Beseitigung werden direkt vom Kaufpreis abgezogen.

arbeitsrechtliche Aspekte

Ein wesentlicher Teil der Legal Due Diligence ist *arbeitsrechtlichen Aspekten* gewidmet. Das Interesse des Erwerbers ist in erster Linie darauf gerichtet, einen Überblick über alle arbeits- und sozialversicherungsrechtlichen Verpflichtungen des Zielunternehmens zu bekommen. Dabei wird einerseits die Einhaltung der betriebsverfassungsrechtlichen Ordnung überprüft. Andererseits kommt es für einen Käufer, der Restrukturierungen in dem zu erwerbenden Unternehmen plant, darauf an, Klarheit über die vorhandenen Betriebsvereinbarungen und die Standards der individuellen Dienstverträge zu gewinnen. Darüber hinaus gilt der betrieblichen Altersvorsorge ein besonderes Augenmerk.

gewerbliche Schutzrechte

Bezüglich der *gewerblichen Schutzrechte* ist zwischen den Schutzrechten als solchen und den aus ihnen resultierenden vertraglichen Bindungen zu unterscheiden. Bei den Schutzrechten werden Inhalt, Umfang und Wert für das Unternehmen untersucht, wobei es letztlich auch um den Nachweis der behaupteten Inhaberschaft eines Schutzrechtes geht. Bei der Prüfung der vertraglichen Bindungen steht insbesondere die Inhaberschaft von Lizenzen im Vordergrund.

Die Überprüfung von *Rechtsstreitigkeiten* soll potenzielle finanzielle Risiken aufdecken, die sich aus anhängigen oder drohenden Verfahren für das Zielunternehmen und damit den Käufer ergeben. Die Prüfung umfasst insbesondere zivilrechtliche Verfahren, aber auch auf Straf- und Ordungswidrigkeitsverfahren sowie verwaltungsrechtliche Bußgeldverfahren.

Rechtsstreitigkeiten

Die *versicherungsrechtliche Due Diligence* wird wie die Environmental Due Diligence nicht von Rechtsberatern, sondern von entsprechend spezialisierten Beratern, z. B. Versicherungsmaklern, vorgenommen. Über eine Bestandsaufnahme der bestehenden Versicherungsleistungen und des damit verbundenen Kostenaufwands wird geprüft, ob der Versicherungsschutz des Zielunternehmens für die im Unternehmen vorhandenen Risiken ausreichend ist.

Versicherungen

Die Legal Due Diligence hat zum Ziel, rechtliche Risiken zu identifizieren und einzuschätzen. Festgestellte Mängel werden vor Vertragsunterzeichnung beseitigt oder in Form einer aufschiebenden Bedingung, einer Beschaffenheitsgarantie oder einer Kaufpreisanpassung im Kaufvertrag berücksichtigt. Eventuell kann die Problematik auch durch die Aufnahme einer Freistellungsklausel gelöst werden, im ungünstigsten Fall werden Deal Breakers identifiziert entdeckt und die Verhandlungen abgebrochen. Üblicherweise sind durch den Unternehmensübergang auch im Rahmen der Legal Due Diligence festgestellte Integrationsthemen (Übergang oder temporäre Weiternutzung der IT-Infrastruktur etc.) in den Kaufvertrag aufzunehmen.

Zusammenfassung

4. Sonstige Due-Diligence-Elemente

Viele der genannten Elemente einer Due Diligence lassen sich weiter unterteilen. So kann die im Rahmen der Financial Due Diligence durchgeführte Analyse der Pensionsrückstellungen zu einer dezidierten *Pensions Due Diligence* ausgebaut werden. Diese Variante der Due Diligence, die insbesondere bei Unfunded Pensions durchgeführt wird, hat stark an Bedeutung gewonnen, seit die Investoren aufgrund der verschlechterten Ratings von Unternehmen mit hohen Pensionslasten die Pensionsverpflichtungen als Financial Debt ansehen und nicht nur den Cash-Flow-Effekt auf die ersten Jahre der Halteperiode berücksichtigen.

Pensions Due Diligence

Im Zusammenhang mit der Financial Due Diligence erfolgt oft auch eine Überprüfung der steuerlichen Gegebenheiten. Ziel dieser sog. *Tax Due Diligence* ist es, die mit dem Erwerb des Unternehmens verbundenen steuerlichen Risiken zu identifizieren sowie die im Rahmen der Transaktion mögliche Steueroptimierung zu analysieren und damit wesentliche Informationen für die Kaufpreisverhandlungen zur Verfügung zu stellen. Mögliche steuerliche Risiken sind Risiken mit endgültiger Steuermehrbelastung, Risiken mit nur temporärer Steuermehrbelastung, sog. Eigenschaftsrisiken und Gestaltungsrisiken. Die Ergebnisse der

Tax Due Diligence

Analyse der Gestaltungsrisiken fließen direkt in die steuerliche Strukturierung der Transaktion ein.

Die Tax Due Diligence berücksichtigt neben umfangreichen Interviews mit den betreffenden Mitarbeitern und dem Steuerberater des Zielunternehmens Unterlagen wie Jahresabschlüsse, Prüfungsberichte, Steuererklärungen, -anmeldungen und -bescheide, Betriebsprüfungsberichte, Unternehmensverträge, Handelsregisterauszüge und Grundbuchauszüge. Die Ergebnisse der Untersuchung sind

- eine Darstellung der wesentlichen steuerlichen Verhältnisse (wobei insbesondere der Zeitpunkt der letzten Steuerprüfung relevant ist),
- die Verprobung der aktuellen Steuerquote und eine Risikoanalyse.

Letztere sollte möglichst detailliert und quantifiziert sein – meist erfolgt sie jedoch auf Basis einer Schätzung, die auch eine Darstellung der Eintrittswahrscheinlichkeit des Steuerrisikos umfasst.

In Deutschland können körperschaftsteuerliche Verluste einer Körperschaft in Höhe von bis zu 511.500 EUR ein Jahr zurück- und bis 1 Mio. EUR unbeschränkt vorgetragen werden (§ 8 Abs. 1 Satz 1 KStG i. V. m. § 10d Abs. 1 Satz 1 und Abs. 2 EStG). Darüber hinaus können nur 60 % des eine Million Euro übersteigenden Betrags vorgetragen werden. Der Verlustrücktrag kann auf Antrag vermieden werden. Der Verlustvortrag gilt entsprechend für die Gewerbesteuer nach § 10a Satz 1 und 2 GewStG. Somit kann der Verlustvortrag eine echte cash-generierende Wirkung entfalten und ist als Komponente des Unternehmenswertes anzusehen.

Eine wesentliche Frage im Rahmen der Tax Due Diligence ist, ob im Target-Unternehmen vorhandene Verlustvorträge von dem neuen Gesellschafter genutzt werden können. Bei Anteilsübertragungen innerhalb von fünf Jahren kann es ganz oder teilweise zum Untergang von Verlusten kommen: werden innerhalb von fünf Jahren mehr als 25 % der Anteile (mittelbar oder unmittelbar) übertragen, so gehen die Verluste anteilig unter, werden mehr als 50 % übertragen, gehen die Verluste insgesamt unter, § 8c Abs. 1 KStG. Diese Regelung findet im Falle von Sanierungen keine Anwendung, § 8c Abs. 1a KStG.

Mit Vollzug des LBO-Kaufvertrags ist das erste Tatbestandsmerkmal bereits erfüllt, weshalb es für das Geltendmachen von Verlustvorträgen von entscheidender Bedeutung ist, dass nicht durch postakquisitorische Restrukturierungen in einem wesentlichen Umfang neues Betriebsvermögen zugeführt wird.[5]

Management Due Diligence

Die *Management Due Diligence* schließlich wird von Private-Equity-Häusern eingesetzt, um das Management – de entscheidenden Parameter für den Erfolg eines Investments – einer zusätzlichen Überprüfung durch externe Berater zu unterziehen.[6] Hierbei stellt die Objektivität der Untersuchung die größte Schwierigkeit dar, da die Management Due Diligence im Vergleich zu den anderen Due-Diligence-Varianten dem sicherlich subjektivsten Faktor für den Erfolg eines Buy-

---

5   Ähnlich auch § 12 III UmwStG für Verschmelzungen und Spaltungen.
6   Vgl. hierzu Kell (2005), S. 149-160.

outs gilt. Inwieweit das Management zur Steigerung des Unternehmenswertes im Sinne des Private-Equity-Investors beitragen kann, lässt sich bspw. durch unternehmens- und strategiebezogene Interviews sowie ein Benchmarking hinsichtlich der Marktstandards prüfen.

VI. Rechtliche Abwicklung des Buy-outs

1. Rechtliches Vertragswerk und der Prozess des Kaufvollzugs

a) Engagement Letter

Der Verkäufer eines Unternehmens bedient sich zur Strukturierung und Durchführung eines Unternehmenskaufes üblicherweise eines Intermediärs. Dies ist i. d. R. eine Investmentbank, eine Wirtschaftsprüfungsgesellschaft oder ein sonstiger M&A-Berater. Der Intermediär hat die Aufgabe,

Aufgabe des Intermediärs

- das Infomemorandum und den Teaser zu erstellen,
- den Datenraum zu organisieren,
- potenzielle Bieter anzusprechen,
- die im Rahmen des Verkaufsprozesses eingehenden Angebote zu bewerten und
- die Kaufvertragsverhandlungen zu begleiten.

Die Beauftragung des Intermediärs erfolgt im Rahmen eines Engagement Letters. Rechtlich gesehen handelt es sich dabei um einen gemischt typischen Vertrag mit dienst- und maklervertraglichen Elementen.[1] Insofern spricht man auch von einem Unternehmensmaklervertrag.

Die Vergütung des Intermediärs teilt sich regelmäßig in einen erfolgsunabhängigen (*Retainer*) und einen erfolgsabhängigen Teil (*Success Fee*) auf. Mit dem Retainer sollen die unabhängig vom Zustandekommen der Transaktion anfallenden Kosten des Beraters abgegolten werden. Der Retainer wird bei erfolgreichem Abschluss der Transaktion üblicherweise auf das zu zahlende erfolgsabhängige Honorar angerechnet. Im Normalfall wird das Honorar bei Abschluss der Transaktion (*Signing*) zur Zahlung fällig. Als erfolgsabhängige Honorare werden in der Praxis sowohl Fixvergütungen als auch von der Höhe des Transaktionswertes abhängige Vergütungen vereinbart. Im letzteren Fall muss der Engagement Letter eine genaue Definition des Transaktionswerts enthalten. Insbesondere ist zu regeln, ob die Übernahme von Fremdverbindlichkeiten und Gesellschafterdarlehen in die Berechnung mit einfließt.

Vergütung des Intermediärs

b) Vertraulichkeitsvereinbarung

Am Anfang einer Transaktion steht die Vertraulichkeits- bzw. Geheimhaltungsvereinbarung.[2] I.d.R. erfolgt die Kontaktaufnahme zwischen dem Verkäufer und dem potenziellen Erwerber durch die Berater des Verkäufers. Vor Beginn der

Zweck

---

1 Vgl. Aigner/Mues (2007), Teil 2, 4. Kapitel, Rn. 12.
2 Ausführlich hierzu Kurz (2004).

von den Beratern organisierten Due-Diligence-Phase hat sich der Käufer gegenüber dem Verkäufer und ggf. gegenüber dem Zielunternehmen zu verpflichten, im Rahmen der Transaktion erhaltene Informationen vertraulich zu behandeln. Die Vertraulichkeitsvereinbarung dient also dem Schutz des Verkäufers und des Zielunternehmens vor einer schädigenden Nutzung und Weitergabe von geheimen Informationen über das Zielunternehmen.

Parteien

Parteien der Vertraulichkeitsvereinbarung sind zunächst grundsätzlich der Verkäufer und der Käufer. Üblicherweise wird der Verkäufer aber auch darauf drängen, dass das Zielunternehmen im Sinne eines echten Vertrages zugunsten Dritter (§ 328 BGB) Begünstigter aus der Vertraulichkeitsvereinbarung wird, denn durch einen Bruch der Vertraulichkeitsvereinbarung und die vertragswidrige Verwendung von geheimen Informationen kann insbesondere dem Zielunternehmen ein nicht unerheblicher Schaden entstehen.

Umfang

Aus der Vereinbarung muss sich für beide Parteien klar ergeben, welche Informationen der Vertraulichkeit unterliegen. Aus Sicht des Verkäufers sollte der Umfang der Vertraulichkeitsvereinbarung so weit wie möglich sein. Aus Sicht des Erwerbers sind von der Vertraulichkeitsvereinbarung zumindest solche Informationen auszunehmen,

- die bei Abschluss der Vereinbarung schon öffentlich bekannt sind oder während der Laufzeit der Vereinbarung öffentlich bekannt werden,
- die der Verkäufer dem Käufer außerhalb des Anwendungsbereiches der Vertraulichkeitsvereinbarung offenbart oder
- die der Käufer auf anderweitige Art und Weise ohne Verstoß gegen die Vertraulichkeitsvereinbarung vom Verkäufer erwirbt.

Zugang zu vertraulichen Informationen

Außerdem nennt die Vertraulichkeitsvereinbarung ausdrücklich die Personen, die Zugang zu den vertraulichen Informationen bekommen sollen. Dies sind i. d. R. die Organe, Mitarbeiter und Berater des Käufers. Aus Sicht des Verkäufers ist die Personenanzahl auf ein möglichst geringes Maß zu begrenzen.

Sofern der potenzielle Käufer bei der anvisierten Transaktion nicht zum Zuge kommt oder er von sich aus die Transaktion nicht weiterverfolgt, muss sichergestellt sein, dass er jegliche Informationen, die er im Rahmen der Transaktion vom Verkäufer erhalten hat, entweder an den Verkäufer zurückgibt oder vernichtet. In Bezug auf Berater, wie Rechtsanwälte und Steuerberater, die gesetzlichen Verpflichtungen zur Aufbewahrung unterliegen, sollte eine entsprechende Ausnahmeregelung in die Vertraulichkeitsvereinbarung aufgenommen werden.

Da im Rahmen der Due Diligence auch Informationen über Mitarbeiter offengelegt werden, die für das Geschäft des Zielunternehmens von Bedeutung sind, findet man in Vertraulichkeitsvereinbarungen regelmäßig auch Regelungen zu einem Abwerbeverbot.

Verstoß gegen die Vertraulichkeitsvereinbarung

Der Verstoß gegen die Vertraulichkeitsvereinbarung führt zu einem *Schadenersatzanspruch* des Verkäufers gegen den Käufer. Der Schutz des Verkäufers und des Zielunternehmens durch eine Vertraulichkeitsvereinbarung ist allerdings in der Praxis eher gering, da der Verkäufer – sofern keine entsprechende Beweislastumkehrregelung besteht – den Verstoß des potenziellen Käufers gegen die Vertraulichkeitsvereinbarung und den dadurch entstandenen Schaden nachweisen muss. Ob aber ein Verstoß zu einem Schaden führt, kann gegebenenfalls erst in der Zukunft beurteilt werden. Deswegen wird in der Praxis regelmäßig ein pauschalierter Schadenersatz in Form einer Vertragsstrafe vereinbart. Dies enthebt den Verkäufer zumindest der Beweislast für die Bezifferung eines konkret eingetretenen Schadens. Die Geltendmachung eines über die vereinbarte Vertragsstrafe hinausgehenden Schadenersatzes ist hierbei nicht ausgeschlossen.

c)   Letter of Intent/Memorandum of Understanding

Der Letter of Intent bzw. das Memorandum of Understanding stellen eine Absichtserklärung des Käufers und des potenziellen Verkäufers dar, die geplante Transaktion auch durchzuführen.[3] Von einem einseitigen Letter of Intent spricht man, wenn die Absichtserklärung lediglich von dem potenziellen Käufer gegenüber dem Verkäufer abgegeben wird. In der Praxis verbreiteter ist der zweiseitige Letter of Intent, bei dem die Absichtserklärung des potenziellen Käufers vom Verkäufer gegengezeichnet wird. Diese zweiseitige Absichtserklärung wird häufig auch als Memorandum of Understanding bezeichnet. In der Praxis messen die beteiligten Parteien dem zweiseitigen Memorandum of Understanding eine höhere Bindungswirkung als dem einseitigen Letter of Intent zu.[4]

einseitiger/ zweiseitiger Letter of Intent

Im Letter of Intent erklärt der potenzielle Käufer gegenüber dem Verkäufer seine Absicht, auf Basis der bisher geführten Gespräche und Verhandlungen die Transaktion auch zustande kommen zu lassen. Deswegen beinhaltet der Letter of Intent die wesentlichen Eckpunkte der beabsichtigten Transaktion (insbesondere Kaufgegenstand, Bewertungsgrundlagen, Kaufpreis).

Inhalt

Der Letter of Intent enthält den Vorbehalt des Eintritts bestimmter Bedingungen wie der Durchführung einer zufriedenstellenden Due Diligence durch den potenziellen Käufer, der Zustimmung von Kontroll- und Aufsichtsgremien der Parteien und der Kartellfreigabe.

Regelmäßig wird der Letter of Intent so ausgestaltet, dass er im Wesentlichen gerade keine rechtliche Bindungswirkung entfaltet. Dies kann sich, wenn der Kaufgegenstand GmbH-Geschäftsanteile sind, durch die fehlende Beurkundung oder – was den Parteien schon zur Vermeidung von Missverständnissen zu empfehlen ist – durch den ausdrücklichen Ausschluss der Bindungswirkung ergeben. Ausdrücklich wird die Bindungswirkung üblicherweise nur im Hinblick auf Vertraulichkeits- und Geheimhaltungsverpflichtungen geregelt, sofern diese nicht separat abgeschlossen werden, sowie im Hinblick auf Exklusivitätsvereinbarungen. Der Grund dafür ist, dass der potenzielle Käufer in diesem Stadium der Transaktion von dem Verkäufer eine gewisse Transaktionssicherheit durch die Zusicherung erhalten möchte, dass dieser für einen bestimmten Zeitraum nicht mit einem Dritten in Vertragsverhandlungen eintritt oder sogar einen Ver-

Bindungswirkung

3 Bergjan (2004), S. 69.
4 Holzapfel/Pöllath (2005), Rn. 8.

trag über den Kaufgegenstand abschließt. Der Verkäufer wird sich aus verständlichen Gründen nur schwer darauf einlassen bzw. einer Exklusivitätsvereinbarung nur in einem weit fortgeschrittenen Stadium zustimmen, um sich seine Verkaufschancen gegenüber möglichst vielen Bietern offen zu halten.

Auch Kostentragungsregeln unterliegen gemeinhin einer ausdrücklichen Bindungsabrede. Durch die durchzuführende Due Diligence entstehen immense Kosten. Diese trägt regelmäßig der potenzielle Käufer als Gegenleistung für die vom Verkäufer eingeräumte Exklusivität. Sofern die Exklusivität vom Verkäufer nicht eingehalten oder gewährt wird, kann eine (teilweise) Kostenübernahme durch den Verkäufer erfolgen. Dieselbe Intention liegt den sog. Break-up-Fee-Vereinbarungen zugrunde. Hierbei verpflichten sich die Parteien, bei Verhandlungsabbruch einen pauschalen Betrag an die andere Vertragspartei zu zahlen.

Abbruch der Vertragsverhandlungen

Auch wenn der Letter of Intent so ausgestaltet ist, dass er keine Verpflichtung zum Abschluss der Transaktion beinhaltet, sollte nach Abschluss des Letter of Intent keine Vertragspartei die Vertragsverhandlungen willkürlich abbrechen, da anderenfalls eine Inanspruchnahme aus culpa in contrahendo (§ 311 Abs. 2 BGB) wegen der Verletzung vorvertraglicher Sorgfaltspflichten droht. Dies kann dazu führen, dass der Inanspruchgenommene dem Anspruchssteller für den Schaden, der diesem entstanden ist, weil er auf den Abschluss der Transaktion vertraut hat, Ersatz leisten muss. Der Abschluss der Transaktion als solcher ist nicht einklagbar.

d)   Reliance Letter

Parteien der Haftungsvereinbarung

Bei dem Reliance Letter handelt es sich um eine *zweiseitige Haftungsvereinbarung*. Diese wird üblicherweise zwischen den Beratern, die den Due-Diligence-Bericht erstellen, und den die Transaktion finanzierenden Banken abgeschlossen. Dies ist dadurch begründet, dass die Banken, die einen Buy-out finanzieren, die Ergebnisse der durch die Berater der potenziellen Erwerber durchgeführten Due-Diligence-Prüfung nutzen wollen. Sollten die Informationen des Due-Diligence-Berichts unrichtig oder unvollständig sein, kann die Bank bei Vorliegen der sonstigen Anspruchsvoraussetzungen neben dem eigentlichen Auftraggeber der Due Diligence auf Basis des abgeschlossenen Reliance Letter die Berater eigenständig in Anspruch nehmen.

Haftungsbeschränkung

Insofern ist verständlich, dass der Berater versuchen wird, seine Haftung so weit wie möglich zu beschränken. Dies kann einerseits durch die genaue Beschreibung des Auftragsinhalts und -umfangs erfolgen, um die Haftungsinanspruchnahme als solche zu begrenzen, und andererseits durch die Begrenzung der Summe, auf die der Berater bei Unrichtigkeit bzw. Unvollständigkeit des Due-Diligence-Berichtes haftet. Letzteres ist in der Praxis allerdings gerade bei angloamerikanischen Banken eher schwer durchzusetzen. Darüber hinaus wird üblicherweise zum Schutz der Berater eine Gesamtgläubigerschaft zwischen den Banken und dem eigentlichen Auftraggeber der Due Diligence vereinbart (§ 428

BGB). Anderenfalls läuft der Berater Gefahr, dass vereinbarte Haftungsobergrenzen doppelt in Anspruch genommen werden.

Abzugrenzen hiervon sind der *Release Letter* und der sog. *Non-Reliance Letter*, mit denen das genaue Gegenteil des Reliance Letter verfolgt wird. Eine Haftung des den Due-Diligence-Bericht erstellenden Beraters gegenüber Dritten soll durch diese Vereinbarungen ausgeschlossen werden. Sie werden insbesondere dann verwendet, wenn die Anwälte des Verkäufers im Rahmen der Transaktionsvorbereitung einen Vendor-Due-Diligence-Bericht erstellt haben. Dieser Bericht wird den potenziellen Investoren und ihren Beratern zur Verfügung gestellt. Verständlicherweise soll der Berater gegenüber diesen Parteien aber grundsätzlich nicht haften. Daher wird durch einen Release Letter bzw. einen Non-Reliance Letter gegenüber dem Empfänger der Due-Diligence-Berichte klargestellt, dass ihm gegenüber eine Haftung des Beraters ausgeschlossen ist.

Release Letter und Non-Reliance Letter

Allerdings werden gerade in Secondary-Buy-out-Transaktionen derartige Vendor-Due-Diligence-Berichte an Bieter herausgegeben und erst später Reliance Letters der erstellenden Berater abgegeben. Der Grund hierfür ist, dass diese Vorgehensweise das Bieterverfahren beschleunigt und zur Erhöhung der Anzahl der Bieter führt, da die Bieter den Aufwand eigener Kosten aufgrund des ungewissen Ausgangs des Bieterverfahrens scheuen. In diesen Fällen enthält der Reliance Letter allerdings umfangreichere Haftungsbeschränkungen als sonst.

2. Unternehmenskaufvertrag

Der Unternehmenskaufvertrag (nach der englischen Bezeichnung Share Purchase Agreement auch kurz SPA genannt) ist das Kernstück der transaktionsbezogenen Dokumentation.[5] Das Bürgerliche Gesetzbuch kennt den Begriff des Unternehmenskaufes nicht, da das Unternehmen weder ein Recht noch eine Sache ist.[6] Ein Unternehmen setzt sich aus unterschiedlichen Komponenten wie Rechten, Sachen, Vertragspositionen, Ressourcen, Geschäftschancen, Mitarbeitern, Maschinen, Goodwill etc. zusammen. All diese Komponenten müssen unter Berücksichtigung der unterschiedlichsten Rechtsgebiete wie z. B. Kauf-, Gesellschafts-, Arbeits-, IT/IP-, Kartell- und Steuerrecht mit dem Unternehmenskaufvertrag erfasst werden.

a) Festlegung der Vertragspartner

Die Darstellung und Bezeichnung der Vertragspartner steht am Anfang eines jeden Unternehmenskaufvertrages. Gegebenenfalls sind neben dem Käufer und dem Verkäufer auch Garantiegeber aufzuführen, die insbesondere die vom Käu-

---

5 Vgl. allgemein hierzu Drygalski (2008), S. 51-67.
6 Vgl. Holzapfel/Pöllath (2005), Rn. 130 ff.

fer eingegangenen Verpflichtungen absichern sollen. Dies ist vor allem dann der Fall, wenn das Akquisitionsvehikel eine mit dem Mindeststammkapital ausgestattete NewCo GmbH ist.

b) Kaufgegenstand

Share Deal/
Asset Deal

Der Kaufgegenstand ist je nach Art des Unternehmenskaufs – *Share Deal* oder *Asset Deal* –unterschiedlich zu bestimmen. Im Rahmen des Share Deal erfolgt der Verkauf des Unternehmens durch die Übertragung des Rechtsträgers. Insofern werden die Gesellschaftsanteile (Aktien, GmbH-Anteile, Kommanditgesellschaftsanteile) der Gesellschaft veräußert. Beim Asset Deal werden die Wirtschaftsgüter des Unternehmens (Aktiva und Passiva) verkauft, ohne dass der Rechtsträger des Unternehmens davon berührt ist.

c) Übergangsstichtag

Im Unternehmenskaufvertrag ist der Zeitpunkt des Übertrags des Kaufgegenstandes festzulegen. Der Übergangsstichtag ist als Abgrenzungszeitpunkt zu verstehen. Der Stichtag grenzt i. d. R. Besitz, Gefahr, Nutzen und Lasten sowie die Eigentümerhaftung für den Kaufgegenstand zwischen Käufer und Verkäufer ab.[7]

Closing

Der Stichtag kann, aber muss nicht mit dem *Closing* zusammenfallen. Das Closing umfasst eine Vielzahl unterschiedlichster Handlungen, die an dem Closing-Tag von den Vertragsparteien vorgenommen werden müssen: Besitzwechsel, dingliche Übertragungen, Erfüllung von sog. Closing-Bedingungen (im Englischen auch Conditions Precedent oder kurz CPs genannt) etc. Das Signing, die rechtsverbindliche Unterzeichnung des Unternehmenskaufvertrages, und das Closing können bei kleineren Transaktionen zusammenfallen. Bei größeren Transaktionen ist dies wegen der kartellrechtlichen Vorgaben regelmäßig nicht der Fall, da zunächst die Freigabe der Kartellrechtsbehörden abzuwarten ist, bevor ein dinglicher Vollzug der Transaktion vorgenommen werden kann (sog. *kartellrechtliches Vollzugsverbot*).[8]

d) Covenants zwischen Signing und Closing

Für die Übergangszeit zwischen Signing und Closing werden regelmäßig *Covenants* vereinbart. Hierbei handelt es sich um eine Verpflichtung des Veräußerers, in der Übergangszeit gewisse Handlung nicht oder nur mit Zustimmung des Erwerbers vorzunehmen. Auf diese Weise soll der Erwerber des Unternehmens

---

7 Holzapfel/Pöllath (2005), Rn. 22 ff.
8 Vgl. Pöllath + Partners (2007), S. 309.

davor geschützt werden, dass vorgenommene oder unterlassene Handlungen des Veräußerers zu einer Beeinträchtigung des Unternehmens führen.

e) Kaufpreis

Im Unternehmenskaufvertrag wird der Mechanismus der Kaufpreisabrechnung definiert. Die Kaufpreiszahlung kann sich prinzipiell auf einen beliebigen Zeitpunkt beziehen, es ist allerdings von nicht zu unterschätzender Bedeutung, wann die Kaufpreiszahlung tatsächlich erfolgt und welche Elemente sie beinhaltet.

Fallen Signing und Closing auseinander, so hat der Verkäufer einen Anspruch auf den wirtschaftlichen Gewinn, der in dem dazwischenliegenden Zeitraum erwirtschaftet wird. Im Gegenzug trägt er auch die wirtschaftlichen Risiken. Bei einer wesentlichen Verschlechterung der wirtschaftlichen Situation wird die Transaktion allerdings durch die Anwendung einer *Material Adverse Change* Clause (siehe unten und Abschnitt VI.4.c)) abgesagt.

wirtschaftlicher Gewinn

Der ökonomische Gewinn ist der um Steuerzahlungen, Investitionen sowie Zins- und Tilgungszahlungen gekürzte operative Cash Flow.

ökonomischer Gewinn

Um in dieser Phase einen Gestaltungsmissbrauch (z.B. das Aufblähen der Liquidität durch die Aufnahme von Fremdverbindlichkeiten) zu vermeiden, wird meist ein Korridor für erlaubte Zahlungen und Transaktionen festgelegt. Zudem wird zur Abwehr eines solchen Missbrauchs eine Eigenkapitalgarantie eingefordert – Einflüsse von Sonderausschüttungen auf den Kaufpreis können dadurch verhindert werden. Fremdkapitalaufnahmen zur Finanzierung von Sonderausschüttungen wiederum haben auch keine Wirkung auf den Kaufpreis, da die zu übernehmende Verbindlichkeit vom vereinbarten Kaufpreis abgezogen wird.[9]

Eigenkapitalgarantie

Da sich der Kaufpreismechanismus lediglich auf die Veränderung der Positionen Eigenkapital und Verbindlichkeiten bezieht, wird er auch als *verkürzte Kaufpreisanpassung (Locked-Box-Konzept)* bezeichnet. Der Vorteil dieses Mechanismus für den Verkäufer liegt sicherlich in der größeren Transparenz des Kaufpreises. Der Käufer hat im Rahmen des Locked-Box-Konzepts nur geringe Möglichkeiten, über Veränderungen des Working Capital eine Kaufpreisanpassung vorzunehmen. Auch müssen bei dieser Variante keine sog. Completion Accounts angefertigt werden, die beim erweiterten Kaufpreisanpassungsmechanismus immer notwendig sind. Der Käufer übernimmt in gewisser Weise ab dem »Effective Date«, d.h. ab einem definierten Zeitpunkt oder dem Tag des Signing, die wirtschaftlichen Risiken des Betriebs und muss dem Verkäufer für den in dieser Zeit generierten Cash entsprechend Zinsen zahlen. Zur Absicherung des wirtschaftlichen Wertes können vom Verkäufer Garantien gegeben werden (sog. Leakage Warranties).

verkürzte Kaufpreisanpassung

---

9 Vor nahezu kriminellen Maßnahmen wie bspw. dem Ändern der Bewertungsstandards für Forderungen und Vorräte ist man jedoch nur durch ein rigides vertragliches Regelungswerk gefeit.

Neben diesem auf die Bilanzposition des Eigenkapitals bezogenen Kaufpreismechanismus ist es marktüblich, über das Konzept des Cash-Free-Debt-Free-Kaufpreises (vgl. oben Abschnitt III.2.d)) zu einer *erweiterten Kaufpreisanpassung* zu gelangen. Zum Stichtag der Abwicklung der Transaktion werden dann von dem auf dem Cash-Free-Debt-Free-Konzept basierenden Kaufpreis die tatsächlich bestehenden Schulden abgezogen und die tatsächlich vorhandene Liquidität wird hinzugerechnet. Da hierzu eine Stichtagsbilanz angefertigt werden muss, ist es meist notwendig, anhand von Schätzungen eine vorläufige Kaufpreiszahlung vorzunehmen, die dann nachträglich (meist innerhalb von zehn Tagen nach dem Closing) angepasst wird. Der Verkäufer erhält den zwischen Signing und Closing erzielten ökonomischen Gewinn, insofern als der erwirtschaftete Cash Flow die Verschuldung reduziert bzw. die Liquidität erhöht.

Um dem Verkäufer den ökonomischen Gewinn dieser Periode zukommen zu lassen, wird zudem ein Korridor für Fluktuationen des Nettoumlaufvermögens geschaffen. Sollte sich das Nettoumlaufvermögen oberhalb dieses Korridors bewegen, so erhält der Verkäufer eine zusätzliche Vergütung. Im gegenteiligen Fall reduziert sich der zu zahlende Kaufpreis.

Hintergrund dieser Regelung ist, dass z. B. in dem auf die Transaktion folgenden Zeitabschnitt über das durchschnittliche Maß hinaus aufgebaute Forderungen unmittelbar zu Liquidität gemacht werden können, die Kosten für diesen Cash Flow jedoch vom Verkäufer getragen wurden. Die Bestimmung des Korridors hat aber einen direkten Einfluss auf den Kaufpreis. Im Allgemeinen dient das durchschnittliche über ein Jahr erwirtschaftete Nettoumlaufvermögen als Ausgangsbasis für die Bestimmung des Korridors. Die Ermittlung des durchschnittlichen Nettoumlaufvermögens ist jedoch sehr schwierig (unabhängig von der Frage, welche Bilanzpositionen in das Nettoumlaufvermögen, dem auch diverse mit dem Personal zusammenhängende Positionen wie Urlaubsrückstellungen zugerechnet werden, einfließen sollen) und lässt den beteiligten Parteien einen Spielraum für Verhandlungen.[10]

Der wesentliche Unterschied zwischen der erweiterten und der verkürzten Fassung des Kaufpreismechanismus ist, dass Ersterer auch Cash-Effekte berücksichtigt, die im Working Capital oder bei den Investitionen erzeugt werden, während Letzterer nur Effekte der Passivseite einbezieht.

Die einfachste, wenn auch nicht immer die gerechteste Gestaltung des Kaufpreismechanismus ist die vertragliche Fixierung eines Kaufpreises zum Abrechnungsstichtag in Verbindung mit einer Verzinsung des Kaufpreisanspruchs (als Ersatz für den entgangenen ökonomischen Gewinn). Die Abwicklung dieser Variante ist sicherlich am unkompliziertesten, es ist jedoch zu beachten, dass einerseits durch die Zinszahlung nur eine Approximation des ökonomischen Gewinns vorgenommen wird, andererseits diese Approximation allein dann annähernd gelingen kann, wenn die zu zahlenden Zinsen den Kapitalkosten entsprechen (und nicht nur dem risikolosen Zins).

---

10 Zu einer Gegenüberstellung beider Abrechnungsvarianten anhand eines Beispiels siehe Richter (2005), S. 216 f.

f)   Garantien

Die Regelung der Garantien und der vertraglichen Haftung bei einer Verletzung der Garantien ist ein Kernstück jedes Unternehmenskaufvertrages und nimmt i.d.R. der Seitenzahl nach den größten Platz ein, denn das gesetzliche Regelungswerk wird dem Anspruch an eine Unternehmenstransaktion nicht gerecht und die Parteien versuchen, in dem Unternehmenskaufvertrag einen abgeschlossenen Tatbestands- und Rechtsfolgenmechanismus zu vereinbaren. Insbesondere das gesetzlich vorgesehene Rücktrittsrecht des Käufers ist nicht praktikabel, da dieser i.d.R. nicht in der Lage ist, dem Verkäufer das Unternehmen in seiner ursprünglichen Form wieder zurückzugeben. Letztlich ist ein Unternehmen kein starres Gebilde, sondern dauerhaften rechtlichen und wirtschaftlichen Veränderungen unterworfen.[11]

Ebenso wenig praktikabel sind die gesetzlichen Rechte der Nachbesserung und der Minderung.

In der Praxis übernimmt der Veräußerer insoweit eine *selbstständige Garantie*, als er gegenüber dem Käufer die Haftung für bestimmte Umstände übernimmt, die dieser insbesondere aufgrund der im Target-Unternehmen durchgeführten Due Diligence als wesentlich erachtet. Es handelt sich hierbei um eine verschuldensunabhängige Haftung. Insofern ist ausdrücklich vertraglich zu regeln, dass der Veräußerer für die im Vertrag vereinbarten Beschaffenheitsangaben nicht haftet und die vom Vertrag bezeichneten Garantien keine Garantien im Sinne der §§ 433 ff. BGB sind, da anderenfalls ein Gewährleistungsausschluss an § 444 BGB scheitern würde. | selbstständige Garantie

Inhaltlich hängen die Garantien von dem konkreten Kaufgegenstand ab. Fast jeder Unternehmenskaufvertrag enthält aber Garantien zu folgenden Kernbereichen:[12] | Kernbereich der Garantien

- Bestehen und Inhalt von Rechten,
- Belastungen und Verpflichtungen,
- Bilanz, Status,
- andere Umstände.

Die Rechtsfolgen der Garantieverletzung werden ausdrücklich vereinbart. Dies ist i.d.R. Schadenersatz, der aber nicht unbegrenzt und nicht bei jeder Garantieverletzung gezahlt wird. Üblicherweise wird eine sog. *De-minimis-Grenze* festgelegt, d.h., dass erst bei Überschreiten dieser Grenze ein ausgleichspflichtiger Schaden vorliegt. Hat der Veräußerer in diesem Fall nur den überschießenden Betrag zu ersetzen, spricht man von einem *Freibetrag*; muss er den gesamten Betrag, also auch den Betrag bis zur De-minimis-Grenze, zahlen, spricht man von einer *Freigrenze*. Darüber hinaus ist der Schadenersatzanspruch auch der Höhe nach begrenzt (sog. *Cap*). | Garantieverletzung/ Schadenersatz

---

11 Holzapfel/Pöllath (2005), Rn. 46 ff.
12 Holzapfel/Pöllath (2005), Rn. 503 ff. Vgl. auch die Aufzählung bei Drygalski (2008), S. 56 f.

Der Käufer wird sich hingegen üblicherweise dazu verpflichten, sich schadensmindernd zu verhalten und sich erzielte Vorteile anrechnen zu lassen.

Rückkaufsrecht/
MAC-Klauseln

Für besondere, eng umgrenzte Ausnahmefälle enthalten Unternehmenskaufverträge ein Rückkaufsrecht des Käufers. Diese *Material Adverse Change Clauses* (*MAC-Klauseln*) entsprechen vom Grundsatz her den MAC-Klauseln der Finanzierungsverträge. Auf die MAC kann man sich regelmäßig nur bei einer wesentlich nachteiligen Veränderung der für die Transaktion grundlegenden Parameter berufen werden.

Verjährung von
Gewährleistungs-
ansprüchen

Außerdem regelt der Unternehmenskaufvertrag die *Verjährung* von Gewährleistungsansprüchen. Üblicherweise werden unter Ausschluss der gesetzlichen Regelungen auf die speziellen Garantien zugeschnittene Verjährungsfristen separat festgelegt.

Kaufpreiseinbehalte

Um sich für den Fall einer möglichen Inanspruchnahme infolge von Gewährleistungsverletzungen abzusichern, vereinbaren die Parteien gemeinhin *Kaufpreiseinbehalte*, wobei der entsprechende Geldbetrag auf einem Treuhandkonto (sog. Escrow) hinterlegt wird. Teilweise werden die Kaufpreiseinbehalte aber auch durch Bankbürgschaften, die vom Verkäufer beizubringen sind, ersetzt. Mittlerweile hat sich ein eigener Markt für die Absicherung von Gewährleistungsansprüchen entwickelt. Versicherungen bieten sog. Warranty and Indemnity Insurances an, unter denen die Haftungsinanspruchnahme aus einer Gewährleistungsverletzung versichert werden kann.

Bei Secondary-Buy-out-Transaktionen haben sich in letzter Zeit besondere Usancen herausgebildet. Dies hängt mit dem oben genannten Locked-Box-Konzept zusammen, das letztlich dazu führt, dass der Verkäufer auch im Tatbestand der Garantien versuchen wird, diese so weit wie möglich einzuschränken. Neben dem Bestand der Gesellschaftsanteile (sog. Legal Title) wird lediglich garantiert, dass seit dem letzten Bilanzstichtag keine Gewinnausschüttungen erfolgt sind und dass keine Verpflichtung besteht, im Zusammenhang mit der Transaktion an Mitarbeiter des Target-Unternehmens oder Dritte irgendwelche Zahlungen zu leisten. Hierdurch soll sichergestellt werden, dass seit dem letzten Bilanzstichtag, der für die Festlegung des Kaufpreises entscheidend ist, kein Cash-Abfluss stattgefunden hat.

Darüber hinaus versucht der Verkäufer i. d. R., die Haftung für die Garantien und Zusicherungen bereits zum Closing enden zu lassen. Insofern sehen Unternehmenskaufverträge in solchen Situationen als einzige Rechtsfolge bei Verstoß gegen die abgegebenen Garantien den Rücktritt des Käufers vom Unternehmenskaufvertrag zwischen Signing und Closing vor.[13]

---

13 Thiäner/Hörmann (2008), S. 222 f.

g)   Sonstiges

Im Übrigen werden im Unternehmenskaufvertrag u. a. Wettbewerbsverbote, Vertraulichkeits- und Kostentragungsregeln, Mitwirkungspflichten, die Abgabe von Pressemitteilungen und Regeln zum Schiedsgericht festgelegt.[14]

3.   Verträge mit dem Managementteam

Der zentrale Vertrag mit dem Management ist die *Gesellschaftervereinbarung* (auch Co-investment Agreement, Shareholders Agreement oder Investment Agreement genannt). Die Gesellschaftervereinbarung regelt zwischen dem Managementteam, den Private-Equity-Investoren und dem Akquisitionsvehikel die Beteiligung des Managements an dem Akquisitionsvehikel. Üblicherweise beinhaltet die Gesellschaftervereinbarung die folgenden Punkte:

Gesellschafter-
vereinbarung

* die Höhe der Beteiligung, die Form der Beteiligung sowie die Durchführung des Erwerbs durch das Management, die Gewährung von Garantien und Zusicherungen durch das Management,
* Regelungen für den Exit wie z. B. die Mitverkaufsverpflichtung des Managements (Drag-along Right), dessen Mitverkaufsrecht (Tag-along Right), das Umplatzierungsrecht und Verfügungsbeschränkungen (Lock-up) im Börsengang sowie Regelungen für das Ausscheiden eines Managers vor dem Exit (Vesting, Leaver Scheme),
* sonstige Regelungen (Vertraulichkeitsverpflichtung, Wettbewerbsverbote, Verwässerungsschutz, Ratchet, Steuern, Risiken).

a)   Erwerb der Beteiligung

Grundsätzlich wird der Private-Equity-Investor versuchen, das Management auf derselben Ebene an dem Akquisitionsvehikel zu beteiligen, auf der er selbst beteiligt ist. Dies hat den Vorteil, dass der Investor und das Management von allen Vorgängen in dem Akquisitionsvehikel gleichermaßen betroffen sind und die Regelungen in der Gesellschaftervereinbarung zur Sicherung der Pari-passu-Behandlung von Management und Private-Equity-Investoren einfacher strukturiert werden können.

Die Beteiligung an dem Akquisitionsvehikel erfolgt entweder durch den direkten Kauf oder durch die Übernahme von Anteilen im Rahmen einer Kapitalerhöhung. Die zivilrechtlich einfachste Lösung ist, wenn das Management die Anteile an dem Akquisitionsvehikel von den Private-Equity-Investoren erwirbt.

---

14 Vgl. hierzu im Einzelnen Aigner/Mues (2007), Rn. 145 ff.

Kaufpreis　Der Kaufpreis entspricht (schon aus steuerlichen Gründen) regelmäßig dem Kaufpreis, den die Private-Equity-Investoren aufgebracht haben. Der Hebel liegt für das Management darin, dass es keine Gesellschafterdarlehen (bzw. in einer LuxCo-Struktur keine CPECs oder PECs) oder Vorzugsanteile zeichnen muss.

Kapitalerhöhung　Häufiger findet der Erwerb der Beteiligung im Rahmen einer Kapitalerhöhung statt, die bei dem Akquisitionsvehikel zum Closing der Transaktion oder kurz zuvor durchgeführt wird. Hier ergibt sich insbesondere im Rahmen einer Secondary-Transaktion die Schwierigkeit, dass die für den Abschluss der Transaktion zu erbringende Leistung des Managements erst aus den Transaktionserlösen erfolgen kann, da das Management über keine sonstigen Finanzmittel verfügt und zudem das rechtliche Problem der sog. verdeckten Sacheinlage besteht. Beides wird i. d. R. im Unternehmenskaufvertrag dadurch gelöst, dass dem Management der Kaufpreis gestundet wird und dieses den gestundeten Kaufpreis als offene Sacheinlage im Rahmen einer Sachkapitalerhöhung in das Akquisitionsvehikel einbringt. Teilweise werden Finanzierungslücken auch durch eine kurzfristige *Brückenfinanzierung* (Bridge Financing) überbrückt.

Sofern das Management sein Kapitalinvestment nicht durch einen Verkaufsbonus oder aus Erlösen aus einem Verkauf der Anteile erbringen kann, stellt sich regelmäßig die Frage, auf welche Weise die Beteiligung finanziert und die Finanzierung ausgestaltet wird.

Fremdfinanzierung　Das Akquisitionsvehikel bzw. die operative Gesellschaft kommen regelmäßig aufgrund der sog. Kapitalerhaltungsvorschriften für eine Finanzierung nicht in Betracht. Insofern bleibt nur eine externe Finanzierung, z. B.

- durch die Hausbank der operativen Gesellschaft,
- durch die den Buy-out finanzierende Bank oder
- durch den Private-Equity-Fonds.

Full-Recourse-Darlehen　Die wichtigste Frage bei der Fremdfinanzierung ist, in welchem Umfang der Manager für die Rückzahlung des ausgegebenen Darlehens haftet. Sofern der Manager für die Rückzahlung voll haftet, das Darlehen also auch bei einem vollständigen Wertverlust der Managementbeteiligung einschließlich Zinsen zurückzahlen muss, spricht man von einem *Full-Recourse-Darlehen*.

Non-Recourse-/ Limited-Recourse-Darlehen　Bei einem sog. *Non-Recourse-* oder *Limited-Recourse-Darlehen* haftet der Manager lediglich mit seinen Anteilen für die Rückzahlung, nicht mit seinem Privatvermögen. In solchen Fällen ist das Darlehen einschließlich der Zinsen erst beim Exit und dann auch nur in dem Umfang, wie der Manager Erlöse aus der Veräußerung seiner Beteiligung erzielt, zurückzuzahlen.

Als Ausgleich für die Gewährung eines Hebels für das Management lassen sich viele Private-Equity-Fonds von diesem Garantien geben (sog. *Warranty Deeds*, *Directors Certificates*). Dies ist in letzter Zeit insbesondere bei Secondary Buy-outs der Fall, bei denen der Unternehmenskaufvertrag kaum Garantien zum operativen Geschäft enthält. Die Gesellschaftervereinbarung zielt allerdings nicht unbedingt auf Schadenersatz, da der Betrag, mit dem das Management für eine Garantieverletzung haftet, üblicherweise auf das im Buy-out eingesetzte Kapital beschränkt ist. Es soll vielmehr vor dem Closing der Transaktion nochmals

Druck auf das Management ausgeübt werden, eventuell kaufpreisrelevante Fakten offen zu legen.

Inhaltlich variieren die abzugebenden Garantien je nach Private-Equity-Fonds. Häufig soll das Management aber

Inhalt der Managementgarantien

- die Richtigkeit der von den Beratern des Erwerbers erstellten Due-Diligence-Berichte bestätigen;
- bekräftigen, dass der Businessplan mit der Sorgfalt eines ordentlichen Kaufmannes erstellt worden ist und dem Management keine Tatsachen bekannt sind, die zu einer Nichterreichung des Businessplanes führen;
- bestätigen, dass die im Infomemorandum enthaltenen Informationen und die im Rahmen von Managementpräsentationen erteilten Auskünfte richtig waren;
- Angaben darüber machen, ob es (insbesondere kaufpreisabhängige) Incentivierungen im Rahmen des Transaktionsprozesses von einer dritten Partei erhalten hat.

Die Haftung des Managements aus den Garantien ist normalerweise auf das eingesetzte Kapital beschränkt. Üblicherweise verjähren Ansprüche aus den Garantien nach 12, spätestens nach 24 Monaten. Die Haftung kann weiterhin so eingeschränkt werden, dass der Manager nur mit seinen Anteilen haftet und diese im Fall der Inanspruchnahme aus den Garantien gegen Ablösung jeglicher Schadenersatzansprüche abgegeben werden. Der Manager muss also nicht frisches eigenes Geld nachschießen. Der Private-Equity-Investor will regelmäßig zumindest an einem Jahresabschluss der Gesellschaft mitwirken, um auf diese Weise eventuelle Verletzungen der Garantien aufdecken zu können.

Haftung des Managements

b) Ausscheiden des Managers vor dem Exit

Managementbeteiligungen dienen der Homogenisierung der Interessen des Private-Equity-Investors und des Management des Target-Unternehmens. Diese Interessenhomogenisierung kann aber nur dann erfolgen, wenn das Management auch bis zum Exit »an Bord« ist, d. h. wenn das Dienstverhältnis bzw. die Organstellung des Managers beim Zielunternehmen noch besteht. Insofern muss der vor dem Exit ausscheidende Manager seine Beteiligung an dem Akquisitionsvehikel im Allgemeinen wieder abgeben. Dies ist in der Gesellschaftervereinbarung im sog. *Leaver Scheme* geregelt.

Leaver Scheme

Die rechtliche Umsetzung des Leaver Scheme erfolgt durch die Einräumung sog. Ankaufsrechte (*Call-Optionen*) der Private-Equity-Investoren gegenüber dem Management. Typischerweise können die Investoren die Call-Option bei Beendigung des Dienstverhältnisses (einschließlich Freistellung und Auslaufen des Dienstvertrages) bzw. der Organstellung des Managers ausüben. Die meisten Private-Equity-Investoren lassen sich darüber hinausgehende Call-Optionen einräumen.

Call-Option

Eine Call-Option besteht auch dann, wenn ein Ereignis eintritt, das auf die Eigentümerstellung des Managers einen Einfluss haben könnte, z. B.

- Privatinsolvenz,
- Zwangsvollstreckungsmaßnahmen in die Beteiligung,
- Zugewinnausgleich bei einer Scheidung.

Teilweise werden solche Call-Optionen auch für den Fall von Garantieverletzungen oder wesentlichen Vertragsverstößen durch den Manager gegenüber dem Private-Equity-Investor gewährt.[15]

Put-Option

Wird dem Management das Recht zugestanden, bei seinem Ausscheiden seine Beteiligung an den Private-Equity-Investor zu verkaufen, spricht man von einem Andienungsrecht (*Put-Option*). Private-Equity-Investoren tun sich mit der Gewährung von Put-Optionen allerdings schwer, da sie bei Ausübung gezwungen sind, die entsprechenden Barmittel für den Rückkaufpreis aufzubringen. Ein Cash Call bei den eigenen Investoren scheidet aber regelmäßig aus. Insofern bleibt es häufig bei der Verweigerung der Put-Optionen oder es wird für diese eine Fälligkeitsregel des Kaufpreises vereinbart, die von derjenigen der Call-Optionen abweicht.

Good Leaver

Bei der Höhe des bei Ausübung der Optionen an den Manager zu zahlenden Rückkaufpreises wird zwischen dem *Good Leaver* und dem *Bad Leaver* unterschieden. Um einen Good Leaver handelt es sich typischerweise in folgenden Fällen:

- Tod des Managers, Erwerbsminderung gemäß § 43 SGB VI oder Berufsunfähigkeit des Managers im Sinne der §§ 240 Abs. 2, 241 SGB VI,
- Kündigung oder Nichtverlängerung des Dienstvertrags durch den Manager aus wichtigem Grund, den die Arbeitgebergesellschaft zu vertreten hat,
- Kündigung oder Nichtverlängerung des Dienstvertrages des Managers durch die Arbeitgebergesellschaft, ohne dass ein wichtiger Grund (nach § 626 BGB) hierfür vorliegt, den der Manager zu vertreten hat.

Bad Leaver

Typische Bad-Leaver-Fälle sind:

- Kündigung oder Nichtverlängerung des Dienstvertrages des Managers durch die Arbeitgebergesellschaft aus wichtigem Grund (nach § 626 BGB), den der Manager zu vertreten hat,
- Kündigung oder Nichtverlängerung des Dienstvertrags durch den Manager ohne Vorliegen eines wichtigen Grundes, den die Arbeitgebergesellschaft zu vertreten hätte.

Die Anteile des Good Leaver werden üblicherweise zum Verkehrswert zurückgekauft. Manchmal wird auch bei der Abwägung der Anschaffungskosten und des zum Zeitpunkt des Ausscheidens festgestellten Verkehrswerts der Anteile des Managers der höhere Betrag als Rückkaufpreis festgelegt. Der Bad Leaver erhält im Allgemeinen den niedrigeren Betrag der Anschaffungskosten (zuzüglich eines

---

15 Zur Diskussion der Wirksamkeit von Call-Optionen, die eine Zeitlang umstritten war, vgl. Hohaus/Weber (2005a), S. 961 ff. und dies. (2005b), S. 11 ff.

gewissen Prozentsatzes Wertsteigerung p.a.) und des zum Zeitpunkt des Ausscheidens festgestellten Verkehrswerts der Anteile als Rückkaufpreis.

Im Rahmen des Leaver Scheme wird teilweise noch zusätzlich – zumindest bezüglich des Good Leaver – zwischen *gevesteten Anteilen* (Vested Shares) und *nicht gevesteten Anteilen* (Unvested Shares) unterschieden. Das Vesting der Anteile geht auf die US-amerikanischen Stock-Options-Pläne zurück, in denen sich der Manager seine Stock-Optionen über einen gewissen Zeitraum erdienen muss. Für jedes Jahr, das der Manager in dem Unternehmen tätig ist, bekommt er das Recht, eine bestimmte Anzahl von Optionen in Aktien umzuwandeln (sog. *Zeitvesting*). Darüber hinaus ist die Berechtigung zu Optionen an das Erreichen bestimmter betriebswirtschaftlicher Kennzahlen gekoppelt (sog. *Performance Vesting*). Üblicherweise läuft das Zeitvesting über drei bis fünf Jahre.

Vesting

Die meisten Programme sehen ein lineares Vesting vor (z.B. 20 % p.a.). Manche Programme verschieben das Vesting nach hinten, so dass z.B. entweder in den ersten beiden Jahren gar kein Vesting stattfindet (sog. *Cliff Vesting*) oder das Vesting fortlaufend ansteigt, z.B. erstes Jahr 10 %, zweites Jahr 20 %, drittes Jahr 30 %, viertes Jahr 40 % etc. (*Back-Loaded Vesting*).

Die nicht gevesteten Anteile werden i.d.R. zu den Anschaffungskosten des Managers zurückgekauft, während dieser für die gevesteten Anteile seiner Beteiligung den Verkehrswert bekommt. Hierzu bestehen allerdings keine generellen Regelungen und es existieren vielfältige Spielarten dieser Programme.

Im Rahmen der Berechnung des Verkehrswertes für den Rückkaufpreis wird auf unterschiedliche Methoden zurückgegriffen:

Berechnung der Verkehrswerte für den Rückkaufpreis

- Es erfolgt keine konkrete Festlegung im Vertrag, aber der Private-Equity-Investor unterbreitet einen Vorschlag, den der Manager durch einen unabhängigen Schiedsrichter (Wirtschaftsprüfer oder Investmentbank) überprüfen lassen kann.

- Es wird eine Unternehmensbewertung auf Basis folgender Formel vorgenommen: Einstiegsmultiplikator des Private-Equity-Investors mal EBIT(DA) abzüglich Nettofinanzschulden. Dabei wird regelmäßig auf das durchschnittliche EBIT(DA) und die durchschnittlichen Nettofinanzschulden der letzten zwölf Monate vor Ausscheiden des Managers Bezug genommen.

- Die Berechnung erfolgt auf Basis der Bewertungsrichtlinien der European Venture Capital Association oder der Britisch Venture Capital Association, die sich von der zuvor genannten Methode in zwei Punkten unterscheiden. Zum einen wird nicht der Einstiegsmultiplikator, sondern ein aktueller Multiplikator verwendet, der sich aus einer zu bildenden Peergroup ergibt, zum anderen werden wegen der Illiquidität des Investments erhebliche Abschläge (zwischen 25 % bis 40 %) vorgenommen.[16]

- Es wird eine retrograde Berechnung auf Basis des bei Exit erzielten Unternehmenswertes durchgeführt. Dieser wird pro rata temporis auf den Zeitpunkt

---

16 Die Bewertungsrichtlinien der EVCA bzw. der BCVA können unter *http://www.evca.com/html/home.asp* und http://www.bvca.co.uk im Internet abgerufen werden.

des Ausscheidens des Managers zurückgerechnet, wobei eine lineare Wertentwicklung unterstellt wird.

Zeitpunkt der Zahlung

Der Zeitpunkt der Zahlung kann mit Exit oder mit Eintritt eines Optionsfalles gegeben sein; dies ist regelmäßig eine Frage der Liquidität des Optionsgegners. Da die meisten Fonds nicht über die Liquidität verfügen, einem Manager vor dem Exit einen höheren Verkehrswert zu zahlen, erhält dieser zum Zeitpunkt seines Ausscheidens i.d.R. lediglich einen Betrag in Höhe seiner Anschaffungskosten und die Differenz zu einem möglicherweise höheren Verkehrswert wird verzinslich bis zum Exit gestundet. Dies bedeutet aber auch, dass der Manager sich darauf einlassen muss, dass er seine Anteile bei der vollständigen Kaufpreiszahlung nicht Zug um Zug überträgt.

c) Veräußerung der Beteiligung im Rahmen eines Exits

Ziel der gemeinsamen Investition ist es, das Akquisitionsvehikel oder, was eher selten ist, das Target-Unternehmen an die Börse zu bringen (*Initial Public Offering*) oder über einen Unternehmensverkauf (*Trade Sale*) anderweitig zu verwerten. Die Gesellschafter wollen insoweit gemeinsam an den damit verbundenen Wertsteigerungen partizipieren. Üblicherweise wird das Akquisitionsvehikel die Gesellschaft sein, die im Rahmen eines Exits verkauft wird (siehe Kapitel VIII.).

Mitverkaufs-verpflichtung

Für den Private-Equity-Investor ist es entscheidend, dass er durch die Managementbeteiligung in der Durchführung des Exits nicht behindert wird und dem Erwerber 100 % der Geschäftsanteile liefern kann. Insofern unterliegt das Management im Fall einer Weiterveräußerung von Anteilen durch die Investoren an Dritte einer Mitverkaufsverpflichtung (*Drag-along Right*). Die Manager sind hierdurch verpflichtet, ihre Anteile an dem Akquisitionsvehikel pro-ratarisch zu denselben Konditionen und Bedingungen wie der Private-Equity-Investor an den Erwerber zu verkaufen. I.d.R. wird die Mitverkaufsverpflichtung nur bei einem Verkauf ausgelöst, der zu einem Kontrollwechsel (*Change of Control*) führt, da nur eine 100 %ige Übernahme auch den Verkauf der Managementbeteiligungen erfordert.

Mitverkaufsrecht

Im Gegenzug hat das Management ein Mitverkaufsrecht (*Tag-along Right*), das die Manager berechtigt, ihre Anteile an dem Akquisitionsvehikel ebenfalls pro-ratarisch zu denselben Konditionen und Bedingungen wie der Private-Equity-Investor an den Dritten zu verkaufen. Das Mitverkaufsrecht ist regelmäßig nicht an einen Kontrollwechsel geknüpft, da hier nicht der 100 %-ige Verkauf im Vordergrund steht.

In heutigen Transaktionsstrukturen kann es aber auch opportun sein, zwischen dem Private-Equity-Fonds und dem Akquisitionsvehikel diverse Vorratsgesellschaften unterschiedlicher Jurisdiktionen zwischenzuschalten. Zum einen hat dies steuerliche Gründe, zum anderen kann ein solches Vorgehen durch die Finanzierung der Transaktion begründet sein.

Findet der Exit nicht auf der Ebene statt, an der das Management beteiligt ist, spricht man von einem Higher Level Exit bzw. Lower Level Exit. Beim *Higher Level Exit* erfolgt der Exit auf einer Ebene oberhalb der Gesellschaft, an der das Management beteiligt ist. Dies ist häufiger in LuxCo-Strukturen der Fall, wenn das Management nicht an der LuxCo, sondern an der obersten deutschen Holdinggesellschaft beteiligt ist. Beim *Lower Level Exit* findet der Exit auf einer Ebene statt, die unterhalb der Ebene liegt, an der das Management beteiligt ist. Auch dies ist in LuxCo-Strukturen zu beobachten, wenn das Management an der LuxCo beteiligt ist, aber die deutsche Oberholding verkauft bzw. an die Börse gebracht wird.

Higher Level Exit und Lower Level Exit

Die Gesellschaftervereinbarung sieht ausführliche Regelungen für den Börsengang und die dafür notwendigen Vorbereitungsmaßnahmen vor. Zunächst muss das Akquisitionsvehikel, das regelmäßig eine deutsche GmbH ist, in eine Aktiengesellschaft umgewandelt werden. Die Gesellschaftervereinbarung erlegt dem Management häufig die Verpflichtung auf, entsprechende Gesellschafterbeschlüsse mitzutragen. Insbesondere verpflichtet sich jeder Gesellschafter, auf Minderheitenrechte und andere Rechte, die Gesellschaftern nach Maßgabe des anwendbaren Rechts im Zusammenhang mit solchen Maßnahmen zustehen, zu verzichten.

Regelungen für den Börsengang

Ob das Management im Rahmen des Börsengangs Aktien verkaufen kann, hängt letztlich von den aktuellen Marktgegebenheiten ab, so dass in der Gesellschafterversammlung dem Management zwar grundsätzlich ein pro rata auszuübendes *Umplatzierungsrecht* eingeräumt wird, die Ausübung aber davon abhängig ist, wie die Emissionsbank deren Auswirkungen auf den Emissionskurs einschätzt.

Sowohl das Management als auch die Private-Equity-Investoren unterliegen nach Börsengang regelmäßig einer Veräußerungssperre (sog. *Lock-up-Frist*). Die Dauer der Lock-up-Frist hängt vom aktuellen Marktumfeld beim Börsengang ab. Insofern sind diesbezügliche Regelungen in der Gesellschaftervereinbarung reine Makulatur, da über einen Anteilsverkauf letztlich das nicht vorhersehbare Marktumfeld und die Einschätzung durch die Emissionsbank entscheiden.

Üblicherweise endet die Gesellschaftervereinbarung mit dem Börsengang, so dass das Management nach Ablauf der Lock-up-Frist in der Veräußerung seiner Aktien frei ist. Für manche Private-Equity-Investoren ist hingegen nicht der Börsengang der klassische Exit-Event, sondern erst die vollständige Veräußerung ihrer Aktien nach dem Börsengang. Aus Sicht dieser Investoren ist es essentiell, dass auch das Management noch gebunden ist, da ein Verkauf der Managementanteile eine negative Kursentwicklung nach sich ziehen könnte, was wiederum den Wert der Restaktien der Private-Equity-Investoren ungünstig beeinflussen würde.

d) Sonstige Regelungen

Bei Kapitalmaßnahmen gibt es regelmäßig Verwässerungsschutzklauseln zugunsten der Manager, da diese Minderheitsgesellschafter sind. Entscheidend

Verwässerungsschutzklauseln

ist hier nicht die stimmrechtsmäßige Verwässerung, da es keinen Unterschied macht, ob das Management mit 4 % oder mit 3 % beteiligt ist. Entscheidend ist der Schutz vor der ökonomischen Verwässerung. Grundsätzlich sieht die Gesellschaftervereinbarung ein Bezugsrecht des Managements vor. Dieses ist regelmäßig ausgeschlossen, wenn die Kapitalerhöhung der Aufnahme weiterer Manager dient oder die anderen Gesellschafter ebenfalls ausgeschlossen sind. Allein das Bezugsrecht ist aber kein wirksamer Verwässerungsschutz, da das Management i. d. R. über keine Finanzmittel für ein zusätzliches Investment verfügt. Insofern ist häufiger zu beobachten, dass die Kapitalmaßnahmen nur zu Verkehrswerten durchgeführt werden, es sei denn, dass sie für die Abwendung der Insolvenz der Gesellschaft oder die Heilung eines Covenant-Bruchs unter den Finanzierungsverträgen notwendig sind.

Ratchet   Sofern der Exit für den Private-Equity-Investor besonders positiv verläuft, lässt er das Management über einen Ratchet eventuell noch zusätzlich, über den diesem nach dem Kapitalanteil eigentlich zustehenden Betrag hinaus, an den Exit-Erlösen teilhaben. Der Ratchet ist üblicherweise an das Erreichen einer Mindest-IRR p. a. des Investors und/oder an einen Mindestkapitalmultiplikator geknüpft. Im Rahmen der IRR-Berechnung ermittelt der Private-Equity-Investor die Rendite aus der Beteiligung auf sein bei der Transaktion eingesetztes Kapital. Die Rendite wird auf Jahresbasis gerechnet und sollte i. d. R. mindestens zwischen 20 % und 30 % p. a. betragen. Bei einem schnellen Exit ist die relative Rendite auf Basis der IRR häufig recht hoch, da die Erlöse sich nur auf einen kurzen Zeithorizont verteilen. Da Private-Equity-Investoren auch in absoluten Ertragszahlen rechnen, ist es wichtig, welcher Kapitalmultiplikator erreicht wurde, d. h., um welches Vielfache sich das eingesetzte Kapital vermehrt hat. Auf die Gesamtlaufzeit bezogen wird hier regelmäßig eine Verdoppelung oder Verdreifachung angestrebt.

nachvertragliche
Wettbewerbs-
verbote   Nicht selten beinhalten Gesellschaftervereinbarungen nachvertragliche Wettbewerbsverbote. Diese gelten für die Dauer der gesellschaftsrechtlichen Beteiligung sowie ein bis zwei Folgejahre. Ob dies ohne entsprechende Karenzentschädigung zulässig ist, ist bis dato nicht eindeutig geklärt.

Im Übrigen enthält die Gesellschaftervereinbarung

- Klauseln zur Vertraulichkeitspflicht der Beteiligten,
- Verfügungsbeschränkungen des Managers bezüglich seiner Beteiligung,
- Informationen über das Risiko eines möglichen Totalverlustes des investierten Kapitals,
- Steuertragungsklauseln etc.

4. Bankenverträge

a) Überblick über das Vertragswerk

Mit Banken und Mezzanine-Häusern müssen umfangreiche Vertragswerke geschlossen werden. Wurden noch vor fünf Jahren zehnseitige Bankenverträge unterschrieben, so füllen diese heutzutage mehrere Ordner. Der Grund hierfür ist die zunehmende Professionalisierung des Finanzsektors im Zuge der Durchsetzung der London Market Standards.

Die Rechtsgrundlage für die Aushändigung der Darlehen bilden die *Darlehensverträge*. Sollten mehrere Banken an der Finanzierung beteiligt sein, was nicht unüblich ist, so werden zwischen diesen sog. *Intercreditor Agreements* vereinbart. Zudem werden eine Nachrangvereinbarung und eine Kapitalbelassungsvereinbarung abgeschlossen. Letztere regelt die Kapitalbindung der Investorengelder während der Laufzeit der Bankfinanzierung, Erstere legt die Rangordnung zwischen den Eigenkapital-, Mezzanine- und Fremdkapitalgebern fest.

Darlehensverträge

Wie in Kapitel III zur Strukturierung des Buy-outs dargelegt, hat die NewCo eine zentrale Stellung in der Akquisitionsstruktur. Als Darlehensnehmerin ist die NewCo auch für die Strukturierung der Bankfinanzierung von herausragender Bedeutung. Ein wesentlicher Unterschied zu anderen Kreditfinanzierungen – bspw. Hypothekendarlehen – ist, dass die Bank bei der Transaktionsfinanzierung wesentlich auf die wirtschaftliche Kraft der NewCo vertraut, positive Cash Flows zu erwirtschaften. Der Wert der besicherungsfähigen Assets im Zielunternehmen beträgt oftmals nur einen Bruchteil der Bankfinanzierung. Deshalb werden alle verfügbaren Vermögensgegenstände sämtlicher Gruppengesellschaften zur Besicherung herangezogen. In speziellen Vertragsdokumentationen bezüglich der *Sicherheiten* werden für den Insolvenzfall umfangreiche Aus- und Absonderungsrechte vereinbart, welche die Vorrangsicherung gegenüber den Private-Equity-Investoren und dritten Gläubigern regeln.

Sicherheiten

Die der Akquisitionsfinanzierung zugrunde liegenden Kredite werden meist nicht von einer einzigen Finanzinstitution, sondern im sog. Syndikat ausgereicht. Für eine erfolgreiche Zusammenarbeit während der Transaktion, aber auch in der Folgezeit ist es wichtig, dass eine Bank als *Mandated Lead Arranger* (MLA) die Führungsrolle übernimmt. Welches Institut die Rolle als MLA übernimmt, stellt sich bei einem Auktionsverfahren erst relativ spät heraus.

Mandated Lead Arranger (MLA)

In der Phase vor Abgabe eines indikativen Angebots wird das Private-Equity-Haus i. d. R. versuchen, sich möglichst viele zuverlässige Finanzierungsquellen zu sichern, da der Verkäufer bzw. dessen Berater im Allgemeinen den Finanzierungsnachweis einer anerkannten Bank verlangt.

In der Phase vor Abgabe eines bindenden Angebots dagegen ist es üblicherweise nur mehr mit bis zu drei Banken verbunden. Bei diesen sollte zu diesem Zeitpunkt der *Credit Approval*, d. h. die Zustimmung der bankinternen Entscheidungsgremien, bereits vorliegen; lediglich die Ergebnisse der *Confirmatory Due Diligence* können noch ausstehen. Sollten in dieser Phase weitere Banken bei den Verhandlungen über ein Kreditangebot involviert sein, werden diese als Coarrangers oder Joint Lead Arrangers bezeichnet.[17] Für seine Leistungen verlangt der MLA bzw. der Co-arranger oder Joint Lead Arranger eine Strukturierungs- und Arrangierungsgebühr.

Facility Agent

Meist übernimmt der MLA auch nach der Transaktion als sog. *Facility Agent* die Rolle des Konsortialführers bei der Betreuung der NewCo. Der Facility Agent ist mit der Verwaltung und der Abwicklung der Kreditfazilitäten betraut und bleibt der zentrale Ansprechpartner für das Bankenkonsortium. Auch für diese Tätigkeit wird eine jährliche Gebühr erhoben. Übernimmt der MLA zudem die Funktion des Sicherheitentreuhänders, so wird er als *Security Agent* bezeichnet.

Stapled-Finance-Angebot

Sollte seitens einer oder mehrerer Banken ein *Stapled-Finance-Angebot* vorliegen, sprich ein bereits vor Beginn der Transaktion vom Verkäufer arrangiertes und von den bankinternen Gremien abgesegnetes Finanzierungsangebot, so fungiert der Anbieter dieses Stapled-Finance-Angebots als MLA, falls sich das Private-Equity-Haus für diese Finanzierungsalternative entscheidet.

b)   Marktstandards

LMA-Standards

Der deutsche LBO-Markt hat in den letzten fünf Jahren durch die breite Einführung des Standards der Loan Market Association (LMA) einen grundlegenden Wandel erfahren.[18] Zielsetzung der LMA, eines Zusammenschlusses führender europäischer Finanzinstitutionen, ist die Schaffung eines strukturierten und liquiden Marktes für Darlehen. Dadurch soll die Handelbarkeit, d. h. die Syndizierung, eines Kredites erleichtert werden.

Ein deutscher MLA, der seine Kreditfazilität im europäischen Markt syndizieren will, kann nicht umhin, die LMA-Standards anzuwenden. Nur noch selten werden LBOs, insbesondere kleinere Transaktionen, nicht nach diesem Standard dokumentiert. Die Vorbereitung der Dokumentation erfolgt durch internationale Anwaltskanzleien. Der Verhandlungsspielraum hinsichtlich der einzelnen Klauseln der LMA-Standards ist relativ gering, da der Syndizierungsmarkt die strikte Einhaltung der Standards einfordert.

Auch die ständige interne Rückkoppelung der die Finanzierung verhandelnden Banker mit ihren Syndizierungsteams trägt in nicht zu unterschätzender Weise zur Komplexität der Vertragsverhandlungen bei.

Die LMA-Standards sind in einer ausgewogenen Mustervertragssammlung dokumentiert, die folgende Dokumente umfasst:

- Multicurrency Term Facility Agreement,
- Multicurrency Revolving Facility Agreement,

---

17 Die Begriffe Co-arranger oder Joint Lead Arranger werden oftmals auch für die Syndikatsbanken verwendet, die nach erfolgreichem Abschluss eines Kreditvertrags in die Syndizierung mit aufgenommen werden.

18 Weitere Informationen siehe unter http://www.loan-market-assoc.com auf der Internetseite der LMA.

- Multicurrency Term and Revolving Facilities Agreement,
- Single Currency Agreement (bei Ausgabe des Darlehens in einer Währung).

Auf den ersten Blick wirkt dieses Vertragswerk auf den Praktiker unübersichtlich und restriktiv – sein beachtlicher Umfang ist durch das Fehlen eines systematisch kodifizierten Gesetzesrechts im angelsächsischen Raum bedingt. Berater und Private Equity Professionals sollten sich jedoch in den Strukturen gut zurechtfinden können.

Mittlerweile ist auch eine Adaption an das deutsche Recht erfolgt, so dass mit einem LMA-konformen, mit spezifisch »deutschen« Komponenten versehenen Musterbankenvertrag nun ein Standard für die Dokumentation der Bankfinanzierung in Deutschland vorliegt.

c) Prozess und wesentliche Regelungselemente der Bankfinanzierung

Der MLA verhandelt mit dem Private-Equity-Haus zunächst das *Term Sheet*, in dem die Kreditbedingungen grob umrissen werden. Im Detail werden die Kreditbedingungen erst im eigentlichen Bankenvertrag festgelegt.

Term Sheet

Die Regelungsbereiche des Darlehensvertrags sind:

Regelungsbereiche des Darlehensvertrags

- der Verwendungszweck,
- die Laufzeiten,
- die Verzinsung,
- weitere Kostenelemente,
- die Tilgungen,
- die Auszahlungsvoraussetzungen,
- die Zusicherungen und Gewährleistungen,
- die vertraglichen Handlungs- und Unterlassungspflichten,
- die Kündigungsgründe,
- die Darlehenshöhe,
- der Rang des Darlehens,
- die Währung.

Während die letzten drei Regelungsbereiche durch die Strukturierung der Finanzierung vorgegeben sind, besteht bei den übrigen Punkten ein Anwendungsspielraum, der im Nachfolgenden erörtert werden soll.

Je nach *Verwendungszweck* (siehe auch Kapitel III.2. zur Buy-out-Strukturierung) handelt es sich um Festkredite (*Term Loans*), die für eine bestimmte Laufzeit ausgereicht werden, *Revolving Credit Facilities* (in der Praxis auch Working Capital Facility genannt) in Form einer Kreditlinie oder um Überziehungskredite (*Overdraft Facilities*). Die Festschreibung eines Verwendungszwecks soll sicherstellen, dass die verschiedenen Kredite nur zu den vertraglich festgelegten Zwecken verwendet werden, wobei insbesondere eine Finanzierung von Tilgungszahlungen (bei teuren B- oder C-Tranchen) oder von langfristigen Investments durch zur Verfügung stehende kurzfristige Kreditlinien (die genannten Revolving

Verwendungszweck

Credit Facilities) vermieden werden soll. Deshalb werden für Investitionen oft spezielle Linien eingeräumt (sog. *Capex Facilities*).

Der Mezzanine-Vertrag erfordert eine eigene Dokumentation. Mit Ausnahme der festgelegten Covenants und – der Risikoposition entsprechend – der Kosten sowie der Nachrangigkeit stimmen die meisten Terms mit denen des Senior Agreement überein.

Eine Besonderheit bei der Revolving Credit Facility ist die Festsetzung einer *Clean Down Period*, in der einmal pro Jahr für eine bestimmte Zeit (meist fünf bis zehn Arbeitstage) die Fazilität komplett zurückgeführt werden muss. Damit wird sichergestellt, dass das Unternehmen die Kreditlinie tatsächlich nur für den Betriebsmittelbedarf und nicht für längerfristige Finanzierungen verwendet.

Verzinsung

Die *Verzinsung* ist variabel. Grundlage für ihre Berechnung sind der Euribor oder der Libor (bei Finanzierungen in GBP bzw. USD). Zusätzlich zu diesem Basiszins wird eine nach Rang und Laufzeit gestaffelte Marge verlangt (siehe hierzu auch Kapitel III.2.d)). Als Schutz vor Steigerungen des Basiszinses enthalten die Darlehensverträge oft eine Absicherung (für bis zu 75 % des gesamten Finanzierungsvolumens) über einen Zinsswap.

Tilgung

Die Tilgungszahlungen werden in einem detaillierten *Tilgungsplan* festgelegt. Erfolgt der Exit vor Ablauf der festgeschriebenen Darlehenslaufzeit, so ist eine Rückzahlung ohne Vorfälligkeitsentschädigung möglich, wenn die Rückzahlung zum Ende einer Zinszahlungsperiode erfolgt. Da die Zinszahlungsperioden i. d. R. den Quartalen entsprechen, ist de facto keine Vorfälligkeit zu zahlen.

Pflichtsonder-tilgungen

Neben den planmäßigen Tilgungen sind sowohl zwingende als auch freiwillige Tilgungen möglich. Während bei freiwilligen Tilgungen lediglich die Mindestsumme verhandelt werden muss, die Bank aber eine Tilgung akzeptiert, so ist bei zwingenden Tilgungen Vorsicht geboten. In den Bereich der Pflichtsondertilgungen (sog. *Mandatory Prepayments*) fallen Tilgungen, die durch einen positiven Cash Flow ermöglicht werden, der

- aus der Veräußerung von nicht betriebsnotwendigen Vermögensgegenständen,
- aus IPOs oder anderen Kapitalmarktmaßnahmen,
- aus Versicherungsleistungen oder
- aus der Einlösung von Gewährleistungen, die gegenüber dem Verkäufer bestehen,

erzielt wird. Alle diese Tatbestände mindern den Wert des Unternehmens, weshalb die Bank einen Anspruch auf Tilgung erhebt. Sie hat ebenfalls das Recht auf vorzeitige Tilgung, wenn der Private-Equity-Investor aus dem Investment aussteigt und andere Gesellschafter seine Anteile übernehmen (Change of Control Clause), da die Professionalität der Private-Equity-Manager einen nicht unerheblichen Grund für die Finanzierungsentscheidung der Bank darstellt.

Auszahlungsvoraus-setzungen

Im Anhang des Bankenvertrags wird ein Katalog von Auszahlungsvoraussetzungen (*Conditions Precedent*) formuliert. Die Bank will durch diese Regelung erreichen, dass zum einen bankübliche Dokumentationen vorliegen, bevor es zur Auszahlung kommt, und zum anderen bestimmte wertmindernde Ereignisse,

die zwischen Vereinbarung des Term Sheet und Vollzug des Unternehmenskauf-
vertrags eintreten können, nicht eingetreten sind. Bereits die bloße Anzahl der
Dokumente macht es unabdingbar, dass ein Rechtsanwalt zusammen mit einem
Corporate-Finance-Berater die Koordination der Dokumentation übernimmt.

Da die Bank vermeiden will, dass es bei substantiellen Veränderungen im Ziel- | MAC-Klausel
unternehmen zu einer Auszahlung kommt, enthält der Bankenvertrag eine *Material Adverse Change Clause* (MAC-Klausel), die ihr für den Fall einer deutlichen
Wertminderung des Unternehmens eine Rückzugsmöglichkeit eröffnet. Ein wesentliches Ziel des Private-Equity-Investors muss demnach sein, die Aufnahme
einer MAC-Klausel auch für den Unternehmenskaufvertrag zu verhandeln, um
nicht ohne entsprechende Finanzierung zum Kaufvollzug gezwungen werden zu
können. Diese Regelung durchzusetzen ist jedoch insbesondere bei mittelständischen Verkäufern problematisch.

Da das Eintreten einer wesentlichen Veränderung nur schwer definiert werden
kann, sollte diese möglichst »bepreist«, d. h. mit einer konkreten Performance-
Kennzahl (idealerweise dem EBITDA als wesentlicher Basisgröße für die Unternehmensbewertung) unterlegt werden.[19]

Zu den *banküblichen Dokumenten* gehören: | bankübliche Dokumente

- die gesellschaftsrechtliche Dokumentation aller beteiligten Gesellschaften in
  Form beglaubigter Kopien (Handelsregisterauszüge etc.),
- sämtliche Transaktionsdokumentationen (Unternehmenskaufvertrag etc.),
- die Finanzierungsdokumente,
- die Verträge über die Sicherheiten,
- die testierten Jahresabschlüsse sämtlicher Gesellschaften (untestiert, sofern
  keine Prüfungspflicht besteht),
- sämtliche Due-Diligence-Berichte der Berater sowie die unterzeichneten *Reliance Letters*,
- Nachweise über die Zahlung der angefallenen Gebühren,
- sonstige transaktionsspezifische Dokumente, Bestätigungen und Nachweise.

Meist verlangt der die Bank beratende Rechtsanwalt als Auszahlungsvorausset- | Legal Opinion
zung eine *Legal Opinion* (rechtliche Stellungnahme) bezüglich der rechtlichen
Wirksamkeit und Durchsetzbarkeit der abgeschlossenen Verträge und die Zeich-
nungsberechtigung der handelnden Personen.

Die *Zusicherungen und Garantien* müssen sowohl vom Private-Equity-Haus | Zusicherungen und Garantien
als auch vom Management gegeben werden. Da in den meisten Fällen nur we-
nige dingliche Sicherheiten gestellt werden können, werden die Zusicherungen
mehrmals während der Laufzeit eingefordert. Aufgrund der Sicherheitensituation ist es für die Bank auch essentiell, über wesentliche wirtschaftliche Veränderungen informiert zu sein. Sollten diesbezüglich falsche Angaben gemacht
werden, kann ein Kündigungsrecht bestehen, im schlimmsten Fall können auch

---

19 Zur tatsächlichen Anwendung der MAC Clauses gibt es nur wenige gesicherte Daten. Die Regelung wurde von einigen Banken nach den Attentaten des 11.9.2001 zwischen Signing und
Closing einer Transaktion in Anspruch genommen.

Schadensersatzforderungen geltend gemacht werden. Zu den marktüblichen Zusicherungen gehört, dass:

- die vorgelegten Informationen und Dokumente richtig sind,
- aktuell kein Kündigungsgrund besteht,
- aktuell keine unzulässigen Verbindlichkeiten bestehen,
- wesentliche Rechte, insbesondere Marken- und Patentrechte, rechtswirksam sind,
- alle Steuerverpflichtungen erfüllt wurden,
- allen behördlichen Genehmigungen nachgekommen wurde,
- keine insolvenznahen Sachverhalte vorliegen, keine Umweltrisiken bestehen und keine wesentlichen Rechtsstreitigkeiten verschwiegen wurden.

Es ist sinnvoll, bezüglich der einzelnen Punkte Wesentlichkeitsgrenzen zu setzen, da selbst in kleineren mittelständischen Betrieben immer irgendwelche unbedeutenderen Rechtsverfahren anhängig sind.

Financial Covenants Die der Finanzierung zugrunde liegenden Finanzkennzahlen, die in Abschnitt III.2.e) dargestellten *Financial Covenants* (Einsicht- und Einflussnahmerechte), werden im Bankenvertrag schriftlich fixiert. Dies bedeutet für den Transaktionsprozess, dass der CFO der NewCo bereits bei Unterzeichnung des Bankenvertrags einschätzen muss, inwieweit der Businessplan belastbar ist und der in den Covenants eingebaute Headroom ausreicht. Die Praxis zeigt, dass viele CFOs, die eine Revision des Bankenvertrags anstreben, die Financial Covenants rückwirkend betrachtet oft falsch eingeschätzt haben.

Positive/Negative Covenants Neben den Financial Covenants sind die *Positive Covenants* (positive Handlungspflichten) und die *Negative Covenants* (Unterlassungspflichten) bedeutende Elemente des Bankenvertrags. Die Positive Covenants umfassen die Vorlage der testierten Jahresabschlüsse, die Aufstellung eines Budgets (meist detailliert für jeden Monat) sowie die Angabe der verwendeten Bilanzierungsrichtlinien. Unterlassen werden müssen insbesondere die Bestellung von Sicherheiten für Dritte (Negative Pledge) und die sonstige Verfügung über betriebsnotwendige Vermögensgegenstände. Zudem sind auch Dividendenzahlungen ohne Zustimmung der Banken (die ihre Zustimmung i. d. R. nur in Ausnahmesituationen erteilen) nicht zulässig.

Events of Default Im Übrigen werden im Kreditvertrag sog. *Events of Default* definiert. Dies sind verschuldensunabhängige Kündigungsrechte wie

- Zahlungsverzug,
- unrichtige Gewährleistungen,
- Nichteinhaltung von Covenants,
- Insolvenz oder
- die Änderung des in der Satzung festgelegten Geschäfts.

Cross-Default-Bestimmung Die in den Kreditverträgen oft enthaltene *Cross-Default-Bestimmung* ermöglicht es der Bank, im Fall der Fälligstellung eines Drittgläubigers ebenfalls zu kündigen. Um diese Gefahr abzuwenden, hat sich in der Praxis die Festlegung einer bestimmten Mindestgrenze durchgesetzt, da die Akquisitionsfinanzierer anderenfalls den Kredit auch bei marginalen Problemen mit kleineren Gläubigern fällig stellen könnten.

Zu guter Letzt enthält der Bankenvertrag Standardklauseln (sog. Boilerplate Clauses), die rein technischen Charakter haben und die Mechanik der Abtretung, das Anzeigewesen, das anwendbare Recht, Kostenerhöhungen, die Nichtfeststellbarkeit des Referenzzinssatzes usw. regeln. In diesem Zusammenhang gehört auch die sog. Steuernettoklausel, die bestimmt, dass alle geschuldeten Beträge Nettobeträge sind. Zudem enthalten die Bankenverträge Öffnungsklauseln für den Fall, dass auf die finanzierenden Banken unvorhersehbare Kosten zukommen. Die Banken lassen sich in diesem Fall meistens zusichern, dass sie derartige Kosten vollständig auf das Unternehmen abwälzen können, wobei der Kreditnehmer jedoch ein außerordentliches Kündigungsrecht hat.

Sonstige Klauseln

Zur Erhöhung der Finanzierungssicherheit ist es üblich geworden, bestimmte Kündigungsgründe seitens der finanzierenden Bank für die Zeit zwischen der Unterzeichnung der Finanzierungsverträge und der Auszahlung des Darlehens auszuschließen. Dieser als *Certain Funds Period* bezeichnete Zeitabschnitt ist im *Interim Loan Agreement* geregelt, einem Kreditvertrag, der die Banken, soweit keine genau definierten Bedingungen verletzt werden, zur Darlehensauszahlung verpflichtet. Die Certain Funds Period garantiert dem Verkäufer vor allem in Auktionssituationen eine erhöhte Transaktionswahrscheinlichkeit.

Certain Funds Period

Der Verkäufer will zudem sichergestellt haben, dass möglichst wenige Auszahlungsvoraussetzungen noch offen sind. Seine Mitarbeit ist auch in Hinblick auf die Sicherheiten erforderlich; diese können zwar erst nach Vollzug des Kaufs eingeräumt werden, sollten aber bereits unterschriftsreif dokumentiert sein.

Wie man sieht, verhandelt das Private-Equity-Haus sozusagen für die NewCo (und damit auch für ein zu einem späteren Zeitpunkt mit der NewCo und dem Target-Unternehmen verschmolzenes Konstrukt). Die sich aus der erlangten Finanzierung dieser Verhandlung ergebenden Konsequenzen hat aber spätestens nach dem Closing der CFO der NewCo zu tragen. Es ist daher von eminenter Bedeutung, dass dieser über den Stand der Verhandlungen mit der Bank und die verhandelten Konditionen informiert ist.

Manchmal wird der zukünftige CFO auch direkt in die Verhandlungen involviert. Dies erfolgt zumeist an der Schnittstelle zwischen Financial Model und Operational Model.

d)   Bestellung der Sicherheiten

Mit der Stellung von Kreditsicherheiten wird erreicht, dass bei einer Insolvenz des Darlehensnehmers der gesicherten Bank Aus- und Absonderungsrechte an dem Sicherheitsgut zustehen. Wird das Sicherungsgut durch den Insolvenzverwalter oder – wie im Fall von Pfandrechten – den Sicherheitentreuhänder verwertet, so steht der Verwertungserlös nach Abzug der mit der Verwertung entstandenen Kosten dem Sicherungsnehmer zu. Je nach Regelung in den einzelnen Verträgen sind Senior- oder Mezzanine-Geber zu bedienen. Ungesicherte Drittgläubiger gehen, sollte bei der Veräußerung kein Vermögen über die Summe der Sicherheiten hinaus erwirtschaftet worden sein, leer aus.

Im Gegensatz zum Vereinigten Königreich oder den Vereinigten Staaten besteht nach deutschem Recht keine Möglichkeit, Sicherheiten an einem Unternehmen als Ganzem oder an Sachgesamtheiten zu nehmen. Es müssen sämtliche Kategorien von Vermögensgegenständen des Target-Unternehmens besichert werden.

Elemente eines Sicherheitenpakets

Mögliche Elemente eines Sicherheitenpakets sind:

* Garantien,
* Verpfändung der Gesellschaftsanteile eines Tochterunternehmens,
* Kontenverpfändung,
* Sicherungsabtretung des Forderungsbestands, einschließlich der Forderungen gegenüber Gruppenunternehmen und Versicherern,
* Sicherungsübereignung von Anlage- und Umlaufvermögen,
* Sicherungsabtretung von gewerblichen Schutzrechten,
* Grundschulden, einschließlich der Unterwerfung unter die sofortige Zwangsvollstreckung.

Garantien

Garantien werden i. d. R. relativ umfassend formuliert. Durch die Garantien kann die Bank sicherstellen, dass der Cash Flow ausschließlich zur Tilgung der Schuld verwendet wird. Im Rahmen der Garantien wird jedoch auch geregelt, dass dem Unternehmen für die Erfüllung eventueller Intragroup-Verpflichtungen ein gewisser Spielraum verbleibt.

Verpfändung

Das Pfandrecht an Geschäftsanteilen oder Bankkonten muss notariell eingetragen werden, wodurch – zumindest bei einer Beurkundung in Deutschland – sehr hohe Kosten entstehen können. Wichtig ist, dass zwischen den Vertragsparteien genau vereinbart wird, wann ein Sicherheitentreuhänder die Verfügungsbefugnis über ein Bankkonto widerrufen und somit die Konten einfrieren kann.

Sicherungsabtretung und -übereignung

Bei der Sicherungsabtretung von Forderungen kann der negative Effekt einer Bekanntmachung beim Kunden dadurch vermieden werden, dass die Bank ein Blankoanzeigeschreiben erhält, das sie vor dem Eintritt der Insolvenz an die jeweiligen Schuldner richten kann. Durch das sachenrechtliche Bestimmtheitsgebot sind Sicherungsübereignungen insbesondere von Umlaufvermögen schwieriger darzustellen, da die zugrunde liegenden Vermögensgegenstände einer ständigen Fluktuation unterliegen und aus diesem Grund nicht immer konkret benannt werden können. Bei der Umsetzung dieser Sicherheitenanforderung wird deshalb oft mit Raumsicherungsübereignungen und entsprechenden Kartographien gearbeitet. Dagegen sind die Sicherungsabtretung von gewerblichen Schutzrechten und die Bestellung von Grundschulden relativ klar zu strukturierende Sicherheiten.

Management der Sicherheiten

Das Management der Sicherheiten wird, soweit rechtlich möglich, auf die als Sicherheitentreuhänder bestellte Bank übertragen. Lediglich bei Pfandrechten müssen alle Inhaber der gesicherten Forderungen selbst als Pfandnehmer Partei des Verpfändungsvertrags sein – hier agiert der Sicherheitentreuhänder lediglich als Sicherheitenverwalter (Security Agent).

Eine wichtige Regelung im Rahmen von Private-Equity-Finanzierungen ist die sog. *Financial Assistance*. Laut Aktiengesetz, aber auch nach dem GmbH-Gesetz, ist es in bestimmten Fällen den Vorständen bzw. Geschäftsführern nicht erlaubt, Sicherheiten für die Verbindlichkeiten von Gesellschaftern oder Schwestergesellschaften zu stellen (§ 57 AktG bzw. § 30 GmbHG). Für die Aktiengesellschaft ist die Financial Assistance ausgeschlossen, so dass die Target-Gesellschaft im Rahmen der rechtlichen Abwicklung der Transaktion keine Sicherheiten für den von der NewCo aufgenommenen Kredit geben darf. Bei der GmbH ist diese Bestimmung insofern etwas aufgeweicht, als § 30 GmbHG lediglich eine Kapitalerhaltungsvorschrift enthält, die bei der Bestellung einer Sicherheit den Kapitalerhalt des Mindeststammkapitals als Grenze bestimmt.

Financial Assistance

Sollte sich jedoch eine Problemsituation ergeben, so ist die von einer Aktiengesellschaft unzulässigerweise abgegebene Erklärung unwirksam, während bei der GmbH ein persönliches Haftungsrisiko für den GmbH-Geschäftsführer besteht (§§ 31, 43 GmbHG). Um dies zu vermeiden, wird in den Bankenverträgen eine sog. *Limitation Language* eingeführt, d. h., die Banken beschränken im Sicherheitenvertrag freiwillig ihre Zugriffsmöglichkeiten.

Limitation Language

e) Syndikat

Erst nach Verhandlung (und Signing) des Bankenvertrags kann die Bank eine Syndizierung vornehmen. Hierzu wird ein sog. *Bank Book* erstellt, das zum einen das Unternehmen, zum anderen die bereits ausverhandelten Kreditkonditionen darstellt. Zudem sind in der Syndizierungsphase meist umfangreiche Managementpräsentationen notwendig. Auch die Due-Diligence-Berichte – insbesondere die Ergebnisse der Financial Due Diligence – sind den syndizierenden Banken zu erläutern.

Bank Book

Abbildung 78 zeigt, welche wesentlichen Anforderungen der Bank zur Herstellung der Syndizierungsfähigkeit der Transaktionsfinanzierung erfüllt sein müssen.

Anforderungen der Bank an die Syndizierung

Obwohl ein Syndizierungskonsortium rein rechtlich eine BGB-Gesellschaft darstellt, ist die gesamthänderische Haftung im Syndizierungsvertrag ausgeschlossen. Leistet eine Bank ihren Beitrag nicht, kann der Kreditnehmer nicht die anderen Banken in die Pflicht nehmen.

Um für den Fall einer Insolvenz des Darlehensnehmers die Rangfolge der Banken untereinander zu bestimmen, wird ein Intercreditor Agreement abgeschlossen. In dieser Nachrangvereinbarung wird den Senior-Darlehensgebern der Vorrang gegenüber den Mezzanine-Gebern eingeräumt. Dies geschieht durch eine Erklärung seitens der Mezzanine-Kapitalgeber. Zudem werden die Voraussetzungen für die Durchsetzung der Sicherheiten und die Verteilung der Zahlungsströme geregelt.

Insolvenz des Darlehensnehmers

Wie komplex die Syndizierung ausfallen kann, zeigt sich an der Übertragung von Pfandrechten. Üblicherweise wird im Londoner Bankenmarkt über Novationen aussyndiziert. Durch diesen Vorgang erlischt für eine logische Sekunde der

Parallel Debt

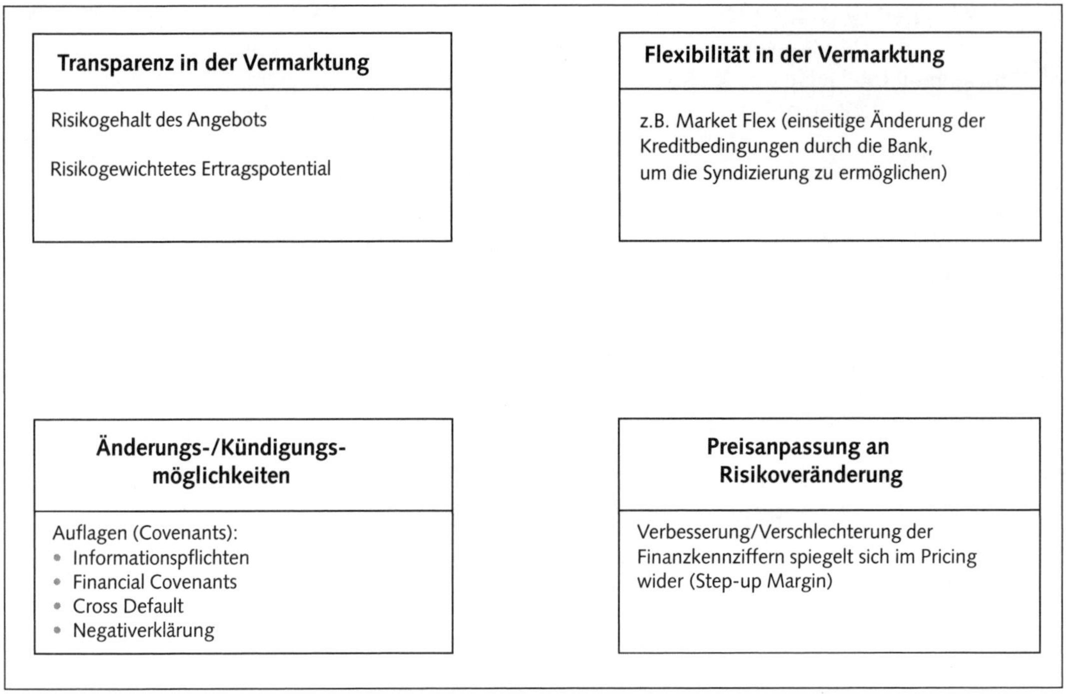

Transparenz in der Vermarktung Risikogehalt des Angebots Risikogewichtetes Ertragspotential	**Flexibilität in der Vermarktung** z.B. Market Flex (einseitige Änderung der Kreditbedingungen durch die Bank, um die Syndizierung zu ermöglichen)
Änderungs-/Kündigungs-möglichkeiten Auflagen (Covenants): • Informationspflichten • Financial Covenants • Cross Default • Negativerklärung	**Preisanpassung an Risikoveränderung** Verbesserung/Verschlechterung der Finanzkennziffern spiegelt sich im Pricing wider (Step-up Margin)

Abb. 78:
Anforderungen an die Syndizierung

Forderungsanspruch der Bank und wird beim eintretenden Konsorten neu begründet. Nach deutschem Recht ist damit aber das Pfandrecht erloschen. Deshalb wird oft auf das Konstrukt der sog. *Parallel Debt* verwiesen, durch das dem Sicherheitentreuhänder eine eigene Forderung in der jeweiligen Höhe der ausstehenden Ansprüche im Wege eines abstrakten Schuldanerkenntnisses gewährt wird. Damit wird die Forderung des Sicherheitentreuhänders rechtlich selbständig und ist nur schuldrechtlich mit der Primärforderung verbunden.

5. Closing

Funds Flow Statement

Ein wesentliches Thema im Rahmen des Closing ist das sog. *Funds Flow Statement*. Dabei wird der genaue Zahlungsfluss vor, während und nach dem Closing in einer tabellarischen Übersicht dargestellt. Der Funds Flow beginnt meist mit der Gründung der Erwerbsgesellschaften durch ein Vehikel des Private-Equity-Fonds. Es folgen die Einzahlung des Eigenkapitals des Private-Equity-Fonds sowie die Einzahlung des Nennbetrags der Anteile, die an das Management gehen.

VII. Umsetzung des Buy-outs

1. Post Deal Issues

Da das Closing der Transaktion aufgrund der Intensität des Prozesses gewissermaßen ein Ziel an sich darstellt, fällt es den beteiligten Parteien oft schwer, sich wieder dem Unternehmen zuzuwenden. Von Vorteil für die Umsetzung der Post-Deal-Themen ist sicherlich, dass Managementteam und Investor bereits in der Transaktionsphase sehr intensiv zusammengearbeitet haben – man hat Vertragsmodalitäten ausgehandelt, vielleicht auch schon einem 100-Tage-Plan zugestimmt.

Von diesen formalen Voraussetzungen abgesehen ist die erste Phase der Zusammenarbeit im Unternehmen eine Zeit der kritischen gegenseitigen Begutachtung. Der erfahrene Private-Equity-Investor ist sich der Grenzen der im Rahmen der Due Diligence erfolgten Überprüfung bewusst und will sich vergewissern, dass die Realität mit den gemachten Annahmen übereinstimmt. Insofern ist für ihn die Kommunikation der Monatszahlen und aller weiteren Berichte zum Verlauf des operativen Geschäfts sehr wichtig. Dies bedeutet zugleich, dass sich das Managementteam mit akkuraten und termingemäßen Dokumentationen einen Vertrauensvorschuss erarbeiten kann. *erste Phase*

Am Anfang der Umsetzung eines Buy-outs stehen oft steuerliche und rechtliche Themen. Aus steuerlichen und banksicherungstechnischen Gründen ist es zunächst erforderlich, dem Sicherheitsbegehren der Banken zu entsprechen und die Fremdfinanzierung strukturell so nah wie möglich an die operativen Cash Flows heranzuführen. Dies gilt insbesondere für Kapitalgesellschaften, denn aufgrund der Steuerbefreiung von Beteiligungsveräußerungen ist ein entsprechender Zinsaufwand i.d.R. steuerlich nicht nutzbar (abzugsfähiger Aufwand wirkt sich bei steuerfreien Einnahmen nicht aus, da er nicht steuerwirksam verrechnet werden kann).

Bei Personengesellschaften entfällt diese Problematik aufgrund ihrer steuerlichen Transparenz – de facto handelt es sich beim Erwerb von Personengesellschaften um einen Asset Deal.

Um den Zinsaufwand steuerwirksam nutzen zu können, kann entweder die Finanzierung von der NewCo auf das Target-Unternehmen verschoben werden (sog. *Debt Push-down*) oder es werden die Einnahmen des Target-Unternehmens über eine Organschaft mit dem Zinsaufwand der NewCo verrechnet. Bei einem Debt Push-down kann es zusätzlich sinnvoll sein, die Fremdfinanzierung in cashstarke Beteiligungstöchter zu »pushen« – insbesondere dann, wenn es sich um Ländergesellschaften handelt, bei denen international unterschiedliche Steuersätze eine steuerliche Optimierung ermöglichen. Wesentliches Allokationskriterium ist aber immer die *Debt Capacity*, also die Aufnahmefähigkeit der einzelnen Ländergesellschaften. *Debt Push-down*

Technisch wird der Debt Push-down entweder durch eine *Verschmelzung* beider Gesellschaften oder durch eine *Rekapitalisierung* des Target-Unternehmens *Verschmelzung* erreicht, bei der das bilanzielle Eigenkapital gegen Zuführung von Fremdkapital zurückgezahlt wird. Mögliche Wege der Verschmelzung sind

- der *Upstream Merger*, bei dem nach dem Umwandlungssteuergesetz ein Bewertungswahlrecht (zwischen Buchwerten, Teilwerten oder Zwischenwerten) besteht, oder
- der *Downstream Merger*, der zwingend zu Buchwerten erfolgt.

Bei Letzterem ist zu beachten, dass die Kapitalerhaltungsvorschriften nicht tangiert werden und also keine unzulässige Reduzierung des Eigenkapitals erfolgt.

Voraussetzung für die Begründung einer Organschaft ist, dass das Target-Unternehmen seit Beginn des Wirtschaftsjahres in die NewCo eingegliedert ist. Häufig ist hierfür eine Änderung des Wirtschaftsjahres erforderlich – allerdings mit dem unangenehmen Nebeneffekt, dass ein Rumpfgeschäftsjahr gebildet werden muss, was entsprechende wirtschaftsprüferische Tätigkeiten erfordert. Die Begründung einer Organschaft setzt ferner voraus, dass für eine Mindestlaufzeit von fünf Jahren ein Ergebnisabführungsvertrag abgeschlossen und auch tatsächlich vollzogen wird.[1]

2. Zusammenarbeit mit dem Investor

Involvement der Private-Equity-Manager

Die Bedeutung der Kommunikation in der ersten 100-Tage-Phase nach Abschluss der Transaktion wurde bereits erwähnt. Einer Studie von McKinsey zufolge ist auch das Involvement der Private-Equity-Manager für einen positiven Verlauf der ersten 100 Tage entscheidend. Bei Private-Equity-Fonds, die sich im obersten Drittel der Leistungsskala bewegen, verbringt der Deal Partner des Private-Equity-Hauses 45 % bis 54 % seiner Zeit mit dem jeweiligen Unternehmen; bei schlechteren Fonds beträgt der Anteil nur 15 % bis 24 %.[2]

Kommunikation

Eine vertrauensvolle, offene und ernsthafte Kommunikation ist auch im weiteren Verlauf die entscheidende Voraussetzung für eine gute Zusammenarbeit – sie ergänzt sozusagen die formal institutionalisierten Kommunikationsformen, die den Erfolg eines Buy-outs sicherstellen sollen. Die Kommunikation zwischen Investor und Management wird durch zwei Maßnahmen sichergestellt:

- ein klar definiertes Informationspaket und
- eine Board-Struktur, die über die reine Kontrollfunktion des deutschen Aufsichtsrats hinaus auch beratende und begleitende Funktion hat.

Informationspaket

Das *Informationspaket*, das der Investor erhält, umfasst üblicherweise die folgenden Standardinformationen:[3]

---

1 Zu den Pflichten des Managementteams im Rahmen der Verschmelzungsvorgänge vgl. Pöllath/Philipp (2005), S. 157-180.
2 Vgl. Heel/Kehoe (2005).
3 Zum Themenkomplex der Berichterstattung an Private-Equity-Investoren vgl. Schulze/Wikkenrath (2005), S. 427-442.

- eine Gewinn-und-Verlust-Rechnung mit einem Vorjahresvergleich und einer Monatsbetrachtung für das budgetierte Jahr, unterteilt in betriebswirtschaftlich sinnvolle Untergruppen (geographische Einheiten, Produktgruppen bzw. Vertriebsschienen) – meist nach internationaler Rechnungslegung mit aggregierter Darstellung nach HGB,
- eine Cash-Flow-Rechnung mit einer rollierenden Zwölfmonatsplanung, die sowohl einen Investitionsplan als auch eine Working-Capital-Planung beinhaltet,
- eine Planrechnung für mindestens drei Jahre mit einer Extrapolation, die den Zeitraum der Finanzierung abdeckt,
- eine Analyse der Performance im Vergleich zu den mit den Banken vereinbarten Covenants sowie eine Covenant-Vorschau auf Basis des aktualisierten Businessplans.

Zusätzlich zu diesem Zahlenmaterial enthält das Informationspaket eine kurze Beschreibung der wirtschaftlichen Situation, die auf in Zahlen nicht darstellbare Themen wie zusätzliche Geschäftsmöglichkeiten und Akquisitionsüberlegungen fokussiert, sowie Kommentare zum Marktgeschehen. Parallel zu den Investoren erhalten auch die Banken eine Kurzdarstellung der Unternehmenssituation in Zahlen (möglichst mit zusätzlichen Erläuterungen) sowie eine gesonderte Berechnung der Covenants auf Basis der Quartalsplanung. Sie haben darüber hinaus die Möglichkeit, an der Präsentation des aktualisierten Jahresplans teilzunehmen.

Die Plattform, die einen Austausch über diese Informationen ermöglicht, ist das (einem deutschen Beirat vergleichbare) *Board*. Auf den monatlichen Board Meetings, auch Operations Review Meetings genannt, werden die genannten Zahlenwerke im Detail erörtert und gegebenenfalls strategische Aspekte diskutiert. Ergänzend finden in größeren Abständen Strategie-Meetings statt, auf denen übergeordnete Themen wie die Exit-Planung zur Sprache kommen. Einmal im Jahr wird üblicherweise ein Budget-Meeting abgehalten. **Board**

Das Board ist, wie bereits erwähnt, nicht unbedingt mit dem Kontrollorgan des deutschen Aktienrechts, dem Aufsichtsrat, zu vergleichen. Seine beratende Funktion ist stärker ausgeprägt und es steht in engerer Verbindung zum Management.

Aus dem angelsächsischen Bereich stammt die Unterteilung in Executive und Non-Executive Boards. Das *Executive Board* besteht aus dem CEO und dem CFO und wird eventuell durch entsprechende Funktionen aus dem Sales- oder Operationsbereich ergänzt. Je nach Branche kann dem Board auch eine Researchfunktion angehören (z. B. im Pharmabereich). **Executive Board**

Das *Non-Executive Board* umfasst Vertreter der Investoren, z. B. Private-Equity-Manager, die direkt in die Transaktion involviert waren, oder Manager, die über entsprechende Industrieerfahrung verfügen. Sie können sowohl vom Management als auch vom Investor benannt werden, wobei die endgültige Entscheidung beim Investor liegt. Die Hauptaufgabe des Non-Executive Board besteht darin, die Interessen des Investors zu wahren. Dazu gehört insbesondere, **Non-Executive Board** die Entwicklung des Unternehmens zu begleiten und bei allen wichtigen strategischen Fragestellungen präsent zu sein.

Ein reibungsloses Funktionieren des Board soll die Funktion des Chairman gewährleisten. Dieser hat idealerweise schon an einem oder mehreren erfolgreichen Buy-outs teilgenommen und steht dem Managementteam als erfahrener Berater zur Seite.

Ob ein Board nach angelsächsischem Vorbild eingerichtet oder lediglich dem deutschen Rechtsrahmen entsprochen wird (z. B. durch die Ausübung der Rechte im Aufsichtsrat), ist vom Investor abhängig – in der Praxis sind die verschiedensten Ausgestaltungen möglich. Der Hauptvorteil der angelsächsischen Variante ist sicherlich, dass das Board durch seine größere Nähe am Unternehmensgeschehen Ad-hoc-Meetings und Beschlüsse außerhalb des formalen rechtlichen Rahmens erlaubt.

Einbeziehung der Stakeholder

Neben der Kommunikation zwischen dem Management und dem Investor ist der weitere Kreis der Stakeholder in den Dialog einzubeziehen. Lieferanten interessieren sich für die finanzielle Solidität des neuen Eigentümers und die Auswirkungen des Eigentümerwechsels auf die Geschäftsbeziehung, Kunden sorgen sich um die Liefertreue des Unternehmens. Die Arbeitnehmer sehen sich mit der Tatsache konfrontiert, dass ein Investor mit finanziellen Zielen eingestiegen ist und das Management diese finanzielle Zielsetzung in seinen Aussagen gegenüber der Belegschaft zu berücksichtigen hat. Themen wie die eventuelle Freisetzung von Mitarbeitern stehen in diesem Zusammenhang im Vordergrund. Mit den wichtigsten Repräsentanten dieser Interessengruppen ist eine offene Diskussion zu führen.

Maßnahmen des Investors

Entscheidend für den Erfolg des Buy-outs sind die Maßnahmen, die der Investor nach seinem Einstieg in das Unternehmen auf der operativen und strategischen Ebene durch das Management realisieren lässt. Abbildung 79 gibt eine Übersicht über die durchgeführten Maßnahmen.

Inwiefern die nach Einstieg des Investors umgesetzten Maßnahmen zum Erfolg führen, ist empirisch schwer nachzuweisen. Interessanterweise zeigen die Auswertungen von Loos, dass expansive Maßnahmen eher erfolgreich sind als kostenreduzierende (s. Abb. 80).

Eine weitere empirische Studie hebt eher die Bedeutung von Forschung und Entwicklung hervor. Demnach haben den größten Einfluss auf den Erfolg des Investments die Entscheidungen des Investors im Bereich Forschung und Entwicklung. Danach folgen M&A-Aktivitäten (Unternehmenszusammenschlüsse, Abspaltungen, Unternehmenskäufe und -verkäufe) gleichauf mit Personaleinstellungen und -freisetzungen sowie Maßnahmen im Absatzbereich.[4]

Living Deads

Eine interessante Frage ist in diesem Zusammenhang der Umgang des Investors mit den sog. Living Deads, d. h. Beteiligungen, die weder erfolgreich sind noch abgeschrieben werden müssen. In einer von Pfaffenholz durchgeführten empirischen Studie gaben 86,6 % der Befragten an, in diesen Fällen zumindest einen Trade Sale versucht zu haben. In 82,1 % der Fälle wurde das Management

---

4 Vgl. Paul/Weber (2005).

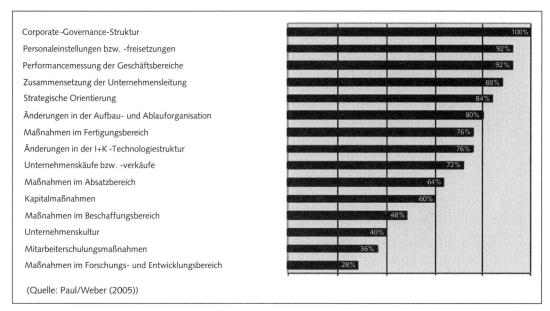

Corporate -Governance-Struktur — 100%
Personaleinstellungen bzw. -freisetzungen — 92%
Performancemessung der Geschäftsbereiche — 92%
Zusammensetzung der Unternehmensleitung — 88%
Strategische Orientierung — 84%
Änderungen in der Aufbau- und Ablauforganisation — 80%
Maßnahmen im Fertigungsbereich — 76%
Änderungen in der I+K -Technologiestruktur — 76%
Unternehmenskäufe bzw. -verkäufe — 72%
Maßnahmen im Absatzbereich — 64%
Kapitalmaßnahmen — 60%
Maßnahmen im Beschaffungsbereich — 48%
Unternehmenskultur — 40%
Mitarbeiterschulungsmaßnahmen — 36%
Maßnahmen im Forschungs- und Entwicklungsbereich — 28%

(Quelle: Paul/Weber (2005))

Abb. 79:
Umstrukturierung
des Buy-out-Objekts

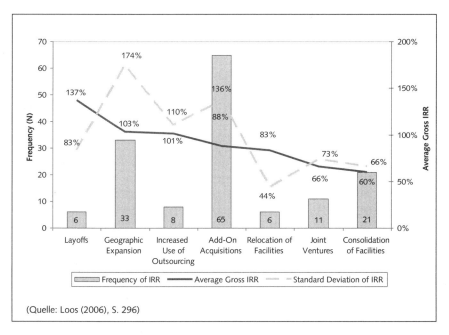

(Quelle: Loos (2006), S. 296)

Abb. 80:
Erfolg verschiede-
ner Maßnahmen
nach Abschluss
der Transaktion

ausgetauscht, bei 49,3 % sogar an einer Expansion in Form einer Produkterweiterung gearbeitet. Lediglich in 20,9 % der Fälle hatte das Private-Equity-Haus versucht, die operative Führung zu übernehmen.[5]

Sunk Cost Effect

Bei derartigen Problemfällen im Portfolio ist der sog. Sunk Cost Effect zu beobachten: Viele Entscheidungsträger neigen dazu, an verlustbringenden Engagements festzuhalten und weiter in diese zu investieren, anstatt sich rational für einen Abbruch des Investments zu entscheiden.[6] Der Grund hierfür ist, dass Entscheidungsträger, wie alle Menschen, Dissonanzen, die durch widersprüchliche Bewusstseinsprozesse entstehen, zu vermeiden sucht. Der Entscheider wollte Gewinne erwirtschaften, jetzt erleidet er Verluste – und je höher sein eigenes emotionales Commitment bei der Entscheidung war, desto schlimmer ist dieser Verlust für ihn.

Von diesen diffusen mentalen Prozessen zu unterscheiden ist ein klares Commitment für das Engagement aus verantwortungsbewusstem Handeln heraus. Gerade in der Finanzkrise zeigte sich, welche Investoren sich gegenüber ihren Unternehmen diesbezüglich verantwortungsbewusst verhalten haben und welche nicht.

3.   Buy-and-Build-Strategien

Wachstum

Ein wesentliches strategisches Thema im Rahmen der Umsetzung des Buy-outs ist die Frage des Wachstums. Für eine Buy-and-Build-Strategie sprechen grundsätzliche Argumente wie die Nutzung und der Ausbau bestehender *strategischer Wettbewerbsvorteile* oder die Optimierung ungenutzter Ressourcen. Daneben sind einige Industrien durch Wachstumszwänge gekennzeichnet – hier ist ein Bestehen am Markt nur durch die extensive Ausnutzung von Economies of Scale möglich.

Inwieweit die verfolgte Wachstumsstrategie in Synergie mit den bisherigen Aktivitäten steht und sich die Weiterentwicklung damit am Bestehenden orientiert, lässt sich anhand der Produkt/Markt-Matrix von Ansoff (Abb. 81) beantworten.

Akquisitions-
strategien

Wie die Matrix zeigt, sind folgende Akquisitionsstrategien möglich:

* *Horizontale Akquisitionen*: Hierbei handelt es sich um Unternehmensübernahmen im gleichen Produkt/Markt-Segment. Die Motivation für derartige Übernahmen besteht z. B. darin, Marktanteile oder technologisches Knowhow zuzukaufen, Personal- und Bürokratiekosten zu senken, bestehende Kapazitäten besser auszulasten, Effizienzgewinne in der Logistik zu realisieren, Einkaufsvorteile durch Nachfragebündelung zu erreichen sowie Economies of Scale und Economies of Scope zu realisieren.

---

5   Vgl. Pfaffenholz (2004), S. 192.
6   Vgl. Pfaffenholz (2004), S. 105.

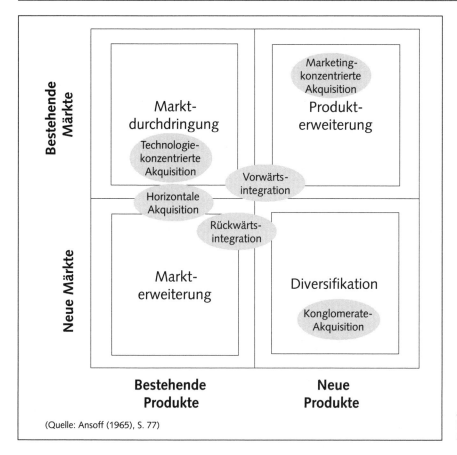

(Quelle: Ansoff (1965), S. 77)

Abb. 81:
Produkt/Markt-
Matrix nach Ansoff

- *Vertikale Akquisitionen*: Dies sind Unternehmensübernahmen in eine vorge-
  lagerte (Vorwärtsintegration) oder nachgelagerte (Rückwärtsintegration) Pro-
  duktions- oder Vertriebsstufe.
- *Marketing-konzentrierte Akquisitionen*: Die übernommenen Unternehmen
  verfügen über ähnliche Kundenstrukturen und Absatzmärkte.
- *Technologie-konzentrierte Akquisitionen*: Hierbei werden Unternehmen übernommen, die in der Produktion und im Bereich Forschung und Entwicklung
  ähnliche Prozesse aufweisen.
- *Konglomerate-Akquisitionen*: Diese Unternehmensübernahmen stehen mit
  dem bisherigen Produkt/Markt-Programm in keiner Beziehung, haben jedoch
  eine geringere Volatilität der Erträge zur Folge. Dadurch können unter Umständen auch die Kapitalkosten gesenkt werden.

Die letzte Akquisitionsvariante ist für Private-Equity-Häuser weniger relevant,
da diese eine wertsteigernde Ergänzung zu bestehenden Unternehmensaktivitä-
ten suchen.

Erfolgsversprechender ist die Analyse der diversen Wertschöpfungsstufen, die
z. B. zu dem Ergebnis führt, dass bestimmte Wertschöpfungsaktivitäten (insbe-

synergieorientierte
Strategien

sondere in der Verwaltung) gemeinsam mit anderen Unternehmen ausgeführt und genutzt werden können oder dass sich Forschungsbereiche zusammenlegen lassen. Die oben genannten marktorientierten M&A-Strategien lassen sich also durch *synergieorientierte* Strategien ergänzen, die bspw. auf eine Fixkostendegression und Economies of Scale bzw. Economies of Scope fokussieren. Mögliche Faktoren einer kombinierten markt- und synergieorientierten M&A-Strategie zeigt Abbildung 82.

Abb. 82:
Wertbestimmende
Faktoren bei M&A-
Transaktionen

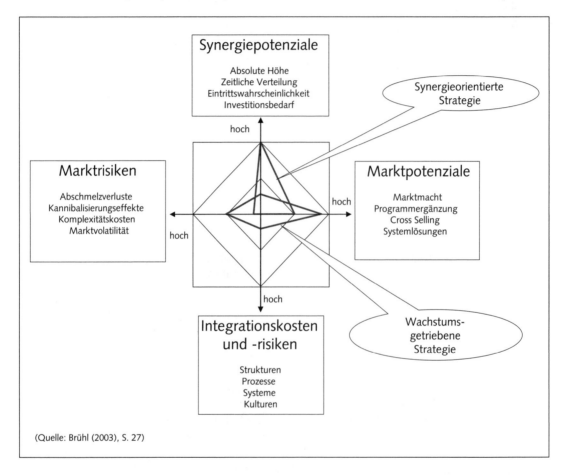

(Quelle: Brühl (2003), S. 27)

Buy & Build
Monitor

Die Beteiligungsgesellschaft Silverfleet Capital Partners untersucht in ihrem jährlichen Buy & Build Monitor das Akquisitionsverhalten von Private-Equity-Fonds. Im Dezember 2007 wurden 30 Unternehmen befragt, die mithilfe von Private Equity finanziert wurden und sowohl aktive als auch eher beiläufige Akquisitionsstrategien verfolgen. 77 % der Unternehmen mit einem aktiven Approach hatten ihre erste Akquisition bereits innerhalb der ersten zwölf Monate nach Einstieg des Investors durchgeführt. In über 76 % der Fälle wurden für die Akquisition nicht mehr als 50 % des ursprünglichen Unternehmenswertes ausgegeben, immerhin 8 % der Befragten hatten Unternehmen erworben, die größer als das eigene waren. 40 % der Unternehmen gaben an, bereits mehr als sechs Zukäufe getätigt zu haben.

Durch die Auswirkungen der Finanzkrise mit einer nurmehr eingeschränkten Kreditvergabe sind sicherlich auch die Add-on Investments der Private-Equity-Firmen betroffen. Wurden vor der Finanzkrise oft relativ großzügig bemessene Akquisitionslinien seitens der Banken gewährt, so sind diese nun wesentlich restriktiver und an vielfältige Auszahlungsvoraussetzungen gebunden. Auch werden Unternehmen, die neue Akquisitionslinien aufnehmen müssen, gesonderte Strukturen hierfür einführen müssen, um die bestehenden Kreditlinien und deren Sicherungsumfang nicht zu beeinträchtigen. Trotz der Finanzkrise ist daran festzuhalten, dass sinnvolle Unternehmenskäufe auch nach wie vor finanziert und durchgeführt werden können.

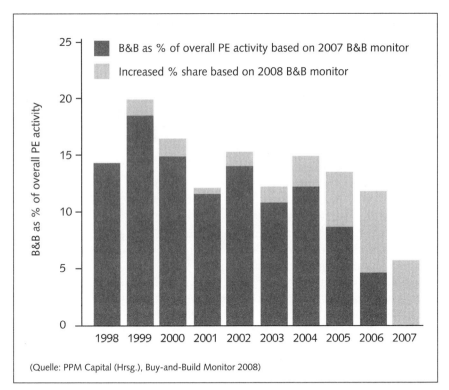

(Quelle: PPM Capital (Hrsg.), Buy-and-Build Monitor 2008)

Abb. 83: Anteil der Private-Equity-geführten Unternehmen mit Buy-and-Build-Strategie (mindestens ein Zukauf)

Interessanterweise wurden nur 6 % der Transaktionen in Ländern getätigt, in denen das Unternehmen zuvor noch nicht aktiv gewesen war.[7] Abbildung 84 gibt einen Überblick über die verschiedenen Branchen und Länder, in denen Private-Equity-Investoren besonders intensive Buy-and-Build-Aktivitäten unternommen haben.

7 Vgl. Silverfleet Capital Partners (2008).

	UK	Nordic	Germanic	France	Benelux	Italy	Iberia	CEE	USA	Other	Ireland	China	Total
Industrial	54	79	69	50	37	43	21	17	30	17	5	5	427
Consumer	89	69	22	52	24	34	23	14	5	6	3		341
Services	114	63	27	31	26	23	13	7	13	13	5		335
Lesuire	119	17	4	16	13	8	14	9	1	6	3		210
Medical/ Pharma	65	31	12	24	16	4	11	6	3	6	1		179
Technology	45	29	23	6	1	4	6	3	10		3		140
Chemicals	19	17	36	7	15	9	5	3	7	5		2	125
Media	41	14	7	18	18	1	10	2	4	1			116
Construction	23	17	11	20	8	2	14	6	2	2			105
Financial Services	30		13	9	10	4	9	3	5	4	2	1	90
Telecom	16	10	19	8	8	4	5	11	2	1	1	1	86
Automotive	7	6	22	12	3	17	6	3	4	4			84
Transportation	13	15	12	11	3	4	4	7	1	3			73
Energy & Utilities	22	10	2	4	2		6	3	2				51
Biotech	3	3	1	3	1		1		1				13
Agriculture	2	3			1		1		2				9
Defence	2				2		2		3				5
Total	663	383	280	272	196	157	148	94	94	68	23	9	2.388

Key: ■ > 75 ■ 61-75 ■ 46-60 ■ 31-45 ■ 16-30 □ 1-15 □ 0

(Quelle: Silverfleet (Hrsg.), Buy-and-Build Monitor 2009)

Abb. 84:
Verteilung der Buy-and-Build-Aktivitäten nach Sektoren und Ländern

Joint Ventures

Die Akquisition muss jedoch nicht die alleinige Form eines anorganischen Wachstums darstellen. Die verschiedenen Formen von Buy-and-Build-Transaktionen sind in Abbildung 85 dargestellt.

Nationale und grenzüberschreitende *Joint Ventures* sind mittlerweile ein wesentlicher Bestandteil des M&A-Geschäfts. Für Private-Equity-finanzierte Unternehmen haben sie jedoch nur eine untergeordnete Bedeutung. Zum einen besteht die Unsicherheit, dass beim Exit auch der potenzielle Käufer von der Zusammenarbeit mit dem Joint-Venture-Partner überzeugt ist – und die Auflösung eines Joint Ventures ist sehr aufwändig. Zum anderen behalten Private-Equity-Investoren gerne die Kontrolle über ihre Investments und diese würden sie bei einem Joint Venture zumindest partiell verlieren.

In einigen Branchen wird immer wieder versucht, durch Joint Ventures Konsolidierungstendenzen vorzubeugen. So ist bspw. in der mittelständischen Pharma-Industrie mit ihren an sich ertragsstarken Unternehmen und Gesellschaften, die nur wenig Interesse an einem Verkauf haben, eine Kooperation ohne gesellschaftsrechtliche Verflechtung eine mögliche Option, um der größeren Verhandlungsmacht der Lizenzgeber – meist sog. Big-Pharma-Unternehmen – etwas entgegensetzen zu können. Dennoch existiert weltweit weder eine etablierte Un-

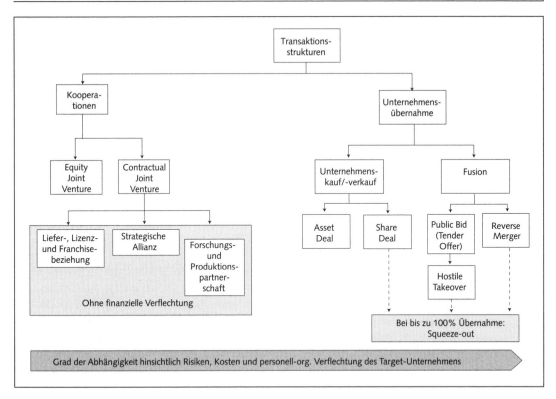

Abb. 85:
Transaktionsstrukturen bei anorganischem Wachstum

ternehmensform, die rechtlich als Joint Venture anerkannt wird, noch ein spezifisches Joint-Venture-Recht.

Allgemein kann von einem Joint Venture gesprochen werden, wenn zwei oder mehrere Unternehmen übereinkommen, ein gemeinsames Unternehmen zu gründen bzw. eine gemeinschaftliche geschäftsbezogene Aktivität zu entfalten. Zu unterscheiden ist das *Equity Joint Venture,* bei dem eine eigene Joint-Venture-Gesellschaft gegründet wird, von dem *Contractual Joint Venture,* das aus rein schuldrechtlichen Absprachen zwischen den beteiligten Unternehmen besteht (ohne organisatorische Verselbständigung).

Wesentliche Regelungsbereiche eines Joint Ventures sind

Regelungsbereiche eines Joint Ventures

- Haftungsfragen (Beschränkung der Haftung durch Wahl der Rechtsform einer GmbH bzw. AG; bei einem Contractual Joint Venture erfolgt die Haftung im Außenverhältnis gesamtschuldnerisch, im Innenverhältnis durch Regelung im Vertrag),
- die mit dem Joint Venture zusammenhängenden steuerlichen Belastungen,
- die bilanztechnische Behandlung (ist Konsolidierung erwünscht oder nicht?) sowie eventuell Bilanzgarantien,
- Gründungsformalitäten,
- gegenseitige Gewährleistungen und Freistellungen,
- das Ausscheiden von Mitgliedern,

- die Beendigung des Joint Ventures,
- Möglichkeiten des zwangsweisen Ausschlusses sowie
- Streitbeilegungsklauseln.

Joint Ventures unterliegen dem Kartellrecht. Auch haben bei (Teil-)Betriebsübergängen (man beachte § 613 a BGB) das Betriebsverfassungsgesetz, das Kündigungsschutzgesetz sowie alle weiteren arbeitsrechtlichen Vorgaben eine wesentliche Bedeutung.[8]

Nachteile der Buy-and-Build-Strategien

Bei der Diskussion der Buy-and-Build-Strategien dürfen die Schattenseiten anorganischen Wachstums – Akquisitions- und Integrationskosten, ein potenzieller Wissensabfluss, Destruktion aufgrund von Resignation und ein gewisser Reputationsverlust – nicht unterschätzt werden. Zudem sind bei der Durchführung einer Akquisition zwei wesentliche Risiken mit zu berücksichtigen: das mögliche Scheitern der Transaktion (das neben hohen Broken-Deal-Kosten auch Reputationsprobleme mit sich bringen kann) sowie die Gefahr, dass sich die Übernahme als nicht erfolgreich erweist.

Studien

Zum Erfolg von Übernahmen existieren diverse Studien, die überwiegend einen sehr hohen Anteil missglückter Übernahmen konstatieren. Im Großen und Ganzen zeigen die Studien, dass sich eine Übernahme auf jeden Fall für die Gesellschafter der übernommenen Gesellschaft lohnt.[9]

Ob sich Buy-and-Build-Strategien auch für Private-Equity-Investoren lohnen, lässt sich nicht eindeutig beantworten. Denn inwiefern diese für die überdurchschnittliche Performance von Buy-outs ursächlich sind, kann empirisch nur schwer überprüft werden. Die einzige Studie zu diesem Thema stellt fest, dass durch Buy-and-Build-Strategien ähnlich gute Renditen erwirtschaftet werden wie bspw. durch die Verlagerung von Betriebsstätten. Welche Art von Buy-and-Build-Strategie verfolgt wird, ist dabei unerheblich: Horizontale Akquisitionen sind genauso erfolgreich wie Strategien, die einer Diversifikation des Geschäftsmodells dienen.

Angesichts der zahlreichen Beispiele für geglückte Transaktionen im deutschen Markt ist bei Add-on-Investments jedoch von einer höheren Erfolgsquote auszugehen. Dabei dürfte auch eine Rolle spielen, dass Private-Equity-Investoren wesentlich an einer Optimierung des operativen Ergebnisses bzw. einer Verbesserung der strategischen Position des Unternehmens interessiert sind und riskanten Akquisitionen allein der Größe wegen daher ablehnend gegenüberstehen – als General Partners müssen sie letztlich mit ihrem eigenen Geld für eine missglückte Transaktion einstehen.

Einen Einfluss auf die Performance hat dagegen die Anzahl der Zukäufe: Buy-and-Build-Strategien mit mehr als einem Add-on sind weniger erfolgreich als Buy-outs, bei denen nur eine zusätzliche Akquisition getätigt wird (s. Abb. 86).

---

8 Vgl. Picot (2002), S. 198 ff.
9 Vgl. für einen weiteren Überblick Jansen (2002), S. 510 f.

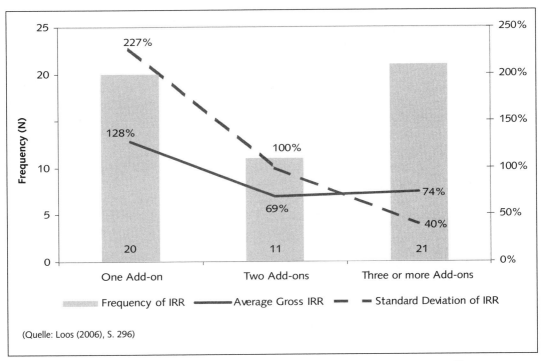

(Quelle: Loos (2006), S. 296)

Abb. 86:
Erfolg von Buy-and-Build-Strategien im Rahmen von Buy-outs

VIII. Exit-Szenarien

1. Exit-Zeitpunkt, Haltedauer, Exit-Aktivitäten

Der Exit ist ein notwendiger und integraler Bestandteil des LBO. Die Befristung der Beteiligung unterscheidet das Buy-out-finanzierte Unternehmen wesentlich von anderen Unternehmenstypen wie eigentümergeführten mittelständischen Unternehmen oder börsennotierten Konzernen. Und diese Befristung hat ihren guten Grund, denn nur durch den Exit, nicht durch laufende Dividendenzahlungen kann das Private-Equity-Haus die geplante Rendite erzielen. Deshalb ist der Exit für den erfolgreichen Abschluss eines LBO von eminenter Bedeutung, wobei man sich fragen kann, ob der Exit wirklich einen Schlusspunkt darstellt. Denn zumindest in der Form des Secondary Buy-out ist er nur ein Zwischenhalt in der Unternehmensentwicklung, die mit einem neuen Eigentümer weitergeführt wird. Insofern stellt der Secondary Buy-out zwar einen Exit für den Private-Equity-Investor dar, nicht jedoch für das Managementteam.

Auch mit dem Gang an den Kapitalmarkt verändern sich lediglich Anzahl und Qualität der Investoren, das Unternehmen als solches erfährt durch diesen Schritt im Allgemeinen keine größeren Veränderungen. Lediglich beim Trade Sale, also beim Verkauf an einen strategischen Investor, wird qualitativ in die Unternehmensentwicklung eingegriffen, da durch die Realisierung von Synergien eine neue Dimension der Unternehmensentwicklung erreicht werden soll.

Private-Equity-Häuser, die sich zumeist aus Experten der Finanzierungsbranche rekrutieren, gehen davon aus, dass ein professioneller Exit-Prozess zu einer Optimierung des Verkaufspreises führt. Zwar sieht die einschlägige theoretische Literatur in der Informationsasymmetrie zwischen Käufer und Verkäufer durchaus eine mögliche Determinante bei der Auswahl des Exit-Kanals[1], der Informationsvorsprung eines Investors gegenüber potenziellen Käufern bedeutet ihr zufolge aber keinen wesentlichen Vorteil bei der Wertgenerierung.[2] Dieser Informationsvorsprung würde sich im Verkaufsprozess nur dann als handfester Vorteil materialisieren, wenn potenzielle Käufer aufgrund übertriebener Vorstellungen von der zukünftigen Entwicklung der Free Cash Flows bereit wären, einen höheren Kaufpreis zu entrichten. Dies mag angesichts der Tatsache, dass strategische Käufer mit sehr hohen Bewertungsvorstellungen zur Zahlung zweistelliger Unternehmenswertmultiplikatoren bereit sind, so scheinen – in empirischen Studien konnte ein solcher Zusammenhang jedoch bisher nicht nachgewiesen werden.

---

1 Vgl. z.B. Cumming/MacIntosh (2003), S. 511-548.
2 Vgl. hierzu Berg/Gottschalg (2004), S. 14. Von den 112 Beteiligungsgesellschaften, die Paffenholz in seiner empirischen Studie befragte, gaben lediglich 27 % an, bereits mehr als fünf Exits realisiert zu haben; vgl. Pfaffenholz (2004), S. 150. Dies mag ein Indikator dafür sein, dass die Wertsteigerungskompetenz über den Exit noch nicht so ausgeprägt ist wie gewünscht.

Management des Exit-Prozesses

Üblicherweise wird für das Management des Exit-Prozesses aufgrund der Komplexität des Verfahrens ein auf Verkaufsprozesse spezialisierter Berater bzw. eine Investmentbank herangezogen. Nur in den seltensten Fällen kann der Prozess vom Private-Equity-Haus selbst oder vom Unternehmen organisiert werden. Bei kleineren Häusern ist allerdings noch die Tendenz zu verspüren, den Verkaufsprozess Inhouse abzudecken.[3]

Die treibende Kraft des Exits ist meist das Private-Equity-Haus. Von Fällen des Underperforming abgesehen ist das Interesse der Banken, einen lukrativen Buy-out zu verlassen, eher gering; sie spielen beim Exit eine relativ passive Rolle. Die Finanzierung eines vom Volumen her größeren Secondary Buy-out kann den Finanzinstituten aber auch weiteres Renditepotenzial eröffnen; es gibt für sie jedoch keine Garantie, auch bei diesem neuen Buy-out als finanzierende Bank beteiligt zu sein.

Der Zeitpunkt des Exits ist entscheidend für den Erfolg des gesamten Buy-outs. Ideal wäre eine Kombination aus »hungrigen« Märkten und dem Optimalpunkt der individuellen Unternehmensperformance. Diese sollte sich zum Zeitpunkt des Exits bereits auf hohem Niveau bewegen, aber noch über Upside-Potenzial verfügen.

Bestimmung des Exit-Zeitpunktes

Die Frage, wer den Exit-Zeitpunkt bestimmt, ist hypothetischer Natur. Das Management hat meist den Anweisungen des Investors zu folgen. Stellvertretend sei hier die Aussage von Reiner Winkler, CFO der MTU Aero Engines Holding AG, zum 2005 über einen Börsengang erfolgten Exit des Private-Equity-Hauses Kohlberg Kravis Roberts zitiert: »Der Ausstieg war allein eine Entscheidung von KKR.«[4]

Management als Erfolgsfaktor für den Exit

Ein wesentlicher Erfolgsfaktor für den Exit ist jedoch das Management. Zum einen bedeutet der Exit für das Management ungeachtet der monetären Incentivierung eine psychologische Belastung. Meist hat das Managementteam in Zusammenarbeit mit dem Private-Equity-Haus eine gewisse Aufbruchsstimmung im Unternehmen erzeugt, und man genießt den erreichten Erfolg. Sich hiervon bei einem Unternehmensverkauf verabschieden zu müssen fällt oft schwer. Zum anderen können die persönlichen Karrierepläne der Manager mit den Vorstellungen eines strategischen Käufers in Konflikt geraten. Bei entsprechendem Erfolg kann der Manager aber auch am Mechanismus des Buy-outs Gefallen finden und als sog. Serial Entrepreneur an mehreren Buy-outs in Folge partizipieren. In der Mehrzahl der Fälle steht der finanzielle Erfolg – oft der größte der Laufbahn – im Vordergrund.

Für ein Management, das auf unternehmerische Selbstständigkeit großen Wert legt, ist der IPO wahrscheinlich im Vergleich zum Secondary Buy-out die bessere Exit-Lösung, da hier zumindest ein erheblicher finanzieller Teilerfolg realisiert wird. Für die Wahl des Exit-Kanals gilt jedoch auch, dass die Motivation des Managementteams hierbei zwar eine wichtige Rolle spielt – schließlich muss das

---

3   Vgl. Pfaffenholz (2004), S. 199 f.
4   In: Venture Capital Magazin, Sonderbeilage August 2006 zum Munich Private Equity Training, S. 11. KKR hatte das DaimlerChrysler-Tochterunternehmen 2004 übernommen.

Managementteam im Exit-Prozess auch einen herausfordernden Due-Diligence-Prozess durchlaufen –, aber das finanzwirtschaftliche Interesse des Private-Equity-Investors gibt den Ausschlag.

Leider liegen für Deutschland keine exakten Daten zur Finanzierungsform LBO vor. Für eine quantitative Darstellung wären in diesem Zusammenhang Daten

- zur durchschnittlichen Haltedauer der Beteiligung,
- zum Volumen der Exit-Aktivitäten und
- zur unterschiedlichen Aktivität der einzelnen Private-Equity-Häuser

von Interesse. Daten zur durchschnittlichen Haltedauer bis zum Exit werden lediglich in Großbritannien erhoben. Dem Centre for Management Buy-out and Private Equity Research (CMBOR) zufolge wurden bei den 2005 durchgeführten Exits die Unternehmen durchschnittlich für 63 Monate gehalten, wobei größere Unternehmen schneller wieder verkauft wurden.

Einen Anhaltspunkt für das Ausmaß der Exit-Aktivität gibt die Statistik über realisierte Exits des Bundesverbands der Kapitalanlagegesellschaften (BVK),[5] wobei zu berücksichtigen ist, dass diese sämtliche Finanzierungsformen, also auch technologieorientierte Venture-Capital-Finanzierungen, erfasst. Im Jahr 2008 beliefen sich die Abgänge auf insgesamt 1.557 Mio. EUR.[6] Dabei haben die Totalverluste (in Euro bemessen) rund 5,5 % betragen. Der erheblich höhere Prozentsatz an Totalverlusten bei Buy-outs in anderen Ländern – z. B. in Großbritannien – kann als Indiz dafür gewertet werden, dass hier der Markt bereits weiter entwickelt als in Deutschland ist. Dieser Eindruck verstärkt sich angesichts der Tatsache, dass die Totalverluste in der BVK-Statistik hauptsächlich den Bereich der Frühphasenfinanzierung betreffen.

Ausmaß der Exit-Aktivität

Zugenommen haben in Deutschland die Aktivitäten an den Kapitalmärkten, d. h. die IPO-Aktivitäten. Dies erlaubt Rückschlüsse auf die beiden mit dieser spezifischen Finanzierungsform zusammenhängenden Exit-Kanäle Rückzahlung des Gesellschafterdarlehens und Rückzahlung der stillen Beteiligung; eventuell sind in diesem Anstieg jedoch auch MBOs kleinerer Beteiligungsgesellschaften enthalten, welche die stille Beteiligung gern als Finanzierungsvehikel für einen MBO einsetzen. Bei kleineren Transaktionen, bei denen unter Hinzuziehung von Fremdfinanzierung das Private-Equity-Haus wieder ausgezahlt werden kann, stellt auch der Rückkauf der Gesellschaftsanteile durch den vorherigen Gesellschafter bzw. das Management eine Form des MBO dar.

Anstieg der IPO-Aktivitäten

Die Wirtschaftsprüfungsgesellschaft Ernst & Young veröffentlicht in ihrem German Private Equity Activity Indicator Zahlen zu in Deutschland durchgeführten LBOs. Abbildung 87 zeigt die Exit-Aktivität in den Jahren 2004 bis 2008.

---

5   Vgl. BVK e.V. (2009); die Statistik kann unter http://www.bvk-ev.de im Internet abgerufen werden.
6   Hierbei ist nur der Eigenkapitalanteil erfasst, nicht das gesamte Transaktionsvolumen inklusive Fremdkapital.

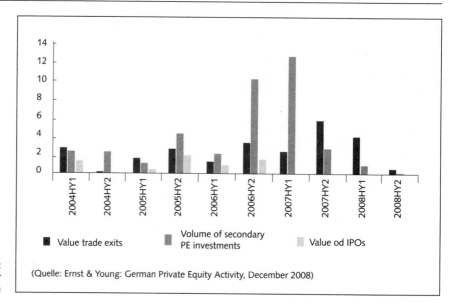

Abb. 87:
Entwicklung der
Exit-Alternativen

(Quelle: Ernst & Young: German Private Equity Activity, December 2008)

2. Trade Sale

Als Trade Sale wird der Verkauf an einen strategischen Käufer bezeichnet. Doch was kennzeichnet einen strategischen Käufer? Angesichts der Tatsache, dass zunehmend auch große Konzerne in Unternehmen investieren, um diese zu entwickeln und später zu verkaufen, sind die Grenzen zwischen Private-Equity-Investor und strategischem Investor nicht immer deutlich (vgl. Kapitel I.2.).[7]

Geschäftszweck
des Unternehmens

Entscheidend für die Qualifizierung als Private-Equity-Haus ist, ob der Kauf und anschließende Verkauf den *Geschäftszweck* des Unternehmens darstellt oder nicht. Große Konzerne können sich im Rahmen einer Refokussierung ihrer Strategien dazu entschließen, nicht zum Kerngeschäft gehörende Geschäftsfelder bereits wenige Jahre nach deren Akquisition wieder zu verkaufen, doch die ursprüngliche Intention war nicht der Verkauf des Unternehmens, sondern dessen Integration in den Konzern. Auch der Verkauf kleinerer Randbereiche nach größeren Übernahmen macht einen Konzern nicht automatisch zum Private-Equity-Haus – diese Abtrennung ist in der Kalkulation der Akquisition bereits berücksichtigt. Auch fehlt hier die Absicht, den Kauf und die Weiterveräußerung von Unternehmen als Geschäftszweck zu betreiben. Manche Konzerne (oder auch mittelständische Unternehmen) kommen Private-Equity-Häusern dagegen sehr

---

7   Wobei mit Konzernen hier nicht die großen Finanzkonzerne gemeint sind, die eigene Private-Equity-Aktivitäten entfalten (wie der Versicherungskonzern Allianz SE, der sowohl Direktinvestments über die Allianz Capital Partners als auch Investments in andere Private-Equity-Vehikel über die Allianz Private Equity Partners tätigt).

nahe – meist dann, wenn breit diversifizierte Unternehmen sich mit dem rein finanzwirtschaftlich motivierten Ziel, eine höhere absolute Rendite im Konzern zu erwirtschaften, lateral verstärken.

Ein Qualifikationsmerkmal des strategischen Investors ist die geplante Erzielung von Synergieeffekten durch Kombination bereits im Besitz des Unternehmens befindlicher Einheiten oder Aktivitäten mit Einheiten oder Aktivitäten des gekauften Unternehmens. Zwar können auch Private-Equity-Häuser mit der Intention auftreten, Synergien zu realisieren, insbesondere wenn sich bereits ein Unternehmen aus derselben Branche im Portfolio befindet. Private-Equity-Häuser realisieren Synergien auch auf indirekte Weise, indem sie ihr Know-how aus früheren Transaktionen im selben Marktumfeld nutzen. Hier jedoch von einem genuin strategischen Interesse zu sprechen, würde zu weit gehen.

Erzielung von Synergieeffekten

Vor Beginn des Trade-Sale-Prozesses ist es für die verkaufende Private-Equity-Gesellschaft insbesondere in Hinblick auf die erhofften Synergien unabdingbar, die Akquisitionsmotive der diversen strategischen Interessenten zu ergründen, weil nur so eine für die Unternehmensentwicklung optimale Partnerschaft und damit i.d.R. auch der am stärksten interessierte Bieter gefunden werden kann. Mögliche Akquisitionsmotive sind auch schon bei der strategischen Ausrichtung des Unternehmens während der Halteperiode zu berücksichtigen, um nicht durch bestimmte Maßnahmen einen späteren Verkauf an einen bestimmten Investor unmöglich zu machen. Die Exit-Überlegungen spielen also bereits während der Halteperiode eine entscheidende Rolle.

Dieser Einfluss der Exit-Überlegungen auf das strategische Konzept zeigt sich an der häufig verfolgten Internationalisierungsstrategie. Die Internationalisierung ist eine beliebte Equity Story für den Einstieg des Investors; ihr Erfolg ist jedoch begrenzt, da viele der möglichen zukünftigen Käufer aus dem Ausland stammen und durch eine Internationalisierung nur Redundanzen mit diesem entstehen. Sie markiert zugleich den optimalen Exit-Zeitpunkt, denn ein Private-Equity-Investor kann nach erfolgter Internationalisierung die Unternehmensentwicklung nicht weiter entsprechend begleiten.

Internationalisierungsstrategie

Oftmals werden die Portfoliounternehmen schon während der Investitionsphase von potenziellen Interessenten angesprochen, da bei von Private-Equity-Firmen gehaltenen Unternehmen prinzipiell davon ausgegangen wird, dass sie zum Verkauf stehen. Zwar sind Private-Equity-Firmen einem Verkauf gegenüber grundsätzlich aufgeschlossen, allerdings ist ein systematisch geplanter Exit im Allgemeinen erheblich vorteilhafter, da sich die Verkäufer weitaus besser auf die Akquisitionskriterien des potenziellen Käufers einstellen können, als dies bei spontanen Ansprachen interessierter Bieter der Fall ist.

Dabei haben sich für die M&A-Aktivität in Deutschland die folgenden Themen als bestimmend erwiesen:

Themen

- die operative Effizienz im Rahmen des Supply Chain Management sowie bei der flexiblen Reaktion auf Nachfragerverhalten (insbesondere durch die technischen Möglichkeiten des Internets),
- die Innovationsgeschwindigkeit,

- die Bildung strategischer Netzwerke: Unternehmen etablieren in ausgewählten Bereichen eine strategische Zusammenarbeit, insbesondere im Bereich der Kundenbindung (z. B. bei Rabattkartensystemen),
- die Vorwärtsintegration durch Akquisition vorgelagerter Wertschöpfungsstufen (Lieferanten) bzw. die Rückwärtsintegration in Form der Akquisition von Kunden,
- die horizontale Erweiterung, also die Erschließung neuer Märkten durch Akquisitionen, im Rahmen internationaler Cross-Border-Transaktionen.[8]

Strategische Käufer können aufgrund der genannten Kriterien im Vergleich zu Private-Equity-Häusern eine gewisse Prämie zahlen; lediglich in Zeiten niedriger Zinsen und liquider Kreditmärkte können Private-Equity-Investoren die strategischen Investoren trotz der eingepreisten Synergien überbieten. Aus Sicht des Verkäufers ist der Stratege, sofern er nicht mit diesem konkurriert, sicher der beliebteste Käufer. Natürlich schmälert es das Interesse des Verkäufers, wenn der Stratege mit eigenen Aktien statt mit Cash bezahlen will. Das verkaufende Private-Equity-Haus muss dann abwägen, ob es in das neue Unternehmen investieren will oder das vermeintlich zweitbeste Angebot annimmt und kein weiteres Risiko eingeht.

Unternehmenswert

Das Thema der Bewertung des zu verkaufenden Unternehmens wurde in Kapitel IV. bereits ausführlich erörtert. In Exit-Situationen ist darüber hinaus die spezifische Betrachtungsweise der strategischen Investoren zu berücksichtigen. Deren Kalkül basiert auf dem Stand-alone-Wert des Target-Unternehmens zuzüglich eventuell vorhandener Synergien (vgl. Abb. 88).

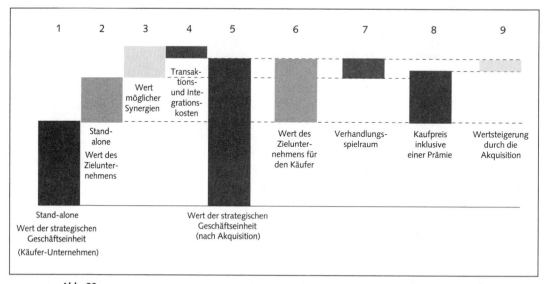

Abb. 88:
Unternehmenswert aus Sicht des Käufers und des Verkäufers

---

8   Vgl. Scheiter/Wehmeyer (2006), S. 373.

Der Verkäufer setzt als Mindestpreis den Stand-alone-Wert seines Unternehmens an (2). Der Käufer kann Synergien realisieren (3) und sieht daher trotz Transaktions- und Integrationskosten (4) für das Gesamtgebilde einen Wert, der die Summe der beiden Stand-alone-Einheiten übersteigt (5). Zieht der Käufer von diesem Wert die Synergien ab und rechnet die Transaktionskosten hinzu, so ergibt sich der Ausgangspunkt für seine Verhandlungsbasis (7). Das Ergebnis der Verhandlungen (8) determiniert dann die durch die Akquisition erreichte Wertsteigerung (9).

In steuerlicher Hinsicht ist der Trade Sale unproblematisch. Im Rahmen einer Luxemburger Struktur ist die Veräußerung einer von der LuxCo gehaltenen Beteiligung nach dem Doppelbesteuerungsabkommen steuerfrei, da das Besteuerungsrecht in Luxemburg liegt. Hat man den Debt Push-down über ein Organschaftsmodell ohne entsprechende Verschmelzungsvorgänge strukturiert, so muss die bestehende Finanzierung nicht mit erworben werden, was aus Sicht des Erwerbers einen Vorteil bedeuten kann. Ein Asset Deal dagegen ist meist nur dann steuerlich von Vorteil, wenn ein Verlustvortrag besteht, der wegen der Verlustabzugsbeschränkung aus § 8 c KStG beim Share Deal untergehen würde.

a)   Zusammenschlusskontrolle

Ein wesentlicher Punkt bei einem Unternehmenserwerb durch Strategen ist die *Zusammenschlusskontrolle*, da die Zustimmung der Kartellbehörden meist Bedingung für den Vollzug des Unternehmenskaufvertrags (Closing) ist. Die Zusammenschlusskontrolle erfolgt sowohl auf deutscher als auch auf europäischer Ebene. Bei Cross-Border-Transaktionen muss grundsätzlich in allen betroffenen Ländern die jeweilige Wettbewerbsbehörde angerufen werden.

Zusammenschlusstatbestände für die Fusionskontrolle der EU sind zum einen die Fusion, zum anderen der Kontrollerwerb, als der auf europäischer Ebene, anders als in Deutschland, erst der Erwerb eines Mehrheitsanteils an einer Gesellschaft gilt. Die europäische Kontrolle erfolgt nur bei Zusammenschlüssen von gemeinschaftsweiter Bedeutung. Dies ist erstens der Fall,

Fusionskontrolle EU vs. Deutschland

- wenn das kombinierte Unternehmen weltweit mehr als 5 Mrd. EUR erzielt und
- zwei der am Zusammenschluss beteiligten Unternehmen einen Umsatz von jeweils 250 Mio. EUR aufweisen.

Eine gemeinschaftsweite Bedeutung ist zweitens gegeben,

- wenn die am Zusammenschluss beteiligten Unternehmen zusammen einen weltweiten Gesamtumsatz von mehr als 2,5 Mrd. EUR erwirtschaften,
- mindestens zwei der beteiligten Unternehmen einen gemeinschaftsweiten Gesamtumsatz von jeweils über 100 Mio. EUR erzielen,
- der Gesamtumsatz aller beteiligten Unternehmen in mindestens drei Mitgliedstaaten jeweils 100 Mio. EUR übersteigt *und*
- der Umsatz von mindestens zwei der beteiligten Unternehmen in jedem dieser drei Mitgliedstaaten jeweils mehr als 25 Mio. EUR beträgt.

Marktbeherrschung

Um zu prüfen, ob das neue Unternehmen eine marktbeherrschende Stellung hat, wird der Markt sachlich und räumlich eingegrenzt. Marktbeherrschung heißt insbesondere, sich unabhängig von Wettbewerbern, Kunden oder Lieferanten verhalten zu können, wobei der Marktanteil den Ausgangspunkt für die Wettbewerbsprüfung darstellt. Als Ergebnis dieser Prüfung können neben bestimmten Auflagen und Bedingungen auch Entflechtungen angeordnet werden.

deutsche Fusionskontrolle

Die deutsche Fusionskontrolle erfolgt in Fällen, die nicht in den Anwendungsbereich der europäischen Kontrolle fallen, wobei nach deutschem Recht auch Beteiligungen unter 50 % als Kontrollbeteiligungen aufgefasst werden können. Nach § 35 GWB sind die Vorschriften der Zusammenschlusskontrolle anzuwenden, wenn weltweit mehr als 500 Mio. EUR Umsatz erzielt werden und gleichzeitig eines der beteiligten Unternehmen im Inland einen Umsatz von über 25 Mio. EUR erwirtschaftet. Eine deutsche Besonderheit ist die sog. Ministererlaubnis. Selbst wenn die Kartellbehörde der Fusion widerspricht, kann sie der Bundesminister für Wirtschaft genehmigen, wenn die gesamtwirtschaftlichen Vorteile des Zusammenschlusses den Nachteil der Wettbewerbsbeschränkung überwiegen.

b) Post-Merger-Integration

7-K-Modell

Ganz wesentlich für den gelingenden Verkauf an einen Strategen ist die sog. *Post-Merger-Integration,* die langfristig die erwünschten Synergiepotenziale zu realisieren hilft. Je nach Tiefe des operativ-organisatorischen Zusammenschlusses wird das neue Unternehmen nur angegliedert oder komplett mit dem Unternehmen des Käufers verschmolzen. Beide Varianten haben Vor- und Nachteile. Für erstere spricht insbesondere der Erhalt einer erfolgreichen Unternehmenskultur; auch wird eine Lähmung der Organisation vermieden; für letztere sprechen der durch die Integration ermöglichte tiefgreifende Know-how-Austausch und die volle Nutzung von Kostensynergien.[9] Die Ansatzpunkte für eine Integration lassen sich anhand des 7-K-Modells beschreiben:[10]

* Kernkompetenz und Know-how (Transfer und Genese),
* Kontrolle (Audit und Controlling),
* Koordination der Integration (Planung und Architektur),
* Kultur (kulturelle Differenzen und Kultur des Integrationsprozesses),
* Kunden und Koproduzenten (externe Integration),
* Kommunikation (interne und externe Kommunikation),
* Kernbelegschaft (Karriere- und Fluktuationsmanagement).

Erfolgsfaktoren

Die wesentlichen Erfolgsfaktoren für eine gelungene Post-Merger-Integration sind:[11]

9 Vgl. Koch (2002), S. 383 sowie Jansen (2002), S. 516 und Rigall/Röper (2007), S. 57-62.
10 Vgl. Jansen (2002), S. 512 ff.
11 Vgl. Koch (2002), S. 398 ff. und Jansen (2002), S. 528 ff.

- eine eindeutige Führung,
- die Entwicklung eines hohen Anspruchsniveaus hinsichtlich der Realisierung von Synergien,
- die Entwicklung einer gemeinsamen Leitkultur,
- die Implementierung von Integrationsteams.

Daneben muss die Funktionalität des laufenden Geschäfts sowie des Innovationsmanagements (der laufenden Forschung und Entwicklung) abgesichert sein. Für eine gelungene Integration ist es darüber hinaus wichtig, eine gemeinsame Vision und Leistungskultur des Unternehmens zu entwickeln, die Topführungskräfte in den Prozess zu involvieren, keine personellen Entscheidungen auf Kosten von Inhalten zu fällen sowie offen und ohne Verzögerung zu kommunizieren. Auch gilt es, innerhalb der ersten 90 Tage das Anfangsmomentum für einen erfolgreichen Abschluss der Transaktion zu nutzen.[12]

3. Initial Public Offering (IPO)

Der Börsengang war in der Vergangenheit der bevorzugte Exit-Kanal vieler Investoren.[13] Insbesondere Technologieunternehmen standen vor kurzem noch mehrere Plattformen für einen Exit über den Kapitalmarkt zur Verfügung. Als europäische Alternativen zur weltgrößten Technologiebörse NASDAQ boten sich der in Deutschland populäre Neue Markt, der Schweizer SMX, der Nouveau Marché in Frankreich und die in Brüssel beheimatete EASDAQ an.

Nach dem Ende des New-Economy-Booms hat sich die Börsenlandschaft grundlegend verändert. Lediglich das Börsensegment AIM in London verzeichnet noch neue Notierungen, der Neue Markt in Frankfurt wurde komplett eingestellt und auch in den anderen Ländern haben die Technologiebörsen mit Schwierigkeiten zu kämpfen. Viele Unternehmen haben dem Kapitalmarkt in den letzten Jahren den Rücken gekehrt – seit 2002 sind ungefähr 150 Delistings zu verzeichnen. In Segmenten wie der Solarenergie dagegen konnte bis zum Einsetzen der Finanzmarktkrise 2007 regelrecht von einem Börsenboom gesprochen werden.

Hintergrund für diesen Zusammenbruch ist neben betrügerischen Aktionen und dem damit verbundenen Vertrauensverlust aufseiten der Anleger die Tatsache, dass während des Booms Unternehmen über die Börse finanziert wurden, die sich erst im Stadium einer Venture-Capital-Finanzierung befanden – das Börsenkapital wurde schlichtweg als Risikokapital verwendet.

Neben den Technologiewerten gab und gibt es stets Börsengänge etablierter mittelständischer Firmen. Welches Börsensegment für welches Unternehmen geeignet ist, hängt wesentlich von den unternehmensinternen Voraussetzungen und der Fähigkeit ab, den Publizitätsansprüchen (siehe hierzu die aktuellen Ver-

Börsengang

Neusegmentierung

---

12 Vgl. Koch (2002), S. 406.
13 Vgl. Pfaffenholz (2004), S. 112.

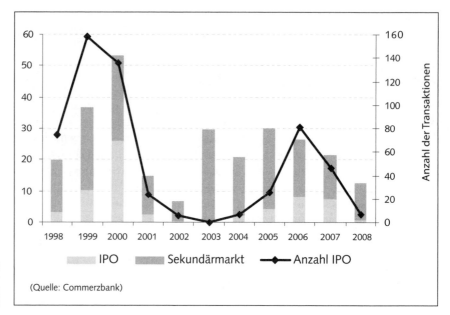

öffentlichungen der Deutschen Börse) gerecht werden zu können. Nach der Neu-ordnung der Börsensegmente im Jahr 2003 ergibt sich in Deutschland das in Abbildung 90 dargestellte Bild.

Diese Neuordnung der Börsenlandschaft betraf auch die Möglichkeiten für eine Platzierung im Ausland; hier ist insbesondere der Finanzplatz London mit dem AIM der London Stock Exchange zu nennen. Die nächste Erholung des Marktes für Erstnotierungen wird zeigen, wie sich die Börsenlandschaft in Zukunft entwickeln wird.

Eignungsprüfung, Emissionsfähigkeit

Auch wenn der Börsengang in Zeiten funktionierender Kapitalmärkte mit Sicherheit eine interessante Exit-Alternative darstellt – allein durch die erwartete Prämie für die höhere Fungibilität »Liquiditätsprämie« ist an der Börse mit einem Bewertungsaufschlag zu rechnen[14] –, so ist zunächst zu prüfen, ob das konkrete Unternehmen für den Kapitalmarkt überhaupt geeignet ist. Der IPO-Prozess beginnt daher mit einer Eignungsprüfung, an die sich der technische Ablauf des Börsengangs anschließt. Die Emissionsfähigkeit eines Unternehmens lässt sich im Wesentlichen anhand der folgenden Fragen beurteilen:

• Ist der Kapitalmarkt in der Lage, ein Unternehmen dieser Größenordnung (Stichwort: erwartete *Marktkapitalisierung*) und dieser *Branchenzugehörigkeit* aufzunehmen?

• Existiert eine nachhaltige *Equity Story* für den Kapitalmarkt und kann diese auch kommuniziert werden?

• Ist das *Management* bereit und befähigt, an der Börse zu agieren?

---

14 Vgl. Pfaffenholz (2004), S. 113.

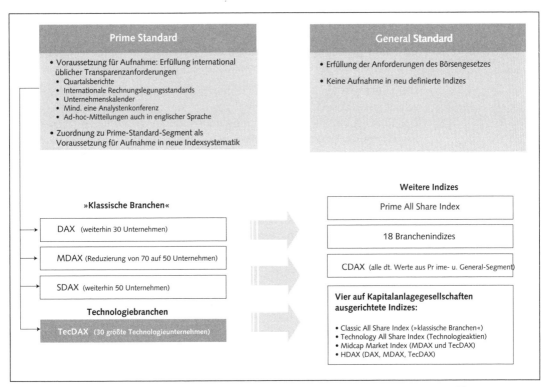

Abb. 90:
Umsetzung der
Neusegmentie-
ung des Aktien-
marktes zum
1. Januar 2003

Für einen IPO muss das Unternehmen in einer kapitalmarktfähigen gesellschafts-rechtlichen Form strukturiert sein. Der gängigste Weg ist die steuerneutral mögliche Umwandlung in eine Aktiengesellschaft (die KGaA als Sonderform bleibt hier außer Acht) nach §§ 190 ff. und §§ 238 ff. UmwG. Um die Anteile, sofern sie von einer LuxCo gehalten werden, steuerfrei an der Börse platzieren zu können, dürfen u. a. die Anschaffungskosten nicht weniger als 1,2 Mio. EUR (bei Dividenden- und Liquidationserlösen) bzw. 6 Mio. EUR (bei Veräußerungserlösen) betragen, die Anteile müssen mindestens zwölf Monate gehalten werden und der Anteil darf 10 % am Grundkapital der Gesellschaft nicht unterschreiten.

Für Private-Equity-Investoren, die beabsichtigen, den Exit über die Börse zu vollziehen, ist auch die Performance ehemaliger Portfoliounternehmen von Bedeutung. Analysten achten sehr genau auf die Bewertungen der von Beteiligungsgesellschaften emittierten Unternehmen, da sie davon ausgehen, dass Private-Equity-Unternehmen den optimalen Zeitpunkt für einen Börsengang wählen. Dementsprechend könnte die Performance der von Private-Equity-Fonds emittierten Unternehmen schlechter sein als die des Gesamtmarktes.

Performance ehemaliger Portfoliounternehmen

Einen derartigen Zusammenhang unterstellt bspw. die Fachzeitschrift Financial News, die im Juni 2006 die Performance von 330 Neueinführungen analysierte. Demnach stieg der Wert von Private-Equity-finanzierten Unternehmen in den vier Jahren nach ihrer Emission im Durchschnitt um 73 %, während die

Grundgesamtheit aller neu emittierten Unternehmen einen Wertzuwachs von 137 % verzeichnete.

Der Börsengang bietet Management und Investor viele Vorteile. Aus Sicht des Unternehmens hat eine Börsennotierung u. a. folgende Vorzüge:

- Das Unternehmen erschließt sich neue Kapitalquellen und eine breitere Gesellschafterbasis.
- Das Prestige und die Wahrnehmung der Unternehmung steigen. Dies gilt insbesondere für Unternehmen, die ihren Namen als Markenartikel auch beim Verkauf ihrer Produkte oder Dienstleistungen einsetzen.
- Aktien können als Akquisitionswährung dienen; es besteht die Möglichkeit, an der potenziellen Unternehmenswertsteigerung zu partizipieren, sofern der Investor nicht vollständig aussteigt.
- Es kann eine Vielzahl von Mitarbeiterbeteiligungsmodellen umgesetzt werden.

Es sind jedoch auch einige Nachteile zu bedenken. Diese betreffen im Kern die folgenden Punkte:

- Der Börsengang als solcher erfordert umfangreiche und kostspielige Vorbereitungs- und Due-Diligence-Tätigkeiten; auch die reinen Platzierungskosten sind immens.
- Die laufenden Veröffentlichungspflichten können sich insbesondere bei Preisverhandlungen mit Großkunden – siehe die Verhandlungssituation der Automobilzulieferer – nachteilig auswirken.
- Es besteht das Risiko eines Abbruchs des IPO mit entsprechender Öffentlichkeitswirkung; damit ist die Rendite des Investors von aktuellen Marktbedingungen abhängig.
- Die Kapitaleinwerbefähigkeit wird durch Marktbedingungen bestimmt, die nicht beeinflusst werden können.
- Ein Komplettausstieg des Investors ist oftmals nicht möglich, dieser kann nur stufenweise geschehen.
- Die Entlohnung der Vorstände ist gesteigerter Aufmerksamkeit ausgesetzt.

Für die Beteiligungsgesellschaft ist wichtig, dass der von den Private-Equity-Investoren erwartete Emissionspreis erzielt wird. Aus ihrer Sicht stellen sich damit die gleichen Bewertungsfragen wie beim Trade Sale, jedoch mit einem gewichtigen Unterschied, der bei der Diskussion des Für und Wider eines Börsengangs häufig den Ausschlag gibt: Während beim Trade Sale davon auszugehen ist, dass zum Vollzugsstichtag sämtliche Anteile an dem Unternehmen in andere Hände übergehen, kann bei einem Börsengang meist nur ein Teil – wenn auch der Großteil – der Anteile platziert werden. Das bedeutet in der Konsequenz, dass man mit einem gewissen Anteil weiterhin den Schwankungen am Kapitalmarkt ausgesetzt ist. Dies kann Vorteile haben, insbesondere dann, wenn das Pricing beim Börsengang eher konservativ war, es kann aber auch ein nicht unbeträchtliches Abwertungsrisiko entstehen.

Das Phänomen des *Underpricing*, das systematische Unterbewerten zum Tag des Börsengangs, ist einer der beiden besonderen Sachverhalte, die bei der Beurteilung des IPO als Exit-Kanal berücksichtigt werden müssen.[15] Die Gründe für das Underpricing, das natürlich einen gewissen Bewertungsabschlag im Vergleich zur Bewertung im Sekundärmarkt bedeutet, sind vielfältig: Informationsasymmetrien, taktische Erwägungen der Investmentbanken, die tagesaktuelle Marktverfassung.

Der zweite Sachverhalt betrifft die sog. *Hot-Issue-Phasen*, d. h. Zeiträume, in denen sowohl die Anzahl der Neuemissionen als auch die Zeichnungsrenditen überdurchschnittlich hoch sind. In Cold-Issue-Phasen sind dagegen oft deutlich negative Zeichnungsrenditen zu erwarten.

Hot-Issue-Phasen

Nicht zuletzt aufgrund der zuletzt genannten Punkte werden viele Erstemissionen zugunsten von Secondary Buy-outs zurückgestellt. Zwar ist auch bei diesen mit Zyklen zu rechnen (in Zeiten illiquider Kreditmärkte sind Secondaries schwer auf einem Niveau oberhalb des bestehenden Finanzierungspakets zu finanzieren), sie sind jedoch weniger eng mit tagesaktuellen Entwicklungen verbunden.

4. Secondary Buy-out

Die Zahl der Secondary-Transaktionen am gesamten Buy-out-Volumen ist in den Jahren vor der Finanzkrise stark gestiegen. Ursächlich für diesen Anstieg war zum einen, dass Private-Equity-Firmen sehr große Fonds eingesammelt hatten und sich dementsprechend viel Liquidität im Markt befand. Zum anderen waren die strategischen Käufer dem Markt einige Zeit ferngeblieben. Private-Equity-Firmen haben hier in gewisser Weise durch Secondary Buy-outs die von den strategischen Investoren gelassene Lücke gefüllt.

Ein Secondary Buy-out ist, wie bereits in Kapitel I angesprochen, nur dann von Interesse, wenn in der Unternehmensentwicklung eine zweite Entwicklungsstufe gestartet werden kann, also noch genügend Potenzial vorhanden ist, um dem Investor eine Wertsteigerung nicht nur über den Abbau von Verschuldung, sondern durch operative Steigerungen zu garantieren. Dies ist kein einfaches Unterfangen, gehört es doch zu den Standardmaßnahmen jedes Private-Equity-Hauses,

- ein optimiertes Working Capital Management einzuführen,
- die Investitionen in das Anlagevermögen auf ein notwendiges Maß zu reduzieren und
- das Unternehmen auf seine Kernkompetenzen zu fokussieren.

Die im Rahmen eines Secondary Buy-out erzielten operativen Steigerungen sind daher auch eher auf strategische Maßnahmen zurückzuführen.

---

15 Vgl. auch Nevries (2005), S. 239 ff.

Parteien der
Secondary-Buy-
out-Transaktion

Bei der Secondary-Buy-out-Transaktion handelt es sich, wie bereits in Kapitel II.5. angesprochen, um eine äußerst komplexe Transaktion. Die Parteien können im Wesentlichen in verkaufendes Private-Equity-Haus, Managementteam und Finanzinstitutionen (kaufendes Private-Equity-Haus und Banken) unterschieden werden, wobei die unterschiedlichen Interessen zu beachten sind (siehe Kapitel II.3.).

Roll-over

Ein sehr wichtiges Thema im Zusammenhang mit Secondary Buy-outs ist der Anteil der Kapitalrückflüsse an das Managementteam, der reinvestiert werden soll. Das Management hat ein starkes Interesse daran, die Früchte harter Arbeit zu ernten; manchmal ist der Managementanteil auch über eine höhere Verschuldung finanziert worden. Einerseits schmälert dies die Bereitschaft, zu reinvestieren. Auf der anderen Seite bietet der zweite Buy-out zusätzliche Chancen für eine Vermögensmehrung. Je nach Risikoaversion des Managements wird die Bereitschaft zur Reinvestition, im Fachjargon auch Roll-over genannt, unterschiedlich ausgeprägt sein.

Erfolgsvorausset-
zungen für einen
Secondary Buy-out

Die Erfolgsvoraussetzungen für einen Secondary Buy-out können also folgendermaßen zusammengefasst werden:

- Es muss in der Unternehmensentwicklung ein weiterer positiver Verlauf darstellbar sein.
- Das Managementteam muss bereit sein, einen Großteil seiner Rückflüsse (wenn nicht alle) aus den eigenen Anteilen zusammen mit dem neuen Investor zu investieren (Roll-over).
- Das Unternehmen muss weiterhin das entscheidende Charakteristikum eines Buy-out-tauglichen Unternehmens aufweisen: stabile, mindestens leicht steigende Cash Flows.

Nachteile des
Secondary Buy-out

Der Erhalt der Unternehmensidentität sowie auch die Einheitlichkeit des Gesellschafterkreises können als Vorteile des Secondary Buy-outs gewertet werden. Gegen diesen sprechen die Tatsache, dass keine Synergieeffekte realisiert werden können und die Abhängigkeit von einem funktionierenden Secondary-Markt, der seinerseits auf einem funktionierenden Bankenmarkt fußt. Einige potenzielle Erwerber (Private-Equity-Häuser) hegen – auch bedingt durch die ablehnende Haltung ihrer Investoren – starke Ressentiments gegenüber Secondaries. In seltenen Fällen wird dem Unternehmen auch zu viel Fremdkapital aufgebürdet, sodass der Handlungsspielraum für Investitionen und Wachstum zu sehr eingeengt wird.

Interessant ist in diesem Zusammenhang, dass laut der empirischen Studie von Pfaffenholz das verkaufende Private-Equity-Haus die eigene Reputation als entscheidenden Erfolgsfaktor für durch Secondaries erfolgende Exits ansieht.[16]

---

16 Vgl. Pfaffenholz (2004), S. 168.

5. Insolvenz und Share Buyback

Natürlich ist im Rahmen einer Buy-out-Transaktion weder geplant noch beabsichtigt, den Exit über eine *Insolvenz* zu vollziehen. Gleichwohl muss man feststellen, dass eine Insolvenz verschiedentlich eine Neuausrichtung des Unternehmens ermöglichen kann.

Bei deutschen Buy-outs ist eine Insolvenz relativ selten, da die finanzierende Bank sich im Bankenvertrag Eingriffsrechte sichert, die erlauben, eine öffentlichkeitswirksame Insolvenz zu vermeiden. In separaten Verhandlungen zwischen Banken, Eigenkapitalgeber und Management wird nach einer Möglichkeit für die Fortführung des operativ meist gesunden Unternehmens gesucht. Da die jeweiligen Lösungen auf den konkreten Einzelfall bezogen sind, lassen sich hier keine generellen Aussagen machen.

Bankenvertrag

Mit dem Auftreten von professionellen Forderungskäufern (ihrerseits als Private-Equity-Fonds oder Hedge-Fonds strukturiert), die gezielt Druck gegenüber den Gesellschaftern ausüben (volle Ausschöpfung der vertraglichen Rechte und massiver Einsatz von externen Beratern auf Kosten des Unternehmens), hat das Insolvenzmanagement allerdings eine neue Qualität bekommen. Private-Equity-Investoren sind grundsätzlich an einer proaktiven Herangehensweise an die Insolvenz interessiert und versuchen i.d.R., vorhandene Gläubigermehrheiten zu erhalten, etwa indem selbst Forderungen zurückgekauft werden (eventuell im Rahmen eines sog. Reverse Recap, vgl. Abschnitt VIII.6) oder auch der Anreiz zum Forderungsverkauf gering gehalten wird. Erfolgreiche Lösungsansätze beinhalten

Erfolgreiche Lösungsansätze

- einen systematischen Insolvenzplan, der den Verkauf von Altverbindlichkeiten und eventuell – zur Erweiterung des rechtlichen Handlungsspielraums – die Migration der Gesellschaft nach England (mit anschließendem Rücktransfer des operativen Geschäfts nach Deutschland) vorsieht,
- die geordnete Liquidation von operativen Betrieben über einen längeren Zeitraum sowie
- Vereinbarungen mit Arbeitnehmern, Pensionären und dem Pensionssicherungsverein.

Bei einem planmäßigen Verlauf des Buy-outs kann auch die *Rückzahlung der Eigenkapitalanteile* durch das Management oder andere beteiligte Familiengesellschafter (sog. Share Buyback) ein mögliches Szenario für den Exit darstellen. Diese Art des Exits bietet sich an, wenn es dem Management gelingt, durch die Neuaufnahme von Fremdkapital den Anteil des Private-Equity-Hauses abzulösen – was nicht einfach ist, da die Renditeforderung des Eigenkapitalgebers die einer Bank um ein Vielfaches übersteigt. Dies bedeutet in der Konsequenz, dass das Unternehmen in der gesamten Halteperiode eine höhere Rendite erwirtschaften muss, als vom Private-Equity-Haus gefordert, damit beim Exit eine Umfinanzierung durch eine Bank vorgenommen werden kann. Meist scheitert diese Form des Exits daran, dass die vom Private-Equity-Investor erwartete Mindestrendite vom Familiengesellschafter nicht akzeptiert wird.

Share Buyback

Ein interessantes Beispiel für einen Share Buyback ist die Messer Group GmbH (vormals Messer Griesheim), die sich seit 2004 wieder vollständig in Familienbesitz befindet.[17] Allerdings ist diese Transaktion mit einer Unternehmensbewertung von rund 2 Mrd. EUR insofern untypisch, als es sich bei Buybacks üblicherweise um eher kleinere Buy-outs handelt.[18] Für diese stellt die Rückzahlung – meist in Verbindung mit einer stillen Beteiligung als Mezzanine-Tranche, die zumindest teilweise von den Banken als Eigenkapital gewertet wird – in der Tat eine vernünftige Option dar.

stille Beteiligung

Sofern die Finanzierung des Buy-outs über eine stille Beteiligung stattgefunden hat, ist die Rückzahlung in die Finanzierung eingebaut. Die stille Beteiligung ist im Allgemeinen so angelegt, dass sie nach zehn Jahren durch ein normales Akquisitionsdarlehen abgelöst werden kann. Dadurch wird bei der stillen Beteiligung das Konfliktthema »Bewertung« vermieden, das bei Direktbeteiligungen im Rahmen eines Share Buyback durchaus relevant werden kann. Dessen Vorteil liegt demgegenüber in der einfachen Abwicklung und dem sofortigen und schnellen Ausstieg.

6. Exit-Kanal Rekapitalisierung

Reverse Recap

Der Mechanismus einer möglichen Rückführung von Eigenkapital durch eine Neuaufnahme von Fremdkapital steht prinzipiell auch dem Private-Equity-Haus offen. Dabei ist zwischen einer reinen Refinanzierung, bei der der Fremdfinanzierungsanteil neu strukturiert wird (meist hinsichtlich Laufzeit und Seniorität), und der Rekapitalisierung, bei der das Eigenkapital vollständig oder teilweise zurückgezahlt wird, zu unterscheiden.[19] Nach dem Einbruch der Fremdkapitalmärkte 2007 ist die Refinanzierungsterminologie um den Begriff des *Reverse Recap* erweitert worden. Hierbei handelt es sich um die Nachfinanzierung eines finanziell schwach aufgestellten Portfoliounternehmens durch Eigenkapital. In der Mehrzahl der Fälle hängt diese Art der Refinanzierung mit einer schlechten operativen Performance zusammen, d. h., die operativen Cash Flows reichen für die Leistung des geforderten Kapitaldienstes nicht aus.[20]

Dass diese Form der Rückführung von Eigenkapital nicht selten ist, zeigen die Zahlen der Jahre 2005 und 2006. 2006 hatten Refinanzierungen einen Anteil von 5,6 % und Rekapitalisierungen einen Anteil von 12,7 % am Gesamtvolumen der LBO-Finanzierungen in Höhe von 115 Mrd. EUR; im Jahr 2005 lagen die Re-

---

17 Siehe Fußnote 39.
18 Ein gutes Beispiel hierfür ist der MBO bei der Konrad Hornschuch AG, bei der das Management nach einem ersten Buy-out in einer Secondary-Transaktion mit 51 % die Mehrheit übernommen hat; vgl. hierzu die Case Study in GoingPublic Media AG (2006), S. 124.
19 Vgl. Mittendorfer (2007), S. 115 ff.
20 Ein prominentes Beispiel für einen Reverse Recap ist die Nachfinanzierung bei der A.T.U in Höhe von 140 Mio. EUR durch die Gesellschafter KKR und Doughty Hanson.

finanzierungen und Rekapitalisierungen mit 27,1 % sogar über den Zahlen von 2006.[21] Wie weit der Markt sich mittlerweile auf diese Art der Refinanzierung eingestellt hat, zeigt sich daran, dass in den Bankenverträgen bei Abschluss des Kaufs sog. Embedded Recap Provisions eingebaut werden.

Die Rekapitalisierung (Recap) ist ein Finanzierungsmechanismus, der es dem Private-Equity-Haus ermöglicht, einen (Teil-)Exit zu realisieren. Das Private-Equity-Haus nutzt nach einem bestimmten Zeitraum die verbesserten operativen Ergebnisse, um sich durch Fremdkapital finanzierte Rückflüsse in Form von

Rekapitalisierung (Recap)

- *Sonderdividenden,*
- *Rückzahlungen von Gesellschafterdarlehen* oder
- *Anteilsrückkäufen*

zu genehmigen. Banken, die mit dem betreffenden Unternehmen bereits gute Erfahrungen gemacht haben, unterstützen dieses bereitwillig bei der Refinanzierung.

Die Reihenfolge der verschiedenen Maßnahmen ergibt sich gewissermaßen von selbst. Zunächst können die Gesellschafterdarlehen, die ja in Form der Institutional Loan Notes vom Private-Equity-Fonds stammen, zurückgeführt werden; anschließend wird eine Dividende ausgeschüttet (sog. Dividend Recap). Sollte das handelsrechtliche Ergebnis die Ausschüttung einer Dividende nicht erlauben, wird durch das Heben stiller Reserven (über gruppeninterne Umstrukturierungen) ausschüttungsfähiges Eigenkapital generiert. Reichen die stillen Reserven nicht aus, um das erforderliche Eigenkapital darzustellen, so muss ein gruppeninterner Verkauf organisiert werden (sog. synthetischer Verkauf).

Dividend Recap und synthetischer Verkauf

Die entscheidenden Treiber für Recaps sind die gute operative Entwicklung des Unternehmens – insbesondere ein starker Anstieg des Cash Flows –, welche die entsprechende Transaktion erst ermöglicht, die weitgehende Entschuldung des Unternehmens sowie die Leverage-Arbitrage durch eine aggressivere Finanzierungsgestaltung. Um die Leverage-Arbitrage zur Geltung zu bringen, ist es wichtig, den impliziten Eigenkapitalanteil ermitteln zu können, da zur Bestimmung des Marktwerts des Eigenkapitals kein Auktionsprozess angestoßen werden kann.

Für die finanzierende Bank ist entscheidend, dass das Commitment des Private-Equity-Investors erhalten bleibt und dieser nicht durch den Abzug des Equity sein Interesse an einer aktiven Betreuung des Investments verliert; üblicherweise bleibt das Management des Private-Equity-Fonds über den Carried Interest weiter motiviert. Die Bank erwartet bei der Rekapitalisierung i. d. R. auch einen Risikoausgleich in der Form, dass der dynamische Verschuldungsgrad unter dem der ursprünglichen Finanzierung liegt – dies ist meist durch die nicht unerhebliche operative Verbesserung gegeben.

---

21 Vgl. Standard & Poor's LCD (2007).

vorzeitige Rück-
zahlung des
Management-
einsatzes

Ein aus Sicht des Managements entscheidendes Thema der Refinanzierung ist die Frage einer vorzeitigen Rückzahlung seines Einsatzes. Eine Faustregel gibt es hierfür nicht; i. d. R. wird eine einvernehmliche Lösung gefunden, da es für das Private-Equity-Haus keinen Sinn macht, das Management, das auch bei der Refinanzierung an einem umfassenden Due-Diligence-Prozess teilnimmt, zu demotivieren. Andererseits wird es das Management nicht völlig aus der Verantwortung entlassen, da zu früh zurückgeführte Einsätze die Incentivierung stark verringern.

7. Vor- und Nachteile der verschiedenen Exit-Formen

Trade Sale

Nachfolgend sollen die verschiedenen Vor- und Nachteile der einzelnen Exit-Kanäle noch einmal zusammengefasst dargestellt werden. Der Trade Sale ist für Private-Equity-Investoren oft der bevorzugte Weg des Exits, da strategische Interessenten aufgrund der erhofften Synergien eine zusätzliche Prämie für das Unternehmen zahlen. Eine entscheidende strategische Einsicht in die Komplexität des Exit-Prozesses ist, dass bereits bei der Ausrichtung des Unternehmens in der Halteperiode sowohl der geplante Exit-Weg als auch der ins Auge gefasste Exit-Partner zu berücksichtigen sind. Zudem ist für den Ablauf des Prozesses zu beachten, dass bei einem strategischen Kaufinteressenten ein hohes Verständnis bezüglich des Marktumfeldes vorauszusetzen ist. Im Vergleich zu den anderen Exit-Kanälen zeichnet sich der Trade Sale insbesondere durch die sofortige, vollständige Realisation des Gesamtengagements aus, und er stellt, zumindest im Vergleich zum Börsengang, ein weniger komplexes Verfahren dar. Der Nachteil gegenüber dem IPO ist sicherlich, dass die Bieter – sei es im Auktionsverfahren, sei es im Exklusivverfahren – bestimmte Zusicherungen und Garantien seitens des Verkäufers erwarten oder auch eine Staffelung des Kaufpreises anstreben.

Vor- und Nachteile
des Exklusivverkaufs

Die Vor- und Nachteile der verschiedenen Trade-Sale-Formen sind in Kapitel II.5. bereits ausführlich dargelegt worden. Für den exklusiven Verkauf sprechen die kurze, relativ flexible Prozessdauer, die nur beschränkte Beeinträchtigung des operativen Geschäfts sowie ein hoher Grad an Vertraulichkeit. Als wesentliche Nachteile zeigen sich die eingeschränkte Verhandlungsposition bei abnehmendem Käuferinteresse, der Zeitverlust, der entsteht, falls der Prozess mit einem Exklusivinteressenten scheitert, sowie die Unsicherheit darüber, ob tatsächlich der optimale Verkaufspreis erreicht wird – definitionsgemäß gibt es bei einem Exklusivverkauf keine konkurrierenden Angebote.

Vor- und Nachteile
der Auktion

Die Vorteile des Auktionsverfahrens sind der überschaubare Bieterkreis, das gute Prozessmanagement (das eine entscheidende Voraussetzung für einen Auktionsprozess darstellt) sowie die erwartete Verbesserung der Angebote im Laufe des Prozesses aufgrund des Bieterwettbewerbs. Eindeutige Nachteile der Auktion sind die nicht garantierte Wahrung der Vertraulichkeit und eine mögliche Absprache unter den Bieterunternehmen.

Für den IPO sprechen insbesondere der Erhalt der Unabhängigkeit des Unternehmens, der Zugang zu weiteren Finanzierungsquellen durch Kapitalerhöhungen und andere Kapitalmarkttransaktionen, die Publizitätswirkung, die auch dem operativen Geschäft zugute kommen kann (Vertrauenswirkung) sowie mögliche Mitarbeiterbeteiligungsmodelle, die an den Aktienkurs gekoppelt werden können.

Vor- und Nachteile des IPO

Gegen den IPO sprechen ein je nach Börsensegment relativ hoher Veröffentlichungsaufwand; die Komplexität des Verfahrens an sich und die Tatsache, dass das Unternehmen den Schwankungen des Kapitalmarktes unterliegt – dies ist insbesondere dann von Nachteil, wenn sich das Unternehmen gegen einen negativen Trend gut entwickelt und trotzdem an Marktkapitalisierung verliert. Zudem sind Unternehmen am Kapitalmarkt Angriffen von Hedge-Fonds und feindlichen Übernahmeversuchen ausgesetzt; auch in der Kommunikation mit den Aktionären kann es zu Konflikten kommen, z. B. durch mangelnde Professionalität im Aktionärskreis oder berufsmäßige Aktionärskläger.

Die dritte Exit-Alternative, der Secondary Buy-out, hat mit dem IPO gemeinsam, dass die Unternehmensidentität zunächst nicht berührt wird. Gegen den Secondary Buy-out spricht jedoch die fehlende Realisierung von Synergieeffekten – in Ausnahmefällen wird das Unternehmen auch durch zu viel Fremdkapital belastet und damit der Handlungsspielraum für Investitionen und Wachstum eingeschränkt.

Vor- und Nachteile des Secondary Buy-out

Welcher dieser Prozesse letztlich als Exit-Kanal gewählt wird, kann auch von anderen als den bereits genannten Faktoren abhängen, z. B. dem Management, das – wie zu Beginn dieses Kapitels dargelegt – mit dem Exit durchaus eigene Ziele verfolgen kann. Diese Ziele können im Laufe des Prozesses zu bedeutenden Konflikten führen. Das Management ist verpflichtet und auch monetär motiviert, den Verkaufspreis zu maximieren – wenn aber neben einem Trade Sale ein Secondary Buy-out eine mögliche Alternative darstellt, kann ein günstiger Einstieg des neuen Investors im Interesse des Managements liegen.

Denkbar ist auch eine Kombination der verschiedenen Exit-Szenarien, das Dual Tracking bzw. Triple Tracking, das derzeit vornehmlich bei größeren Buy-outs üblich ist, in den kommenden Jahren aber sicherlich auf die kleineren übergreifen wird. Dabei wird neben einem Auktionsprozess, an dem sowohl strategische Investoren als auch Private-Equity-Häuser teilnehmen, der IPO geplant, der zugleich als Messlatte für den Auktionsprozess gilt. Führen beide Verfahren nicht zum gewünschten Ergebnis, wird parallel die Refinanzierung angestoßen, um wenigstens einen partiellen Exit gegenüber den Investoren darstellen zu können. Zum gegebenen Zeitpunkt werden die Vor- und Nachteile der einzelnen Alternativen gegeneinander abgewogen und eine Entscheidung für ein bestimmtes Vorgehen getroffen.

Dual Tracking/ Triple Tracking

Die gewählte Exit-Strategie ist ständig zu beobachten und zu kontrollieren. Die entscheidenden Parameter für diese Überprüfung sind die operative Performance des Unternehmens, seine strategische Positionierung und eventuelle Anpassungen im Businessplan; zu beobachten sind ferner der Zustand der Märkte, in denen sich das Unternehmen bewegt, sowie die Situation an den Kapitalmärkten, um sowohl die Bewertung als auch die Möglichkeit für eine Notierung des Unternehmens einschätzen zu können. Des Weiteren ist es wichtig, die Aktivitäten auf dem M&A-Markt, in der betroffenen Branche sowie auf dem Markt für Secondary Buy-outs im Auge zu behalten, die unmittelbar mit der Finanzierungsbereitschaft der akquisitionsfinanzierenden Banken zusammenhängen.[22]

In den kommenden Jahren werden die Private-Equity-Häuser den Exit zunehmend optimieren können – was zugleich bedeutet, dass von ihrer Seite immer stärker auf geschäftspolitische Entscheidungen Einfluss genommen wird.[23]

---

22 In der empirischen Studie von Pfaffenholz (2004), S. 155 wird als häufigster Grund für Schwierigkeiten beim Exit die ungünstige Börsenlage genannt; an zweiter und dritter Stelle folgen die unzureichende Performance von Portfoliounternehmen sowie die Identifikation von Kaufinteressenten. Entscheidend für den Erfolg wiederum sind laut dieser Studie (S. 166 f.) die operative Performance der Unternehmen und deren Wachstumsperspektive.
23 Bereits jetzt geben nur noch 26,9 % der befragten Investoren an, keinerlei Einfluss auf geschäftspolitische Entscheidungen zu nehmen, um das Unternehmen in Bezug auf den Exit besser aufzustellen.

IX. Erfolgsfaktoren des Buy-outs und Ausblick auf die weitere Entwicklung des Buy-out-Marktes

1. Faktoren für den Erfolg eines Buy-outs

Nachdem die verschiedenen Schritte des Buy-out-Prozesses detailliert diskutiert worden sind, sollen abschließend die für den Erfolg eines Buy-outs entscheidenden Faktoren noch einmal zusammengefasst dargestellt werden. Einige dieser Faktoren sind essentielle Erfolgsvoraussetzungen, andere wiederum, insbesondere die strategie- und managementbezogenen Erfolgsfaktoren, sind von der konkreten Situation abhängig. Die Investoren werden sie, je nach Tätigkeitsschwerpunkt und Expertise, unterschiedlich gewichten. Da sich im Zuge der Professionalisierung des Marktes das Feld der Akteure zunehmend ausdifferenziert, werden künftig auch differenzierte Faktoren zum Erfolg führen. Grundsätzlich lassen sich die Faktoren für den Erfolg eines Buy-outs jedoch auf die nachfolgend genannten Treiber reduzieren, wobei unternehmensbezogene, strategiebezogene, managementbezogene und transaktionsbezogene Erfolgsfaktoren zu unterscheiden sind.[1]

Zu den *unternehmensbezogenen Erfolgsfaktoren* zählen u. a. die Faktoren, die eingangs als allgemeine Kriterien für die Buy-out-Tauglichkeit eines Unternehmens vorgestellt wurden:

unternehmensbezogene Erfolgsfaktoren

- Das Unternehmen verfügt über ein vielversprechendes Geschäftsmodell, dessen Erfolg auch in der historischen Entwicklung der Umsätze und der operativen Ergebnisse nachgewiesen werden kann.
- Der Wettbewerbsvorteil des Unternehmens beruht auf Produktdifferenzierung, so dass die operativen Ergebnisse auf Produktebene auch künftig verteidigt werden können.
- Für potenzielle neue Wettbewerber bestehen hohe Markteintrittsbarrieren.
- In dem Unternehmen ist eine ausgeprägte Controllingkultur vorhanden, welche die Kostenentwicklung vor dem Hintergrund der definierten Covenants unter Kontrolle hält.
- Die sog. Cash Convertion, d. h. der Anteil des Cash, der aus dem operativen Gewinn resultiert, ist relativ hoch.

In Hinblick auf die *Strategie des Buy-outs* ist die entscheidende Frage, wie das Unternehmen in Vorbereitung auf den Exit am besten entwickelt werden kann. Die folgenden Strategien sind möglich:

strategiebezogene Erfolgsfaktoren

---

1 Vgl. Sharp (2003), S. 14 ff. Vgl. auch die von verschiedenen Beratungsfirmen herausgegebenen Broschüren für Managementteams, bspw. Deloitte (Hrsg.) (2004) oder auch Coopers & Lybrand (1995).

- Organisches Wachstum: Hierbei muss das Unternehmen i. d. R. unter Beweis stellen, dass es stärker als der Gesamtmarkt wachsen kann.
- Wachstum durch Zukäufe: Diese Strategie ist angesichts der vielen Integrationsthemen oftmals riskant, bietet allerdings die Möglichkeit, in eine höhere Größendimension vorzustoßen.
- Steigerung der operativen Effizienz: Hierbei ist zwischen kurzfristigen Maßnahmen, die überwiegend das Working Capital betreffen, und langfristigen Verbesserungen der direkten Wertschöpfung zu differenzieren.
- Eintritt in neue Märkte: Auch diese Strategie ist eher riskant, insbesondere wenn Märkte in neuen geographischen Regionen erschlossen werden sollen.
- Arbitrage: Die Realisierung eines höheren Unternehmenswertmultiplikators zum Ausstieg ist aufgrund der kompetitiven Einstiegssituation nur begrenzt planbar, über Größeneffekte oder geographische Ausweitung (bspw. IPO in einem höher bewerteten Umfeld) aber durchaus realistisch.
- Verkauf nicht betriebsnotwendiger Unternehmensteile: Diese Strategie ist durch eine systematische Operational Due Diligence gut planbar, in ihrer Realisierung aber schwer zu kalkulieren.

managementbezogene Erfolgsfaktoren

Das *Managementteam* ist von herausragender Bedeutung für den Erfolg eines Buy-outs. Die Frage, ob es sich dabei immer um das bestehende Managementteam handeln muss, wird mittlerweile etwas entspannter gesehen. Dagegen sind die Attribute, die das unternehmenseigene oder ein fremdes Management mitbringen muss, klar bestimmt:

- Das Management muss über die notwendige Erfahrung und Kompetenz in der jeweiligen Branche verfügen, um mit der zusätzlichen Komplexität einer Buy-out-Situation umgehen zu können. Dies gilt auch für die zweite Führungsebene, da hier der Buy-out-Investor, im Unterschied zu Konzernen mit etablierten Personalentwicklungsmechanismen, nur sehr begrenzte Mitwirkungsmöglichkeiten hat.
- Die entsprechende Motivation des Managements sollte durch die Corporate-Governance-Struktur sichergestellt sein. Auch hier sind die Funktionen neben dem CEO zu berücksichtigen. So ist bspw. die Frage, ob der vertriebsverantwortliche Geschäftsführer eine durch einen möglicherweise risikoaversen Investor veranlasste Änderung der Vertriebsstrategie akzeptiert oder der CFO dem nicht unerheblichen Informationsverlangen der Banken und des Investors Genüge leisten kann.
- Die Manager müssen das entsprechende emotionale Commitment zeigen, insbesondere auch dann, wenn ihre finanzielle Einlage temporär durch eine ungenügende operative Performance des Unternehmens bedroht sein sollte.
- Sie müssen über ein Set von komplementären Eigenschaften und Erfahrungen verfügen, das ihnen insbesondere in Carve-out-Situationen, wenn eventuell neue Funktionen in der ausgegründeten Einheit geschaffen werden müssen, eine adäquate Reaktion ermöglicht.
- Gegenseitiges Vertrauen und Verlässlichkeit sind wichtige, wenn nicht sogar

die wichtigsten Faktoren in einer Situation, die sehr stark von finanziellen Erwägungen geprägt ist!

- Das Management muss strategisches Denken mit visionärer Vorstellungskraft vereinen – auch wenn es meist um ein zeitlich begrenztes Engagement geht –, um für das Unternehmen in dessen relevantem Markt eine Vision entwickeln und umsetzen zu können.

Die bisher angeführten Erfolgsfaktoren beziehen sich in erster Linie auf die Phasen nach Abschluss der Transaktion, d. h. nach dem Einstieg des Investors. Davor liegt der erfolgreiche »Deal«. Für den positiven *Abschluss einer Transaktion* sind folgende Punkte von entscheidender Bedeutung:

transaktionsbezoge-
ne Erfolgsfaktoren

- Es muss einen verkaufswilligen Verkäufer geben. Bei vielen Transaktionen – insbesondere im mittelständischen Bereich – besteht eine Unklarheit bezüglich der Verkäuferposition. Manchmal ist ein mittelständischer Verkäufer nicht mehr auf den Kaufpreis angewiesen, manchmal stellt für ihn das Festhalten an der Familientradition doch einen größeren Wert als der finanzielle Geldzufluss dar. Vielleicht traut der verkaufende Unternehmer dem Management nicht zu, den Betrieb allein weiterzuführen, oder er betrachtet Private-Equity-Häuser nicht als reputable Käufer. Die Wahrscheinlichkeit, eine Transaktion abzuschließen, ist bei Konzern-Spin-offs immer noch am höchsten, da in diesen Situationen die Verkaufsbereitschaft meist schon an den Kapitalmarkt kommuniziert wurde. In Konzernen sind die Reputation und »Lieferfähigkeit« von Private-Equity-Investoren bekannt, hier dürfte kaum ein Reputationsrisiko gesehen werden. Die Erfahrungen, die Konzerne mittlerweile bereits mit Buy-outs gemacht haben, fließen je nach den konkreten Umständen und dem Ausgang dieser Transaktionen in die Beurteilung der Verkaufssituation entscheidend mit ein; dabei kann ein positiver Ausgang von Buy-outs ebenso Vorbehalte wecken wie ein negativer, da realisiert wird, dass das ehemals untergeordnete Management mit der Transaktion sehr viel Geld verdient. Die Entscheidung für oder gegen einen Private-Equity-Käufer ist daneben auch von Faktoren wie der Bereitschaft des Investors, einen marktfähigen Preis zu zahlen, seinem Handling der Interessenkonflikte in der Transaktionssituation und der Vertraulichkeit der Transaktion abhängig.
- Es ist eine umfassende Due Diligence durchzuführen. Dabei muss auf der einen Seite das Unternehmen konkret auf den Due-Diligence-Prozess vorbereitet werden, auf der anderen Seite müssen sich Management und Mitarbeiter auch mental auf diese harte Phase der Buy-out-Transaktion einstimmen.
- Die Carve-out Issues müssen vernünftig gehandhabt werden. Da diese im Verlauf der Transaktion nur ansatzweise behandelt werden können, ist es wichtig, in der Transaktionsphase keine Carve-out-Themen zu unterschlagen, die später gravierende und auch kostspielige Konsequenzen nach sich ziehen könnten.
- Es sind die Belange der Stakeholders zu berücksichtigen. Die mitunter entscheidende Frage ist: Wie werden die Kunden, die Lieferanten, die Arbeitneh-

mer und die Öffentlichkeit reagieren, wenn sie von dem Verkauf des Unternehmens an einen Private-Equity-Investor erfahren?

● Dem Transaktionsteam sollten nicht zu viele Mitglieder angehören – auch wenn in der Transaktion in einer sehr gedrängten Zeit viele Fragestellungen auftreten und Probleme rasch gelöst werden müssen, entsteht durch zu große Teams eine nicht mehr handhabbare Komplexität in der Transaktion. In Summe lässt sich feststellen, dass es für das Private-Equity-Haus hinsichtlich der mit der Transaktion verbundenen Themen entscheidend ist, den Prozess selbst in der Hand zu halten und zu steuern.

Der Erfolg eines Buy-outs ist für viele an dem betreffenden Unternehmen direkt oder indirekt beteiligte Anspruchsgruppen von großer Bedeutung. Das Fundament seiner erfolgreichen Umsetzung ist daher eine ausgewogene Gesamtsicht der Situation, die den unterschiedlichen Interessen Rechnung trägt.

2. Die weitere Entwicklung im Buy-out-Markt – der LBO 2.0

Abb. 91:
Treiber für die
weitere Entwicklung
im Buy-out-Markt

Um die weiteren Aussichten für Buy-outs einschätzen zu können, muss die bisherige Entwicklung rekapituliert werden. Abbildung 91 zeigt, welche unterschiedlichen Entwicklungsmöglichkeiten sich dem Buy-out-Markt, ausgehend vom Jahr 2008, dargeboten haben.

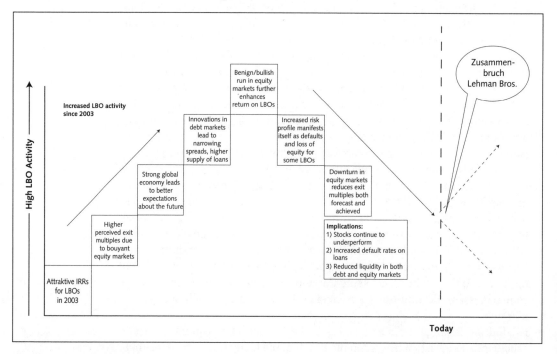

Das internationale Kapitalmarktumfeld, aber auch die Bereitschaft der Banken, riskantere Asset-Klassen zu finanzieren, war zu Beginn des Jahrtausends stark rückläufig. Hieraus ergaben sich für die Investoren einige interessante Buy-out-Möglichkeiten, um die wenig Wettbewerb herrschte. Insbesondere die stark wachsenden Eigenkapitalmärkte sowie die hohe Liquidität der Fremdkapital-märkte mit ihren Finanzinnovationen ermöglichten zum einen die Durchführung immer größerer Transaktionen, zum anderen aber auch die Realisierung von Ver-kaufspreisen, die erheblich über den Einstiegspreisen lagen. Die konjunkturell bedingten operativen Verbesserungen in vielen Unternehmen führten zu einem Anstieg sowohl der Kaufpreismultiplikatoren als auch der Bewertungsbasis, was einen zusätzlichen positiven Effekt auf die erzielten Renditen erzeugte.

Doch diese Bewegung konnte nicht anhalten. Der Buy-out-Markt war zu sehr von der Anfang des Jahrtausends geschaffenen Liquidität geprägt. Die weitere Entwicklung wird nun, nach dem Einbruch der Kreditmärkte, ganz wesentlich davon abhängen, ob zukünftig genügend Liquidität für die Finanzierung zur Ver-fügung steht. Schon jetzt zeigt sich, dass in Zukunft der Markt wesentlich stär-ker differenziert sein wird. So hat der Bereich der Mid Cap Buy-outs seine Stel-lung auch in der Krise gehalten. Auch wird sich das Business-Modell der Fonds ändern.[2]

Wie viele Private-Equity-Unternehmen die Liquiditätskrise überstehen wer-den, ist nicht ganz klar, fest steht jedoch, dass die Überlebenden gut gerüstet sein werden für die nächste Phase im weiterhin jungen Markt für Private Equi-ty.[3] Auch wird Deutschland weiterhin ein interessantes Land sein für Private-Equity-Investoren, mit attraktiven Übernahmemöglichkeiten.[4]

---

2 Über 80 % der Befragten befürworteten diese Aussage, vgl. PricewaterhouseCoopers AG (2009), S. 13.

3 Die Beratungsfirma BCG geht in ihrer mit der IESE publizierten Studie davon aus, dass 20-40 % der Private Equity Fonds verschwinden werden, vgl. BCG/IESE (2008), S. 6.

4 Lediglich 8 % der Fonds planen, ihr Engagement in Deutschland zu reduzieren, vgl. Price-waterhouseCoopers AG (2009), S. 14.

Glossar

Abspaltung
Bei der Abspaltung (§ 123 Abs. 2 UmwG) wird von einem Rechtsträger nur ein Teil seiner Vermögensgegenstände gegen Gewährung von Anteilen übertragen.

(Mitarbeiter-)Aktienoptionen
Ausgegebene Rechte, die zum Erwerb von Anteilen an dem Unternehmen des Arbeitgebers oder einem verbundenen Unternehmen innerhalb einer bestimmten Frist oder zu einem bestimmten Zeitpunkt zu einem festgelegten Preis (*Basispreis*) berechtigen.

Arbitrage-Strategie
Strategie eines Private-Equity-Hauses, die Bewertungsunterschiede zwischen dem Einstieg und dem Exit ausnutzt.

Asset Deal
Unternehmenskauf durch Singularsukzession, d. h., es werden einzelne Vermögensgegenstände gekauft; beim Kauf von Markenrechten, Patentrechten und Domains handelt es sich um einen Rechtskauf im Sinne von § 453 BGB.

Asset Stripping
Zerschlagung eines übernommenen Unternehmens durch Verkauf von Teilbereichen oder Vermögensgegenständen.

Aufspaltung
Im Rahmen einer Aufspaltung (§ 123 Abs. 1 UmwG) löst sich ein Rechtsträger ohne Abwicklung auf, indem er im Wege einer Sonderrechtsnachfolge sein gesamtes Vermögen auf mehrere Rechtsträger (also mindestens zwei) gegen Gewährung von Anteilen (für die bisherigen Anteilsinhaber) verteilt.

Ausgliederung
Die Ausgliederung (§ 123 Abs. 3 UmwG) sieht vor, dass nur ein Teil oder Teile des Vermögens auf andere Rechtsträger übertragen werden. Dafür werden im Unterschied zur *Abspaltung* die Anteile des übernehmenden oder neuen Rechtsträgers an den übertragenden Rechtsträger selbst, nicht aber an dessen Inhaber geleistet.

Average Life
Durchschnittliche Dauer der Inanspruchnahme eines Kredits.

Back-to-Back-Finanzierung
Finanzierungsstruktur, bei der finanzierende Dritte (Banken usw.) vom wesentlich beteiligten Anteilseigner Sicherheiten (Pfandrechte, Sicherheitsabtretungen) oder Bürgschaften bzw. Garantien erhalten.

Bad Leaver
Ausscheidendes Mitglied eines Managementteams, das auf Druck des Private-Equity-Investors das Unternehmen verlassen muss.

Bad Loans
Unternehmenskredite, deren Kapitaldienst nicht mehr zur Gänze erbracht werden kann (auch Non-performing Loans genannt).

Bank Book
Dokumentation, die das *Target-Unternehmen* für Zwecke der Syndizierung erstellt.

Basispreis
Festgelegter Preis, den der Erwerber einer Option am Tag der Ausübung der Aktienoption für die Aktien zu zahlen hat.

Blocking Rights
Vetorecht des Private-Equity-Hauses bei bestimmten Entscheidungen.

Bullet Repayment
Rückzahlung eines Darlehens in einer Summe.

Buy-and-Build-Strategie
Zukauf von mehreren Unternehmen zwecks Aufbau einer größeren Gruppe/Holding. Der Private-Equity-Fonds erwirbt hierbei zunächst ein Unternehmen, das mit dem geeigneten Management ausgestattet wird und die Plattform für weitere Zukäufe bildet.

Capex Facility
Kreditlinie zur Finanzierung von Investitionen in das Sachanlagevermögen.

Capital Call
Abruf von Investitionsgeldern, die von Investoren Private-Equity-Fonds zugesagt wurden (auch Drawdown genannt).

Captive Fund
Private-Equity-Fonds, der nicht in einer gesellschaftsrechtlich unabhängigen Form organisiert ist, sondern aus der Bilanz der jeweiligen Finanzinstitution bzw. des *institutionellen Investors* investiert.

Carried Interest
Erfolgsabhängige Gewinnbeteiligung der Managementgesellschaft und ihrer Manager am Erfolg der verwalteten Fonds (z.B. 20 % für die Managementgesellschaft und 80 % für die Investoren).

Cash-out-Strategie

Investmentstrategie, bei der nicht auf Wachstum, sondern auf Rückzahlung des Fremdkapitals und operative Verbesserungen gesetzt wird.

Cash Sweep

Im Bankenvertrag vereinbarter Mechanismus, wonach überschüssiger Cash zu einem festgelegten Anteil (meist 50 %) der Rückführung der Bankfinanzierung dienen muss.

Clean Down Period

Regelung, die besagt, dass einmal pro Jahr für eine bestimmte Zeit (meist 5–10 Arbeitstage) die *Revolving Credit Facility* komplett zurückgeführt werden muss.

Cliff Period

Erst nach Ablauf dieser Frist werden die Optionsrechte unverfallbar.

Closing

Abschluss einer Transaktion; nach der kartellrechtlichen Genehmigung wird der Kaufpreis berechnet und die finale Bezahlung erfolgt.

Co-Arranger oder Joint Lead Arranger

Neben oder mit dem *Mandated Lead Arranger* agierende Bank.

Commitment

Investitionszusage eines Investors zugunsten eines Private-Equity-Fonds.

Conditions Precedent

Auszahlungsvoraussetzungen im Darlehensvertrag.

Confirmatory Due Diligence

Due Diligence, die nur noch der Bestätigung der bereits vorliegenden Ergebnisse einer zuvor in geringerem Umfang durchgeführten Due Diligence dient.

Corporate Governance

Set an Verhaltensregeln, welche die Zusammenarbeit des Managements mit dem Eigentümer regeln.

Covenants

Einsicht- und Einflussnahmerechte seitens der finanzierenden Banken, d.h. im Bankenvertrag geregelte vertragliche Vereinbarungen, die dem Kreditnehmer (dem *Target-Unternehmen*) bestimmte Pflichten auferlegen (sog. Maintenance Covenants) und bestimmte Handlungen untersagen (sog. Incurrence Covenants).

Covenant-Lite-Strukturen
Finanzierungsstrukturen, die durch die Abwesenheit strenger Covenants geprägt sind.

Credit Approval
Kreditzusage seitens der höchsten Entscheidungsgremien der akquisitionsfinanzierenden Bank.

Credit Default Swap (CDS)
Kreditderivat zum Handeln von Ausfallrisiken von Krediten oder Anleihen.

Credit Recovery Swap (CRS)
Kreditderivativ, das die Höhe der Quote angibt, mit der Marktteilnehmer bei einer potentiellen Insolvenz rechnen.

Debt Capacity
Maximal mögliches Volumen der Fremdfinanzierung, entweder relativ (als *EBITDA*-Faktor) oder absolut angegeben. Die Debt Capacity bezieht sich auf die *Senior Debt* (Senior Debt Capacity) oder die gesamte Fremdfinanzierung (Total Debt Capacity).

Debt Push-down
Transaktionsgestaltung mit der Zielsetzung, die Fremdfinanzierung auf diejenigen Gesellschaften zu verteilen, bei denen auch die operativen Ergebnisse anfallen.

Debt Service Coverage Ratio
Kennzahl, welche die gesamten zinstragenden Verbindlichkeiten im Verhältnis zum *EBITDA* darstellt.

Debt to Equity Swap
Überführung der Fremd- in eine Eigenkapitalposition; dies wird meist über das Aufkaufen von *Bad Loans* erreicht, deren Kündigungsbedingungen eine Wandlung in eine Eigenkapitalposition ermöglichen.

Delisting
Mehrheitliche Übernahme eines börsennotierten Unternehmens (auch als Public-to-Private, P-to-P, bezeichnet), gelegentlich mit einem *Squeeze-out* verbunden.

Direktbeteiligung
Auch Straight Equity genannt. Beteiligung des Managements direkt am Grundkapital einer AG oder am Stammkapital einer GmbH.

Distribution
Ausschüttung aus einem Private-Equity-Fonds.

Downstream Merger

Verschmelzung der Akquisitionsgesellschaft auf die Zielgesellschaft (siehe auch *Upstream Merger*).

Drag-along Rights

Siehe *Mitverkaufspflichten*.

Due Diligence (DD)

Die detaillierte Untersuchung, Prüfung und Bewertung eines potentiellen Beteiligungsunternehmens als Grundlage für die Investmententscheidung. Die Due Diligence umfasst die Überprüfung des Zahlenwerks – insbesondere der Bilanz und der GuV (Financial DD) –, der rechtlichen Situation (Legal DD), der steuerlichen Situation (Tax DD), der Versicherungssituation (Risk DD), der Immobilien auf Wertbeständigkeit (Property DD) sowie der Einhaltung umweltrechtlicher Normen (Environmental DD).

Earn-out

Besserungsschein, der in Abhängigkeit von der Performance des Unternehmens eine Nachbesserung des Unternehmenskaufpreises regelt.

EBIT

Earnings before Interest and Taxes, d. h. Ergebnis vor Zins und Ertragsteuern: Maßstab, der bei der Unternehmensbewertung auf schuldenfreier Basis Anwendung findet.

EBITDA

Earnings before Interest, Taxes, Depreciation and Amortization, d. h. Ergebnis vor Zins, Ertragsteuern und Abschreibungen: Maßstab, der bei der Unternehmensbewertung auf schuldenfreier Basis Anwendung findet.

Effective Date

Datum, an dem der Unternehmenskauf mit wirtschaftlicher Wirkung als abgeschlossen gelten soll.

Entrepreneur in Residence

Manager, der für einen bestimmten Zeitraum von einem Private-Equity-Haus bezahlt wird mit dem Ziel, innerhalb dieser Zeit einen MBI durchzuführen.

Envy Factor

Auch Greed Envy Factor genannt. Verhältnis zwischen dem Kaufpreis, den der *institutionelle Investor* pro Anteil zahlt, und dem Kapitaleinsatz des Managements.

Equity Kicker

Möglichkeit bzw. Option der Mezzanine-Kapitalgeber, Anteile an der zu finanzierenden Personen- oder Kapitalgesellschaft – oft zu Sonderkonditionen – zu erwerben.

Event of Default
Kündigungsgrund im Kreditvertrag.

Evergreen Fund
Private-Equity-Fonds, der keine definierte Laufzeit hat, sondern an laufenden Ausschüttungen aus dem Fonds partizipiert.

Exit
Ausstieg eines Investors aus einer Beteiligung durch Veräußerung seines Anteils im Wege eines *Share Buyback*, *Trade Sale, Secondary Buy-out* oder *Initial Public Offering*.

Exitklausel
Klausel des Beteiligungsvertrags, die dem Investor *Mitverkaufsrechte*, *Mitverkaufspflichten* oder sonstige Kauf- oder Verkaufsoptionen einräumt, meist an einen Zeitrahmen oder gewisse Meilensteine gebunden.

Facility Agent
Konsortialführende Bank, welche die Verwaltung und Abwicklung übernimmt.

Financial Assistance
Bei einem *Upstream Merger* die Sicherheitenbestellung durch das übernehmende Unternehmen.

First Closing
Erste erreichte Stufe im Rahmen des *Fund Raising*.

Final Closing
Abschluss des *Fund Raising* nach Eingang aller Commitments.

Final Take
Summe des Kreditengagements eines *Mandated Lead Arranger* nach *Syndizierung*.

Financial Covenants
Einsicht- und Einflussnahmerechte in Form von Finanzkennzahlen, die im Kreditvertrag festgelegt sind und deren Unter- bzw. Überschreiten ein Event of Default auslösen kann.

Free Cash Flow (FCF)
Der freie Cash Flow, der für alle Kapitalgeber (Banken und Gesellschafter) zur Verfügung steht. Er ermittelt sich auf Grundlage des *EBIT* abzüglich der Ertrag-

steuern und der Nettoinvestitionen in das Sachanlage- und Umlaufvermögen sowie zuzüglich der nicht cashwirksamen Aufwendungen (Abschreibungen und Pensionsrückstellungen); siehe auch *Cash Flow*.

Full Recourse
Vollhaftung des Managements in dem Fall, dass es seinen Anteil am Eigenkapital selbst fremdfinanziert hat (siehe auch *Non-Recourse*).

Fund of Funds
Fonds, der sowohl private als auch institutionelle Investorengelder bündelt, um sie in mehrere Private-Equity-Fonds zu investieren und damit zu diversifizieren.

Funds Flow Statement
Tabellarische Darstellung der Zahlungsvorgänge vor, während und nach Vollzug des Kaufvertrags.

Fund Raising
Einsammeln der Investorengelder eines Private-Equity-Fonds.

General Partner
Vollhaftendes Management des Private-Equity-Fonds, das am Übergewinn partizipiert.

Good Leaver
Ausscheidendes Mitglied eines Managementteams, das im gegenseitigen Einvernehmen das Unternehmen verlässt.

Going Private
Rückkauf eines Unternehmens von der Börse in privates Eigentum (siehe auch *Delisting* und *Pipe*).

Half Life
Zeitraum, der notwendig ist, um die Hälfte der Finanzierung zurückzuzahlen.

High Yield Bond
Unbesicherte Hochzinsanleihe mit sieben bis zehn Jahren Laufzeit und Cash-Zinsen.

Informationsmemorandum
Verkaufsunterlage mit detaillierter Darstellung des verkaufenden Unternehmens sowie des Transaktionsprozesses (auch Info Memo genannt).

Institutional Buy-out
Komplette Übernahme eines Unternehmens durch ein Private-Equity-Haus auf dessen Initiative hin.

Institutional Loan Note
Gesellschafterdarlehen eines Private-Equity-Hauses, das unter marktüblichen Konditionen im Rahmen eines Buy-outs vergeben wird.

Institutionelle Investoren
Große Finanzinstitutionen, z. B. Kreditinstitute, Versicherungen, Pensionsfonds oder Großunternehmen, die in Eigenkapitalfonds investieren.

Intercreditor Agreement
Vertragswerk, das die Beziehungen der einzelnen Tranchen (*Senior* versus *Mezzanine*) untereinander regelt.

Interim Loan Agreement
Verkürzte Version eines Bankenvertrags, die im Rahmen von Auktionsprozessen mit Private-Equity-Häusern abgeschlossen wird, um die Finanzierung sicherzustellen.

Interest Cover Ratio
Kennzahlen, die das Verhältnis *EBITDA* zu Zinsaufwand darstellen.

IPO
Initial Public Offering – der Börsengang eines Unternehmens.

IRR
Internal Rate of Return (interner Zinsfuß). Finanzmathematische Methode zur Berechnung der Rendite eines Investments.

Joint Venture
Allgemein kann man von einem Joint Venture sprechen, wenn zwei oder mehrere Unternehmen übereinkommen, ein gemeinsames Unternehmen zu gründen bzw. eine gemeinschaftliche geschäftsbezogene Aktivität zu entfalten. Zu unterscheiden ist das Equity Joint Venture, bei dem eine eigene Joint-Venture-Gesellschaft gegründet wird, von dem Contractual Joint Venture, das aus rein schuldrechtlichen Absprachen zwischen den beteiligten Unternehmen besteht (ohne organisatorische Verselbständigung).

Junior Loan
Darlehenstranche, die zwischen der *Senior*-Tranche und der *Mezzanine-Finanzierung* rangiert.

Lead Investor
Private-Equity-Investor, der als Meinungsführer ein Konsortium von Finanzinvestoren anführt.

Legal Opinion
Stellungnahme eines Rechtsanwalts hinsichtlich der rechtlichen Wirksamkeit und Durchsetzbarkeit der abgeschlossenen Verträge.

Letter of Intent (LOI)
Schriftliche Absichtserklärung eines Investors bzw. eines Käufers bezüglich eines Investments bzw. der Übernahme eines Unternehmens.

Leverage
Allgemein die Bezeichnung für die Verwendung von Fremdkapital zur Erzielung einer höheren Eigenkapitalrendite; in vorliegender Publikation als *Debt Capacity*, d.h. als Multiplikator des Fremdkapitals auf operative Kennzahlen wie bspw. das *EBITDA*, verstanden.

Leveraged Buy-out
Oberbegriff für eine überwiegend fremdkapitalfinanzierte Unternehmensübernahme, siehe *Buy-out*.

Limited Partner
Investor in einen Private-Equity-Fonds, der lediglich mit seinem Kapitaleinsatz haftet.

Limitation Language
Freiwillige Beschränkung der finanzierenden Bank, um die *Financial Assistance* und damit die Ungültigkeit der Sicherheitenbestellung zu vermeiden.

Management Fee
Gebühr, welche die laufenden Kosten eines Private-Equity-Fonds abdecken soll.

Management-Protokoll
Verhaltenskodex für den Umgang des Managements mit dem potentiellen Interessenkonflikt, der dadurch entsteht, dass das Management bei einem MBO formal den Verkäufer vertritt, de facto aber auf der Käuferseite steht.

Management Roll-over
Geldbetrag, den ein Manager bzw. ein Managementteam bei einem *Secondary Buy-out* in das neue Unternehmen investieren muss bzw. sollte.

Mandated Lead Arranger (MLA)
Die strukturierende und konsortialführende Bank in einem Bankenkonsortium.

Mandatory Prepayment
Pflichtsondertilgung.

Market Flex

Regelung im Kreditvertrag, die eine Nachadjustierung der Konditionen, insbesondere der Marge, ermöglicht, falls der Syndizierungsmarkt dies zulässt (positiver Fall) bzw. fordert (negativer Fall).

Material Adverse Change Clause (MAC Clause)

Die MAC-Klausel im Banken- und Unternehmenskaufvertrag eröffnet der Bank bzw. dem Käufer eine Rücktrittsmöglichkeit bei wesentlicher Verschlechterung der wirtschaftlichen Situation.

Mezzanine-Finanzierung

Die Mezzanine-Finanzierungen stellen Zwischenformen zwischen Eigenkapital und Fremdkapital dar. Der Begriff ist nicht klar definiert. Im engsten Sinne handelt es sich um nachrangiges Fremdkapital, dessen Vergütung üblicherweise aus einer Zinskomponente und einer Option auf Geschäftsanteile (*Equity Kicker*) bzw. deren Cash-Äquivalent (Back Ended Fee) besteht. In Deutschland gebräuchliche Formen sind das nachrangige Darlehen, Gesellschafterdarlehen, Genussscheine bzw. Genussaktien, *Mezzanine Debt Capital* und die *stille Beteiligung*.

Mezzanine Debt Capital

Nachrangige Darlehen mit Zinskomponente und *Equity Kicker* in Form von Options- oder Wandlungsrechten.

Mitverkaufspflichten

Regelung im Beteiligungsvertrag, wonach ein Private-Equity-Fonds die anderen Gesellschafter zum Mitverkauf verpflichtet.

Mitverkaufsrechte

Regelung im Beteiligungsvertrag, wonach ein Private-Equity-Fonds das Recht hat, an einem Verkauf bevorzugt, zumindest jedoch pro rata teilzunehmen.

Multiplikatorenverfahren

Unternehmensbewertungsverfahren, bei dem anhand von börsennotierten Vergleichsunternehmen oder anhand von Vergleichstransaktionen ein Multiplikator abgeleitet und auf die Zahlen des Zielunternehmens angewendet wird. Hierbei ist zu unterscheiden zwischen Multiplikatoren, die einen Unternehmensgesamtwert berechnen (Enterprise Value) und sich auf die Größen Umsatz, Ergebnis vor Zinsen und Steuern (*EBIT*) bzw. vor Abschreibungen (*EBITDA*) beziehen, und Multiples, die den Wert des Eigenkapitals berechnen, weil sie sich auf Gewinngrößen wie bspw. dem Jahresergebnis nach Steuern beziehen.

Negative Covenants

Unterlassungspflichten, die im Bankenvertrag fixiert werden.

Negative Pledge
Negative Handlungsverpflichtung, welche die Bestellung von Sicherheiten für Dritte untersagt.

NewCo
Die Erwerbergesellschaft ist ein zeitlich begrenztes Rechtsvehikel zum Erwerb eines Unternehmens im Rahmen einer Transaktion, insbesondere eines MBO/LBO.

Non-Disclosure Agreement (NDA)
Geheimhaltungsvereinbarung. Eine vertragliche Vereinbarung zwischen zwei oder mehreren Parteien, die zur Verschwiegenheit verpflichtet. Branchenüblich ist eine NDA typischerweise bei *Venture-Capital*-Finanzierungen oder im Verhandlungsstadium größerer Kooperationen, sofern noch kein Vertragsverhältnis vorliegt.

Non-Reliance Letter
Auch Release Letter genannt; der Non-Reliance Letter dient der Haftungsfreistellung des Beraters gegenüber Dritten.

Non-Recourse
Haftungsausschluss für das Management bei Fremdfinanzierung des Eigenkapitalanteils – in Form des Non-Recourse Financing der Haftungsausschluss seitens des Eigenkapitalgebers.

Opportunity Fund
Dieser auch Special Situations Fund genannte Private-Equity-Fonds investiert opportunistisch in *Bad Loans* bzw. Non-performing Loans, in restrukturierungsfähige Unternehmen oder in Immobilienportfolios.

Overdraft Facility
Überziehungskredit.

Parallel Debt
Sicherheitenkonstruktion, die dazu dient, das Pfandrecht von der zugrunde liegenden Forderung zu lösen.

PIPE
Private-Investment in a Public-Entity – die Investition in ein börsennotiertes Unternehmen seitens eines Private Equity Investors.

Preferred Equity Certificates (PECs)
Hybride Finanzierungsinstrumente nach Luxemburger Recht; diese können als einer Wandelanleihe vergleichbare Convertible Preferred Equity Certificates (CPEGs) oder als Redeemable Preferred Equity Certificates (RPECs), die einer rückerwerbbaren Fremdkapitaltranche ähneln, ausgestaltet sein.

Peers bzw. Peer Group
Vergleichsunternehmen bzw. Vergleichsgruppe im Rahmen der Unternehmensbewertung.

Payment in Kind Note (PIK Note)
Darlehen, für das lediglich auflaufende Zinsen verlangt werden, die in Summe am Fälligkeitsstichtag zurückgezahlt werden müssen.

Pay If You Can (PIYC)
Finanzierungsregel, wonach die Bezahlung der planmäßigen Zinsen von der Fähigkeit des Kreditnehmers abhängt, diese auch zahlen zu können.

Positive Covenants
Positive Handlungspflichten, die im Bankenvertrag fixiert werden.

Post-Merger-Integration
Die operative und strategische Integration zweier oder mehrerer Unternehmen bzw. Unternehmensbereiche nach erfolgreichem Abschluss eines Unternehmenskaufs bzw. Mergers.

Preferred Return
Auch Hurdle Rate genannt. Vertraglich festgelegte Vorzugsdividende für den *Limited Partner*.

Ratchet bzw. Sliding Scale
Auch Performance Ratchet genannt. Bonus- oder Malus-Vereinbarung, nach der das Management (über eine nominelle Kapitalerhöhung bzw. über Optionen auf weitere Gesellschaftsanteile) besser- bzw. schlechtergestellt wird, sollte es bestimmte Ziele erreichen bzw. verfehlen. Bei einer Schlechterstellung wird die Vereinbarung als Negative Ratchet bezeichnet.

Refinanzierung
Neustrukturierung der Fremdfinanzierung.

Rekapitalisierung (Recap)
Finanzierungsmechanismus, der es dem Private-Equity-Haus ermöglicht, einen (Teil-)*Exit* zu realisieren. Das Private-Equity-Haus nutzt nach einem bestimmten Zeitraum die verbesserten operativen Ergebnisse, um sich über Sonderdividenden, Rückzahlungen von Gesellschafterdarlehen oder Anteilsrückkäufe durch Fremdkapital finanzierte Rückflüsse zu genehmigen.

Reliance Letter
Dient dazu, den finanzierenden Banken die Ergebnisse der *Due Diligence* nutzbar zu machen, und schafft eine eigenständige Haftungsgrundlage gegenüber den vom Erwerber eingeschalteten Beratern.

Repricing
Neuanpassung von Erfolgsziel bzw. *Basispreis* einer Option bei erkannter Unerreichbarkeit der Ziele.

Reverse Recap
Nachfinanzierung eines finanziell schwach aufgestellten Portfoliounternehmens durch Eigenkapital.

Revolving Credit Facility
Die auch Working Capital Facility genannte Kreditlinie dient zur Finanzierung des Betriebsmittelbedarfs.

Save Haven
Wertmäßiger Bereich des Eigenkapitals multipliziert mit dem von der Steuergesetzgebung vorgegebenen Faktor, der angibt, inwieweit Zinszahlungen noch als abzugsfähig angesehen werden – derzeit durch § 8 a KStG auf das 1,5-Fache des anteiligen Eigenkapitals festgelegt.

Second-Lien-Darlehen
Nachrangiges Darlehen; rangiert nach den verschiedenen Senior-Tranchen zwischen der *Senior*-Tranche und der *Mezzanine-Finanzierung* und wird auch nach diesen zurückgezahlt.

Secondary Buy-out
Buy-out eines bereits erfolgten Buy-outs durch Einstieg eines neuen Private-Equity-Hauses unter Rückgriff auf das bestehende oder ein neues Management.

Security Agent
Konsortialführende Bank, welche die Treuhandfunktion hinsichtlich der Sicherheiten übernimmt.

Senior Debt
Bankkredit, der bei Misserfolg vor Eigenkapital und *Mezzanine*-Darlehen bedient wird.

Share Buyback
Variante des *Exits*, bei der die Anteile durch die Altgesellschafter zurückgekauft werden.

Squeeze-out
Aktienrechtliche Regelung bezüglich des Ausscheidenszwangs von Minderheitsgesellschaftern gegen Barabfindung sofern ein Aktionär mindestens 95 % der Stimmrechte hält

Stille Beteiligung
Die stille Beteiligung, in der Regel mit fester Laufzeit, festem Zins und festgelegter erfolgsabhängiger Komponente, bedarf nicht der Publizität. Sie ist aufgrund der Nachrangigkeit ein oft dem Eigenkapital zugerechneter Bestandteil der Unternehmensfinanzierung. Die typisch stille Beteiligung partizipiert nicht an den stillen Reserven, während dies bei der atypisch stillen Beteiligung der Fall ist.

Stub Equity
Anteilskapital, das entsteht, wenn bisherigen Anteilseignern an börsennotierten Gesellschaften die Möglichkeit eröffnet wird, Anteile an einer neuen Holdinggesellschaft zu erwerben.

Subordinated Debt
Nachrangige Fremdmittel. Die Nachrangigkeit bezieht sich auf die Rangfolge der Fremdkapitalgeber untereinander, die insbesondere für den Vergleichs- bzw. Liquidationsfall geregelt wird.

Sweat Equity
Eigenkapital, das für das Management zur Verfügung steht, diesem jedoch nur nach dem Erreichen bestimmter operativer bzw. exitbezogener Ziele zukommt.

Sweet Equity
Eigenkapital, das durch das Management gezeichnet wird und durch einen begünstigten Bezug gekennzeichnet ist.

Syndizierung
Auch Co-Investment genannt. Um auch größere Investments mit hohem Risiko finanzieren zu können, schließen sich mehrere Beteiligungsgesellschaften oder auch Banken (z. B. bei der LBO-Finanzierung) zusammen, wobei meist eine der beteiligten Parteien als *Lead Investor* auftritt.

Tag-along Rights
Siehe *Mitverkaufspflichten*.

Target-Unternehmen
Zielunternehmen für eine Unternehmensübernahme oder Eigenkapitalinvestition.

Tax Clause
Steuerklausel im Unternehmenskaufvertrag.

Teaser
Anonymisierter Kurzüberblick über das Unternehmen für die Ansprache potentieller Kaufinteressenten.

Term Loan
Festkredit, der für eine bestimmte Laufzeit ausgereicht wird.

Term Sheet
Vertragsdokument, das die Kreditbedingungen zwischen *Mandated Lead Arranger* und Private-Equity-Haus festlegt.

Ticket
Finanzierungstranche, die von einer Bank (seltener auch von einem Private-Equity-Haus; in diesem Fall spricht man von einem Equity Ticket) übernommen wird.

Track Record
Erfolgs- und Erfahrungsgeschichte einer Beteiligungsgesellschaft bzw. eines Unternehmens oder auch eines Managers bzw. Unternehmers.

Trade Sale
Veräußerung der Unternehmensanteile an einen strategischen Investor.

Unternehmenskaufvertrag
Zentrales Dokument für einen Unternehmenskauf. Wesentliche Elemente sind die genaue Definition des Vertragsgegenstands und der Gegenleistung, die Bestimmung des Kaufpreises und des Anpassungsmechanismus bis zum *Closing*, die Festlegung des Übergangszeitpunkts sowie die Bestimmung der zu übertragenden Forderungen und Rechtsverhältnisse (insbesondere der Arbeitsverhältnisse), die Ausarbeitung der Haftungs- und Gewährleistungsregelungen sowie der Garantien, Wettbewerbsvereinbarungen, Verfügungsbeschränkungen, Zustimmungs- und Genehmigungserfordernisse, die aufschiebende Bedingungen nach dem Kartellrecht und die Bestimmungen über die Closing-Formalitäten.

Upstream Merger
Verschmelzung der Zielgesellschaft auf die Akquisitionsgesellschaft (siehe auch *Downstream Merger*).

Vendor Due Diligence
Verkäuferseitige *Due Diligence*, die als Financial Due Diligence, Tax Due Diligence und Commercial Due Diligence ausgestaltet sein kann.

Venture Capital
Das Wagniskapital umfasst nach amerikanischem Verständnis Früh- und Spätphasenfinanzierungen sowie Expansionsfinanzierungen, nicht aber Buy-outs und *Mezzanine-Finanzierungen*. In Europa wird Private Equity (Beteiligungskapital) oft als Synonym hierfür verwendet.

Verschmelzung

Eine Verschmelzung kann sowohl nach dem Umwandlungssteuerrecht (§§ 2 bis 122 UmwG) als auch nach dem Aktienrecht (§ 183 AktG –Sachkapitalerhöhung unter Ausschluss des Bezugsrechts) durchgeführt werden. Aktienrechtlich muss das aufnehmende Unternehmen lediglich das Kapital erhöhen; das aufzunehmende Target-Unternehmen wird im Rahmen einer Sacheinlage eingebracht. Bei der Verschmelzung nach dem Umwandlungsgesetz wird das Vermögen eines oder mehrerer Unternehmen als Ganzes auf einen neuen (Fusion durch Neubildung) oder bereits bestehenden Rechtsträger (Fusion durch Aufnahme) überführt, wofür dann wiederum Anteile an diesem Rechtsträger an die Inhaber des übertragenden Unternehmens gewährt werden.

Vertraulichkeitserklärung

Siehe *Non-Disclosure Agreement*.

Vesting Period

Zeitraum bis zur Unverfallbarkeit der Optionsansprüche bzw. Sperrfrist/Haltefrist, während derer der Arbeitnehmer seine Optionen nicht ausüben darf. Das sog. Negative Vesting stellt bei Ausgestaltung ohne Optionsrechte sicher, dass der Private-Equity-Investor über die Anteile des Managements verfügen kann – siehe auch *Good Leaver* bzw. Bad *Leaver*. Das Accelerated Vesting bezeichnet eine vorzeitige Unverfallbarkeit.

Wachstumsstrategie

Investmentstrategie, bei der die Wertsteigerung durch das Wachstum (Umsatz und Ergebnis) des Unternehmens erreicht werden soll.

Warrantless Mezzanine

Mezzanine-Finanzierungen ohne *Equity Kicker*.

Literaturverzeichnis

Achleitner, A.-K.: Handbuch Investment Banking, Wiesbaden 2002.

Achleitner, A.-K./Ehrhart, N./Zimmermann, V.: Beteiligungsfinanzierung nach der Marktkonsolidierung, Frankfurt 2007.

Aigner, F./Mues, G.: Grundzüge des Unternehmenskaufs, in: Wachter, T.: Handbuch des Fachanwalts für Handels- und Gesellschaftsrecht, Münster 2007, Teil 2, Kapitel 4.

Amess, K.: The Effect of Management Buyouts on Firm-Level Technical Inefficiency: Evidence from a Panel of UK Machinery and Equipment Manufacturers, in: The Journal of Industrial Economics, 2003, S. 35 ff.

Ansoff, H. I.: Corporate Strategy, New York/San Francisco 1965.

Bance, A. (EVCA): Why and How to Invest in Private Equity, Zaventem 2002.

Bergjan, R.: Haftung des Unternehmensverkäufers/-käufers beim Letter of Intent, in: Birk, D./Pöllath, R./Saenger, I.: Forum Unternehmenskauf 2004. Aus dem Münsteraner M&A Studiengang, Berlin 2004.

BCG/IESE: The Advantage of Persistence. How the Best Private-Equity Firms »Beat the Fade«, Boston 2008.

Berens, W./Brauner, H. U./Högemann, B.: Due Diligence und Controlling – Instrumente von Finanzinvestoren, in: Berens, W./Brauner, H. U./Frodermann, J. (Hrsg.): Unternehmensentwicklung mit Finanzinvestoren, Stuttgart 2005, S. 51-76.

Berg, A./Gottschalg, O.: Pulling the Right Levers or Understanding Value Generation in Buyouts, in: Initiative Europe Intelligence Report 6, London 2004, S. 16-19.

Brauner, H. U./Brauner, M. K.: Wichtige Finanzinvestoren in Deutschland – ein strukturierter Überblick, in: Berens, W./Brauner, H. U./Frodermann, J. (Hrsg.): Unternehmensentwicklung mit Finanzinvestoren, Stuttgart 2005, S. 31-50.

Braunschweig, Ph. von: Der Vorstand in Buy-Out Transaktionen. Interessenkonflikte, Lösungsansätze und Transaktionspraxis, in: Pöllath + Partners (Hrsg.): Management in Private-Equity-Transaktionen. Interessenkonflikte, Anreize, Beteiligung, München 2005 (2005a), S. 201-206.

Braunschweig, Ph. von: Manager in Private-Equity-Transaktionen, in: Pöllath + Partners (Hrsg.): Management in Private-Equity-Transaktionen. Interessenkonflikte, Anreize, Beteiligung, München 2005 (2005b), S. 7-86.

Brösel, G./Hauttmann, R.: Einsatz von Unternehmensbewertungsverfahren zur Bestimmung von Konzessionsgrenzen sowie in Verhandlungssituationen (Teil 2), in: Finanz Betrieb 2007, S. 293-309.

Brühl, S.: Mergers & Acquisitions – Trends und Strategien, in: Finanz Betrieb 2003, S. 23-27.

Bruse, M./Keinath, F.: Ausgewählte Rechtsfragen bei der Übernahme börsennotierter Aktiengesellschaften durch Private-Equity-Investoren, in: Birk, D. (Hrsg.): Transaktionen, Vermögen, Pro Bono – Festschrift zum zehnjährigen Bestehen von P + P Pöllath + Partners, München 2008, S. 363-380.

BVK e.V. (Hrsg.): BVK Statistik 2007. Das Jahr 2007 in Zahlen, Berlin 2008.

BVK e.V./C&L (Hrsg.): Venture Capital. Der Einfluss von Beteiligungskapital auf die Beteiligungsunternehmen und die deutsche Wirtschaft, Frankfurt 1998.

BVK e.V./PwC (Hrsg.): Der Einfluss von Beteiligungskapital auf die Beteiligungsunternehmen und die deutsche Wirtschaft, Berlin 2000.

Claus, J./Jacob, Th.: Equity Premia as Low as Three Percent? Evidence from Analysts' Earnings Forecasts for Domestic and International Stock Markets, in: Journal of Finance, 2001, S. 1629-1666.

Coopers & Lybrand (Hrsg.): Management-Buy-Outs and Buy-Ins – a Practical Guide for the Manager, London 1995.

Copeland, Th. E./Koller, T./Murrin, J.: Valuation, 2. Aufl., New York u. a. 1996.
Cumming, D. J./MacIntosh, J. G.: A Cross-Country Comparison of Full and Partial Venture Capital Exits, in: Journal of Banking & Finance, 2003, S. 511-548.

Damodoran, A.: Investment Valuation, New York u. a. 1996.
Drukarczyk, J.: Discounted Cash Flow-Methoden, in: Achleitner, A.-K./Thoma, G. F. (Hrsg.): Handbuch Corporate Finance, 2. Aufl., Köln 2001 (Loseblattsammlung).
Drukarczyk, J./Lobe, S.: Discounted Cash Flow-Methoden und Halbeinkünfteverfahren, in: Achleitner, A.-K./Thoma, G. F. (Hrsg.): Handbuch Corporate Finance, 2. Aufl., Köln 2001 (Loseblattsammlung).
Drygalski, A. von: BGB und Unternehmenskauf oder die Möglichkeit eines kurzen deutschen Unternehmenskaufvertrages, in: Birk, D. (Hrsg.): Transaktionen, Vermögen, Pro Bono – Festschrift zum zehnjährigen Bestehen von P + P Pöllath + Partners, München 2008, S. 51-67.

Earys, W.: Bewertung und Finanzierung eines Management-Buy-Out: Ein Fallbeispiel, in: Bewertungspraktiker Februar 2007, S. 2-11.
Ehrhard, N./Mark, K./Zimmermann, V.: Syndizierungsverhalten deutscher Beteiligungsgesellschaften: Ausmaß, Entwicklung und Motive, in: Finanz Betrieb 2007, S. 389-394.
Ernst, D.: Akquisitionsfinanzierung, 19. Journal zu Ernst, D./Häcker, J./Moser, U./Auge-Dickhut, S. (Hrsg.): Praxis der Unternehmensbewertung und Akquisitionsfinanzierung, München 2006.
Ernst & Young German Private Equity Activity June 2008, Frankfurt 2008.
Ernst & Young (Hrsg.): German Private Equity Activity December 2008, Frankfurt 2008.
EVCA (Hrsg.): Survey of the Economic and Social Impact of Management-Buy-Outs & Buy-Ins in Europe, Brüssel 2001.
EVCA (Hrsg.): Pan European Survey of Performance, Zaventem 2001.
EVCA (Hrsg.): Employment Contribution of Private Equity and Venture Capital in Europe, Brüssel 2005.
EVCA (Hrsg.): European Private Equity Survey 2006, Brüssel 2006.
EVCA/Weidig, T./Mathonet, P.-Y.: The Risk Profiles of Private Equity, Luxemburg 2004.

Festel, G.: Aktuelle Trends und innovative Kooperationsmodelle zwischen Industrie und Finanznvestoren bei 2 Management-Buy-Outs am Beispiel der Chemie- und Pharmaindustrie, in: M&A Review 2003, S. 316-321.
FINANCE/DBAG (Hrsg.): Economic Impact of Private Equity in Germany. Zur volkswirtschaftlichen Relevanz von Buy-Out-Investitionen in Deutschland – eine empirische Analyse, Frankfurt 2004.
Fleischhauer, U./Hoyer, G.: Europas Mittelstand bietet großes Potential für Private-Equity-Investoren, in: Finanz Betrieb News 6/2006.
Fromann, H./Dahmann, A.: Zur Rolle von Private Equity und Venture Capital in der Wirtschaft, Arbeitspapier des BVK, Berlin 2005.
Fromann, H./Dahmann, A.: Die Entwicklung der Secondary Private Equity Märkte, in: Venture Capital Magazin, Sonderbeilage Secondaries 2005, S. 7-9.

Gompers, P. A./Lerner, J.: The Venture Capital Cycle, Cambridge Mass. 1999.
GoingPublic Media AG (Hrsg.): Unternehmeredition Mittelstandsfinanzierung, München 2006.
Göller, K. F./Schlumberger, E.: Bewertung von Leasingunternehmen, in: Drukarczyk, J./Ernst, D. (Hrsg.): Branchenorientierte Unternehmensbewertung, München 2006, S. 193-224.
Golland, F./Gelhaar, L.: PIPE – Innovative Finanzierungsvarianten für börsennotierte Gesellschaften, in: M&A Review 2003, S. 527-528.
Graf, S./Gruber, A.: Intermediationsfunktionen bei Private Equity Investitionen, in: M&A Review 2001, S. 504-509.

Groh, A./Gottschalg, O.: The Risk-Adjusted Performance of US Buyouts, Paris 2006, URL: http://www.hec.fr/hec/fr/professeurs_recherche/upload/cahiers/CR834Gottschalg.pdf.

Harris, R./Siegel, D./Wright, M.: Assessing the Impact of Management-Buy-Outs on Economic Efficiency: Plant Level Confidence from United Kingdom, in: The Review of Economics and Statistics 2005, S. 148 ff.

Heel, J./Kehoe, C.: Why some private equity firms do better than others, in: McKinsey Quartely 1/2005, S. 24-26.

Hörmann, J.: Die Due Diligence beim Unternehmenskauf, in: Birk, D. (Hrsg.): Transaktionen, Vermögen, Pro Bono – Festschrift zum zehnjährigen Bestehen von P + P Pöllath + Partners, München 2008, S. 135-160.

Hockmann, H.-J./Thießen, F.: Investment Banking, 2. Aufl., Stuttgart 2007.

Hohaus, B.: Die »Treuhandlösung« bei Mitarbeiterdirektbeteiligungen – Steuerrechtliche Grundsätze, in: Der Betrieb 2002, S. 1233 ff.

Hohaus, B./Inhester, M.: Rahmenbedingungen von Management-Beteiligungen, in: Deutsches Steuerrecht 2003, S. 1767 ff.

Hohaus, B.: Aktuelles zu Managementbeteiligungen in Private Equity Transaktionen, in: Betriebs-Berater 2005, S. 1291 ff.

Hohaus, B.: Aktuelles zu Managementbeteiligungen in Private Equity-Transaktionen 2006/2007, in: Betriebs-Berater 2007, S. 2582-2587.

Hohaus, B./Inhester, M.: Secondary Buy-Outs in Deutschland – Auswirkungen auf Käufer und Management, in: JUVE-Handbook 2005/2006, S. 240 f.

Hohaus, B./Koch-Schulte, B.: Manager in Private-Equity-Transaktionen, in: Birk, D. (Hrsg.): Transaktionen, Vermögen, Pro Bono – Festschrift zum zehnjährigen Bestehen von P + P Pöllath + Partners, München 2008, S. 93-114.

Hohaus, B./Weber, Chr.: Aktuelle Rechtsprechung zum Gesellschafterausschluss und die Bedeutung für Managementbeteiligungen, in: Neue Zeitschrift für Gesellschaftsrecht 2005a, S. 961 ff.

Hohaus, B./Weber, Chr.: Zur wirksamen Vereinbarung von Managementbeteiligungen in Private Equity-Transaktionen, in: Berater-Brief Vermögen, 6/2005b, S. 11 ff.

Hohaus, B./Weber, Chr.: Gesellschaftsrechtliche Probleme bei der Gewährung von Transaktionsboni durch einen Aktionär, in: Deutsches Steuerrecht 3/2008, S. 104 ff.

Holzapfel, H.-J./Pöllath, R.: Unternehmenskauf in Recht und Praxis, 12. Aufl., Köln 2005.

Hommel, U./Schneider, H.: Die Kreditentscheidung im Rahmen von Leveraged-Buy-Out Transaktionen, in: Finanz Betrieb 2006, S. 521-525.

Hug, J./Ernst, D.: Finanzierungsmodelle von Leveraged Buy-outs, in: M&A Review 2003, S. 441-446.

Incisive Media (Hrsg.): Germany Report, London 2006.

Inhester, M.: Erwerb von VC-Pools im Rahmen von Secondary Direct-Transaktionen, in: Venture Capital Magazin, Sonderbeilage 4/2005, S. 12 f.

Jacobs, O. H.: Internationale Unternehmensbesteuerung, 5. Aufl., München 2002.

Jansen, S. A.: Trends, Tools, Thesen und empirische Tests zum Integrationsmanagement bei Unternehmenszusammenschlüssen, in: Picot, G. (Hrsg.): Handbuch Mergers & Acquisitions, 2. Aufl., Stuttgart 2002, S. 505-539.

Jensen, M. C.: Eclipse of the Public Corporation, in: Harvard Business Review May 1989, S. 61-74.

Kaplan, S./Schoar, A.: Private Equity Performance: Returns, Persistence and Capital Flows, in: The Journal of Finance 2005, S. 1791-1823.

Kaserer, Chr./Achleitner, A.-K./von Einem, Chr./Schiereck, D.: Erwerb und Übernahme von Firmen durch Private Equity Investoren. Bericht zum Forschungsprojekt 3/06 für das Bundesministerium der Finanzen, München 2007.

Kaserer, Chr./Diller, Chr.: European Private Equity Funds – A Cash Flow based Perform-ance Analysis, CEFS Working Paper No. 2004-01, München 2004.

Kell, Th.: Management Due Diligence und Management – Entwicklung als Hebel zur Wert-steigerung, in: Berens, W./Brauner, H. U./Frodermann, J. (Hrsg.): Unternehmensent-wicklung mit Finanzinvestoren, Stuttgart 2005, S. 149-160.

Koch, T.: Post-Merger-Management, in: Picot, G.: Handbuch Mergers & Acquisitions, 2. Aufl., Stuttgart 2002, S. 383-406.

Kreuter, B./Gottschalg, O./Schödel, S.: Mythen und Wahrheiten über die Einflussfaktoren von Buy-Out-Performance, in: M&A Review 2005, S. 353-358.

Krolle, S./Schmitt, G./Schwetzler, B.: Multiplikationsverfahren in der Unternehmensbe-wertung: Anwendungsbereiche, Problemfälle, Lösungsalternativen, Stuttgart 2005.

Kühl, S.: Exit. Wie Risikokapital die Regeln der Wirtschaft ändert, Frankfurt/New York 2003.

Kurz, P.: Vertraulichkeitsvereinbarungen, Berlin/München 2004.

Labbé, M.: Leveraged Buy-out in Germany, in: Finanz Betrieb 2003, S. 303-320.

Ladiges, B.: Überzahlungen von Lieferantenrechnungen und ihre Bedeutung im M&A-Pro-zess, in: M&A Review 2007, S. 63-68.

Loos, N.: Value Creation in Leveraged Buyouts, Dissertation Universität St. Gallen, 2006.

Maesch, S. C./Voß, A.: Second Lien, Covenants und Eigenkapitalersatz, in: Finanz Be-trieb 2007, S. 1-11.

Maloney, T./McCormick, R. F./Mitchell, M. I.: Managerial Decision Making and Capital Structure, in: Journal of Business 1993, S. 189 ff.

Miller, A.: Refinanzierung – ein Muss. Private Equity-Boom treibt den Forderungsverbrie-fungsmarkt voran, in: M&A Review 2006, S. 531-534.

Mittendorfer, R.: Praxishandbuch Akquisitionsfinanzierung. Erfolgsfaktoren fremdfinan-zierter Unternehmensübernahmen, Wiesbaden 2007.

Nevries, P.: Exit-Alternative »Börsengang« aus Sicht des Finanzinvestors, in: Berens, W./ Brauner, H. U./Frodermann, J. (Hrsg.): Unternehmensentwicklung mit Finanzinvesto-ren, Stuttgart 2005, S. 227-249.

Paul, S./Weber, N.: Veräußerung von Konzerneinheiten an Private Equity Investoren. Ei-ne empirische Untersuchung von Buy-Outs deutscher Tochterunternehmen 1999-2003, Vortrag im Rahmen des Symposiums »Private Equity Investments in Buy-Outs von Kon-zerneinheiten« des Arbeitskreises Finanzierung der Schmalenbach-Gesellschaft, Düs-seldorf 20.10.2005.

Pfaffenholz, G.: Exitmanagement. Desinvestitionen von Beteiligungsgesellschaften, Loh-mar/Köln 2004.

Picot, G.: Handbuch Mergers & Acquisitions. Planung – Durchführung – Integration, 2. Aufl., Stuttgart 2002.

Pöllath, R./Philipp, Chr.: Unternehmenskauf und Verschmelzung – Pflichten von Vor-stand und anderen Organmitgliedern, in: Pöllath + Partners (Hrsg.): Management in Private-Equity-Transaktionen. Interessenkonflikte, Anreize, Beteiligung, München 2005, S. 157-180.

Pöllath + Partners (Hrsg.): Unternehmensfortführung durch Nachfolge oder Verkauf, Ba-den-Baden 2007.

PPM Capital (Hrsg.) Buy-and-Build Monitor 2008, London 2008.

Pratt, S. P./Reilly, R. F./Schweihs, R. P.: Valuing a Business: The Analysis and Appraisal of Closely Held Companies, 3. Aufl., Cambridge 1995.

Richter, F.: Mergers & Acquisitions. Investmentanalyse, Finanzierung und Prozessmanage-ment, München 2005.

Rigall, J./Röper, B.: Post Merger Integration zwischen Mythos und Realität, in: M&A Review 2007, S. 57-62.

Rudolph, B.: Unternehmensfinanzierung und Kapitalmarkt, Tübingen 2006.

Rudolph, B./Fischer, Chr.: Der Markt für Private Equity, in: Finanz Betrieb 2000, S. 49 ff.

Schäfer, D./Fisher, A.: Die Bedeutung von Buy-Outs/Ins für unternehmerische Effizienz, Effektivität und Corporate Governance, DIW-Studie, Berlin 2008.

Schefczyk, M.: Finanzieren mit Venture Capital, 2. Aufl., Stuttgart 2006.

Scheiter, S./Wehmeyer, M.: Konzerne suchen ihr (M&A-)Glück auch wieder in der Ferne, in: M&A Review 2006, S. 373-377.

Schmittat, J. E.: Talsohle erreicht, in: Finance 12/2007, S. 34 f.

Schulze, G. M./Wickenrath, R.: Praxisbeispiel für controllingorientiertes Berichtswesen, in: Berens, W./Brauner, H. U./Frodermann, J. (Hrsg.): Unternehmensentwicklung mit Finanzinvestoren, Stuttgart 2005, S. 427-442.

Schwetzler, B.: Multiples, in: Hommel, U./Knecht, Th. C.: Wertorientiertes Start-up Management, München 2002, S. 580-609.

Sharp, G.: Buy-Outs. A Guide for the Management Team, London 2003.

Shiller, R. J.: Irrational Exuberance, 2. Aufl., Princeton 2005.

Silverfleet (Hrsg.) Buy-and-Build Monitor 2009, London 2009.

Standard & Poors (Hrsg.): S&P LCD Leveraged Loan Review – US/Europe Q4 2008, London 2009.

Standard & Poors (Hrsg.): S&P European Leveraged Loan Review – January 09, London 2009.

Thiäner, F./Hörmann, J.: Private Equity – Neue Tendenzen bei der Vertragsgestaltung, in: Juve Handbuch 2007/2008, Köln 2008.

Thielemann, U.: Das Ende des Neoliberalismus?, in: Wirtschaftsdienst 6/2005, S. 358-364.

Ulbrich, K.: Bewertung von Medienunternehmen, in: Drukarczyk, J./Ernst, D. (Hrsg.): Branchenorientierte Unternehmensbewertung, München 2006, S. 57-72.

Veith, A./Schade, S.: Besteuerung des Carried Interest in Deutschland, in: Birk, D. (Hrsg.): Transaktionen, Vermögen, Pro Bono – Festschrift zum zehnjährigen Bestehen von P + P Pöllath + Partners, München 2008, S. 435-457.

Weber, Chr.: Transaktionsboni für Vorstandsmitglieder. Zwischen Gewinnchance und Interessenkonflikt, Berlin 2006.

Weber, Th./Nevries, P.: Der Einfluss von Private Equity-Gesellschaften auf die Portfoliounternehmen und die deutsche Wirtschaft, in: Finanz Betrieb 2006, S. 75-83.

Weber, Th./Remmen, J.: Steht dem Markt für LBO-Finanzierungen die Feuerprobe bevor?, in: Finance Juli/August 2007, S. 24-26.

Wegner, Chr.: Buy-Out Wertsteigerungstypen. Eine empirische Untersuchung der Growth-Buy-Outs in Deutschland, Dissertation an der Universität Witten/Herdecke, 2003.

Wolf, M.: Barbarians at the Gates, in: Financial Times Special Report vom 24.4.2007, S. 14.

Zollo, M./Phalippou, L.: The Performance of Private Equity Funds, Wharton Financial Working Paper No. 05-42, September 2005, URL: http://ssrn.com/abstract = 871082.

Stichwortverzeichnis